W0412408

«SAGGI»

Dello stesso autore

Dio ci salvi dagli inglesi... o no?!
La ragazza dei passi perduti (con Giorgio Rossi)
Com'è dolce Parigi... o no?!
Gli italiani la sanno lunga... o no?!*
Papaveri & papere
I Granduchi di Soldonia
C'era una volta in Italia*
La classe non è acqua*
Oro, argento e birra*
Ci vorrebbe una Thatcher*
Il romanzo dei Windsor*
Il romanzo di Londra*
Tanto sesso, siamo inglesi!*
Intramontabile Elisabetta*

*Disponibile anche in ebook

ANTONIO CAPRARICA

INTRAMONTABILE ELISABETTA

Sperling & Kupfer

Le fotocopie per uso personale del lettore possono essere effettuate nei limiti del 15% di ciascun volume/fascicolo di periodico dietro pagamento alla SIAE del compenso previsto dall'art. 68, commi 4 e 5, della legge 22 aprile 1941 n. 633. Le fotocopie effettuate per finalità di carattere professionale, economico o commerciale o comunque per uso diverso da quello personale possono essere effettuate a seguito di specifica autorizzazione rilasciata da CLEARedi, Centro Licenze e Autorizzazioni per le Riproduzioni Editoriali, Corso di Porta Romana 108, 20122 Milano, e-mail autorizzazioni@clearedi.org e sito web www.clearedi.org

Nell'impossibilità di rintracciare i detentori dei diritti delle immagini dell'inserto, salvo dove diversamente indicato, l'editore resta a disposizione per eventuali segnalazioni.

Realizzazione editoriale a cura di Paola Rumi.

INTRAMONTABILE ELISABETTA

Proprietà Letteraria Riservata
© 2016 Sperling & Kupfer Editori S.p.A.

ISBN 978-88-200-6002-2

I Edizione aprile 2016

Anno 2016-2017-2018 - Edizione 1 2 3 4 5 6 7 8 9 10

A Iolanta, che regna
dolcissima sul mio cuore

«La mia obiezione al simbolo reale è che è morto; è un'otturazione d'oro in una bocca piena di carie. [...] Mi angoscia che ci siano così tanti cervelli vuoti, così tante vite vuote in Gran Bretagna da sostenere questa sciocca industria; che nessuno debba avere l'arguzia di cancellarne l'esistenza con una risata o l'onestà di resistervi.»

JOHN OSBORNE, ottobre 1957

«Non ho niente contro l'idea di un Padreterno, ma non sono molto d'accordo su quella di una madre eterna.»

ALBERT PRINCIPE DI GALLES,
futuro EDOARDO VII, in occasione dei
sessant'anni di regno della madre Vittoria

«La forza della Regina – come sottolinea uno dei suoi collaboratori, amico da mezzo secolo – è che lei non cambia tanto.»

BEN PIMLOTT, *The Queen*, 1996

Indice

Intermezzo a Corte

Parte terza
Potere

Parte quarta
Famiglia

Intermezzo a Corte

Parte quinta
Magia

Introduzione

Non ho mai ammirato così tanto Sua Maestà Elisabetta II, per grazia di Dio regina di Inghilterra, Galles, Scozia e Irlanda del Nord, come nel gelido e piovoso pomeriggio del 3 giugno 2012. Londra, e il Regno intero, celebravano con ogni possibile pompa il Giubileo di Diamante, ovvero il sessantesimo anniversario del suo avvento al trono: prima di lei, solo la trisavola Vittoria, regina e imperatrice, aveva goduto questo appuntamento con la storia e il relativo trionfo degno degli antichi Cesari. Le feste per la discendente erano per forza di cose su scala ridotta, ma non mancavano di imponenza e schietta gioia dei sudditi. L'evento clou era proprio quello fissato per il primo pomeriggio di domenica 3 giugno. Una flottiglia di 670 imbarcazioni di ogni dimensione si preparava a scortare il vascello reale *Spirit of Chartwell* giù lungo il Tamigi, dal molo di Cadogan all'altezza dell'Albert Bridge fino ai giganteschi pilastri neogotici del Tower Bridge, vicino alla fortezza della Torre, che è il primo marchio impresso dalla monarchia sul volto di Londra. Ad aprire la processione la nuova chiatta reale donata dai sudditi alla sovrana, e opportunamente battezzata *Gloriana*, come gli adulatori usavano chiamare la prima grande Elisabetta.

La sfilata fluviale di yacht e barche, gusci a remi e legni a vela, motoscafi e guardacoste della Royal Navy fu una faccenda incredibilmente lunga. Si trattava del resto – come stabilito ufficialmente dal Guinness dei Primati – della più grande parata di imbarcazioni mai vista al mondo, che doppiava il precedente record di 327 vascelli stabilito a Bremerhaven, in Germania, nel 2011. La fantastica coreografia navale sul Tamigi, ricalcata su un famoso quadro del Canaletto del 1744, ristabiliva le giuste gerarchie marinare tra gli eredi di Drake e Nelson, e gli «Unni».

L'ottantaseienne Regina arrivò al molo scortata dal novantunenne principe consorte (sebbene il titolo ufficiale gli sia sempre stato negato) alle 14.15, dieci minuti prima della messa in moto. La coppia reale si issò al centro del ponte superiore, sotto un baldacchino dorato drappeggiato di panno purpureo, con la famiglia dell'erede Carlo qualche passo più indietro. E da lì non si spostò per le successive quattro ore e mezzo, fino alla conclusione dei lunghissimi 11 chilometri di sfilata: agitando le mani in risposta agli urrà dei sudditi assiepati sulla riva, sorridendo e chiacchierando, sempre in piedi fino all'arrivo al Tower Bridge anche dell'ultima barchetta a remi, ben oltre le 18.30! Altro che Guinness dei Primati. Conoscete altri nonagenari capaci di un simile exploit? In effetti, il pomeriggio del giorno dopo il povero Filippo finì al King Edward VII Hospital per una violenta cistite che lo costrinse a letto una settimana buona...

Lo spettacolo offerto, forse con qualche piacere ma certo per senso del dovere, da quella coppia di novantenni non può che definirsi superbo. In tanti anni passati a Londra, non avevo mai patito un inizio d'estate così gelido. Era giugno ma pareva gennaio. Il freddo era così pungente, sotto l'acqua che veniva giù a secchiate, che 46 componenti delle centinaia di equipaggi dovettero ricorrere a cure mediche e 6 persone furono ricoverate in ospedale con sintomi di ipotermia. Nelle nostre postazioni sulle rive del fiume noi cronisti televisivi battevamo i denti, sferzati senza pietà dalla pioggia e dal vento di tramontana. E senza sosta battevamo anche mani e piedi per evitare un congelamento da campagna di Russia. Lo stesso faceva la folla di spettatori scaglionati lungo il Tamigi per acclamare la loro regina. Lei niente, immobile sul ponte. Senza mai sedersi, senza mai privare nessuna del milione di persone arrivate fin lì apposta per lei, del piacere – o del diritto – di darle un'occhiata, sia pure da lontano. Ci vuole naturalmente, per citare una famosa canzonetta italiana, «un fisico bestiale», ma anche e soprattutto senso di dedizione, un'autentica etica del sacrificio e una gran capacità di sopportazione. Sì, è vero, certo molto meno di quanto sopportano in genere i minatori, come obietterà qualche acido repubblicano. Ma pur non essendo mai stato monarchico, mi era impossibile, quel mattino di improbabile estate, non essere toccato dalla performance stoica di quei due splendidi vecchi, che sembravano usciti dalle pagine imperiali di Kipling.

Era il secondo Giubileo di Elisabetta che mi capitava di raccontare da cronista e di vivere come suddito temporaneo, vista la mia lunga residenza sull'isola. Il precedente, quello del cinquantenario, era stato una festa gigantesca ma non aveva ancora assunto i toni dell'apoteosi. È che niente come la semplice permanenza giova a un sovrano, soprattutto quando si tratta di una monarchia costituzionale. In questo caso le passioni e gli odi politici risparmiano la testa coronata, e poiché la vera sovranità appartiene alla legge, il monarca è anche preservato dal commettere le prepotenze che in epoche lontane generavano odi e complotti. In breve, resistere sul trono è di per sé sufficiente a diventare popolare, anche se non si è fatto nient'altro – e non è il caso di Elisabetta. La *durata* è insomma per un sovrano ereditario la precondizione del successo. I presidenti eletti passano, i re *restano*. E vincendo il tempo si conquistano il diritto di entrare nella mitologia dell'immaginario collettivo. Come aveva perfettamente capito quel bastian contrario di George Bernard Shaw, «i monarchi non nascono; sono creati da un'allucinazione di massa».

Una decina d'anni fa il *Times* ha proposto un giochino ai suoi lettori. Siete in grado – ha chiesto il giornale – di dire che cosa hanno in comune Tony Blair, la finale di Coppa d'Inghilterra del 1953, sette chili di gamberoni e un pony Shetland di nome Peggy (e anche, potrei aggiungere, un corrispondente televisivo oltre i sessanta, nato a Lecce, e con barba sale e pepe)? Risposta: Elisabetta. Per la conferma bastava un'occhiata al sito web di Buckingham Palace, che il 21 aprile 2006 volle celebrare gli ottant'anni della regina mettendo in fila ottanta fatti, tra i più disparati, che in un modo o nell'altro la riguardano.

Appunto: Tony Blair è il primo capo di governo nato durante il suo regno (precisamente un anno dopo la sua ascesa al trono), la finale di Coppa del 1953 la prima a cui Sua Maestà abbia presenziato, Peggy il primo pony ricevuto in dono ancora bimbetta dal nonno Giorgio V, che adorava la sua Lilibet, vezzeggiativo in uso ancor oggi in famiglia. E quanto al sottoscritto, sebbene non citato nel sito reale, posso ritenermi ragionevolmente certo di essere il primo giornalista salentino invitato a sedere alla mensa di Sua Maestà, per quanto il termine «mensa» sia decisamente riduttivo rispetto allo splendore e allo sfarzo dei banchetti nella gran sala da ballo di Buckingham Palace. Purtroppo nei menu che ho avuto modo di sperimentare, a cominciare da quello offerto al nostro presidente Carlo Azeglio Ciampi, non c'era mai traccia dei sette chili di gamberoni regalati alla regina da un ammiratore entusiasta di crostacei. Saranno finiti a riempire inutilmente la dispensa reale accanto ad ananas, frutta esotica a quintali e anche una scatola di gusci di lumaca, solo alcuni fra i tanti bizzarri presenti di sessant'anni di regno.

La stessa puntigliosa lista informatica di Buckingham Palace provvedeva a informare in dettaglio sostenitori e critici su ciò che Elisabetta aveva *fatto* attraverso i decenni sino a quel momento. Ha offerto 91 banchetti di Stato (oggi diventati 102). Ha visitato 116 Paesi in ben 78 tour ufficiali. Ha posato per 139 ritratti ufficiali. E si è sorbita pure trentaquattro varietà reali, il cosiddetto Royal Command Performance, spettacoli di beneficenza per artisti in pensione di cui forse avrebbe fatto volentieri a meno: di uno sicuramente, nel 1954, quando con terribile mancanza di tatto gli organizzatori presentarono il film *Beau Brummell*, che ritraeva gli avi Giorgio III e Giorgio IV per quelli che erano, il primo matto e il secondo un dissoluto libertino.

Niente di più lontano di questi antenati hannoveriani dalla donna che ha inviato centomila telegrammi d'auguri ad altrettanti britannici centenari e trecentomila telegrammi di congratulazioni a coppie di sudditi giunti alle nozze di diamante. Sempre lei ha provveduto a spedire oltre tre milioni di pezzi di corrispondenza ricevendone in cambio 3.300.000, e ha ospitato nei suoi *garden parties*, sui prati di Buckingham Palace o nella reggia scozzese di Holyroodhouse, più di 1.100.000 persone. Ha conferito inoltre, consegnandole a ognuno personalmente, più di 405.000 onorificenze (ma rifiutate da geni come il pittore Francis Bacon, lo scultore Henry Moore e il romanziere Aldous Huxley). Tutte cifre da aggiornare costantemente verso l'alto, pur nel naturale calo di attività dell'ultimo decennio.

Questa congerie di numeri e fatti va ben oltre una descrizione pittoresca del ruolo della monarchia. Vuole scopertamente suggerire un coinvolgimento capillare della regina nella vita dei sudditi, un accumulo insuperabile di conoscenze ed esperienza, una cura quasi materna della nazione da parte di una matriarca che era già lì, al suo posto, quando la grande maggioranza degli odierni britannici ha visto la luce. E dal momento che nel caso di Elisabetta tutto questo è anche vero, diventa molto più facile il lavoro degli *spin doctors* di Palazzo. Per gli incrollabili scettici resta tuttavia la domanda: oltre a *durare* che cosa ha veramente *fatto* in sessantaquattro anni di regno? La risposta è espressa con chiarezza nel «fondo» che il *Times* le dedicò come tributo al compimento dei suoi ottant'anni: «Grazie, Maestà, perché in cinquantaquattro anni di regno non ha mai permesso alla maschera di scivolarle dal volto».

Posso confermarlo da testimone oculare, sia pure su una circostanza minima. Quando il duca di Abercorn, che occupa la carica di Lord Steward della Casa Reale, mi ha introdotto la prima volta all'augusta presenza nella Music Room di Buckingham Palace, Elisabetta mi ha offerto la mano come sempre guantata sfiorando appena la mia, con stampata in viso quell'immutabile espressione di cortese interesse che riserva a tutti coloro che incontra, si tratti di un primo ministro o di un giornalista italiano. Se anche biasimava la mia barba, e penso proprio fosse così visto che la proibisce ai cortigiani, non l'ha fatto trapelare. Così come la maschera, che non si toglie mai, non permette di capire se apprezzi o meno il premier in carica, che cosa pensasse davvero di Blair (non tanto bene, visto che non l'ha invitato al matrimonio del nipote William...), se e quanto detestasse lady Thatcher, quanto la disturbasse il rifiuto dell'inchino protocollare da parte di Mrs Blair, se biasimi o meno l'euroscetticismo elettorale del suo attuale primo ministro, David Cameron.

Paradossalmente, ma non tanto, sulle bocche dei critici (pochi) la sua principale virtù si trasforma nel suo peggior difetto. Quando Elisabetta, il 9 settembre 2015, ha battuto il primato di 63 anni e 216 giorni sul trono detenuto dall'antenata Vittoria, un semisconosciuto storico repubblicano di nome David Starkey le ha rimproverato di «non aver mai detto o fatto nulla degno di essere ricordato». Può essere, ma è esattamente questo che la rende memorabile. Avesse fatto il contrario, avrebbe rischiato la fine di Giacomo II Stuart, cacciato dai suoi nobili perché pretendeva di governare. È dai tempi della Gloriosa Rivoluzione del 1688-89 che l'Inghilterra è di fatto una repubblica oligarchica in cui il re è solo «il primo tra i suoi Pari», cioè gli aristocratici. Con il suffragio universale e la fine del potere dei Lord, non è più nemmeno questo, ma solo una figura rappresentativa dell'unità e della continuità dello Stato. Una maschera, appunto.

Questa immagine ricorre in tutti gli autori che studiano la fenomenologia della monarchia. Come scrive ancor oggi il filosofo Roger Scruton, «per gli inglesi il monarca è sacro e misterioso, ma sanno che la sacralità e il mistero sono attaccati a una maschera, dietro la quale un altro ordinario e riservato inglese si è ritirato». La descrizione non potrebbe essere più appropriata per Elisabetta. Quando lascia il costume di scena, che indossa sempre impeccabilmente, la regina appare in effetti una persona abbastanza ordinaria, nel senso di opposto a eccentrica o viziata: questo almeno per le abitudini quotidiane, i gusti, le simpatie e antipatie, le pretese e le preferenze. Per il resto, solo una personalità straordinaria può resistere sessant'anni tra la stima e l'ammirazione planetaria su un trono che dura ininterrottamente da dieci secoli.

Lilibet (come la chiamano in casa) adora la campagna, al pari di ogni bravo proprietario terriero dell'isola, e lei è tra i maggiori. È una buona cristiana ma non un cuoricino sensibile: se deve rompere il collo con le nude mani a una pernice appena abbattuta e ancora viva, non ci pensa su due volte anche se si tratta certamente di una creatura di Dio. La sua passione più grande, com'è noto, è cavalcare, e ancora non si sa con chi ce l'avesse il marito Filippo, se con lei o con la figlia Anna, quando se ne uscì con la celebre battuta: «Se non mangia fieno e non scorreggia, non le interessa». Da qualche anno problemi a un ginocchio l'hanno costretta a rinunciare alle amatissime cavalcate, ma non si perde mai la monta delle sue fattrici ed è certamente una delle proprietarie di scuderie più preparate in circolazione. Abbastanza perché i maligni sussurrino da sempre che ama cavalli e cani più dei suoi stessi figli. Ovviamente non è vero, ma è probabile che abbia dedicato più attenzione all'allevamento di qualche purosangue che all'educazione della prole. E anche che ci spenda più soldi.

Argomento delicato, il borsellino. La reale parsimonia, chiamiamola così, è leggendaria. Tutti a Palazzo sanno che Sua Maestà odia sprecare persino un penny. Una volta ha ordinato che un limone usato come decorazione di un piatto fosse riportato in cucina perché sarebbe potuto ancora servire. E ha accusato gli agenti della scorta di averle rubato dalle ciotole nei salotti le noccioline di cui è ghiotta.

L'elenco delle economie reali può apparire perfino imbarazzante. E se non sembrasse irriguardoso trattandosi della regina, si potrebbe forse parlare di pura e semplice taccagneria.

Questa era del resto l'opinione financo dello scomparso lord Charteris, che è stato il suo primo segretario privato, restandole poi accanto con diversi incarichi dal 1949 sino al 1978. Stimava Sua Maestà «coraggiosa, onesta, umile e sincera, ma avara». Il buon Charteris quasi non credeva ai suoi occhi quando nel congedarlo dall'impiego la sovrana gli offrì in ricordo di tanti anni di servizio un vassoio e due cornici d'argento. «Grazie per il tempo di un'intera vita», disse lei con un filo di commozione (rarissima). «Più che abbastanza, per me», commentò acido con gli amici l'ex fedele collaboratore.

Eppure, la frugalità di Elisabetta, che appare forse incomprensibile ai suoi sudditi più giovani e malati di consumismo, non doveva dispiacere a un popolo che la considerava una virtù. Almeno fino all'esplosione dell'edonismo thatcheriano negli anni Ottanta, quando «la figlia del droghiere» (come la Corte chiamava sprezzante Mrs Thatcher) attualizzò per i connazionali l'esortazione pronunciata dal francese François Guizot più di un secolo prima: «Arricchitevi!» I coetanei della regina, quelli della generazione della guerra, ormai sono rimasti in pochi ma non dimenticano, e ricordano a figli e nipoti che con la giovane principessa hanno condiviso le privazioni di quegli anni. Il padre, re Giorgio VI, aveva voluto che le rigide regole del razionamento si applicassero anche alla famiglia reale. È una delle ragioni di gratitudine che gli inglesi hanno verso la Casa regnante.

Ho chiesto una volta a Hugo Vickers, storico reale, se la monarchia britannica in pieno ventunesimo secolo non sia un anacronismo. Dipende, è stata la sua risposta: «Se avessimo avuto i Savoia, in fuga davanti ai tedeschi, anche noi gli avremmo dato un calcio nel didietro. Ma i Windsor sono rimasti con noi sotto le bombe della Luftwaffe anche quando hanno centrato la reggia. Perché dovremmo cacciarli adesso?»

Di certo, non almeno finché c'è Elisabetta sul trono. Molto più degli sparuti repubblicani dell'isola, la dinastia semmai deve temere i paparazzi. E l'occhio altrettanto indiscreto e irriguardoso delle telecamere. L'ammonimento ottocentesco di Walter Bagehot, il fondatore dell'*Economist*, appare oggi preistorico: «Non dobbiamo permettere che la luce del sole spazzi via la magia della monarchia». Altro che sole, adesso ci pensano le lampade al quarzo. Da istituzione venerata, la famiglia reale è finita sulle pagine della cronaca rosa. E da lì direttamente in quella a luci rosse.

La sfortunata storia della sorella di Sua Maestà è stata rielaborata in uno sceneggiato tv che dipinge la defunta Margaret come alcolista e tossicodipendente e la raffigura impegnata sulla spiaggia caraibica di Mustique in plurime orge, etero e lesbo. Su Diana non c'è niente che non sia stato detto. E qualche tabloid è arrivato perfino a dare spazio a un valletto bugiardo che raccontava di inverosimili rapporti omosessuali del principe Carlo.

Lei, Elisabetta, è la sola capace di sopravvivere dignitosamente alla fine dell'età della deferenza, ancora testardamente impegnata a non tradire se stessa, le sue ossessioni, la sua educazione. E il senso di una missione. Anche adesso che è arrivata a novant'anni ma non dimentica che il suo, come disse una volta, «è un lavoro per la vita». Di questa sua lunga vita Elisabetta ha fatto, con caparbietà e intelligenza, uno dei segnacoli del nostro tempo, fino a identificarsi con il suo Paese e i formidabili cambiamenti che l'hanno stravolto. Durante il suo regno si sono succeduti sette papi e dodici presidenti degli Stati Uniti (tra non molto, anche il tredicesimo). Lei era sempre lì, assieme testimone e protagonista di una vicenda storica che copre l'intera spanna dell'esistenza media. Ed è questo, assieme alla nascita della televisione e al boom dei mass media, che l'ha trasformata in un'icona globale, conosciuta e riverita dalle isole Fiji alla Lapponia, dalla Terra del Fuoco alla Tasmania. Perciò la sua storia personale appassiona e coinvolge il pubblico non solo della piccola isola a cui si è ridotto il suo (una volta) vastissimo regno, ma dell'intero pianeta.

La vecchia Inghilterra, e anche la nuova, non avrebbe potuto trovare miglior testimonial di questa sovrana che è anzitutto un'autentica lady di campagna, nata e educata tra gli ultimi edoardiani ma pronta ad abbracciare senza remore Facebook e Twitter. Nel lunghissimo tragitto, non c'è personalità al mondo che non abbia incontrato e soppesato e giudicato: è un vero peccato che non abbia tenuto, almeno per quanto se ne sappia, diari minuziosi e sinceri come quelli lasciati dalla trisavola Vittoria. In realtà Elisabetta ha vissuto in gran parte sotto i riflettori, ciò che ha detto (pochissimo) e fatto risulta in gran parte registrato, eppure una fitta coltre di riservatezza continua a coprire vaste zone della sua sfera privata e anche del suo agire pubblico. È soprattutto in queste aree opache, in cui la regina ha dovuto spesso sperimentare le emozioni cancellate dalla recita pubblica, che le prossime pagine cercheranno di condurvi. La ricerca di questa Elisabetta più «segreta» non ha obiettivi sensazionalistici ma punta a dare più verità al racconto di una vita trascorsa in gran parte sul palcoscenico mondiale. Più che una biografia, questo libro aspira a essere un ritratto: e per questo, come insegna ogni buon pittore, le ombre sono non meno essenziali della luce.

Al di là delle bizzarre statistiche di Corte, resta vero che nessuno è in grado di dire con precisione in cosa consista il suo lavoro. E non sarà certo Elizabeth Alexandra Mary Windsor a rivelarlo. I sudditi la vedono viaggiare, officiare ogni anno la rituale apertura del Parlamento, inaugurare ponti e varare navi e accettare fiori da compiti bambini, e si illudono di conoscerla. Anche questo volume potrebbe rafforzare tale sensazione. Ma in realtà tutti noi possiamo solo tirare a indovinare. Nell'epoca del disvelamento totale, dai pensieri all'ombelico e oltre, Elisabetta Regina è forse la sola a ricordare perfettamente che la maestà della monarchia è il suo mistero.

Londra, marzo 2016

PROLOGO

La regina che abrogò le emozioni

Il giorno che cinse la corona, Elisabetta II non solo decise di bandire il marito Filippo dal talamo nuziale, almeno per qualche anno, ma si impose pure di cancellare dal volto ogni moto dell'animo, ogni segno di turbamento o esultanza, allegria o tristezza. Tutto sacrificato all'alta missione – così almeno la sentiva – cui era chiamata. Da quel momento ha costretto i suoi muscoli facciali ad assumere quell'espressione perennemente serena e distante, inalterabile, solo ogni tanto interrotta da un sorriso che, quando appare, dona ancor oggi grazia e bellezza al suo viso.

La regina non mostra emozioni. O non ne ha affatto? Da sessant'anni i sudditi, e con loro il pubblico planetario che si gode con immutato piacere lo spettacolo dei Windsor, continuano a chiedersi che genere di donna sieda sul trono d'Inghilterra. Il tentativo di decifrarla appare vano. Parafrasando ciò che il primo dei suoi dodici premier, sir Winston Churchill, diceva dell'Unione Sovietica, si attaglia anche a Elisabetta l'immagine di «un rebus avvolto in un mistero che sta dentro un enigma». È davvero così anaffettiva e gelida come appare?

Molte testimonianze di prima mano vanno in questa direzione. E raffigurano una donna che ha fatto dell'autocontrollo la sua vera natura. Non solo la regina non è sentimentale, e si potrebbe capire, ma non sembra proprio capace di provare sentimenti. Perfino quando entrano in gioco i suoi affetti più profondi. Niente pare dimostrarlo meglio della sua reazione alla morte del padre, che stravedeva per lei e lei venerava.

Agli inizi del 1952 la venticinquenne principessa e il marito Filippo avevano appena cominciato il tour di sei mesi nelle più remote nazioni del Commonwealth. Erano stati costretti a prendere il posto di Giorgio VI che, già malato di cancro ai polmoni, aveva dovuto rinunciare al viaggio per il peggioramento delle condizioni di salute. La giovane coppia aveva deciso di far precedere le visite di Stato da qualche giorno di vacanza in Africa, ai piedi del monte Kenya, nel Sagana Lodge che il governo della colonia aveva loro offerto come dono nuziale.

Re Giorgio e la regina Elizabeth (nata Bowes-Lyon) avevano accompagnato figlia e genero con il loro seguito all'aeroporto il 31 gennaio 1952, per salutarli all'imbarco sull'aereo Argonaut della Boac, la British Overseas Airways Corporation, antenata della British Airways. L'aspetto del sovrano, mentre diceva addio all'amata Lilibet, faceva paura. Cinque giorni dopo, sistemati i bagagli e il personale nell' isolato Sagana Lodge, Elisabetta e Filippo si trasferirono per una notte al *Treetops Hotel*, una cabina di legno con tre camere da letto costruita in cima a un gigantesco albero di fico nel cuore dell'Aberdare National Park: sotto, accortamente illuminato, avevano un *salt lick*, cioè un terreno ricco di salgemma dove gli animali si recano regolarmente per leccare il sale.

La principessa era entusiasta ed eccitata. In pantaloni kaki e tenuta antizanzare continuava a filmare scimmie, elefanti e rinoceronti che le sfilavano sotto il naso. Anche un gruppo di babbuini che giocavano con i rotoli di carta igienica rubati nel capanno. Al tramonto, lei e il marito inquadrarono un branco di una trentina di elefanti, e lei glieli indicò incredula: «Guarda, Philip, sono rosa!» Non aveva realizzato che i pachidermi si erano semplicemente rotolati nel terriccio rosso della savana. Elisabetta rimase in piedi buona parte della notte e all'alba era di nuovo di vedetta, assieme al segretario del marito, Michael Parker, per seguire le evoluzioni di un'aquila bianca sopra le loro teste.

Fu Parker, a metà pomeriggio, a ricevere e quindi comunicare a Filippo la drammatica notizia che avrebbe cambiato all'istante la vita della sua sposa, e ovviamente anche la sua.

Da Londra era appena arrivata una telefonata a Martin Charteris, segretario privato della principessa: il padre Giorgio VI era morto nella notte, ad appena cinquantasei anni. Il re, che sembrava in pieno recupero, aveva trascorso una piacevole giornata di caccia alla lepre nella tenuta di Sandringham. Ne aveva prese nove e al momento di rientrare aveva detto al suo valletto: «Bene, Macdonald, domani torniamo di nuovo a caccia di lepri». La regina, che aveva passato la sera con lui, ricorderà che «era in perfetta forma e sembrava che stesse bene e fosse felice». Dopo la cena con la moglie e la figlia Margaret, alle dieci e mezzo se ne era andato allegro a letto. Un poliziotto di guardia lo vide tirare le tende della finestra attorno a mezzanotte. Un finale scoppio di energia.

Alle sette e mezzo del mattino James Macdonald entrò nella stanza per svegliarlo con una tazza di tè e lo trovò privo di vita. Il re era morto nel sonno poco prima dell'alba, pacificamente, per un trombo al cuore. I guardacaccia lo trasportarono alla chiesetta locale per una veglia funebre. Di quelle ultime ore la figlia Margaret ricordava: «Ci furono allegre battute, e andò a letto presto perché era convalescente. Poi, non c'era più». La notizia raggiunse il Kenya solo molte ore dopo. Informato da Parker, Filippo mormorò che sarebbe stato «*the most appalling shock*», «il colpo più spaventoso» per la moglie, e si avviò verso la camera da letto dove lei riposava dopo il safari notturno.

La reazione fu in puro stile Elisabetta. Nemmeno una lacrima. Ma, stando al marito, appariva «pallida e preoccupata». Lui la condusse giù per un sentiero fino al fiume Sagana, e da lì si avviarono per una lunga passeggiata sulla sponda. Più tardi, quando la cugina Pamela Hicks, la figlia dello zio di Filippo, lord Mountbatten, che serviva da *lady-in-waiting** le fece le condoglianze, tutto ciò che la nuova regina riuscì a dire fu: «Oh, grazie. Ma mi dispiace tanto che questo significhi che dobbiamo tornare in Inghilterra, sconvolgendo i piani di tutti». Insensibilità? Durezza d'animo? Per lady Pamela, al contrario, si trattava della conferma del «suo solito straordinario modo di fare, quando arrivai stava già pensando a che cosa avrebbero dovuto fare tutti gli altri».

Con un misto di ammirazione e sconcerto, il segretario Charteris dà conto di questa soprannaturale compostezza, che porta la sua nuova sovrana – mezz'ora dopo aver appreso la morte dell'amatissimo pa-

* Le dame di compagnia reali, di solito nobildonne non retribuite.

dre – a mettersi allo scrittoio per vergare lettere, dettare telegrammi, fissare agende e memorandum per i giorni a venire: «la signora che ora dobbiamo chiamare regina sedeva eretta senza lacrime, appena un po' colorita, pronta ad accettare il suo destino». E la determinazione di quei momenti era la prova, commenta il fedele Charteris, che «aveva afferrato il suo destino con entrambe le mani». Al *Treetops Hotel* una targa ancor oggi ricorda quel momento, riportando il commento del famoso cacciatore inglese Jim Corbett, anche lui in quei giorni ospite del resort: «Per la prima volta nella storia del mondo, una giovane ragazza è salita su un albero un giorno come principessa e ne è scesa il giorno dopo come regina. Dio la benedica».

Che ci siano poche cose, e forse nessuna, in grado di sconvolgere Elisabetta è confermato. E che per lei il suo destino coincida con un'idea assolutamente rarefatta e preternaturale della sua dignità è altrettanto certo. Se si considerano le cose da questo punto di vista, un perfetto autocontrollo deve apparirle come uno dei requisiti essenziali del suo lavoro. Certo, appare naturale che una buona figlia, e una figlia molto amata, pianga la morte del padre, tanto più se improvvisa e anzitempo. Pure una regina può farlo, ma solo nel segreto del suo foro interiore. Sul volo che la riportava a casa dalla vacanza troncata, a bordo dello stesso Argonaut su cui era partita allegra solo una settimana prima, Elisabetta fu vista alzarsi parecchie volte dal sedile, e secondo il valletto personale di Filippo, John Dean, «sembrava come se avesse pianto». Ma non di fronte al mondo, non davanti ai sudditi. Una simile debolezza l'avrebbe strappata dal firmamento dei simboli per renderla «reale», cioè umana, insomma troppo simile ai comuni mortali su cui era chiamata a regnare. Sarebbe venuto un tempo in cui loro per primi le avrebbero rimproverato una tale siderea compostezza.

Al momento però era la sovrana di quella buona vecchia Inghilterra celebre per lo *stiff upper lip*, il labbro superiore rigido, né pianto né riso, ma l'imperturbabile sicurezza degli ex padroni del mondo racchiusa nel bozzolo protettivo dei loro castelli. La società inglese era ancora la più rigidamente stratificata dell'intero Occidente, solo un po' meno castale di quella indiana, e i rituali dell'*upper class* si riflettevano all'ennesima potenza nelle pratiche quotidiane del pinnacolo dell'aristocrazia, ovvero la famiglia reale. Non a caso l'insegnamento dell'antenata Vittoria al quale la regina è più affezionata rimane: «*Never complain, never explain*». Mai lamentarsi, mai dare spiegazioni. L'una e l'altra attitudine, come qualsiasi altra emozione, appartengono all'umanità ordinaria.

Al pari dei suoi avi, Elisabetta è sempre stata acutamente consapevole della «grande e solitaria posizione alla quale è stata chiamata», come scrisse la Regina Madre Elizabeth in un messaggio senza precedenti ai connazionali nel momento dell'ascesa al trono della figlia. E in quei giorni convulsi di passaggio della corona, la stessa Elisabetta confidò a un'amica: «Che cosa straordinaria, non mi sento più ansiosa o preoccupata. Non so che cos'è – ma ho perso la mia timidezza».

Non l'avrebbe mai più patita. Nemmeno in uno di quei riti di passaggio in grado di incutere sacro terrore perfino a stagionati guerrieri che ghermivano finalmente il trono: l'incoronazione. La solenne cerimonia di stampo prettamente medievale, e dunque perfettamente adeguata per stordire le masse attratte dalla prima diretta televisiva del genere, fu fissata per il 2 giugno 1953. Quella mattina, aiutandola nella vestizione, una delle *ladies of the bedchamber** ebbe l'imprudenza di osservare che certamente Sua Maestà doveva sentirsi alquanto nervosa. «Lo credo bene», fu la risposta, «ma sono convinta che Aureole vincerà.» Aureole era il suo puledro castagno iscritto al famoso Derby di Epsom del 6 giugno, la più importante gara ippica d'Inghilterra, *ergo* del pianeta: a tenere in tensione la sovrana non era l'estenuante cerimonia che si preparava ad affrontare ma il piazzamento del suo cavallo... Che peraltro, sfortunatamente, arrivò solo secondo.

Non è chiaro se Elisabetta si impedisca di esprimere emozioni profonde o sia piuttosto incapace di affrontarle. Una delle principali, l'istinto materno, non sembra proprio il suo forte. È vero che, come accade a ogni madre molto impegnata nel mondo del lavoro, era per lei giocoforza affidare i figli a stuoli di bambinaie e precettori. Ma anche prima di essere totalmente assorbita dagli impegni della Corona, quando si limitava a fare la mogliettina di un ufficiale di Marina di base a Malta, non sembrava mai troppo ansiosa verso la prole. Di ritorno dall'isola del Mediterraneo, dove aveva fatto per parecchie settimane il suo dovere coniugale (e concepito la secondogenita Anna),

* Le dame della camera da letto, che assistono la sovrana nella sfera privata.

aveva aspettato ben quattro giorni prima di andare a Sandringham a vedere come se la cavava il suo piccolo Carlo: nel frattempo, invece, non aveva mancato di fare una capatina alle corse dei cavalli.

Del resto, come sanno tutti coloro che hanno visto le immagini in bianco e nero di quegli anni, anche dopo lunghe assenze si limitava in pubblico a stringere la mano ai figli bambini. Loro venivano sufficientemente viziati da schiere di *nannies* di manica larga e da una nonna adorante – verso Carlo in particolare –, ma la mamma regina era sin troppo propensa a invocare la sua (indubbia) devozione al dovere per sottrarsi alle sfide materne. «Lasciava che le cose andassero da sole», ha ricordato lady Gay Charteris, moglie del segretario privato. Lei aveva del lavoro da fare ogni giorno. Ed era più facile tornare a occuparsi di quello piuttosto che dei capricci dei bambini. Aveva sempre la scusa delle *red boxes*, le famose «scatole rosse» zeppe di documenti governativi da visionare e firmare.

È vero che il comportamento di Elisabetta rifletteva in modo preciso l'epoca e il Paese: molti britannici della sua generazione, specie nelle classi alte, trovavano difficile esprimere le loro emozioni e l'amore verso i figli. Nel caso dei Windsor a soffrire maggiormente della freddezza materna è stato il primogenito. Alle naturali inibizioni di Elisabetta, e alla sua riluttanza a misurarsi con la sfida della pratica educativa, si aggiungevano l'influenza del marito – convinto che l'erede fosse una «scamorza», bisognoso di essere «un po' indurito» – e un'etichetta di stampo medievale che non fa mai dimenticare la suprema dignità della porpora, nemmeno nelle relazioni tra famigliari. Carlo ha aspettato di festeggiare i suoi cinquant'anni a Buckingham Palace, con duemila invitati da ogni ceto sociale, per rivolgersi alla sovrana anzitutto con un protocollare «*Ma'am*», e poi per la prima volta in pubblico con l'ordinario «*Mummy*»: un affettuoso «mammina» che ha fatto sorridere lei e scatenato l'ilarità nel salone delle feste, consapevole dell'eccezionalità dell'evento.

Figurarsi le relazioni con il pubblico. È un paradosso che scomparirà probabilmente con Elisabetta ma è curioso che la monarchia britannica, così bisognosa di popolarità per sopravvivere, nasconda poi il sovrano al suo popolo dietro un velo impenetrabile di riservatezza e distanza. Era quello che la sfortunata Diana voleva dire quando accusava *The Firm*, ovvero «La Ditta», come i Windsor si autodefiniscono, di essere *out of touch*, troppo distaccati dall'esistenza della gente comune. E che la principessa ne fosse o no consapevole, era un programma politico quello che esprimeva, quando dichiarava di volere che i figli conoscessero «la vita reale» fuori dalla *gilded cage*, la «gabbia dorata del Palazzo». Quasi un manifesto sovversivo alle orecchie di una sovrana incoronata quando il 34 per cento degli inglesi ancora immaginava seriamente che sedesse sul trono per volontà di Dio. E se qualcuno per caso lo dimentica, lei non scorda mai – e non permette a nessuno di scordarlo – che la dignità incomparabile della sua «missione» deriva dalla sacra «unzione» ricevuta al momento di cingere la corona.

Intendiamoci, la «curiosità» del mondo ogni tanto assale anche Elisabetta, esponendola a quel flusso di coscienza chiamato «emozioni» che tiene sempre accuratamente a bada. Nel trionfale viaggio americano che lei e Filippo compirono nel 1957, Ruth Buchanan ebbe modo di esserle vicina come moglie del Capo del Protocollo del presidente Eisenhower e ci ha consegnato un ricordo perfettamente bifronte di Sua Maestà. Da un lato c'è la giovane moglie che stuzzica il marito in volo verso Washington sul *Columbine III*, il potente quadrimotore del presidente Usa: in attesa del decollo da Williamsburg, in Virginia, il duca di Edimburgo legge le notizie sportive e lei scrive cartoline ai figli finché all'improvviso lo chiama: «Philip?» Lui continua a leggere. «Philip!» ripete lei più decisa, costringendolo a levare gli occhi dal giornale e a guardarla, incuriosito. E lei: «Quali motori si accendono per primi su un grosso aereo come questo?» Il duca appare alquanto perplesso, ed Elisabetta torna alla carica: «Su, avanti», gli dice con una risata, «non aspettare che li mettano in moto, Philip!» E il poverino è costretto ad azzardare una risposta, che per sua fortuna risulta azzeccata. «Lui era imbarazzato», commenta Mrs Buchanan, che gli sedeva vicino. «Somigliava così tanto a quello che fa una moglie qualsiasi quando il marito non le presta attenzione.»

Eppure, è la stessa «mogliettina» che non dimentica mai di essere «the Queen». Sempre nelle parole di Ruth Buchanan, era evidente che la Regina «si sentisse molto sicura, e assolutamente a suo agio nel suo ruolo. Ma non lasciava che la barriera si abbassasse. Manteneva sempre un atteggiamento e aveva pieno controllo di quel che faceva, anche se rideva alle storielle di mio marito». Che era certamente un uomo divertente se una volta, aspettando che il consorte accompagnasse la coppia reale alla loro limousine, Mrs Buchanan sente la regina «ridere sonoramente. Uno non si sarebbe mai aspettato che lei avesse quella risata di cuore. Ma il momento che girò l'angolo e ci vide, subito si ricompose».

Quella stessa visita americana avrebbe tuttavia rivelato anche al pubblico inglese una sovrana meno remota di quanto fosse abituato a sperimentare. Non solo al terzo giorno del viaggio Elisabetta aveva messo da parte balli, pranzi e incontri con dignitari per chiedere esplicitamente di assistere a un incontro di football americano, ma mentre la accompagnavano al Byrd Stadium dell'Università del Maryland per il match contro l'Università del North Carolina, notò lungo la strada un supermarket Giant. Subito la reale ospite chiese di organizzare una visita, in modo che lei «potesse vedere come le massaie americane acquistano il cibo».

Elisabetta II e Filippo non avevano mai visto un supermercato, allora sconosciuto in Inghilterra come nel resto d'Europa, ma nemmeno i clienti del Giant avevano mai incontrato una regina e un duca quando quello stesso pomeriggio alle cinque, finita la partita, la reale comitiva mise piede nel Queenstown Shopping Center. Come scrive la biografa Sally Bedell Smith, «con una curiosità da antropologi e un'informalità che non avevano mai manifestato in Gran Bretagna, passarono quindici minuti stringendo mani, interrogando i clienti e ispezionando il contenuto dei carrelli della spesa». Elisabetta, che a casa raramente baciava i figli, si entusiasmò per il piccolo sistemato nel seggiolino del carrello della spesa e disse alla giovane mamma: «Com'è carino che possiate portarvi dietro i bambini». E a conferma del suo *sense of humour*, quando le offrirono da assaggiare dei cracker al formaggio, non si trattenne: «Buono per i topi!»

Lo «charme e la grazia» naturali – come scrisse Eisenhower nel messaggio di addio – esibiti dalla coppia reale fecero della visita americana «uno straordinario successo», per giudizio unanime della stampa britannica e statunitense. A tal punto che Harold Macmillan, allora primo ministro, commentò nel suo diario che «la regina ha seppellito Giorgio III* una volta per tutte». Ma gli inglesi si senti-

* L'antenato che provocò la Rivoluzione americana nel 1776.

rono esclusi leggendo sui giornali di queste iniziative estemporanee della loro regina, per non parlare dell'estesa copertura televisiva che aveva permesso negli States ma negava (ancora per poco) in patria. Si avvertiva insomma sottopelle una specie di disagio nazionale, al quale diede voce l'interrogativo del londinese *Daily Herald*: «Why did she have to cross the Atlantic to become real?» Perché Elisabetta ha dovuto attraversare l'Atlantico per diventare reale, ovvero un essere umano come tutti?

Pochi anni dopo, nel giugno 1961, a sua volta in visita ufficiale dai Windsor a Londra, Jackie Kennedy manifestava comunque parecchi dubbi su questa «umanità». La trentunenne moglie del mitico JFK non si sentiva affatto a suo agio con la sovrana di tre anni maggiore di lei, né appariva impressionata «dai fiori o dagli arredi degli appartamenti a Buckingham Palace, o dall'abito di tulle blu scuro con spalline della Regina, o dalla sua piatta acconciatura di capelli». La first lady confidò all'amico scrittore Gore Vidal che «la Regina è stata umana solo una volta». Jackie si era lamentata della fatica di una visita di Stato in Canada e Sua Maestà aveva replicato con uno sguardo complice e una battuta in codice: «Dopo un po' si diventa esperti, e si impara a risparmiarsi».

Di questa «umanità» restano rari segni pubblici, probabilmente perché in fondo la regina non ha mai cambiato veramente idea sulla questione delicatamente sollevata sei decadi fa dal devoto premier Macmillan: lui amava le sue maniere informali nell'affrontare gli affari di Stato e apprezzava il suo *sense of humour* ma, come molti altri, avrebbe voluto «che lei potesse essere indotta a sorridere di più in pubblico». Quando glielo riferirono, la trentenne regina osservò di aver «sempre presunto che la gente volesse vederla solenne nella maggior parte delle occasioni». Eppure, lei stessa è consapevole di avere, come ha detto una volta, «il tipo di viso che, se non sorrido, sembro arrabbiata».

Se di ridere non se ne parla, almeno non pubblicamente, tanto meno di piangere. Credo di essere tra i pochissimi che hanno avuto la chance di registrare due furtive lacrime di Sua Maestà nell'arco di un ventennio. La prima accompagnò il *decommissioning*, ovvero il disarmo del reale panfilo *Britannia*, quando nel 1997 quell'ingrato del Parlamento stabilì che mantenerlo costava ormai troppo ai contribuenti. Il punto di vista di Elisabetta era radicalmente diverso. L'istinto demagogico delle democrazie faceva apparire un lusso inutile, e dunque superfluo, quello che ai suoi occhi era invece un segno di status, e di conseguenza uno strumento di lavoro. I reali d'Inghilterra avevano sempre avuto un panfilo a disposizione sin da quello donato dai sudditi a Carlo II al suo ritorno sul trono, nel 1660. Sul *Britannia* Elisabetta non aveva solo trascorso vacanze e momenti felici ma aveva anche compiuto visite ufficiali e ospitato capi di Stato, facendo dello yacht un tributo alle memorie marinare dello scomparso Impero.

Con un forte impatto simbolico, era stato il *Britannia* ad attraccare nell'ottobre 1994 al molo di San Pietroburgo, per la prima visita in Russia di un Windsor dopo l'assassinio dei parenti Romanov a opera dei bolscevichi nel luglio 1918. E nella circostanza aveva ospitato a bordo il presidente Boris Eltsin per un banchetto che nessuno dei presenti avrebbe mai potuto dimenticare. Dopo aver ingollato un numero imprecisato di bicchieri di vino, giustificandosi con l'esiguità della loro misura, il capo del Cremlino prese a tempestare la regina con la tipica ossessività degli ubriachi sulla questione che lo tormentava: doveva o no ripresentarsi alle prossime elezioni presidenziali? In inglese si dice *stand for reelection*, ed Elisabetta, sempre attentissima a evitare argomenti politici, stavolta non poté resistere alla battuta cattiva: «Signor Presidente, da quello che dice, certamente *you will stand again*», cioè «si presenterà ancora» ma anche «starà in piedi». Ubriaco com'era, invece di offendersi Eltsin esplose in una fragorosa risata. E attaccò una corte serrata alla principessa Alexandra, cugina della regina, di cui si era istantaneamente invaghito.

Questo doveva essere solo uno dei tanti ricordi, felici o curiosi, tornati in mente a Elisabetta in quella giornata dell'11 dicembre 1997. Era sul ponte della nave che aveva tenuto a battesimo – la prima delle ventitré del suo regno – il 16 aprile 1953, e il tempo sui moli di Portsmouth dove si teneva la cerimonia dell'addio era freddo e chiaro, ben diverso dalla piovosa giornata del varo nel porto di Clydebank, vicino a Glasgow. Erano passati da allora quarantaquattro anni, e per tutto quel tempo il *Britannia* era stato forse il solo posto al mondo dove Elisabetta poteva concedersi il sempre elusivo lusso della solitudine. Come lei stessa aveva detto, Buckingham Palace era per il lavoro, Windsor Castle per i weekend e qualche visita di Stato,

Balmoral e Sandringham per le vacanze (sebbene spesso interrotte da urgenze lavorative o necessità di intrattenere ospiti), il *royal yacht* il posto dove poteva pienamente rilassarsi.

La banda dei Royal Marines attaccò *A Life on the Ocean Wave* – Una vita sull'onda dell'Oceano – e la comitiva reale cominciò a scendere a terra. Con la regina c'erano almeno una dozzina di altri membri della famiglia, e tutti avevano trascorso molte ore a bordo, per visite ufficiali, per vacanza o in luna di miele, come Carlo e Diana nel 1981. Elisabetta lasciò la nave per ultima e non c'era da sbagliarsi: aveva gli occhi pieni di lacrime, sebbene riuscisse a evitare di lasciarne cadere anche una.

Una sola invece le spuntò in pubblico al momento dell'ultimo addio alla mamma ultracentenaria, l'amatissima Queen Mum. Il 9 aprile 2002, dopo un imponente funerale nell'abbazia di Westminster circondata da oltre un milione di persone, la salma di Elizabeth Bowes-Lyon fu interrata accanto a quella del marito scomparso mezzo secolo prima, nella cappella di San Giorgio del castello di Windsor. Per una vegliarda di quell'età difficilmente il trapasso poteva risultare inatteso, eppure l'unica figlia superstite (Margaret era morta appena poche settimane prima) mostrava segni evidenti di forte stress emotivo. Ma come sempre ben controllato. In fondo alla scalinata di St George's, prima di risalire sull'auto nera come il lutto stretto che indossava, Elisabetta si fermò, dischiuse leggermente la sua misteriosa borsetta e ne estrasse un candido fazzolettino di battista. Non lo aprì ma con la punta si asciugò qualcosa nell'angolo dell'occhio destro. Chi conosceva bene il suo rapporto con la madre, sapeva che aveva perso anche l'amica, la confidente, la consigliera più vicina di un'intera vita.

Lo sforzo di autocontrollo appare il sacrificio più cruento compiuto da Elisabetta sull'altare della devozione alla dignità regale. È un difficilissimo esercizio di equilibrio. Per mantenere la sua posizione di simbolo nazionale la regina deve essere straordinaria, ma i sudditi si aspettano anche che sia un normale essere umano. Se apparisse troppo remota e misteriosa perderebbe il contatto con il suo popolo, ma se fosse troppo alla mano svilirebbe la sua missione, forse fino a renderla inutile. E tuttavia, nel lampo di una tragedia collettiva che per una volta irruppe anche nella sua cerchia famigliare si scorgono tratti di quella umanità tenacemente celata alle telecamere.

Una regola non scritta delle vacanze estive a Balmoral, nel silenzio delle Highlands scozzesi, è che ogni volta che lei e il marito pranzano assieme a castello nessuno deve disturbarli eccetto che per un'emergenza. Pertanto, quando a mezzogiorno di giovedì 27 agosto 1979 Robert Fellowes, all'epoca assistente segretario privato, entrò nella sala da pranzo, la regina sapeva che portava cattive notizie. Ma non sapeva quanto cattive. Quella mattina un commando dell'Ira, l'Irish Republican Army, aveva fatto saltare in aria la barchetta a vela su cui si trovava lord Mountbatten, l'amatissimo «zio Dickie», in vacanza nella sua casa di Sligo nella Repubblica d'Irlanda. Con il settantanovenne Pari erano morti nello scoppio la consuocera Doreen Brabourne, il nipote quattordicenne Nicholas Knatchbull, e un ragazzino del posto, Paul Maxwell. Timothy, il gemello di Nicholas, era rimasto ferito, così come la madre Patricia Mountbatten e il padre lord Brabourne, che ebbe una gamba squarciata.

La regina e la sua famiglia furono devastati dal dolore. Zio Dickie, figura mitica dell'Inghilterra in guerra, era stato per tutti loro una presenza importante nell'arco dell'intera esistenza. Aveva favorito il matrimonio di Elisabetta col nipote Filippo, e verso Carlo si era assunto, ricambiato, il ruolo di padre putativo: il giovane principe lo considerava «il suo confidente più intimo e la maggiore singola influenza» sulla sua vita, che «non sarà *mai più* la stessa adesso che se n'è andato». Elisabetta chiamò l'ospedale ed ebbe una lunga conversazione con i membri della famiglia ma l'unico a scrivere una lettera di condoglianze fu Filippo. Patricia Brabourne, che aveva dovuto ricevere 117 punti in faccia, si sentì spiegare il silenzio reale da un dottore della Croce Rossa: «Quel genere di persone riservate ha sentimenti forti ma non vuole esprimerli. Lei sente che qualunque cosa possa dire sarebbe totalmente inadeguata, quindi è inutile provarci».

Ma fa certo uno strano contrasto l'episodio riportato dalla sorella di Patricia, quella stessa lady Pamela Hicks testimone in Kenya del momento dell'ascesa al trono. Aveva scritto a Elisabetta una nota di conforto per la morte di uno dei corgi reali, e la regina rispose con una lettera di sei pagine. La spiegazione che lady Pamela preferisce offrire è che «un cane non è importante, così lei può esprimere sentimenti realmente profondi che altrimenti non riesce a tirare fuori». Eppure, Joanna Knatchbull, la più grande dei figli dei Brabourne, ricorda che all'arrivo nella residenza di famiglia a Broadlands per la sepoltura di lord Mountbatten la sovrana scese dall'auto con gli occhi arrossati dal pianto. «Ma'am, vuole andare di sopra?» chiese la giovane offrendo riservatezza. In una rara ammissione di debolezza la donna di ferro rispose: «Sì, penso di sì».

Pochi giorni dopo l'attentato, Timothy, il nipotino superstite, fu invitato dalla regina a Balmoral con la sorella Amanda. Arrivarono al castello fra le due e le tre di notte, aspettandosi di trovare tutti a letto. Invece, appena messo piede nell'atrio, dal capo opposto del lungo corridoio videro la sovrana affrettarsi verso di loro, con Carlo accanto. «È difficile da descrivere», ha raccontato in seguito Timothy, «ma dava la sensazione di una mamma chioccia che si affannasse a raccogliere attorno a sé i suoi piccoli smarriti. In faccia aveva stampata un'espressione di grande preoccupazione e cura, come il principe Carlo, del resto. Fu un momento magnifico, di totale sorpresa. Ci portarono sul retro della casa dove ci aspettavano zuppa e sandwich. Nessun altro in giro... Solo loro due... E davvero desideravano solo mostrarci affetto e cura, avvolgendoci in una specie di amore materno che emanava dalla regina.»

Nessuno può sapere se in quei momenti Elisabetta abbia provato anche rimpianto per quell'amore che aveva invece così razionato ai suoi figli. Se Carlo ne ha sofferto di più, Anna invece dice di avere imparato presto che le assenze di mamma da casa appartenevano a «una vita di servizio» non esclusiva di Sua Maestà ma condivisa per esempio dagli uomini e donne delle forze armate. Insomma, le spiegavano, «l'assenza non era un fatto personale, lei non andava via perché tu non le piacevi ma perché c'erano altre priorità, e anche tu avrai il tuo tempo». Magari mai tanto ma quando arrivava – ricorda la Principessa Reale – era «tempo di qualità», che faceva di Elisabetta «una buona madre».

Anzi, una *mummy*, mammina: Carlo gliel'ha ripetuto in pubblico una seconda volta la sera del 4 giugno 2012, quando una gigantesca festa pop davanti a Buckingham Palace segnò l'apoteosi del Diamond Jubilee. I centomila in piazza hanno riso, come il milione nei parchi tutt'attorno e i milioni davanti alla tv, e pure lei ha scosso la testa, ma si mordeva il labbro, e alla fine si è lasciata andare a un sorriso. «Grazie per sessant'anni di splendido servizio», ha continuato il figlio ed erede, «grazie per renderci orgogliosi di essere britannici.» E urlando nel microfono «Tre volte hip hip urrà per la regina!» si è tirato dietro la folla in una colossale acclamazione riecheggiata nel cielo sopra Londra. Le telecamere inquadravano Elisabetta e misuravano la gioia come sempre contenuta, ma non c'era da sbagliarsi: deglutiva e aveva gli occhi lucidi. Sessant'anni passati a respingere le emozioni in nome della regalità le avevano procurato la più forte di tutte, anche se mutevole: l'amore dei sudditi. Non era scontato quand'era venuta al mondo.

PARTE PRIMA

Missione

La figlia dell'Impero

Sir William Joynson-Hicks, irritabile ministro dell'Interno nel governo conservatore di Stanley Baldwin, era estremamente seccato la sera del 20 aprile 1926. Mancavano due settimane allo Sciopero Generale proclamato dai sovversivi delle Trade Unions con il sostegno di quei cripto-bolscevichi del Labour Party, e invece di occuparsi dei convulsi preparativi in corso di fronte a un evento da molti temuto – e da altrettanti auspicato – come la prova generale della rivoluzione, l'Home Secretary aveva dovuto abbandonare il suo ufficio per rispettare un'assurda tradizione secentesca. Elizabeth duchessa di York, consorte del figlio cadetto di re Giorgio V, stava per partorire e una consuetudine mai interrotta dal 1688 imponeva la presenza di un membro autorevole del governo come testimone della nascita di un principe del sangue: una specie di misura cautelare generata dal sospetto che Maria Beatrice d'Este, moglie del cattolico Giacomo II Stuart poi deposto dalla Gloriosa Rivoluzione, avesse simulato la gravidanza per contrabbandare nella culla un maschietto di ignoti natali.

Elisabetta fu per fortuna l'ultimo monarca a vedere la luce spiata da politici, ecclesiasti e cortigiani: quando toccò a lei mettere al mondo un figlio, la ridicola tradizione venne silenziosamente accantonata. La sua nascita fu decisamente laboriosa. Mentre il ministro dell'Interno fumava di rabbia e impazienza, il travaglio della duchessa si trascinava da quasi ventiquattro ore, per l'ostinazione dei quattro luminari ginecologi al suo capezzale che volevano un parto naturale. Alla fine si arresero alla necessità del taglio cesareo («Un certo genere di trattamento», riportò la pudibonda stampa del tempo) e la bambina aprì gli occhi alle 2.40 della fredda e piovosa notte d'aprile. Tra le mura del 17 di Bruton Street, casa paterna della duchessa, tutto rispecchiava un ordine sociale basato sul privilegio e la quiete. Fuori, Londra ribolliva in vista dello sciopero generale del 3 maggio. Ma appena i giornali riportarono la notizia della nascita reale una folla di leali sudditi si raccolse in Bruton Street per festeggiare l'arrivo della piccola principessa, e nemmeno le bandiere rosse di pochi giorni dopo riuscirono a disturbare il clima di patriottica eccitazione prodotto dalla nascita di una nuova Windsor.

Novant'anni dopo è difficile immaginare il panorama urbano e sociale di quella Londra di quasi un secolo fa. Eppure lo sforzo è necessario per capire la genesi della personalità di Elisabetta, figlia – ha scritto il migliore storico dell'aristocrazia britannica, David Cannadine – di due mondi: «Lei è una figlia dell'aristocrazia, sua madre naturalmente era un'aristocratica, non una Reale, ed era una figlia dell'Impero; suo padre e suo nonno erano imperatori dell'India, e questo nel 1926 era parte di un apparentemente eterno ordine delle cose».

Così poco eterno che nemmeno la casa esiste più. Ho passato quasi due decenni della mia vita scorgendo dalla finestra del mio ufficio di corrispondente Rai, al 29 di Bruton Street, la targa di marmo grigio sul muro dal lato opposto della strada. Reca la data 1977 e una scritta: QUESTA TARGA FU DEDICATA NELL'ANNO DEL SUO GIUBILEO D'ARGENTO A SUA MAESTÀ LA REGINA CHE QUI NACQUE IL 21 APRILE 1926. Dal giugno 2012, sotto si è aggiunta un'altra lapide più piccola e tonda, per solennizzare il Giubileo di Diamante: IN QUESTO LUOGO AL 17 DI BRUTON STREET SI ERGEVA LA CASA DEL CONTE DI STRATHMORE E KINGHORNE DOVE ELIZABETH ALEXANDRA MARY WINDSOR, DIVENUTA IN SEGUITO SUA MAESTÀ LA REGINA ELISABETTA II, NACQUE IL 21 APRILE 1926.

La casa dei nonni materni è stata abbattuta nel grande ciclone edilizio postbellico. Al suo posto c'è oggi un elegante ristorante cinese al piano terra di un colossale blocco di uffici, in puro stile «neobabilonese», che occupa un intero quarto del rettangolo di Berkeley Square. È il cuore di Mayfair, un tempo palcoscenico della vita di Corte e adesso, più modestamente, di atelier di moda, boutique, costose gallerie d'arte, ristoranti e showroom di auto di lusso. Solo la doppia lapide sul muro ricorda sobriamente che lì venne al mondo la principessina. Ma la casa è importante, perché testimonia fisicamente che Elisabetta non nacque nella porpora, come si diceva a Bisanzio per i neonati figli di imperatori regnanti e a loro volta destinati al trono.

Al contrario, niente lasciava intuire il suo destino così luminoso, e certo nemmeno gli entusiasti sostenitori radunatisi sotto le finestre di Bruton Street potevano immaginare che quella bambina sarebbe stata il più grande monarca del ventesimo secolo. Era infatti solo terza nella linea di successione al trono, dopo lo zio Edward principe di Galles e il papà Albert. Il primo si sarebbe sposato, si sperava, e in ogni caso la giovane età della duchessa di York lasciava ben sperare nell'arrivo di altri figli dopo Elizabeth, magari un maschio, che la legge di successione le avrebbe inevitabilmente fatto passare davanti.

Nemmeno Winston Churchill, che la vide bimba di due anni in una visita a Balmoral nel 1928, poteva certo intuire che un giorno sarebbe stato il suo adorante primo premier. Ma col suo occhio clinico non mancò di rilevare la *gravitas* della piccola principessa: «È un personaggio», scrisse alla moglie il cinquantaquattrenne Cancelliere dello Scacchiere. «Aveva un'aria di autorità e pensosità sbalorditiva per una bimbetta.» L'unico ad azzeccarci fu un campione della stampa popolare come il *Daily Sketch*, che informò così i suoi lettori: «Una possibile Regina d'Inghilterra è nata ieri al n. 17 di Bruton Street, Mayfair». È vero, spiegava il giornale, che prima di lei c'erano lo zio e il padre nonché eventuali nuovi principini maschi, ma dopotutto la regina Vittoria era figlia di un quartogenito reale, così, concludeva l'articolista, «non si può dimenticare che la nostra nuova Principessa è una possibile Regina-Imperatrice».

Per il padre Albert, il duca di York che in famiglia chiamavano Bertie e sarebbe diventato re Giorgio VI, fu soprattutto la gioia più grande della vita. Particolarmente perché si era temuto che la moglie, che aveva già sofferto un aborto, non riuscisse a portare a termine una gravidanza. Ai reali genitori Bertie annunciò la lieta novella, ma solo la mattina dopo, con una lettera scoppiettante: «Voi non sapete quale enorme gioia sia per Elizabeth e per me avere la nostra bambina. Abbiamo sempre desiderato un figlio per rendere completa la nostra felicità. E adesso che è successo, mi sembra tutto così meraviglioso e strano...»

Nata alla vigilia di un minaccioso sciopero generale, Elisabetta fu battezzata a pericolo scampato. Il 12 maggio il Trades Union Congress, o Tuc (cioè la confederazione sindacale), ammainò le bandiere e revocò l'agitazione. La rivoluzione era posposta a data indeterminata. Il fatto è che l'Inghilterra della nascente *middle class* si era massicciamente schierata con il governo eletto anziché con i dimostranti, e aveva fatto suo l'appello escogitato dal ministro dell'Interno Joynson-Hicks mentre aspettava il primo vagito di Elisabetta: i nemici lo chiamavano «il piccolo Mussolini» ma larga parte del Paese aveva accettato la sua chiamata al crumiraggio e aveva riempito volontariamente i vuoti lasciati dagli scioperanti nei servizi essenziali.

Anche in quei giorni, comunque, la piccola folla davanti al 17 di Bruton Street non si era mai sciolta. Quando Mabell Airlie, *lady-in-waiting* della regina Mary, arrivò dagli York con l'ampolla d'acqua del fiume Giordano destinata al battesimo della neonata, fece fatica a fendere la calca. Il principe Albert le confermò che in effetti quel giorno gli spettatori erano più numerosi del solito ma che non avevano mai mancato di raccogliersi quotidianamente davanti alla porta nelle ultime tre settimane. La piccola Elizabeth non ne era consapevole, ma si trattava del suo primo impatto con la cultura di massa e il culto delle celebrità. Il padre raccontò che per evitare l'assedio dei fan la figlioletta doveva esser fatta uscire di contrabbando dalla porta sul retro per la sua passeggiatina quotidiana all'aria aperta.

Il 29 maggio la principessina fu battezzata a Buckingham Palace con l'acqua proveniente dalla Terra Santa, in una cerimonia dominata dall'ombra della trisavola Vittoria: dal castello di Windsor veniva il fonte battesimale d'oro massiccio, e la ricca gonna di satin e merletto indossata dall'infante reale era stata cucita per la primogenita della grande sovrana, Vicky. Era diventata l'abito cerimoniale di tutti i *royal babies*, e lo è stata ancor oggi per i figli di William e Kate. Elisabetta non mancò doverosamente di strillare durante la cerimonia.

«*Poor baby*», annotò commossa la nonna Mary. Strillò così tanto che dovettero darle quel miracoloso calmante per neonati che è l'acqua all'aneto. Si tratta della prima e ultima bizza mai registrata da parte di Elizabeth Alexandra Mary, come l'infante fu chiamata in omaggio a mamma, bisnonna e nonna. L'eventualità di una sua ascesa al trono appariva così remota pure al nonno Giorgio V che nella scelta del nome non si curò di contravvenire alla regola imposta dall'ava Vittoria: la matriarca aveva stabilito che tutti i discendenti in linea diretta di successione dovevano portare o il nome dell'adorato marito Albert o il suo stesso. «Non mi pare strettamente necessario», scrisse il monarca alla moglie Mary ritenendo improbabile che la piccola potesse un giorno portare la corona.

Come d'uso, la neonata fu subito affidata a una bambinaia, la stessa che non si era mai staccata dalla madre da quando aveva appena un mese d'età: Clara Knight era la vivace e allampanata figlia di un coltivatore dell'Hertfordshire, e la sua infante protetta le avrebbe presto storpiato il nome in «Allah», che ovviamente non ha niente a che fare con l'Islam. Quell'estate la piccola fu condotta per la prima volta in Scozia, nel castello di Glamis, residenza della famiglia materna, e secondo la leggenda anche dell'ombra di Macbeth, poi in autunno di nuovo a Londra. Ma all'inizio del gennaio 1927, quando aveva appena otto mesi, il destino famigliare fece per la prima volta irruzione nella sua vita. Dall'altra parte del mondo le antiche colonie di Australia e Nuova Zelanda davano segni crescenti di insofferenza alla remota sovranità britannica. Giorgio V, troppo avanti negli anni per affrontare un viaggio così lungo, decise di spedire al suo posto la coppia reale più *glamour* del momento, appunto gli York, per presiedere all'inaugurazione del nuovo Parlamento a Canberra.

Si trattava di un viaggio per mare di ben sei mesi, per un totale di 30.000 miglia. Comprensibilmente la duchessa non voleva lasciare sola la bambina per tanto tempo ma, come sempre tra i Windsor, il dovere viene prima dei sentimenti famigliari. L'Impero chiamava, e oltretutto della piccola Elisabetta si sarebbero occupati egregiamente bambinaia e nonni. Non regge di sicuro in questo caso l'osservazione dello scrittore James Pope-Hennessy, secondo il quale «la Casa di Hannover [nome originario dei Windsor, *N.d.A.*], come le anatre, produce cattivi genitori: calpestano i loro piccoli». In realtà, negli anni Venti, le classi alte frequentavano la loro prole molto meno di quanto appaia normale ai tempi nostri. Stuoli di balie, bambinaie e precettori si occupavano dei figli mentre gli adulti vivevano le loro vite separate. Ciò che oggi ci appare senza cuore era allora ordinario in una certa fascia sociale.

A maggior ragione per i monarchi di una dinastia che da metà Ottocento portava sulle spalle una dignità planetaria. Sarebbe toccato proprio a Elisabetta presiedere allo smantellamento dell'Impero che copriva un quarto delle terre del pianeta, ma i suoi cinque antenati diretti (Vittoria, Edoardo VII, Giorgio V, Edoardo VIII, Giorgio VI) sentivano profondamente la dimensione della grande Storia che accompagnava la iniziale «I» di *imperator* accanto al loro nome e alla «R» di *rex*. Ed erano convinti che la loro missione nazionale fosse di trasmettere questo immenso retaggio e questa responsabilità alla successiva generazione. Di fronte a tale compito colossale, pure l'ansia materna per una neonata di pochi mesi passava in secondo piano.

Ciò non toglie che per la *commoner* Elizabeth Bowes-Lyon il distacco dalla figlioletta fu un momento crudele. «Quasi mi spezzò il cuore», confessò la giovane madre ricordando la scena dell'addio. «La bambina era così dolce, mentre giocava con i bottoni dell'uniforme di Bertie.» Finalmente lei e il marito salirono in macchina diretti a Victoria Station, ma prima di fermarsi alla stazione la vettura dovette fare due volte il giro di Grosvenor Gardens per dare tempo alla duchessa di ricomporsi per la cerimonia pubblica degli addii. Durante i sei mesi della sua assenza la bimba avrebbe celebrato il primo compleanno e mosso i primi passi tra gli incoraggiamenti e gli applausi di domestici e nonni. Ma, per il resto della vita, quella madre sempre sorridente, che irradiava fiducia e coraggio, sarebbe stata una delle due figure centrali nell'esistenza di Elisabetta. L'altra è ovviamente Filippo, ma c'è ancora tempo perché compaia sulla scena.

«The Smiling Duchess»

Il sorriso che si è sempre portata dietro per centouno anni procurò a Elizabeth Bowes-Lyon un successo immediato appena apparve sulla scena pubblica, e ben prima che il caso o la malizia di Cupido le facessero volare in testa la corona. Pochi mesi dopo il matrimonio con Bertie, per i tabloid era già *the Smiling Duchess*, la duchessa sorridente. Ci sarebbero voluti un po' di tempo e di esperienza diretta per capire che dietro la dolce facciata si celavano una personalità di ferro e un'intelligenza vivace. Non a caso in vecchiaia le due doti ne fecero l'amica e confidente di una penna al vetriolo come Woodrow Wyatt, il gran pettegolo dell'*establishment*, «un uomo spaventoso con un sadistico senso di superiorità» a detta degli stessi parenti. Da giovane, invece, la futura Queen Mum fu quanto di più simile si possa immaginare a un'altra reale di estrazione aristocratica: Diana Spencer. Ma con una differenza fondamentale: la zuccherosa (all'apparenza) Elizabeth era molto più astuta e scaltra di quanto sarebbe mai stata Diana.

Anche lei, come Lady Di, si dimostrò subito un *hit* con il pubblico britannico. E i possibili paralleli tra le due sono tanti. Un riuscito primo viaggio in Australia per entrambe; una popolarità inevitabilmente destinata a mettere in ombra il marito timido o riservato; una passione giovanile per musica, danza e divertimento. E un'autonomia di giudizio che al suo ingresso nella famiglia reale minacciava di far schiantare la determinata Elizabeth contro le rocciose personalità dei suoceri Giorgio V e Mary. Ma al di là delle situazioni simili, lei era fatta di una pasta ben diversa. Riuscì a conquistare il ringhioso sovrano con lettere di scusa piene di tatto e di fascino, e la suocera si sciolse quando vide gli effetti benefici della sua compagnia sul figlio introverso e complessato dalla balbuzie. In più, se c'era qualcosa che alla giovane aristocratica scozzese proprio non faceva difetto, era il senso del dovere: stringeva mani e inaugurava fiere come se fosse nata apposta per questo. E continuava a sorridere, anche quando la gente si chiedeva che cosa ci fosse dietro.

Eppure niente più del far parte della famiglia reale era stato lontano dai desideri della penultima dei dieci figli dei conti di Strathmore e Kinghorne. L'età piuttosto avanzata della madre Cecilia Cavendish-Bentinck, peraltro alquanto esausta dopo otto parti, e una coincidenza sul certificato di battesimo hanno indotto l'irriverente biografa lady Colin Campbell a formulare un'ipotesi quasi sacrilega. Che Elizabeth Angela Marguerite fosse in realtà la figlia avuta dal conte Claude con la cuoca francese della famiglia, di nome – guarda caso – Marguerite Rodiere.

Se così fosse, la realtà si sarebbe incaricata di andare ben oltre la decisione di Giorgio V di autorizzare il matrimonio dei figli con «semplici» aristocratiche britanniche, anziché le solite principesse tedesche. Il re voleva «anglicizzare» la dinastia e aprirla a sangue nuovo. Da qui l'annuncio nel 1917, in piena guerra contro la Germania, che i figli avrebbero potuto scegliersi la moglie anche tra le famiglie isolane, e non più necessariamente tra principesse del sangue straniere. Dopotutto, era sempre stato così dai tempi di Enrico VIII (inglesi quattro mogli su sei) sino all'avvento degli Hannover a inizio Settecento, quando la politica dinastica dei nuovi arrivati imponeva rapporti famigliari con i principati tedeschi.

Ma la figlia della cuoca sarebbe certo andata troppo oltre le intenzioni «modernizzatrici» di Giorgio V. Mancano in ogni caso prove più solide di quanto non siano le semplici supposizioni; e la Casa Reale ovviamente si astiene da ogni commento. La cosa certa è un tratto caratteriale di grande apertura e disponibilità verso gli umili, non sorprendente però in una donna che sin da ragazzina dimostra profonda religiosità. Durante la Grande Guerra, quando come tanti altri manieri anche il castello di Glamis fu trasformato in ospedale per i feriti del conflitto, era abituale vedere l'infermierina Elizabeth che familiarizzava con i soldati di modesta estrazione sociale, ragazzi della *working class* che non erano suoi servitori. Questa esperienza l'avrebbe in seguito aiutata a sviluppare il suo famoso *common touch*, la capacità di comunicare con la gente comune che rappresentava anche il grande capitale della sua emula di fine secolo. Resta il fatto che, nobile o «bastarda», la donna divenuta famosa come Queen Elizabeth the Queen Mother ha in larga misura modellato la monarchia del ventesimo secolo, e forse anche quella del successivo.

Nata con il Novecento (esattamente il 4 agosto di quell'anno), la giovane lady mostrava una sicura predisposizione a godersi la vita di privilegi della sua classe, arricchita dei piaceri extra che i tempi nuovi rendevano leciti anche alle donne. La prima guerra mondiale fu per lei in questo senso una tragica parentesi tra l'idillio edoardiano della sua adolescenza – cricket e prati curati, maggiordomi e servitori, battute di caccia e balli a lume di candela – e il furioso divertimento dei Ruggenti Anni Venti, le notti spese nei night club londinesi, jazz e charleston, champagne e libertà.

Non che il conflitto, con le sue spaventose perdite umane, non avesse preteso un durissimo tributo anche dagli Strathmore come da tutte le altre famiglie nobili dell'isola, che avevano perduto il fiore dei loro eredi. Quattro fratelli di Elizabeth andarono in guerra: uno fu ucciso nelle trincee francesi, un altro preso prigioniero, un terzo sconvolto per sempre dalle esperienze atroci. Così la perdita e il dolore non risparmiarono nemmeno il mondo dorato dove era abituata a vivere. Ma i riti dell'età edoardiana – equivalente inglese della Belle Époque –, i cerimoniali immacolati e l'ordine «naturale» delle classi rimasero per sempre scolpiti nella sua vivace personalità. Ne fecero una donna molto sicura di sé e delle sue lealtà, ancorate nel buon tempo andato: ne risultò in letteratura una smodata passione per gli eccentrici e svitati protagonisti di P.G. Wodehouse, e in politica una visione molto conservatrice. Per sua fortuna, in lei era ancora più forte una specie di indefettibile patriottismo angloscozzese e un'istintiva ripulsa di tutto ciò che era tedesco, dopo la sorte toccata ai fratelli.

Il pubblico, che l'amava soprattutto per l'avversione agli «Unni», ignorava quasi del tutto il suo conservatorismo integrale.

A offrirne una testimonianza piuttosto scioccante è il filmino famigliare girato a Balmoral nel 1933 o '34 e diffuso dal tabloid *The Sun* (il proprietario Murdoch è notoriamente antimonarchico) nel luglio 2015. È diventato famoso come la clip del saluto nazista di Elisabetta. In realtà la futura regina ha appena sette o otto anni, e quando zio David – il futuro Edoardo VIII – la spinge per gioco ad alzare il braccio destro nel tipico saluto romano, non ha la benché minima idea del significato del gesto. Ma ecco che dietro la bambina anche la mamma Elizabeth si esibisce nell'identica pantomima e lei sa bene invece, come il cognato, che si tratta del classico omaggio al Führer. Che il principe di Galles ne fosse un ammiratore è fin troppo noto. Ma lei, l'allora duchessa di York che da regina sarebbe stata l'anima della resistenza antinazista al punto da guadagnarsi da Hitler l'appellativo di «donna più pericolosa d'Europa»?

La spiegazione ovviamente sta tutta nell'anno delle riprese. 1933 o 1934, il Führer è comunque appena arrivato al potere, pertanto la misura della sua follia criminale è ancora ignota. Gran parte delle classi dirigenti europee, terrorizzate dalla «minaccia comunista», sono apertamente attratte da un regime che mette a posto i «bolscevichi» con una violenza spietata e assicura il ripristino del vecchio ordine sociale. È l'ordine che suscita le nostalgie dell'aristocratica Elizabeth Bowes-Lyon e appare dunque naturale che lei, come buona parte della sua classe, lasci prevalere l'istinto conservatore nel suo primo giudizio sul nazismo. Dimostrerà coi fatti di saperlo emendare, ma l'immagine di quel braccio levato resta come un'ombra lievemente sinistra sulla tenera immagine dell'arzilla vecchietta sorridente anche oltre la soglia dei cento anni. Conferma ciò che scrisse di lei John Wheeler-Bennett, il biografo ufficiale del marito: c'è «una piccola goccia di arsenico al centro di quel *marshmallow*», la gommosa caramella adorata dai bimbi inglesi.

Non era particolarmente istruita, la Regina Madre. Frutto anche questo della tradizione aristocratica, che non prevedeva certo una grande cultura per le future lady. Elizabeth, come la stragrande maggioranza delle contemporanee della sua classe, frequentò una scuola solo saltuariamente. La sua formazione fu affidata principalmente alle governanti, in particolare a una giovane tedesca che non finiva di scrivere a casa sulla *grandeur* ed eccentricità della vita nel castello di Glamis. Si capisce che ne fosse colpita. Se per i Windsor tutti i non-reali sono *commoner*, gente comune, gli Strathmore erano tutt'altro che questo. Periferici forse, ma ricchi e potenti. Oltre allo scespiriano castello di Glamis, il conte possedeva una grande casa a Londra, due vastissime tenute in campagna con oltre ottocento fittavoli e una bella fetta delle miniere di carbone di Durham, circostanza che un secolo dopo avrebbe offerto il solo punto di contatto tra la famiglia reale e quella di Kate Middleton: il bisnonno della futura duchessa di Cambridge era minatore in quei pozzi.

Da ragazza intelligente e curiosa, la più piccola dei Bowes-Lyon volle però prepararsi anche per affrontare da «esterna» un esame scolastico. Così frequentò per sei mesi un'accademia a Sloane Street ma fu egualmente bocciata. «*Damn the exam!!*» scrisse furiosa nel suo diario. «Sì, sono molto delusa.» Per quanto disordinata e irregolare, la sua educazione ne fece comunque una giovane donna riflessiva e piuttosto colta – certo più di quanto sarebbe stata la figlia. Inoltre l'aiutò a sviluppare una qualità preziosa: sapeva apprezzare l'importanza dei mezzi di comunicazione di massa, giornali in testa, e l'avrebbe presto dimostrato. Era del resto una sensibilità cruciale per il *common touch* che aveva ereditato con i geni famigliari. Come ha ricordato un amico di famiglia, «gli Strathmore erano così grandi che non ci si soffermava mai a pensare che lo fossero».

La ciarliera e disponibile infermierina nel castello di papà scese a Londra subito dopo la guerra, nel 1919, per essere formalmente presentata in società. I *Roaring Twenties* bussavano alla porta e le giovani donne dell'Inghilterra *upper-class* avevano buttato alle ortiche pudori e decenza per scorrazzare nelle strade di Londra con una sorta di minacciosa sfrontatezza: capelli corti, gonne corte, sigaretta in bocca, cocktail a tutte le ore e aperta disponibilità sessuale. Erano le *Bright Young Things*, le «smaglianti giovani cose» protagoniste del classico *Vile Bodies* di Evelyn Waugh, e come tutte loro anche la giovane Elizabeth sembrava divorata dall'entusiasmo per il cibo, la musica, la danza e le feste. Diventò popolarissima ma in modo diverso dalle coetanee. In qualche modo il suo bel visino sorridente sembrava conservare l'innocenza degli anni anteguerra, e per quanto le piacesse moderatamente civettare lo faceva «in modo assolutamente corretto, romantico, vecchio stile», assicura il diarista e gran mondano *Chips* Channon. «Fa sentire ogni uomo cavalleresco e galante nei suoi confronti».

Flirtare le è piaciuto fino a tarda età. Anche ultranovantenne amava la compagnia di maschi con un bagliore libertino nello sguardo. Così come non si ritraeva di fronte ai pettegolezzi piccanti su amici o parenti e raccomandava la lettura delle storie di Maupassant su amore e passione. Sapeva di avere carisma e un'intelligenza pronta, e poteva essere molto divertente. Una volta che il coreografo sir Frederick Ashton, suo abituale compagno di ballo anche in età avanzata, le fu «sottratto» dalla figlia regina in una serata a Sandringham, lei aspettò che la coppia volteggiasse vicino al suo tavolo e gli sibilò: «Arrampicatore sociale!»

Si capisce che quando un simile peperoncino accettò la proposta di nozze del secondogenito reale, quattro anni e mezzo più grande, metà dei club londinesi per gentlemen si sia messa a lutto, come annotò il solito pettegolissimo Channon. In verità nessuno si aspettava che Bertie ce la facesse. Si era proposto alla ragazza già due volte ed era stato rifiutato. Lo scetticismo della buona società era condiviso perfino dal padre Giorgio V: «Fortunato te, se ti dice sì», aveva commentato il re, sempre incoraggiante con quel figlio vittima del suo bullismo. In effetti il principe Albert, di primo acchito, non faceva molta impressione. Fisicamente si poteva considerare attraente ma era handicappato dalla sua timidezza e dalla balbuzie, frutto – si pensa – della costrizione a scrivere con la destra, lui che era naturalmente mancino.

Ma era soprattutto l'idea di entrare nella famiglia reale a non attrarre la corteggiata. Per una ragazza proveniente da una grande famiglia aristocratica – la madre Cecilia vantava tra gli antenati ben due primi ministri, il duca di Portland e il leggendario duca di Wellington, vincitore di Napoleone –, la prospettiva non era poi tanto eccitante. A confronto con la vita di piaceri offerta dal rango e dalla ricchezza della nobiltà terriera, l'incessante taglio di nastri, varo di navi e visite di ospedali della routine reale appariva piuttosto una banale esistenza da *middle class* gravata da duro lavoro. Difficile trovare un commento più snob delle parole della mamma lady Strathmore: «Per quanto posso vedere, certa gente deve essere nutrita a reali come fossero pesci per trichechi».

Fu dunque per tutti una notevole sorpresa quando al terzo assalto di Bertie, nel gennaio 1923, Elizabeth finalmente capitolò. Fu la prima e decisiva manifestazione di quella testardaggine e determinazione che il principe, e futuro re, avrebbe dimostrato nei passaggi cruciali dell'esistenza sua e del suo Paese. Anche i genitori, che ne conoscevano timidezza e insicurezza, ne furono colpiti e deliziati. Quanto alla promessa sposa, non tardò a mostrare di che pasta era. Già il giorno dopo il fidanzamento, un primo cronista si presentò alla porta del 17 di Bruton Street, e anziché essere buttato fuori, come avrebbero voluto il maggiordomo e la stessa contessa, ricevette un caldo benvenuto dalla giovane lady: «Mamma, mi occupo io del signore», intimò dolcemente ma fermamente alla gelida madre, e si portò Harry Cozens-Hardy, il reporter del tabloid serale *Star,* nella sala della colazione. «Non avevo idea che il nostro fidanzamento significasse tanto lavoro!» cinguettò allegra al giornalista che non credeva alla sua fortuna, indicandogli un tavolo colmo di lettere e telegrammi di congratulazioni.

Seguirono nell'ordine i cronisti di *Daily Mail*, *Sketch* e *Daily News*. «Ci ho pensato giusto un minuto», disse al primo in merito alla proposta del principe. «Non sono abituata a leggere di me sui giornali», trillò con il secondo, mentre col terzo si lasciò scappare il classico: «Sono troppo felice per dire qualcosa». Insomma, un autentico genio per parlare senza dire niente. La sua inattesa loquacità sbalordì ed entusiasmò i giornalisti avvezzi al distaccato silenzio della Corte ma i più esperti di cose reali, come il commentatore mondano dello *Sketch* celato sotto lo pseudonimo Mr Gossip, previdero a breve «una completa cessazione di queste interviste». In effetti, ben presto Giorgio V spedì uno scudiero a Bruton Street con l'ordine tassativo di chiudere la bocca. Elizabeth obbedì, e lo fece per il resto della sua vita. Avrebbe presto scoperto che non aveva bisogno di parlare per conquistare i suoi sudditi: le bastava un sorriso, uno sguardo o un gesto della mano per trasmettere il suo carisma.

La prima conferma venne dalla folla deliziata che seguì le sue nozze con Bertie il 26 aprile 1923. Era il primo matrimonio di un principe del sangue nell'abbazia di Westminster dal 1382. Apparentemente segnava un ritorno alla tradizione ma in realtà si trattava piuttosto di celebrare un'invenzione del ventesimo secolo: il matrimonio reale a uso dei mass media, con tanto di sfilata in cocchio fino alla reggia e apparizione finale al balcone. La regina Vittoria aveva sempre voluto un basso profilo per le nozze dei figli, confinandole di solito nelle cappelle reali di Windsor o St James's Palace. Ma il matrimonio degli York aveva suscitato un tale entusiasmo popolare, alimentato dalla stampa, che re Giorgio V decise di allestire un grandioso spettacolo nell'imponente tempio gotico.

La prova generale del resto c'era stata l'anno prima, quando anche la figlia Mary si era sposata a Westminster Abbey. Nel suo diario il sovrano aveva registrato con evidente sconcerto la reazione del pubblico, che gli sembrava quanto meno esagerata, a una faccenda molto privata. «Qui non si tratta più del matrimonio di Mary, ma (così scrivono i giornali) è 'il Matrimonio dell'Abbazia' o il 'Royal Wedding' o il 'National Wedding' o perfino il 'People's Wedding' (l'ho sentito chiamare così) 'della nostra amata Principessa'. [...] Da quanto capisco, il 28 sarà un giorno di festeggiamenti nazionali di ogni tipo, concepibile e inconcepibile». Nel suo snobismo, la contessa di Strathmore aveva dopotutto ragione quando dipingeva gli inglesi affamati di regalità come i trichechi di pesce.

Era nata la civiltà di massa e il matrimonio reale degli York diventava anche un grosso affare. La televisione ancora non c'era ma era il momento d'oro dei *newsreel*, i cinegiornali. E la Topical Budget, una delle tre grandi compagnie del ramo assieme a Pathé Gazette e Gaumont Graphic, sborsò quasi 3.000 sterline – l'equivalente odierno di 106.000 sterline – per assicurare ai suoi diciannove operatori le migliori posizioni di ripresa sul tragitto nuziale degli York. Curiosamente il re e uno dei suoi più feroci critici, il grande scrittore H.G. Wells, condividevano le stesse riserve verso l'invadenza dei media e l'isteria delle masse: Wells rese noto che aveva smesso di andare al cinema disgustato dal servile snobismo dei cinegiornali.

Ma, come si sarebbe espresso molti decenni dopo un reale portavoce, il genio era uscito dalla lampada, e non ci fu più modo di farlo rientrare. La curiosità del pubblico di fronte allo spettacolo reale, all'inizio sollecitata e benvenuta come fonte di popolarità e consenso, non si arrestava nemmeno sulla soglia della camera da letto. Nei decenni a venire perfino le pratiche di concepimento seguite dagli York furono oggetto di pubblico pettegolezzo. Ad alimentarlo ci pensò nel 1997 il libro di un'autrice americana, Kitty Kelley: nel suo *The Royals* sostiene, citando un anonimo «amico della famiglia reale» (che razza di amici...) che la primogenita della coppia, ovvero la futura regina Elisabetta II, era in realtà il prodotto di inseminazione artificiale. La procedura meccanica, allora assolutamente inaudita, sarebbe stata adottata per rimediare a «un leggero problema» sessuale del trentenne principe Albert.

Anche per questo sospetto non esiste tuttavia nessun elemento di prova. Bertie, secondo gli standard moderni ma anche secondo quelli dei suoi antenati sei-settecenteschi, perse la sua verginità piuttosto tardi, a ventidue anni, in un viaggio a Parigi a fine guerra. Lo scrive esultante lui stesso al fratello David, il principe di Galles: «*The deed was done*», il fatto è compiuto. Dopo di che sembra proprio che si applicò a recuperare il tempo perduto, con una serie di *affaires* con donne sposate in cui lui e il fratello maggiore si coprivano reciprocamente le spalle. Lo prova la corrispondenza del 1919, venuta alla luce solo nel 2011, tra David e la sua prima concubina semiufficiale Freda Dudley Ward, moglie di un deputato liberale. Anche Bertie, tornato dalla Francia, avviò una relazione con Sheila, la compiacente moglie australiana di lord Loughborough, e i due principi con le amanti formarono un quartetto che battezzarono *The Four Do's*, espressione che il principe di Galles usa in una lettera a Freda: «*What a marvellous fun we 4 do** *have...*» (come ce la spassiamo noi quattro), prima di concludere «*and f... the rest of the world*», e vaff... al resto del mondo.

In un'altra lettera, del giugno 1919, David è anche più esplicito: «Riuscii a tirarmi dietro Loughie [diminutivo per lord Loughborough, *N.d.A.*] con il pretesto che volevo fare qualche altra buca di golf [...] così da offrire a Sheilie la possibilità di restare sola con Bertie. [...] Sono sicuro che Loughie non sospetta affatto di Bertie!»

Del giovane principe esce insomma un ritratto molto diverso da quello del giovanotto impacciato, per non dire «imbranato», che si dedica senza speranza alla corte dell'abbagliante Elizabeth Bowes-Lyon. La balbuzie non sembrava impedirgli di godere delle grazie di una serie di ballerine e cantanti del varietà che incontrava segretamente (come si apprende dalle sue missive al fidato amico e mentore Louis Greig) in un appartamentino a Half Moon Street, a Mayfair, a nemmeno un chilometro da Buckingham Palace. E sempre a Greig affida

* Uso rafforzativo del verbo *to do*, solitamente impiegato nella costruzione delle frasi interrogative.

un resoconto di prima mano della consumazione del matrimonio, in linguaggio marinaro da ex cadetto dell'accademia navale: «È andato tutto a gonfie vele, il che è stato un sollievo. Sai quello che voglio dire. Sono stato molto bravo!!»

La trionfale proclamazione di mascolinità può lasciar trapelare una qualche ansietà in passato, considerato anche che Greig era il medico della Marina che si era occupato della salute fisica e mentale del principe nei suoi anni di servizio a bordo. Un po' poco per ricamarci sopra, e in ogni caso, se davvero la coppia ha cercato aiuto medico – come avrebbe fatto più tardi per curare la balbuzie di Giorgio VI –, non resta che complimentarsi per la modernità della loro scelta. E ancor più per l'eccellenza del risultato, che adesso, al loro trionfale ritorno dall'Australia, sgambettava bionda, paffuta e vivace sotto gli occhi adoranti di *mummie*, e ancor più di *papa*.

Le orecchie di «Nonno Inghilterra»

NEI sei mesi del giro del mondo dei genitori – in Australia via Panama, e ritorno attraverso Suez – l'infante Elisabetta aveva sperimentato anche i primi incontri con il fotografo: ogni trenta giorni veniva messa in posa, e il conseguente ritratto spedito per mare ai duchi di York in trepida attesa. La *nanny* Allah Knight congegnò anche un brillante sistema, o almeno così le sembrò, per mantenere viva la presenza genitoriale agli occhi della piccola. Le mostrava una foto della mamma lontana e le insegnava a dire «*Mummy*». Solo che la svelta bimbetta sembrò capire che la parola si riferisse all'oggetto piuttosto che alla persona del ritratto, con il risultato che diceva 'mammina' alla foto di chiunque, sbracciandosi a salutare quelle che le piacevano di più.

In quei mesi, come era stato sin dal primo giorno di vita, Elisabetta era sotto il pieno e fermo controllo della bambinaia Allah, una professionista del suo ramo, e di vecchia scuola. La *nursery* era suo regno esclusivo, e sin dai primi passi cercò di instillare nella sua protetta disciplina e regolarità per ogni aspetto della sua esistenza.

È indubbio che questa pratica abbia esercitato una grande influenza sulla formazione del carattere della bambina, e poi nel formidabile autocontrollo dell'adulta. Crescendo la principessina si sarebbe mostrata ordinata in modo quasi ossessivo, al punto da far sospettare qualche disordine di tipo maniacale-compulsivo nel suo impeccabile allineamento delle scarpe o dei cavallini di legno.

Era stata la *nanny* Allah a farla uscire di soppiatto in carrozzina appena nata a prendere un po' d'aria a Berkeley Square. E fu sempre lei, quando la piccola fu un po' più cresciuta, a metterla su una carrozza aperta che lasciava le Royal Mews (le stalle reali di Buckingham) per una salutare passeggiata nel vicino Hyde Park. Coi genitori ancora lontani, diventò una pratica quotidiana. E a suo modo formativa. Gli spettatori eccitati salutavano al loro passaggio e la bambina, di poco più di un anno ma già famosa, rispondeva agitando a sua volta la manina. Questo gesto, che sarebbe diventato il più frequente della sua lunga vita, fu anche uno dei primi appresi da Elisabetta. È difficile o impossibile dire quale traccia questa precoce popolarità abbia lasciato nella memoria della bimba ma è un dato di fatto che appena svezzata o giù di lì ha avvertito, e forse registrato, che dei perfetti estranei la salutavano con l'entusiasmo e l'affetto di amici o parenti. E lei peraltro rispondeva con la stessa naturale intimità.

Così, quando finalmente nel giugno 1927 rivide la madre che non aveva più incontrato per metà della sua breve vita, la piccola la salutò – raccontano i testimoni – come se pure la duchessa fosse una folla di ammiratori, ai quali era già abituata. Lady Cynthia Asquith, la biografa autorizzata della Queen Mum, descrive come identica la reazione della piccola principessa alla mamma e ai curiosi: «Il suo visino tondo si apre in un largo sorriso e le braccia si spalancano».

L'influenza dell'invadente interesse pubblico sulla vita della figlia non sembrò preoccupare la duchessa di York, ormai trasformatasi nel miglior «reparto d'assalto» della monarchia. Svanita la ragazza che amava jazz e night club e che all'inizio del matrimonio aveva dovuto affrontare la furia del re quando lei e il marito erano rimasti fuori fino alle tre di notte nel night del *Metropole Hotel*, opportunamente chiamato *Midnight Follies*. Scomparsa la giovane donna che al momento di sposarsi aveva patito, come ha scritto il suo biografo ufficiale William Shawcross, «una specie di dorata incarcerazione. La Duchessa non poteva più uscire a fare shopping da sola. Non poteva viaggiare o prendere il treno da sola, e nemmeno un bus se è per questo. Non poteva più vedere gli amici con la spontaneità con cui amava farlo... Tirate le somme, la Duchessa si ritrovò isolata e controllata come non era mai stata prima».

In pochi anni, *quella* Elizabeth Bowes-Lyon affamata di vita e divertimenti si era trasformata in un monumento al dovere reale. Sorridente, ma pur sempre monumento. E questa assoluta dedizione al compito di consolidare la famiglia reale rendendola popolare era esattamente quello che si preparava a trasmettere alla sua primogenita. Anche se all'inizio un qualche fremito di preoccupazione ancora lo avvertiva di fronte alla rapidissima trasformazione della bimbetta in figura pubblica. Allo scoccare del primo compleanno la piccola Elizabeth fece la sua apparizione sul famoso balcone di Buckingham Palace. A esibirla alla folla plaudente non la mamma lontana ma la nonna regina Mary. Fu un incondizionato trionfo. Ma quando glielo riferirono, la reazione della duchessa fu un misto di sentimenti, come si vede dalla lettera spedita alla suocera: «Quasi mi spaventa che la gente debba amare così tanto Elizabeth. Immagino che sia una buona cosa, e spero che lo meriterà, povera piccola cara».

L'amore, autentico e manifesto, dei genitori sarà qualcosa che non mancherà mai alla principessa lungo tutto l'arco, pur così difforme, della loro vita. Ma quei mesi di assenza degli York, che Lilibet trascorse in gran parte con i nonni a Buckingham Palace, furono anche cruciali nel saldare un legame di straordinaria solidità tra lei e i difficilissimi sovrani. Giorgio V e la regina Mary si possono sicuramente registrare tra i peggiori esempi di comportamento parentale. Distanti, gelidi, autoritari, si rivelarono una formidabile coppia reale, in grado di reinventare nome, funzione e mitologia della dinastia, ma i loro rapporti con i cinque figli maschi e l'unica figlia furono un fallimento catastrofico che in qualche modo si è riverberato sino ai giorni nostri. Alla radice della più grave crisi della monarchia nei tempi moderni, l'abdicazione di Edoardo VIII nel 1936, c'è anche il totale rigetto da parte del primogenito di tutti i valori rappresentati dai genitori, che disprezzava per il loro fariseismo e la ristrettezza di vedute.

Giorgio e Mary erano un modello di frugalità destinato a influenzare la nipote ma anche di maniacale rispetto della forma, dei ranghi e delle precedenze. Raramente offrivano ricevimenti privati e quasi sempre la sera cenavano loro due da soli a Buckingham Palace. Alle 23.15 puntuali a letto, e tutte le luci spente. Ma a dispetto di uno stile così frugale, la regina esigeva che anche in assenza di ospiti lei e il marito vestissero in modo formale per la cena: lei andava a tavola risplendente in abito lungo e tiara di brillanti e il re in cravatta bianca e frac completo di insegne dell'Ordine della Giarrettiera. Quanto ai figli, erano stati educati a profferire verbo davanti al severissimo padre soltanto quando lui rivolgeva loro la parola. Quel «bianco batuffolo di cardo» della nipotina, come la definisce teneramente nelle sue lettere la regina Mary, ebbe il potere di sciogliere i ghiacciai.

La nonna-Medusa non potrebbe intenerirsi più di qualsiasi altra nonna quando si sdilinquisce per «la più dolce aria di completa serenità» esibita dalla piccola Elisabetta. Sin dal primo giorno la mette sotto le sue ali, come se avesse un presentimento del suo futuro sul trono, e la bimbetta spadroneggia in quel palazzo reale che ancora nessuno immagina possa essere suo un giorno. A dodici mesi siede sui tappeti di Buckingham lanciando in aria mazzi di carte, a diciotto è il momento di srotolare interi gomitoli di lana correndo su e giù per gli infiniti corridoi. Lilibet, il nomignolo che le rimane appiccicato da quando comincia a parlare e storpia il proprio nome, può fare tutto quello che vuole: i nonni, che furono una volta l'orco e l'arpia, la viziano spudoratamente.

Complice il viaggio australiano degli York, come abbiamo visto, va a vivere sei mesi con loro, e la regina – che non aveva mai fatto una cosa simile con i figli – esige che gliela facciano vedere tre volte al giorno. Al tè delle cinque, un rituale che Queen Mary non manca mai di osservare, Sua Maestà ordina che gliela vadano a prendere, e lei tutta infiocchettata viene condotta all'augusta presenza per essere esibita agli ospiti mentre sorbiscono la bevanda e si saziano di complimenti e *finger sandwiches*. Se la piccola non è a palazzo ma nella casa dei suoi, la regina spedisce un'auto a prelevarla.

Mary e il ruvido consorte non si stancano mai di farla fotografare. Il ritratto preferito della regina resterà per sempre quello in cui lei siede sul sofà indossando molti giri di perle e la nipotina è sistemata su un tavolino, con l'aspetto di una bambolina adornata di una piccola collana di coralli, uno sguardo singolarmente distaccato, regale.

Il monarca non perde occasione per tenersela sulle ginocchia, e lei gli affibbia ogni sorta di nomi. Lo chiama *Big Ears*, grandi orecchie, e lui la trova meravigliosa. Quando Lilibet cresce, lui diventa per lei *Grandpa England*, Nonno Inghilterra, ed è difficile non trovare in questa crasi di affetti famigliari e dimensione statale l'indicazione più precisa della peculiare condizione della famiglia reale.

Dalla stretta vicinanza con i nonni Windsor Elisabetta ricava molto più di un pur prezioso calore affettivo. È probabile che una primissima infanzia vissuta a stretto contatto con persone anziane abbia contribuito a quell'atteggiamento serio, posato e riflessivo che, come ci ha detto Churchill, mostrava già a due anni. Ma oltre a questo, la vicinanza con la coppia di sovrani che più di qualsiasi altro hanno forgiato la monarchia nel Novecento trasmette quasi per osmosi alla futura regina l'orgoglio della sua famiglia, il senso quasi sacrale della missione reale e l'irrinunciabile attaccamento al dovere. Con tutti i suoi difetti, Giorgio V merita il suo posto di riguardo nel pantheon della dinastia alla quale, anzitutto, ha perfino trovato un nome. È lui, a tutti gli effetti, il vero fondatore della «Ditta».

Non era un tipo simpatico, è sicuro, e forse nemmeno troppo intelligente. Avrebbe preferito vivere in campagna da ricco signorotto, e, non potendo farlo, aveva riprodotto nella reggia abitudini e routine del tutto identiche. Nei diciassette anni tra l'armistizio nel 1918 e la morte viaggiò fuori dal Paese per appena sette settimane, accontentandosi invece di giornate sempre uguali. Emotivamente gli bastavano la presenza nella stanza del suo pappagallo e la telefonata quotidiana della sorella, la principessa Victoria. Una volta la collegarono alla reggia e lei subito esordì: «Ciao, vecchio scemo», prima che il centralinista la interrompesse: «Chiedo scusa, vostra Altezza Reale, Sua Maestà non è ancora in linea». Magari anche in famiglia non lo stimavano un genio. Ma dotato di solido buon senso e ottimo fiuto politico, questo sì.

Fu lui a capire, nel tragico 1917, quando la guerra andava male e centinaia di migliaia di giovani inglesi erano morti in trincea per mani tedesche, che il nome germanico della dinastia, quel Sassonia-Coburgo-Gotha ereditato da Albert, consorte di Vittoria, rappresentava un rischio effettivo e presente. Aveva scrollato le spalle quando H.G. Wells aveva attaccato dalle colonne del *Times* «una Corte straniera e deprimente». «Magari sarò deprimente, ma che sia dannato se sono uno straniero», aveva replicato in una delle sue rare manifestazioni di spirito. Ma quando il 31 marzo 1917 un grande raduno di massa nella mastodontica Albert Hall, di fronte al reale palazzo di Kensington, celebrò la caduta dello zar avvenuta poche settimane prima, il re cominciò davvero a preoccuparsi. Sindacati e laburisti aprivano un serio «fronte interno» contro la monarchia.

All'Albert Hall, uno dei leader laburisti più amati, George Lansbury, aveva trascinato la folla in un'intemerata generale contro tutte le monarchie ma poco più tardi il futuro premier Labour, Ramsay MacDonald, era stato molto più specifico, esortando il partito a convocare una convenzione nazionale «allo scopo di fare per questo Paese ciò che la rivoluzione russa ha conquistato per la Russia». Con sinistro humour inglese il leader sindacale Robert Williams invitava gli iscritti ad appendere alle cancellate di Buckingham Palace il cartello TO LET, affittasi.

Nel palazzo auspicabilmente destinato a locazione, i cortigiani più intelligenti capirono che bisognava darsi una mossa, e soprattutto lo fecero capire a Sua Maestà. Il ruolo cruciale lo giocò il segretario privato del re e suo principale consigliere, lord Stamfordham. Non solo convinse il sovrano a tagliare tutte le radici germaniche della Casa Reale arrivata in Inghilterra nel 1714 con il nome di Hannover. Non solo suggerì il nuovo appellativo di Windsor, ma fornì anche alla monarchia per così dire «nazionalizzata» il manifesto dei suoi nuovi compiti nei tempi moderni: «Dobbiamo impegnarci a indurre la classe operaia pensante, socialisti e altri, a guardare la Corona non solo come a un semplice capo rappresentativo e a un'istituzione, come dicono loro, che 'non conta', ma come a un effettivo potere per il bene [...] che tocca gli interessi e il benessere di tutte le classi». È il programma che guida la regina allo stesso modo che il nonno Giorgio V.

Naturalmente non era facile convincere di tutto ciò gli agognati destinatari del messaggio. I Windsor non portavano più un nome tedesco ma erano pur sempre gli stessi: una famiglia immensamente ricca, circondata di aristocratici servitori e per la maggior parte del tempo impegnata a vivere tra i lussi dei loro castelli e palazzi a una distanza astronomica dalla gente comune. E qui arrivò il secondo cambiamento, dovuto in gran parte alla moglie di Giorgio, la teutonica – per temperamento oltre che origine – Mary di Teck, che in famiglia chiamavano May. Fu lei a inventare per la monarchia le attività che avrebbero rappresentato il suo aspetto più rilevante, probabilmente anche più delle sue funzioni cerimoniali al vertice dello Stato: l'organizzazione e il sostegno delle opere di beneficenza e le visite pubbliche.

Cominciò durante la Grande Guerra. Così come il re, anche lei diventò un'ossessiva e instancabile visitatrice di centri per la raccolta di cibo, ospedali, fabbriche impegnate nello sforzo bellico. Il suo impegno nel raccogliere fondi per aiutare i bisognosi e per mandare scatole di Natale alle truppe era senza sosta. Affettuosamente finirono per soprannominarla *a Charitable Bulldozer*, lo schiacciasassi della beneficenza. A una principessa stufa di dover visitare «un altro noioso ospedale» replicò a labbra serrate e con uno sguardo da incenerirla: «Noi siamo la famiglia reale, e amiamo gli ospedali». Quando le offrirono da leggere una sua biografia che la dipingeva come facilmente annoiata, lei annotò puntuta a margine: «Di fatto, la Regina non è mai annoiata». Non vi sembra di sentire la nipote pronunciare le stesse parole?

Tutta questa frenetica attività serviva a dimostrare, nella mutata Inghilterra del dopoguerra, la rilevanza dell'istituzione monarchica. Che nel 1918, a detta anche dei più leali sostenitori, «non era più così stabile». Eppure, nello strenuo tentativo di preservarla dalle rivoluzioni che in Europa buttavano giù dal trono come birilli tutti i suoi parenti-colleghi, Giorgio V non aveva esitato a scrivere una delle pagine più nere dei Windsor. Era stato su esplicita richiesta del sovrano, spaventato dai «sovversivi» di casa propria, che il governo di David Lloyd George aveva rifiutato di ospitare sull'isola il deposto zar di tutte le Russie e la sua famiglia. La storia è stata tenuta segreta per più di sessant'anni, e finalmente svelata nel 1983 dal biografo Kenneth Rose. È significativo che Elisabetta abbia dato il suo benestare alla pubblicazione del libro.

Nel weekend di Pasqua del 1917, uno dei più incendiari leader della sinistra, Henry Mayers Hyndman, scrisse su *Justice* – organo della socialdemocrazia – che era arrivato il tempo di creare una «Repubblica Britannica». «Se il Re e la Regina hanno invitato i loro detronizzati cugini russi a venire qui», avvertiva minaccioso Hyndman, «stanno male interpretando i sentimenti di noi comuni inglesi.» Lui personalmente era tutt'altro che comune, provenendo da una famiglia ricca e di alti natali. Ma era vero che le classi lavoratrici dell'isola odiavano l'autocrate russo trasformato dalla rivoluzione in una vittima.

L'arrivo dei Romanov a Londra (re Giorgio e lo zar Nicola II erano cugini di primo grado per parte materna) rischiava di diventare la scintilla attesa con impazienza dai repubblicani per attuare uno dei punti programmatici «in sonno» della socialdemocrazia britannica: l'abolizione della monarchia.

Quello stesso giorno, il fido segretario Stamfordham aveva già mandato una lettera al Foreign Secretary, il ministro degli Esteri Arthur Balfour, in merito al destino dello zar e della sua famiglia. Dopo aver letto l'articolo di Hyndman, re e consigliere decisero che una seconda lettera a Balfour andava spedita quello stesso pomeriggio del Venerdì Santo, per rendere inequivoca la posizione della Corte. A firmarla, per evidenti ragioni costituzionali, sarebbe stato il segretario, esprimendo però chiaramente i desideri di Sua Maestà: «Egli [il Re, *N.d.A.*] deve chiederLe di manifestare al Primo Ministro che, da quanto sente e legge sulla stampa, la residenza in questo Paese degli ex Imperatore e Imperatrice sarebbe fortemente avversata dall'opinione pubblica, e indubbiamente comprometterebbe la posizione del Re e della Regina».

Il governo convenne sul rischio, ipotizzando di suggerire la Spagna o il Sud della Francia come luogo d'esilio della famiglia imperiale russa. Di fatto, l'intera faccenda finì nelle sabbie mobili della diplomazia e il trionfo bolscevico dell'ottobre 1917 segnò il destino del «cugino Nicky», della moglie Alix e dei loro cinque figli. Pochi mesi dopo, nel luglio 1918, finirono tutti segretamente assassinati (più il medico personale, due camerieri, il cuoco e un cane) dai rivoluzionari nella cantina di casa Ipatiev a Ekaterinburg. Qualche anno più tardi Queen Mary si affrettò ad acquistare a prezzo stracciato, appena furono messi sul mercato, i loro gioielli e la favolosa collezione di uova Fabergé che adesso arricchiscono il tesoro reale.

Non sapremo mai se Grandpa England abbia sentito rimorso per la fine dei parenti o si sia sentito assolto dalla ragione di Stato. In ogni caso, bisogna riconoscere che la sua ritirata strategica avrebbe condotto la monarchia fin dentro il ventunesimo secolo. L'«affare Romanov» dimostra la sua determinazione a guadagnarsi a qualunque costo la fiducia anche dei dichiarati nemici nel movimento operaio, superando i suoi più radicati istinti di classe. Gli intellettuali, che sollevavano le sopracciglia solo a sentirlo nominare, non erano certo sensibili al suo charme, ma sindacalisti e politici di sinistra erano un'altra storia. Quando il primo governo laburista della storia britannica fece la sua pur breve comparsa nel 1924, il re si chiese in privato come si sarebbe comportata la regina Vittoria, ma in pubblico fece del suo meglio per mettere a loro agio tra i lussi delle sue regge ministri come «MacDonald l'affamato, Thomas il guidatore di motori, Henderson il fuochista di fonderia e Clynes l'operaio tessile», secondo la sprezzante anagrafe dei cortigiani.

Di fatto, con molti di loro il freddo ma coscienzioso Giorgio sviluppò una sorta di vera amicizia. E alla vigilia di quello sciopero generale che sarebbe coinciso con la nascita della nipotina, nel 1926, il re fece chiaramente trasparire i suoi privati sentimenti di simpatia verso i minatori replicando all'intemerata di lord Durham, uno dei maggiori padroni di pozzi di carbone, contro «i dannati rivoluzionari»: «Provi a vivere con i loro salari prima di giudicarli». Naturalmente il monarca non aveva nemmeno lontanamente simpatie socialiste, ma gli era fin troppo chiaro che gli interessi del trono non coincidono con quelli del capitale: la Corona ha bisogno di stabilità e unità sociale molto più di quanto occorra al denaro.

Anche questa è una lezione che Elisabetta II ha appreso da Giorgio V. Non a caso, come il nonno a inizio secolo, così la regina verso la fine rimproverava alla Thatcher e al suo estremismo liberista di minare la compattezza nazionale e l'armonia sociale. Per i primi dieci anni di esistenza, il vecchio monarca è stato una parte importante della vita di Lilibet, giocando con lei come non aveva mai fatto con i suoi figli, portandola con sé nelle occasioni pubbliche, insegnandole semplicemente con l'esempio come fare il mestiere di re. La sua morte fu il primo vero dolore di un'infanzia beata.

La reggia delle bambole

A TRE anni Elizabeth conquistò per la prima volta la copertina del settimanale americano *Time*. Non ci crederete, ma almeno in quell'occasione – forse l'unica nella sua vita – la principessina stabilì addirittura le tendenze della moda infantile. Dappertutto in America le bambine furono vestite di giallo dopo la rivelazione che questo era il colore preferito dalla regale mamma per gli abiti della sua piccola, e anche per le pareti della nursery.

Il flirt della duchessa di York con i mass media era del resto già cominciato appena rientrata dall'Australia, nel giugno 1927. Aveva convocato per un tè pomeridiano lady Cynthia Asquith, nuora dell'ex premier Herbert Asquith e di mestiere scrittrice per l'*upper class*, e le aveva affidato il compito di produrre un ritratto «intimo e autentico» della sua vita, mettendo l'accento sulla maternità e sulla nuova *royal baby*. Amica e complice più che biografa, lady Asquith aveva ricevuto anche una selezione di foto private e l'accesso a famigliari, ovviamente entusiasti. Il risultato fu un libro sciropposo che venne tuttavia debitamente pubblicato a puntate sulle principali riviste femminili in Inghilterra, America e ovunque nei *dominions* bianchi come Canada, Sudafrica, Australia e Nuova Zelanda.

Nel 1930 un esercizio analogo produsse *The Story of Princess Elizabeth. Told with the Sanction of her Parents*, ovvero Storia della principessa Elisabetta, raccontata con l'autorizzazione dei suoi genitori. Autrice era una tale Anne Ring, che sul frontespizio dichiarava di essere stata in precedenza alle dipendenze degli York. Lilibet aveva ormai quattro anni e la famigliola si era trasferita a vivere per qualche tempo al 145 di Piccadilly, cuore pulsante della capitale. La casa aveva un'imponente facciata di pietra con affaccio su Green Park, e con il reale permesso il libro della Ring conduceva i lettori in un autentico tour voyeuristico tra salotti e arazzi ma soprattutto all'interno della nursery. Sul pianerottolo li accoglieva il cavallino a dondolo e poco più avanti la spazzola scarlatta e la paletta con le quali alla principessina era stato insegnato a tenera pulita la sua stanza. Perfino un'occhiata al bagno veniva elargita, con l'invito a immaginare gli spruzzi d'acqua sollevati da «un roseo e bagnato cherubino che sembrava considerare l'affare del bagnetto la perfetta conclusione di quella che era stata una perfetta giornata».

Al netto della melassa adulatoria, pochi dubbi che le giornate della piccola fossero davvero perfette, circondata com'era non solo dalle attenzioni di tate e domestici ma soprattutto da un ambiente affettivo rarissimo per la famiglia reale. Elisabetta, che la stampa nazionale descriveva come «la più famosa e la più amata bambina del mondo», fu sicuramente tra le più viziate da nonni e genitori. Con un effetto così corroborante sulla stima di sé da spingerla a un'arroganza infantile subito repressa. Una mattina il Lord Ciambellano la incontrò per i corridoi di Buckingham e la salutò allegramente: «Buon giorno, piccola lady». Lei rispose piccata: «Non sono una piccola lady, sono la principessa Elisabetta». Più tardi, quella stessa mattina, la regina Mary bussò alla porta dell'alto dignitario con la nipotina attaccata alle gonne e annunciò: «Questa è la principessa Elisabetta, che spera un giorno di essere una lady».

Erano tempi in cui i bambini, pure quelli reali, si educavano. In un'altra circostanza, la mamma si era tenuta accanto Lilibet mentre ospitava per un tè pomeridiano una signora dell'alta società. Presto la principessina si annoiò. Suonò il campanello per il lacchè e gli ordinò: «Cortesemente, chiami un taxi. La nostra ospite va via». Fu subito spedita in camera sua senza tè. E pure i giocattoli, che arrivavano a centinaia in dono anche da perfetti sconosciuti, le erano razionati. Poteva giocare solo con poche bambole e orsacchiotti. Invece, ad appena tre anni, la bambinaia le mise in mano spazzola e paletta, e con quelle la piccola si divertiva ad aiutare le cameriere a pulire la *nursery*. Pulizia e ordine sarebbero diventati tratti fondamentali del carattere di Elisabetta.

Quello degli York si rivelò, a dispetto dello scetticismo iniziale, un matrimonio felice, e lo stato di grazia si riverberò sui rapporti con le figlie regalando loro un'infanzia non solo coccolata ma scaldata dall'amore dei genitori. Qualcosa che Bertie non aveva mai conosciuto ed era deciso a elargire nella maggior quantità possibile alle sue due bambine. Margaret si era aggiunta alla «Ditta» il 21 agosto 1930 e, poiché la duchessa aveva partorito nell'avito castello di Glamis, al ministro dell'Interno dell'epoca, obbligato ad assistere come al solito alla nascita principesca, era toccato un viaggio fino in Scozia. Ma a differenza del suo scorbutico predecessore conservatore Joynson-Hicks, l'ex operaio laburista John Robert Clynes se la godette un mondo nei cinque giorni trascorsi nel maniero aspettando la chiamata per il parto.

Apprezzò in modo particolare la festa dal clima celtico che accompagnò la venuta al mondo della principessa, i falò, le torce e le cornamuse degli uomini in kilt che danzavano attorno al castello. Palpabile era tuttavia una certa delusione di genitori e parenti. Gli York avevano sperato che si trattasse di un maschio, anche se la storiella di un'Elisabetta di appena quattro anni che sogna il fratellino per allontanare da sé la corona sa piuttosto di leggenda da ufficio stampa. Il fatto è che anche con l'inizio del nuovo decennio David, il principe di Galles, rimaneva ostinatamente scapolo, e la circostanza aumentava visibilmente la possibilità che la corona passasse al fratello cadetto, e attraverso Bertie a una delle sue figlie. Una, già, ma quale?

Qui la vaghezza della non-scritta Costituzione inglese non soccorreva. Giorgio V fu costretto a ricorrere agli specialisti per dare risposta agli interrogativi sollevati dai giornali: quale delle due piccole York avrebbe avuto la precedenza? Né una legge del Parlamento né gli editti reali, vale a dire l'insieme delle norme che regolano la successione, stabilivano infatti esplicitamente che Elisabetta avesse maggiori titoli rispetto alla sorella minore. La decisione, che confermava ufficialmente il suo diritto alla successione, diede subito alla bimbetta di quattro anni l'aura del grande personaggio pubblico. Il territorio canadese di Newfoundland stampò il suo visetto su un francobollo mentre gli esploratori britannici del Polo Sud chiamarono Princess Elizabeth una striscia di terreno ghiacciato attorno alla longitudine 80° est. Per la nascente cultura di massa contò forse ancor più l'ingresso della piccola nel museo di Madame Tussaud, immortalata in una statua di cera in sella al pony ricevuto in dono dal nonno.

A quel punto della loro storia, del resto, i Windsor alimentavano, consapevolmente e intenzionalmente, il nuovo mercato di massa costituito dai loro fan. I libri adoranti e i racconti seriali su giornali e periodici favoriti dal talento comunicativo della duchessa di York apparivano una forma di gossip benigno che avvicinava i reali ai sudditi presentandoli, dopotutto, come una «famiglia normale», i vicini della porta accanto. Identico era stato lo scopo dell'instancabile beneficenza della regina Mary, ma il pettegolezzo di massa stimolato dalla nuora si rivelò più efficace nel raggiungere l'obiettivo. Almeno finché durò «l'età della deferenza». In seguito, i Windsor avrebbero scoperto loro malgrado che l'opinione pubblica somigliava, più che a un tricheco, a un insaziabile pitone.

Ma allora, all'alba degli anni Trenta, prevalevano entusiasmo e curiosità benevola, in un'epoca in cui pure la tecnologia sembrava voler dare una mano all'unica, vera monarchia costituzionale sopravvissuta in Europa, e per di più con un impero planetario. Arrivò la radio, e per la prima volta nell'aprile 1924 re Giorgio V aprì a Wembley la Fiera dell'Impero Britannico con un discorso trasmesso in diretta sull'intera isola. La gente si radunava davanti agli altoparlanti nelle grandi città come Glasgow, Manchester, Leeds, e la neonata Bbc calcolò non meno di dieci milioni di ascoltatori. La voce rauca del re, resa più bassa dal fumo del sigaro, alla radio suonava invece calda e affascinante, e gli inglesi si sarebbero abituati a riascoltarla in tutti gli appuntamenti importanti. A cominciare dal Natale.

Il Christmas Day del 1932 segnò l'inizio della tradizione perpetuata sino a oggi dalla nipote Elisabetta: il messaggio radio, e poi televisivo, trasmesso ai sudditi subito dopo il pranzo col tacchino ripieno e il pudding al rum lievemente flambé. In quello storico esordio Giorgio V fu così fortunato da poter disporre di un *ghost writer* di nome Rudyard Kipling. La differenza tra le 251 parole di quel primo discorso e i successivi è evidente: «Parlo ora dalla mia casa e dal mio cuore a tutti voi, agli uomini e donne così tagliati fuori dalle nevi, dal deserto o dal mare, che soltanto le voci dall'aria possono raggiungerli». Con pochi tocchi il grande scrittore aveva evocato la vastità dell'Impero che nel giro di tre lustri sarebbe svanito. Ma il messaggio di Natale sotto il reale abete luccicante sarebbe rimasto, venerato da Elisabetta tanto quanto detestato dal nonno perché – diceva – gli rovinava il giorno di festa.

Ben altri eventi, in verità, avrebbero guastato la festa continua dei Ruggenti Anni Venti e reso il decennio successivo uno dei peggiori nella storia d'Europa. Prima di vedere l'impatto della grande Storia sull'infanzia dorata di Elisabetta, c'è però da registrare l'ingresso in scena di un nuovo importante personaggio proprio per effetto della nascita di Margaret. Fu necessario riorganizzare la nursery, con le due principessine sempre più al centro della pubblica attenzione, e il compito di seguire da vicino Elisabetta fu affidato all'assistente di Mrs Knight, una ragazza scozzese di nome Margaret MacDonald.

Le bambine la ribattezzarono *Bobo*, e con questo nome la semplice figlia di un ferroviere di Inverness, cresciuta in un cottage accanto ai binari nella parte più selvaggia delle Highlands scozzesi, avrebbe accompagnato la futura regina per tutta la vita. Ne sarebbe diventata la confidente, la guardiana, la consulente di guardaroba (soprattutto per le borsette, e si vede...), la spalla su cui piangere e l'amica con cui ridere. Era entrata al servizio degli York a ventidue anni, in contemporanea con la nascita di Elisabetta. E accanto a lei, che chiamò sempre in pubblico «la mia piccola Lady» e in privato Lilibet, rimase per i successivi sessantasette anni, sino alla morte a ottantanove, accompagnando la regina in tutti i suoi giri per il mondo e vivendo a Buckingham Palace in un appartamento dove le servivano champagne. Quando provarono a tagliarglielo per fare economia, furono costretti a innestare la marcia indietro.

Bobo aveva anche la sua cabina personale a bordo del panfilo *Britannia* e il progettista sir Hugh Casson confidava di avere la sensazione che fosse lei la sua vera cliente. Ma per Elisabetta era davvero insostituibile, l'unica che aveva facoltà di parlarle senza peli sulla lingua, e anche di criticarla se lo riteneva necessario. Fu la stessa sovrana a riassumere il loro rapporto: «Con Bobo parlo di tutto, è così saggia e con i piedi per terra. Affiderei la mia vita nelle sue mani». Era autenticamente scozzese anche nell'attitudine al risparmio, e non c'è dubbio che il suo insegnamento sia stato cruciale nel forgiare anche questo aspetto (talvolta eccessivo...) del carattere della sovrana. Per dire, alla principessa bambina insegnava a non stracciare la carta dei regali ricevuti per Natale o per i compleanni: veniva ripiegata con cura e conservata col relativo nastro in una scatola speciale, pronta per essere riutilizzata.

L'esercizio di parsimonia coincideva per la verità con la necessità di economie ben più stringenti dopo il crollo di Wall Street nel 1929 e l'arrivo della Grande Depressione anche in Europa. Non che i Windsor ne fossero toccati, naturalmente, ma qui entrava in campo il fiuto politico di Giorgio V. Con il Paese che sprofondava nella crisi e nella disoccupazione, l'economia sempre più debole, la sterlina costretta a lasciare la parità con l'oro e a svalutare del 30 per cento, il re sentiva che anche la sua famiglia doveva mostrare di stringere la cinghia come il resto d'Inghilterra. Pertanto si autoridusse del 50 per cento la *Civil List*, cioè l'appannaggio annuo che gli passava il Parlamento. Quando ne fu informato, il primogenito David che se la spassava a Bayonne con la sua ultima amante, lady Thelma Furness, si infuriò al telefono.

Bertie invece, come sua abitudine, si adeguò prontamente ai voleri del padre. Rinunciò al suo principale passatempo invernale, la caccia, e fu costretto anche a vendere i suoi amati cavalli, passione che la figlia maggiore avrebbe ereditato da entrambi i genitori (e lei avrebbe potuto permettersela). Con le risultanti economie fu in grado di offrire alle sue adorate bambine un'infanzia ancora più piacevole e felice. Gli York avevano ottenuto gratis dal sovrano una delle residenze reali cosiddette *grace and favour*, insomma graziosamente concesse senza spese. Settant'anni dopo, la pratica sarebbe risultata così indigesta all'opinione pubblica, aizzata dai giornali, che Elisabetta II ha dovuto minacciare il cugino Michael di Kent e la moglie di cacciarli dallo spettacolare appartamento occupato per una manciata di sterline nel palazzo reale di Kensington se non avessero pagato un affitto adeguato. Nessuno invece ovviamente protestò quando a Bertie fu concesso il magnifico Royal Lodge nel parco reale di Windsor. E lui utilizzò i risparmi per restaurarlo e trasformarlo in una magnifica casa di campagna per i weekend. La terribile crisi degli anni Trenta, la Depressione e la miseria di quegli anni restarono ben lontane dai cancelli che proteggevano l'allegria e i giochi delle principessine. Anche se l'eco delle sofferenze della gente comune si sarebbe potuta cogliere pure tra quei giochi, se qualcuno si fosse curato di dirglielo.

Nel giardino della villa era stato infatti montato un cottage in miniatura, scala due a tre, chiamato in gallese *Y Bwthyn Bach*, la Casetta. Era appunto un dono inviato alle bimbe «*from the People of Wales*», la gente del Galles. Un piccolo capolavoro di abilità e precisione, dove tutto era ricostruito in misura ridotta, dall'apparecchio telefonico sul cassettone al portasciugamani riscaldato nel bagno in miniatura. Ma il regalo aveva un retroscena propagandistico, drammatico e consolatorio al tempo stesso. Fatto interamente di materiali gallesi, il cottage era stato anche realizzato da artigiani del Galles, una delle regioni più duramente colpite da crisi e disoccupazione.

Era stato inizialmente esibito alla fiera della Ideal Home, e quindi spedito a Windsor dove veniva fotografato in continuazione, grazie all'attrazione offerta dalle due bambine reali impegnate a pulirlo e lustrarlo come due brave piccole apprendiste massaie. Quelle immagini servivano a ricordare a tutti la tragedia che vivevano milioni di famiglie di lavoratori ma contribuivano pure a tenere viva la speranza. I virgulti della Casa Reale, spazzolando e spolverando, trasmettavano ai sudditi il messaggio che i sovrani conoscevano le loro sofferenze e che lavorando tutti assieme il Paese ce l'avrebbe fatta. Anche «la reggia delle bambole» era una fantasia, come il resto della favola reale, ma trovava un popolo più che mai disposto a crederci.

In qualche modo risultava confortante anche per il vecchio re. Sempre più disilluso dal comportamento egoistico e irresponsabile del figlio maggiore, per Giorgio V la «famiglia modello» costruita dal cadetto e dalla moglie rappresentava una risorsa quasi miracolosa. Arrivato vicino ai settant'anni, e abbastanza acciaccato, il monarca poteva ora misurare l'entità del suo fallimento come educatore. Ancor prima che esplodesse lo scandalo della relazione con la due volte divorziata Wallis Simpson, il primogenito principe di Galles era sì molto popolare per il suo atteggiamento demagogico ma era soprattutto al centro dei pettegolezzi per lo stile di vita libertino e la lunga lista delle amanti, preferibilmente maggiori di lui e sposate. Il terzo figlio, Harry duca di Gloucester, era solo un mediocre ufficiale dell'Esercito appassionato di caccia alla volpe. Il quartogenito, George duca di Kent, era notoriamente bisessuale, solo il fratello più grande lo aveva costretto a disintossicarsi dalla dipendenza dalla cocaina, e l'unico punto a suo favore era il matrimonio con l'affascinante ma non meno spregiudicata Marina di Grecia.

A confronto gli York rappresentavano l'incarnazione di tutte le virtù dell'inglese medio. Certo, vivevano in un palazzo nel cuore di Londra, ma dopotutto giusto a pochi metri dalla fermata dell'autobus. Il marito lavorava sodo (per le buone cause reali), la mogliettina si occupava delle figlie e le bambine erano, semplicemente, adorabili. O almeno così le raffigurava una stampa sempre più compiacente (e come poteva essere diversamente, con gli editori in gara per entrare nelle grazie dei Windsor?). La monarchia di Giorgio V si era lasciata alle spalle gli splendori e gli sfarzi di Vittoria e Edoardo VII, per presentare al pubblico un nuovo racconto reale incentrato sulla mitologia dell'ordinario. Una dinastia di famosi debosciati, qual era stata per due secoli quella degli Hannover, non solo aveva cambiato nome ma soprattutto stile. Allo scialo e alla dissipazione che erano stati la sua cifra aveva ora sostituito l'attenzione verso la gente comune e la condivisione dei suoi valori, a cominciare dalla domesticità e dal senso del dovere. Nessuna meglio di Elizabeth Bowes-Lyon avrebbe assimilato questa lezione passandola pari pari alla figlia regina.

Ma per questo c'era ancora tempo. Nel 1935 la quasi decenne Elisabetta era ancora, letteralmente, la risposta inglese a Shirley Temple, la diva bambina che conquistava l'America e il mondo. Anche la Gran Bretagna aveva la sua principessina, di vero sangue blu e con molto più stile di quella capricciosa smorfiosa d'oltreoceano. Articoli osannanti descrivevano la piccola York con nazionalistico orgoglio come «assolutamente non viziata e sotto ogni aspetto una tipica bambina inglese». Ed era pure vero. A differenza della sorella, i privilegi e le adulazioni dell'infanzia non intaccarono un tratto permanente della personalità di Elisabetta: la profonda umiltà.

Virtù non facile da mantenere per una creatura che a nove anni, in carrozza accanto al nonno monarca, sfilava tra ali di folla festante nella processione cerimoniale per il *Silver Jubilee*, i venticinque anni di regno di Giorgio. Nel suo abitino rosa, il 6 maggio 1935 prese posto su una sedia subito dietro quelle dei nonni nel grandioso Te Deum nella cattedrale di St Paul. E il pomeriggio era sempre tra il re e la regina a salutare i sudditi da quello che era ormai il pulpito della monarchia, il balcone di Buckingham Palace, circondato da una marea di gente: «Mai vista tanta folla per strada in vita mia», annotò sorpreso e lusingato lo stesso sovrano.

Perfino quando era andato a visitare il derelitto quartiere dell'East End aveva ricevuto accoglienze deliranti. Aveva espresso il suo stupore con l'arcivescovo di Canterbury, e suo buon amico, Cosmo Lang: «Non capisco proprio, sono una persona abbastanza comune». «Certo, sir», era stata la risposta, «è proprio per questo.» Forse in quella entusiastica reazione popolare si poteva anche leggere, come sostenne al tempo George Orwell (socialista, ma uscito da Eton), «la sopravvivenza, o recrudescenza, di un'idea vecchia quasi quanto la storia, l'idea che il Re e la gente comune formino una specie di alleanza contro le classi alte».

Quello di Giorgio V era il primo Giubileo d'Argento a essere celebrato. Un buon numero di altri monarchi inglesi avevano superato i venticinque anni sul trono, eppure nessuno di loro aveva sentito il bisogno di festeggiare. Ma non c'erano ancora la democrazia e le elezioni politiche a suffragio universale. Nel 1935, con il voto alle porte e un quadro internazionale sempre più fosco, il governo di unità nazionale guidato da Ramsay MacDonald ritenne utile stimolare il patriottismo con lo sperimentato trucco di reale illusionismo. In quella giornata di pompa e pennacchi, tra cocchi dorati e corazzieri a cavallo, un semplice venditore di fiori a Westminster apostrofò così il Cancelliere dello Scacchiere Neville Chamberlain: «Non è davvero glorioso essere inglesi?» Secondo le attese, la Corona aveva prodotto il suo abituale sortilegio, come riferiva al Quai d'Orsay anche l'ambasciatore francese René Corbin: «Giorgio V è diventato il padre dei suoi popoli, e alla fedeltà egli ha aggiunto il calore dell'amore. È questo il segreto dell'emozione personale e viva che oggi riempie il cuore di questo Regno e Impero».

Quella sera, parlando in diretta alla radio da Buckingham Palace, re Giorgio permise alla generale emozione di contagiarlo, fino a inserire nel discorso quella parola – cuore – così ripugnante alle orecchie delle classi alte. E invece eccolo lì, il severo e remoto sovrano, chiedersi alla stregua di un qualunque borghesuccio «come posso esprimere quel che c'è nel mio cuore? [...] Posso solo dire a voi, mio carissimo popolo, che la Regina e io vi ringraziamo dal profondo dei nostri cuori per tutta la lealtà e – posso dirlo? – l'amore con il quale ci avete circondato oggi e sempre». Mai i Windsor erano apparsi tanto in cima agli affetti del loro popolo. Poco più di un anno dopo, erano sull'orlo dell'abisso.

L'anno dei tre re

È così che gli inglesi hanno battezzato il 1936. L'anno fatale che segna il destino della decenne Elisabetta e la avvia verso il trono. Giorgio V, Edoardo VIII, Giorgio VI: nell'arco di dodici mesi si consuma la successione dal padre al primogenito al cadetto, in un dramma politico-famigliare ad altissima tensione che agli occhi della regina ridimensiona di gran lunga, quando arriveranno, gli eventi e le angosce dell'*annus horribilis* 1992. Che volete che siano – erano i ragionamenti della sovrana in mezzo alla burrasca di fine secolo – due reali separazioni e un castello che va in fiamme di fronte al pauroso naufragio rischiato dalla dinastia nel '36?

All'inizio dell'anno, la tarda sera del 20 gennaio, nel suo castello di Sandringham Giorgio V lascia questo mondo. Si tratta a tutti gli effetti di eutanasia. E quel che è peggio, a uso della stampa. La verità emergerà esattamente cinquant'anni dopo, nel 1986, quando il saggista Francis Watson pubblica le note riservate del medico personale del re, lord Dawson di Penn. È l'illustre clinico che aveva firmato il famoso ultimo bollettino sulla salute del sovrano: «La vita del re sta avanzando in pace verso la sua conclusione». I programmi della Bbc si interruppero per dare lettura delle solenni parole. Lontano, giù a Londra, anche la frenetica vita della capitale sembrò fermarsi in attesa dell'epilogo. Nei night e nei ristoranti si smise di ballare e una folla consistente si radunò fuori dai cancelli di Buckingham Palace.

Ma dietro l'avverbio *peacefully* c'era tutt'altra storia. La salute del settantenne sovrano era drasticamente peggiorata da metà novembre. Il cuore si indeboliva vistosamente e il Natale nell'amata Sandringham era stato segnato da forti dolori al petto. Per respirare la notte, il re aveva bisogno dell'ossigeno. A metà gennaio il declino era così accentuato che il medico ne discusse con la famiglia. Sia la regina Mary sia il figlio ed erede, il principe di Galles, dissero chiaramente – annotò Dawson – che non desideravano «che la vita del re fosse prolungata se io giudicavo mortale la sua malattia».

Il 20 sera la fine appare vicina. Ma non tanto. «All'incirca alle undici era evidente», scrive il medico nel suo resoconto segreto, «che l'ultima fase poteva durare molte ore, nell'incoscienza del Paziente, e tuttavia con scarso riguardo per quella dignità e serenità che egli così pienamente meritava e che esigeva una breve scena finale.» Il buon dottore non ha esitazioni. Inietta nella vena giugulare del moribondo una dose letale di un grammo di cocaina e tre quarti di grammo di morfina. Nel giro di un quarto d'ora «il respiro si fa più quieto, l'apparenza più placida – la lotta del fisico è finita». A quel punto Dawson invita i famigliari nella camera per congedarsi dal re ed essere testimoni della sua fine, che effettivamente non tarda. Il certificato di morte, stilato da lui stesso, la fissa alle 11.55, entro un'ora dall'iniezione fatale.

Secondo la legislazione ancora vigente in Gran Bretagna, il compiacente dottore dovrebbe finire direttamente in galera. Come attenuanti, il suo avvocato potrebbe forse invocare le considerazioni svolte dal medico a margine del suo scioccante resoconto: «Ore di attesa unicamente della fine meccanica, quando tutto ciò che è veramente vita se ne è ormai andato, servono solo a esaurire i testimoni dell'agonia e li lasciano così stremati da impedir loro anche il sollievo del pensiero, della vicinanza e della preghiera». Riflessioni di uno spirito sensibile, sembrerebbe, se la conclusione non fosse agghiacciante nella sua spassionata sincerità. Perché, spiega ancora lord Dawson, «la determinazione del tempo della morte del corpo del Re teneva anche presente un altro obiettivo, cioè l'importanza che vedesse il suo primo annuncio sui giornali del mattino piuttosto che nel campo meno appropriato dei giornali della sera».

Per essere sicuro che i suoi sforzi non fossero vani, il medico si premurò di telefonare alla moglie per darle un incarico delicato: chiamare il direttore del *Times* chiedendogli di ritardare il più possibile le rotative. Il direttore, che si chiamava pure lui Dawson (ma non era parente) fu più che felice di acconsentire, uscendo al mattino con 300.000 copie di storia completa di foto e necrologi. Dopotutto, la morte di un re non poteva essere affare di volgari tabloid ma necessitava del catafalco offerto dal primo giornale dell'establishment.

Nulla di tutto questo, ovviamente, giunse mai alle orecchie della piccola Elisabetta che nelle ultime settimane di vita del nonno era rimasta a Sandringham, e sempre molto vicino a lui. C'è un'immagine di quei giorni che appare toccante e profetica, tratteggiata da uno dei servitori del castello di campagna. Natale era passato da poco e Giorgio, ormai agli sgoccioli, aveva voluto forse assaporare un'ultima volta l'aria fredda della campagna: «Ed ecco che fuori dalla foschia arrivava il Re, in sella al suo pony bianco, Jock. Camminando accanto alla testa del pony, come se lo guidasse, c'era la piccola figura della principessa Elisabetta. Stava riportando a casa il nonno». Quando tutto fu finito, per la bambina il dolore fu grande ma affrontato con la consueta dignità da adulto. All'arcivescovo di Canterbury, che per distrarla le chiese se le andava di fare una passeggiata assieme, lei rispose seria e compita: «Sì, molte grazie. Ma per piacere non mi dica più niente di Dio. So già tutto di lui».

I funerali di Giorgio V furono un'altra di quelle straordinarie cerimonie di lutto nazionale in cui gli inglesi sono maestri. Quanti sono stati testimoni vent'anni fa delle esequie della povera Diana potrebbero immaginare come eccezionale per il freddo carattere isolano – il famoso *stiff upper lip* – una tale esplosione di dolore. È solo perché prima non c'era la televisione a mostrarlo al mondo. Nel 1852 una folla enorme accompagnò a St Paul il colossale catafalco del duca di Wellington, milioni di persone si allinearono lungo le strade di Londra per salutare il feretro di re Edoardo VII e, come per il padre nel 1910, anche l'addio alle spoglie umane di Giorgio V, traslate a Londra il 23 gennaio, fu un evento che arrestò la vita del Paese. Silenziosamente e ordinatamente in coda, come sempre, centinaia di migliaia di sudditi in lutto sfilarono per cinque giorni e cinque notti davanti alla bara avvolta nello stendardo reale, al centro della medievale Westminster Hall.

A uno straniero, questo autentico sfogo di dolore popolare per la scomparsa di qualcuno molto remoto e semisconosciuto può apparire incomprensibile. Così, quando nel 2002 fui testimone di una simile manifestazione di cordoglio per il trapasso della ultracentenaria Regina Madre, chiesi spiegazioni a un giovane padre che alle due di notte se ne stava in coda al freddo sulla riva del Tamigi, il bimbetto addormentato sulle spalle, in attesa del suo turno per rendere omaggio al feretro dentro Westminster Hall. Che ci faceva lì un ragazzo della sua età, per una nonnetta mai incontrata? «Be', mio nonno ha fatto la Grande Guerra. Mio padre la seconda. Io per fortuna nessuna. Ma quella signora c'era sempre, e per me rappresenta la storia del nostro Paese.»

Anche Elisabetta fu condotta dalla madre, l'ultima notte della camera ardente, a rendere omaggio sull'attenti alla bara del suo Nonno Inghilterra. Indossava un cappottino nero e un berretto scozzese di velluto dello stesso colore. Ai quattro angoli del feretro si era sino ad allora succeduta una guardia d'onore affidata a ufficiali delle *Life Guards* in berretto di pelo d'orso e alta uniforme, spada sguainata e capo chino. Ma all'ultimo turno la scena cambiò e la principessina fu testimone dell'innovazione cerimoniale decisa dal nuovo re Edoardo VIII.

Invece degli ufficiali, fu lui stesso a prendere posto attorno alla bara con gli altri tre fratelli, i duchi di York, Gloucester e Kent, tutti in alta uniforme della forza armata di appartenenza. La piccola Elisabetta ne fu colpita, come riferì al ritorno nella casa di Piccadilly: «Zio David era lì, e non si è mai mosso per niente... nemmeno una palpebra». La rappresentazione di concordia fraterna attorno al defunto fu un buon colpo di teatro che conferma le doti di Edoardo come grande comunicatore, insufficienti però a compensare la sua smodata inclinazione all'autoindulgenza e all'autoillusione. Il contrario della nipotina, che anche nelle esequie esibì la fermezza di un soldatino. Ci fu solo un momento in cui la sua risolutezza sembrò vacillare, all'arrivo dell'affusto di cannone con la bara del nonno alla stazione di Paddington, da dove il treno l'avrebbe portata a Windsor per la sepoltura. Ma lo svenimento di uno dei marinai del picchetto d'onore fornì un diversivo e la distrasse dal suo dolore – racconta la governante Marion Crawford detta *Crawfie*, che prosegue: «Tutto questo non le piaceva, ma lei intendeva andare avanti, senza fare storie». Come osserva la sua biografa Kate Williams, «il principio dell'"andare avanti' e 'non fare storie' fu d'aiuto a Elisabetta nel 1935. La stessa attitudine, più di sessant'anni dopo nel 1997, avrebbe severamente compromesso il suo regno».

Giorgio V si dimostrò buon profeta sull'avvenire del suo successore. «Prego Dio che nulla si interponga tra Bertie e Lilibet e il trono», aveva confidato verso la fine all'arcivescovo Lang. «Dopo che me ne sarò andato, quel ragazzo si rovinerà entro pochi mesi», aveva aggiunto riferendosi al primogenito. Il re sapeva di che cosa parlava. Nel gennaio 1936 la divorziata Wallis Simpson regnava ormai da due anni sul cuore di Edoardo, un *enfant gâté* viziato dalla madre e perennemente insoddisfatto. A far temere il peggio al vecchio Giorgio non c'era solo la burrascosa storia sentimentale dell'affascinante americana ma il lato oscuro della sua vita, tenuto nascosto fino a molti decenni dopo. Nascosto, ma non a tutti. Di certo non all'MI6, i servizi di sicurezza britannici che controllavano la Simpson e le sue relazioni pericolose.

Nel 1935 il rapporto degli 007 fu consegnato al premier Stanley Baldwin, e da questi girato a Sua Maestà il re e consorte. Per i sovrani fu la conferma dei loro peggiori sospetti. La donna di cui l'erede sembrava totalmente succube era un'autentica avventuriera. Per David – come scrisse il suo sostenitore Winston Churchill – poteva anche essere «tanto necessaria quanto l'aria che respira». Ma quell'aria era avvelenata. Cortigiana, spia, forse anche spacciatrice di droga, Mrs Simpson aveva imparato il meglio della sua *ars amatoria* sui bordelli galleggianti di Hong Kong ai quali l'aveva introdotta il primo marito Earl Winfield Spencer, capo dei servizi segreti americani nella Cina Meridionale. Oltre alla scoperta dei piaceri lesbici, Wallis aveva lì acquisito anche un'ottima padronanza delle tecniche di controllo dell'orgasmo maschile, particolarmente efficaci contro l'*ejaculatio praecox* di cui soffriva, a quanto pare, il principe di Galles.

Lei l'aveva visto la prima volta dieci anni prima della presentazione ufficiale a Londra. Nel 1921 era tra la folla accorsa a San Diego per la prima e trionfale visita americana dell'erede al trono britannico. Nella decade d'intervallo, prima di arrivare a Londra al braccio del secondo marito Ernest Aldrich Simpson, Wallis aveva sperimentato di tutto. Figlia illegittima di una vecchia famiglia dell'«aristocrazia americana», discendente dai Padri Fondatori, aveva tradito il primo coniuge con una sfilza di amanti del bel mondo di Washington. In cima alla lista, il quarantacinquenne principe Gelasio Caetani, spedito da Mussolini negli Usa come ambasciatore del Regno d'Italia. Fascista della prima ora, convertì facilmente alla causa l'amante americana, che dopo di lui collezionò un rosario di diplomatici e militari, purché dotati di cospicuo portafogli oltre che bella presenza. Con la reputazione in pezzi, fu costretta a lasciare Washington per cercare fortuna, come spia e corriere dei servizi americani, a Parigi, Roma, Londra, Pechino, Hong Kong, Shanghai.

Fu qui che incontrò Galeazzo Ciano e non tardò a sedurlo. La relazione con il genero del Duce rafforzò le simpatie fasciste di Wallis, ma secondo fonti attendibili la storia lasciò anche un altro indelebile strascico: lei restò incinta, e l'aborto che si procurò da sola cancellò le sue possibilità di avere altri figli. Che il principe di Galles lo sapesse o meno quando se ne innamorò, non cambiò la sua determinazione a sposarla una volta salito al trono. E perfino a rinunciare alla corona se questo non gli veniva permesso. La speranza nutrita dai Windsor che l'estrema volubilità sentimentale di David spegnesse la storia nel giro di un paio d'anni si rivelò una disastrosa illusione.

Wallis aveva conosciuto il futuro re grazie alla favorita del momento, l'americana Thelma Morgan divenuta per matrimonio a Londra lady Furness. Innamorato com'era di tutto ciò che veniva dall'America, il principe di Galles si era lasciato conquistare facilmente. Nel 1928 la focosa signora aveva soppiantato Freda Dudley Ward nelle sue attenzioni. Thelma era gemella di Gloria Vanderbilt, stella dell'alta società statunitense, che nel '34 il marito avrebbe trascinato in tribunale a New York per la presunta relazione saffica con Nadezhda de Torby, moglie del marchese di Milford Haven (parente dei Windsor). Nel

1933, in procinto di partire per l'America in visita alla gemella, Thelma commise la fatale leggerezza di affidare a Wallis quello che chiamava il suo «ometto», perché gli tenesse compagnia. La «cara amica» prese l'incarico alla lettera e si infilò nel suo letto, con Mr Simpson che voltava la testa dall'altra parte. I tre divennero inseparabili. Al ritorno dagli States Thelma non ci mise molto a capire quello che era successo e di lì a poco, nel 1934, fu brutalmente «licenziata»: lo seppe dal centralinista di Corte, che le comunicò l'ordine del principe di non passargli più le sue telefonate.

L'ascesa di David al trono mise rapidamente in luce le fatali debolezze di carattere del principe di Galles e la crescente dipendenza dall'amante. Quello di Edoardo VIII sembra il caso classico di un uomo deciso a distruggere la sua fortuna. Eppure la successione al padre era stata salutata da una specie di giubilo generale. Se, vivo Giorgio V, il ruolo di stella dello spettacolo reale andava alla «famiglia modello» di Bertie, e allo scavezzacollo David la riprovazione del padre, adesso che era re l'adorazione della folla e dei media era tutta per lui. Per la prima volta gli York restavano fuori dal cono di luce, giacché Edoardo – annotò l'Home Secretary sir John Simon – «era l'uomo nato per essere re», e si poteva considerare «la personalità più largamente nota e universalmente popolare al mondo». Una vera celebrità planetaria.

Questo beniamino delle masse sapeva come accattivarsele. Nel suo primo radiomessaggio alla nazione, il 1° maggio 1936, trovò subito gli accenti giusti: «Sebbene ora vi parli come re, sono ancora lo stesso uomo che ha fatto e farà sempre di tutto per promuovere il benessere dei suoi compagni». I sudditi lo idolatravano. Dopotutto, pur criticando tutti i santi giorni i suoi comportamenti anticonformistici – compresi i pantaloni col risvolto e le mani senza guanti – papà Giorgio lo aveva usato come punta di lancia della sua strategia «modernizzatrice». Lo aveva spedito nelle trincee del Fronte Occidentale, mandato in giro in ogni angolo dell'Impero, e nel pieno della Depressione era stato lui, David, a farsi portavoce della solidarietà della famiglia reale nelle aree più povere del Paese. Insomma, se c'era un individuo che incarnava l'immagine della «monarchia amica del popolo», quello era Edoardo VIII. Purtroppo non poteva esserci distanza maggiore tra l'immagine e i fatti.

Il re d'Inghilterra, l'imperatore dell'India aveva in testa solo e unicamente Wallis. L'apertura del testamento paterno lo fece infuriare. Giorgio gli aveva lasciato in usufrutto a vita, per trasmetterle ai suoi successori, le tenute di Balmoral e Sandringham che sono patrimonio personale del sovrano. Ai tre figli minori, esclusi dal trono, aveva invece destinato i contanti, per ognuno l'enorme cifra di tre quarti di milione di sterline, pari a oltre venti milioni di oggidì. Ma i soldi erano precisamente quello di cui Edoardo aveva bisogno, per ricoprirne la favorita. Che intanto scriveva alla zia in America: «Lui adesso è molto ricco». In effetti nei primi mesi di regno riuscì a regalare all'amante gioielli del valore di 16.000 sterline (oltre 450.000 sterline di oggi) e un braccialetto con l'incisione HOLD TIGHT, Tieni duro.

E non era solo questa prodigalità, o la cattiva reputazione di Mrs Simpson, a preoccupare il primo ministro Baldwin. A Edoardo piacevano molto la pompa e i privilegi reali ma non aveva alcuna propensione per il *lavoro* di re. Odiava i ricevimenti ufficiali così come le sue funzioni di capo della Chiesa anglicana, e si era reso disponibile agli impegni di Stato solo due giorni la settimana, poi, dal giovedì al martedì successivo, se la filava con la sua cricca nella magnifica residenza di campagna di Fort Belvedere, nel Gran parco di Windsor. E lì restava irreperibile per i suoi collaboratori. I documenti di Stato lo annoiavano mortalmente, dunque evitava di perderci tempo. Al premier Baldwin fu presto chiaro che il re non li leggeva, o peggio. Quando alcune delle famose *red boxes* piene di carte riservate gli furono restituite con macchie evidenti di bicchieri da cocktail, Baldwin orripilato prese a non mandare più al sovrano i documenti top secret.

Il governo temeva, a ragione, che la convinta fascista Wallis potesse manipolare Edoardo. Che per parte sua (come testimoniano anche le recenti rivelazioni sulle foto del saluto nazista) non nascondeva l'ammirazione per il «lato sociale» del nazismo, e credeva che una nuova guerra andasse assolutamente evitata. Il partito dell'*appeasement*, della pacificazione a tutti i costi con la Germania hitleriana, sapeva di poter contare sul suo appoggio. Addirittura, su un suo possibile gesto clamoroso. Il padre era morto da poco quando, a fine gennaio 1936, Edoardo si sfogò con il cugino tedesco duca di Sassonia-Coburgo, ardente membro del Partito Nazionalsocialista: «Chi è il Re qui? Baldwin o io? Io desidero parlare con Hitler, e lo farò, o qui o in Germania».

Lo fece, in realtà, ma solo dopo l'abdicazione. Nel frattempo molti sospettavano – come scrisse a Roosevelt l'ambasciatore americano – che «Mrs Simpson sia di fatto a libro paga della Germania». Gli agenti dell'Fbi furono informati, secondo documenti pubblicati solo nel 2002, che in quel 1936 Wallis intratteneva contemporaneamente una relazione con l'ambasciatore nazista a Londra Joachim von Ribbentrop, e da lui riceveva ogni giorno un mazzo di diciassette garofani (allusione, pare, al numero di amplessi consumati in totale). La favorita era ormai regina di fatto, e regnava sull'alta società londinese circondata dalla sua corte di adulatori americani.

Si sentiva così sicura della presa sull'«ometto» da non curarsi di raccontare nei salotti amici che Edoardo era impotente e solo lei sapeva come rianimarlo. Anche con giochini erotici che includevano, pare, frustini e travestimenti sadomaso. In pubblico Wallis scherzava perfino sul lutto stretto imposto a Corte dalla regina vedova Mary: lei, diceva, «non aveva più indossato calze nere da quando aveva smesso di danzare il can-can». Commenti abrasivi per la vecchia nobiltà dell'isola ma entusiasmanti per i *parvenus* angloamericani che speravano, grazie a lei, di diventare la nuova élite di Corte. L'ereditiera Emerald Cunard (transatlantici), che già si comportava come una sorta di «segretaria sociale» di Wallis, diceva in giro: «Il re è assolutamente schiavo di Mrs Simpson. Non va da nessuna parte dove lei non sia invitata, e lei, donna intelligente, con la sua voce acuta, gli abiti chic, i nei e il sense of humour, si comporta molto bene».

Non abbastanza da convincere la famiglia reale, e se è per questo nemmeno il pubblico. Un tè pomeridiano dagli York nel loro Royal Lodge rese evidente il distacco tra i fratelli. Il pretesto scelto da Edoardo per la visita era di mostrare a Bertie la sua nuova auto americana. Anche Elizabeth e la sorellina Margaret, ora di sei anni, accolsero lo zio e la sua compagna, che con lieve sarcasmo le descrisse poi come «entrambe bionde, di maniere così perfette, così linde e immacolate, che potevano essere uscite direttamente dalle pagine di un album fotografico». Lo stesso tono si coglie nel suo resoconto della visita: era stata, scrisse, «un'ora piacevole, ma sono partita con la netta impressione che mentre il Duca di York si è lasciato convincere sulla bontà della station wagon americana, la Duchessa non abbia reagito allo stesso modo sull'altro interesse americano di David». Bell'esempio di humour e *understatement*, visto che le due donne si detestavano cordialmente.

Per le lady di Casa Reale, guidate da Elizabeth Bowes-Lyon, Wallis era e sarebbe sempre stata «quella donna». Lei a sua volta aveva già sprezzantemente ribattezzato *Cookie* la duchessa, alludendo a una pretesa somiglianza con una grassa cuoca (o anche a qualche malignità sulla sua nascita?). Di certo gli York facevano di tutto per evitarla, e come il resto dei Windsor speravano soltanto che l'incostanza del re facesse presto scoppiare l'affare. Scoppiò invece la bomba. A ottobre Mrs Simpson chiese il divorzio dal marito che era stato convinto (diciamo...) a farsi sorprendere in flagrante adulterio. Il 16 novembre, a Buckingham Palace, il re comunicò al premier Baldwin che intendeva sposare al più presto Wallis e che se il governo si fosse opposto era pronto ad abdicare. Poi andò a cena dalla madre, a Marlborough House, per informarla. La regina Mary ne fu devastata. Gli scrisse «implorandolo di non farlo per il nostro bene e il bene del Paese».

Ma i testimoni diretti, a cominciare dal primo ministro, concordano che dopo aver preso la decisione Edoardo si mostrava molto più rilassato, di umore gaio e pronto alla battuta. Era come se si fosse finalmente tolto un peso dal cuore, e una lettura psicanalitica del suo comportamento ipotizza che in realtà Wallis sia stato il pretesto piuttosto che la causa dell'abbandono del trono. Semplicemente, era un lavoro che non gli piaceva. O forse stava solo bluffando. Pochi giorni dopo, in un colloquio con il fratello più piccolo e favorito, il duca di Kent, si mostrava infatti certo di riuscire a «sposare Wallis e farne la regina d'Inghilterra [...]. Sì, e Imperatrice dell'India, e l'intera borsa dei trucchi». Ventiquattr'ore prima si era recato in visita a Dowlais, nel Galles del Sud, tra gli operai disoccupati delle acciaierie in rovina, e aveva lasciato cadere una frase: «Qualcosa deve essere fatto». La reazione di pubblico e stampa era stata entusiasta. Edoardo immaginava di avere il Paese dalla sua parte.

In realtà, mentre il sovrano galleggiava sulla sua nuvola rosa, Londra ribolliva come un termitaio impazzito. Anche Elisabetta, per quanto bimbetta decenne, si rese conto che in aria c'era qualcosa di grave. D'altronde sarebbe stato impossibile non capire che importanti avvenimenti si preparavano. Al 145 di Piccadilly si succedevano in continuazione ministri, lord, arcivescovi, e il premier Baldwin era tra i visitatori più frequenti. Le bambine leggevano un'aria di profonda infelicità sul volto di papà Bertie, e per la tensione la duchessa era finita a letto ammalata. La Casa dei Windsor era diventata la scena di un'autentica tragedia, mentre le fazioni di Corte tramavano nell'ombra e le voci infamanti si accavallavano.

Bertie era naturalmente, nella sua posizione di cadetto, il bersaglio principale. Secondo la legge, c'erano pochi dubbi, anzi nessuno, che in caso di abdicazione la corona dovesse passare a lui. Ma la sua impreparazione e insicurezza, aggravate dalla balbuzie, erano ben note e fornivano ampio materiale di diffamazione. Un pettegolezzo (diffuso ad arte da Wallis) sosteneva che fosse troppo tardo per regnare. Un altro, al limite del tradimento, riferiva che il duca avrebbe rifiutato la corona e la madre regina Mary avrebbe assunto la reggenza per conto della principessa Elizabeth fino al compimento della sua maggiore età.

Per fortuna Lilibet era all'oscuro di tutto. Per distrarre lei e Margaret la governante Crawfie e la *nanny* Allah le portarono a prendere lezioni di nuoto al vicino Bath Club. Sotto la guida dell'insegnante miss Amy Daly, impararono i primi movimenti sdraiate su una panca di legno. Più piccola, rotondetta e impacciata, Margaret veniva presa in giro dalla sorella maggiore: «Sembri un aeroplano che sta per schiantarsi», le gridava. Oppure: «Non attaccarti come una patella», quando l'altra si aggrappava ai bordi della piscina per non finire in acqua.

Ma quando la notizia sul suo ultimatum matrimoniale arrivò sui giornali, il 3 dicembre, le illusioni del re si sgonfiarono di colpo. La stampa, pur sempre deferente, tesseva le lodi dell'attitudine reale di Edoardo ma respingeva senza riserve l'idea che Wallis potesse diventare regina. Lui aveva accarezzato anche un'ipotesi di riserva – quella di un matrimonio morganatico, cioè una specie di moglie non ufficiale, e lo stesso Baldwin non sarebbe stato contrario. Non gli importava, disse il premier, «se era una rispettabile puttana... purché fuori dalla pubblica vista». Ma nemmeno questo ripiego era digeribile per l'opinione pubblica, come rese evidente un incidente in piena *high society*. La filonazista lady Londonderry, che pure era tra i sostenitori del sovrano, bloccò Wallis a un ricevimento e le disse a muso duro che «se il re aveva qualche idea di sposarla, faceva meglio a togliersela rapidamente di testa, giacché il popolo inglese non avrebbe mai tollerato una regina o una consorte reale due volte divorziata e i cui precedenti mariti erano ancora vivi».

Di fronte all'alternativa matrimonio o abdicazione, i governi dei *dominions* britannici come i partiti di opposizione in patria, e perfino il movimento sindacale, si erano schierati con il premier Baldwin. No a Mrs Simpson, sì all'abdicazione. Il sovrano innamorato fu costretto a inchinarsi al volere della gente che lui immaginava di tenere in pugno. Alle 10.30 del mattino del 10 dicembre, a Fort Belvedere, re Edoardo VIII segnava l'atto di rinuncia alla corona e partiva per l'esilio. L'Inghilterra sotto choc per la magnitudine dell'evento stentava a gridare, come d'uso per ogni nuovo monarca, «Viva re Giorgio VI».

«Gli inglesi amano le regine»

«PREFERIREMMO ancora acclamare Edoardo, ma sappiamo che dobbiamo acclamare Giorgio», scrisse il giornalista Kingsley Martin dando voce ai sentimenti del pubblico: «Dopotutto, è colpa di Edoardo se non è sul trono, e Giorgio non ha chiesto di andarci». Ma la gente, soprattutto quella più semplice, era ancora in lutto per l'abbandono dell'idolatrato sovrano, che vantava il regno più breve della storia inglese, appena 325 giorni. Alle dieci di sera di venerdì 11 dicembre 1936 l'Impero britannico si fermò all'unisono per ascoltare l'ultimo messaggio radio dell'ex re, ora introdotto dal direttore generale della Bbc lord Reith come «Sua Altezza Reale il principe Edward».

A Sydney erano già le nove del mattino dopo e dalla parte opposta, nella canadese Vancouver, ancora le due del pomeriggio, ma in ogni angolo dell'immenso Commonwealth – nato appena cinque anni prima con lo Statuto di Westminster – la gente si bloccò per sette minuti ad ascoltare l'ex monarca, che finalmente si spiegava: «Ho trovato impossibile portare il pesante fardello delle mie responsabilità e svolgere i miei doveri di re come avrei voluto fare, senza l'aiuto e il sostegno della donna che amo». Aristocratici, politici e cortigiani trovarono il discorso (rifinito da Churchill) «volgare»: dopotutto, come avrebbe detto Gianni Agnelli parecchi decenni dopo, «l'amore è un affare per la servitù». Il resto del Paese, colonie incluse, era apertamente in lacrime e piangeva il magnifico sovrano che sarebbe stato se non avesse sacrificato tutto per la donna amata.

In conclusione Edoardo fece il suo dovere di leale suddito pronunciando il suo «*God save the King*» all'indirizzo del fratello e nuovo re. Ne lodò le «eccellenti doti» e «la lunga preparazione agli affari pubblici di questo Paese», concludendo che aveva anche «una benedizione senza pari, goduta da molti di voi e purtroppo non concessa a me – una casa felice con sua moglie e le sue figlie». Nel momento del passaggio che scuoteva alla radice la monarchia, i Windsor calavano consapevolmente la carta della «famiglia modello» per rafforzare il vincolo tra dinastia e popolo. E se il balbuziente Bertie, che aveva scelto il nome di Giorgio VI, suscitava pochi entusiasmi nel confronto con l'affascinante Edoardo, le sue popolarissime eredi avrebbero rimediato, come si legge in trasparenza nel messaggio alla nazione della regina Mary: «So che le sue figlie sono già nei vostri cuori».

Era inevitabile che, rispetto al predecessore dal brevissimo regno, Giorgio VI partisse svantaggiato. Era sempre stato soltanto il fratello minore, o come dicono gli inglesi, *the spare heir*, l'erede di riserva. Come tale, la lista dei suoi impegni pubblici era stata generalmente molto ridotta (più o meno come succede oggi con il giovane Harry), la gente non aveva imparato a conoscerlo, e in più la cattiva salute che l'aveva afflitto in guerra e la balbuzie proiettavano di lui un'immagine poco attraente. Di contro, Edoardo era sempre stato un paragone di eleganza, audace, controcorrente, agli occhi dei sudditi – specie di sesso femminile – un autentico *Prince Charming*, un Principe Azzurro.

Peccato che fosse anche irrimediabilmente egocentrico, irresponsabile e donnaiolo. E il popolo, che pure rimpiangeva lo splendido monarca, carismatico e popolare come un divo del cinema, cominciò a realizzare che lui, abdicando, aveva anteposto l'amore al dovere, aveva voltato le spalle al suo Paese e alle sofferenze dei milioni prostrati dalla Depressione. La Casa Reale fu svelta a lenire il dolore popolare per la fuga del sovrano dalle sue responsabilità offrendo alla gente una doppia consapevolezza: di aver acquisito un re di migliori capacità e la prospettiva di vedere un giorno regina l'adorata principessa Elisabetta.

«Gli inglesi amano le regine», aveva profeticamente commentato la nonna materna tedesca alla nascita della futura sovrana Vittoria. La circostanza non mancò di essere discussa nei giorni frenetici dell'abdicazione. Come cadetto, la successione toccava certamente a Bertie ma quando Edoardo glielo comunicò, il 7 dicembre, il povero duca di York ebbe qualcosa di molto simile a un crollo nervoso: «Sono abbastanza impreparato per questa cosa», si sfogò con il cugino Louis Mountbatten, «David è stato addestrato per tutta la sua vita [...] Io sono soltanto un ufficiale di Marina, è la sola cosa che so fare». Era così disperato che quando andò a dare la notizia alla madre scoppiò in lacrime – lo racconta lui stesso – e rimase un'ora a piangere sulla sua spalla. A quel punto, in effetti, qualcuno si chiese se non fosse meglio, con un azzardo costituzionale, che Edoardo passasse la corona all'ultimogenito George, il più sveglio, tanto più che il duca di Kent aveva già un erede maschio.

Sorprendentemente, la possibilità venne subito accantonata. In un tempo in cui le donne erano ancora seriamente discriminate, e poste parecchi gradini sotto gli uomini, l'esempio della grande Elisabetta e più recentemente di Vittoria dimostrava che erano ottime regnanti. Soprattutto, a differenza dei maschi sul trono, non praticavano la *débauche* e le avventure sessuali. E in più – si può aggiungere oggi – le femmine della dinastia vivono a lungo: sui 179 anni di regno dall'ascesa al trono di Vittoria nel 1837, ben 128 se li spartiscono quasi alla pari la vecchia sovrana e la sua trisnipote.

Elisabetta fu dunque dall'inizio il miglior *asset* propagandistico dei Windsor nel loro momento più buio. E la compattezza della famigliola York – *We Four*, Noi Quattro, si chiamavano complici – si rivelò la forza principale del «nuovo Giorgio» nei difficili mesi a venire. Anche da lontano, Edoardo continuò a creare grattacapi. Il congedo dal fratello e successore, che lo adorava, era avvenuto nei modi più affettuosi. Dopo il radiomessaggio d'addio la famiglia si era radunata pressoché in lacrime nel Royal Lodge degli York, attorno alla vedova regina Mary. Davanti al nuovo re, David chinò il capo come ogni suddito e accorgendosi del suo imbarazzo, lo rassicurò: «Tutto a posto, vecchio mio. Devo farmi da parte con il piede giusto fin dall'inizio».

Fu Bertie a chiedergli sollecito se aveva deciso quale nome e titolo assumere. Lui confessò di non averci pensato affatto. Il sovrano, che aveva respinto orripilato l'idea di lord Reith di introdurre ai microfoni l'ex re come Mr E. Windsor, aveva invece riflettuto a lungo su un titolo di dignità adeguata: «Ti creerò duca. Che ne dici del nome di famiglia, Windsor?» Anche gli accordi economici furono rapidamente conclusi: Edoardo, tornato David, avrebbe ricevuto 25.000 sterline l'anno, quasi un milione dei giorni nostri. I due fratelli si separarono con un abbraccio ma l'armonia durò poco. Il nuovo duca di Windsor era appena partito che cominciò a chiedere più soldi, lamentando che quelli ottenuti non gli bastavano per vivere. Tirò in ballo anche la questione dell'eredità paterna, che secondo lui andava ridiscussa, compresa la preziosa collezione di francobolli di Giorgio V. Ma il punto di maggior frizione era quello che avrebbe avvelenato sessant'anni dopo anche i rapporti tra Elisabetta e la sua ex nuora Diana: l'uso del famoso acronimo HRH, ovvero Her Royal Highness, Sua Altezza Reale.

A Diana il titolo fu revocato dalla sovrana al momento del divorzio, pur lasciandole quello di principessa di Galles. A Wallis, invece, non fu mai concesso. Inutilmente l'ex re continuò a tempestare il fratello perché desse alla moglie l'agognato status di principessa, senza capire – come lord Mountbatten disse al diplomatico e saggista Harold Nicolson – «per quale ragione nessuno, inclusa la regina Mary, volesse dare il benvenuto a Mrs Simpson». Lei per prima non se ne faceva una ragione, e martellava l'amante perché costringesse il re «a non trattarti come un fuori casta e a fare qualcosa per me, in modo che abbiamo una posizione corretta e dignitosa». Giorgio VI rimase irremovibile, e anzi si infuriò quando scoprì che il duca non era affatto senza soldi, come si lamentava, ma al contrario sedeva su una fortuna di oltre un milione di sterline, più o meno 40 di oggi. Nel giro di un anno i rapporti si interruppero completamente e David chiamava sarcasticamente il fratello *Mr Temple*, il padre senza volto della Shirley Temple inglese, ovvero Elisabetta, che pure gli era stata così affezionata.

Per la principessa e la sorella Margaret la data precisa che cambiò le loro vite fu il 12 dicembre 1936. Era il giorno fissato per la proclamazione del nuovo monarca. Le bambine diedero al padre il solito affettuoso abbraccio quando questi, pallido e nervoso, lasciò il Royal Lodge in tenuta da Ammiraglio della Flotta, diretto al Privy Council per assumere i suoi poteri. Fu l'ultima volta che non dovettero salutarlo con una riverenza, come imposto dal protocollo. Al suo ritorno, seguendo le indicazioni dalla governante Crawfie, eseguirono perfettamente il loro grazioso inchino, come avevano sempre fatto con il vecchio re. Bertie, commosso, le baciò a lungo e con più calore del solito. Ora era il re, ma più determinato che mai a proteggere il legame più felice della sua vita: *We Four*.

Non sarebbe stato facile, perché i «grandi cambiamenti nella nostra vita» annunciati alle figlie dalla nuova regina Elizabeth comportavano in primo luogo andare a vivere in una reggia. Conseguenza immediata: la fine delle battaglie coi cuscini tra genitori e figlie che allietavano sveglia e messa a letto delle bambine, ma anche dei due adulti. L'esistenza di «Noi Quattro» al 145 di Piccadilly era stata incredibilmente serena e allegra, e le piccole coccolate come raramente accadeva nelle grandi famiglie aristocratiche, e ancor meno in quella reale. Affamato d'amore com'era, Bertie aveva riversato sulla moglie e le figlie tutto quello che avrebbe voluto per sé. Miss Marion Crawford, alias la governante Crawfie reclutata nel 1933 e rimasta con Elisabetta fino al 1947, li dipinge così negli anni felici a Piccadilly: «Il duca e la duchessa erano così giovani e così innamorati. Trovavano un grande piacere l'uno nell'altro e nelle loro bambine».

Ms Crawford arrivava direttamente dalla Scozia, dove aveva lavorato per la sorella della duchessa dopo essersi specializzata a Moray House nell'insegnamento ai ragazzi disabili. Si aspettava di trovare «una coppia di bimbe molto viziate e difficili». Invece si trasformò subito nella più entusiasta delle loro fan. Era sera, e quando Crawfie fece il suo ingresso nella camera beige e rosa di Elisabetta si vide davanti «una figuretta con una zazzera di riccioli» seduta in mezzo al letto con una camiciola stampata a roselline. Aveva legato la cinta della sua veste da camera ai pomelli del letto ed «era occupata a guidare il suo equipaggio». Senza scomporsi la governante chiese alla bambina se guidasse sempre la carrozza a letto, e la replica già racconta la futura proprietaria di scuderie: «In genere faccio una o due volte il giro del parco prima di andare a dormire, sa... Tiene in esercizio i miei cavalli».

Questo racconto, e molti altri di straordinaria intimità su quindici anni di vita con i reali, viene dal libro che Ms Crawford pubblicò nel 1950, *The Little Princesses*. Il volume fece sensazione e da un giorno all'altro precipitò la sua autrice, sino ad allora considerata una vecchia amica dalla famiglia reale, nel girone dei traditori e dei dannati. In verità niente nel libro sembra potere o volere danneggiare i Windsor, e anzi per molti storici è fin troppo giulebboso per essere considerato una fonte di qualche valore. Eppure nessun monarca prima, e verosimilmente nessuno dopo, ha visto la descrizione della propria vita privata così in dettaglio, con un'evidente violazione della confidenza accordata ai dipendenti.

Un minimo diritto alla riservatezza va riconosciuto anche, e anzi forse di più, a personaggi costantemente esposti a uno scrutinio pubblico. Per questo è facile capire la furia di Elisabetta di fronte alla sua vita di bimba e adolescente esposta alla curiosità dei lettori, e la decisione di sbarrare per sempre Buckingham Palace alla fidata (una volta) Crawfie. Anche perché sotto la crosta zuccherosa i ritratti dei protagonisti rischiano di apparire nella loro autenticità: Elisabetta fredda, Margaret rotondetta e infantile, Giorgio VI spesso distante, la consorte vaga fino alla sventatezza e spesso incurante degli altri, come la sua lunga vita avrebbe del resto provato. Una caratteristica che Crawfie tende anche a collegare all'eccezionale posizione sociale: «È aver sempre gente a portata di mano per occuparsi dei dettagli che produce quest'atteggiamento mentale piuttosto vago tra i reali».

La vaghezza si estendeva, alquanto pericolosamente in questo caso, all'educazione delle due principesse. La stessa Crawfie, appena ventunenne, era decisamente inesperta per vedersi affidata una simile responsabilità. Qui contano le tristi memorie scolastiche di Bertie e l'ambiente aristocratico in cui era cresciuta Elizabeth Bowes-Lyon. Per il principe, affidato a severi istitutori che gli inzeppavano la testa di date e regole grammaticali, lo studio era stato un tormento, aggravato dalla tortura di essere costretto a scrivere con la destra pur essendo mancino. Di capacità intellettuali piuttosto limitate, come non avrebbero mancato di rimarcare alcuni suoi ministri, non voleva che le figlie amatissime patissero le sue stesse sofferenze. Al contrario, per loro desiderava solo, come sottolinea Crawfie, «un'infanzia veramente felice, con molti piacevoli ricordi da conservare per i giorni che potevano venire, e più tardi felici matrimoni».

Per quanto si considerassero assolutamente speciali rispetto agli altri esseri umani, i reali non sembravano estendere questa eccezionalità anche alle doti intellettuali. Edoardo VII era stato uno studente svogliato e scarso, e suo figlio Giorgio V ebbe sempre seri problemi con lo *spelling* delle parole. Per questo alla governante delle principesse raccomandò soprattutto di «insegnare a Margaret e Lilibet una decente calligrafia. Nessuno dei miei figli sapeva scrivere correttamente». Né c'era da aspettarsi più attenzione all'istruzione delle figlie da parte della duchessa. Per la nobiltà del tempo, istruzione e cultura erano affare solo delle donne costrette a lavorare per campare. Per le fanciulle aristocratiche la prospettiva era ovviamente quella di un ricco matrimonio con i loro pari, e per questo non c'era bisogno di essere colte, come amava ricordare Elizabeth Bowes-Lyon: «In fin dei conti, tutte le mie sorelle e io abbiamo solo avuto governanti e ci siamo tutte sposate bene – una di noi *molto* bene».

Volo di cigni a Westminster Abbey

La giornata delle principessine al 145 di Piccadilly era organizzata in accordo con i criteri inespressi dei genitori. Cominciavano la mattina con un quarto d'ora di *high jinks*, chiassosi giochi infantili nella camera da letto di mamma e papà. Dopo di che Ms Crawford impartiva a Elisabetta (Margaret era ancora troppo piccola) la sua lezione dalle nove e mezzo alle undici nella piccola aula ricavata nella stanza adiacente a quella della duchessa. Lo studio era tutto qui: un'ora e mezzo al giorno. Grammatica, matematica, cenni di geografia e storia. Integrate da un po' di francese delle governanti Madame Montaudon-Smith e Ms Georgina Guerin.

Dopo le brevi lezioni, ecco in premio succo d'arancia e giochi in giardino, e alle dodici riposino di mezz'ora, seguito per un'ora da letture ad alta voce della solita Crawfie. Alle due la bambina pranzava coi genitori e poi era il momento dell'esercizio fisico, della danza, del canto. L'ora prima della cena le piccole la passavano con la mamma, poi, dopo il pasto, giochi di carte – passione che sarebbe rimasta per la vita –, bagnetto e nanna. Quella del bagno era un'autentica cerimonia alla quale entrambi i genitori prendevano parte volentieri, lasciandosi trascinare felici nei giochi delle bambine. Finché, ancora sorridenti, scendevano le scale sottobraccio, «piuttosto bagnati e scarmigliati», inseguiti dalle grida delle piccole: «Buonanotte *mummy*, buonanotte *papa*!»

Il trasferimento a Buckingham Palace mise fine a questa routine.

Per Elisabetta e Margaret lo spostamento dalla casa di Piccadilly in quello che somigliava a un museo comportò certamente un piccolo trauma. Quando la madre le informò del trasloco nella reggia la reazione di Lilibet tradì una certa angoscia: «Vuoi dire per sempre?» Il cambio di ambiente era forse meno preoccupante del cambio nello stile di vita. D'ora in poi, parlando in pubblico dei genitori, dovevano sempre chiamarli il re e la regina, e non c'era più da aspettarsi che mattina e sera potessero prendersi a cuscinate nella loro camera da letto. Adesso padre e madre erano occupati gran parte del giorno e la loro camera da letto si era trasformata in un'infilata di stanze rosso-oro chiamata *Belgian Suite*. Le stanze delle bambine erano da tutt'altra parte, affacciate sul Mall: Elisabetta ne occupava una con l'inseparabile Bobo e Margaret un'altra con la bambinaia Allah.

Per chiunque conosca la meravigliosa eleganza delle regge italiane, la mole sgraziata e opprimente di Buckingham Palace rivela subito la sua genesi pasticciata. Casa di campagna del duca omonimo, Giorgio III l'acquistò e ampliò per alloggiarci la numerosissima famiglia (quindici figli), poi ci misero mano anche Giorgio IV e la nipote Vittoria, e alla fine ecco l'odierno palazzo reale, a un tempo privo di *grandeur* e di intimità, grigio, triste, chilometri di corridoi gelidi e cavernosi sottopassaggi. Difficile per due bambine considerare una casa quella che appariva, come oggi, soprattutto la sede operativa della «Ditta»: si contavano ben novanta uffici impegnati nel business monarchico, oltre alle cinquantadue camere da letto (reali e per gli ospiti) e un totale di ottanta bagni. E non parliamo dello sterminato esercito dei dipendenti.

Se al 145 di Piccadilly lo staff non superava le venti persone, qui si contavano a centinaia (anche oggi l'organico supera i mille): sguattere, cameriere, valletti, maggiordomi, paggi, cuochi, aiutocuochi, lavapiatti, fioristi, sarte, postini e via dicendo. Senza dimenticare le segretarie reali, le *ladies-in-waiting*, gli aiutanti di campo, e il viavai inarrestabile di ministri, dignitari, alti gradi militari. Strani e misteriosi titoli alludevano a occupazioni risalenti al Medioevo. C'erano per esempio lo *Yeoman of the Gold Pantry* e lo *Yeoman of the Silver Pantry*, il primo incaricato di tenere sempre a lucido piatti e stoviglie d'oro, il secondo quelli d'argento. Si capisce che in un simile ambiente perfino Dookie, il corgi della regina capostipite della muta reale, diventasse piuttosto aggressivo e mordace con i visitatori. Uno dei politici più in vista del tempo, lord

Lothian, sperimentò nelle carni i suoi denti aguzzi, e pur sanguinando in abbondanza fece stoicamente mostra di non sentire dolore.

La calda bolla protettiva che l'affetto dei genitori aveva costruito attorno alle esistenze di Lilibet e Margaret ovviamente svanì sotto la pressione degli eventi esterni. La piccola famiglia reale cercava di ritrovare almeno ogni tanto un po' della perduta intimità rifugiandosi durante i weekend nell'amato Royal Lodge, a Windsor. Picnic sull'erba, cavalcate nel parco su grossi e placidi quadrupedi per le piccole, giochi di carte e sciarade, che appassioneranno Elisabetta per il resto della vita: ma anche qui le *red boxes* inseguivano il re e, a differenza del fratello scapestrato, lui passava ore a studiare faticosamente le carte, anche se gli sembravano arabo. Prove di quella coscienziosità e determinazione che avrebbe testimoniato di lì a poco in guerra.

Di ritorno a palazzo la routine delle bambine era sempre più noiosa, ma la fantasia infantile trova sempre di che distrarsi. Appena messo piede a Buckingham Elisabetta aveva dichiarato: «Qui ci vuole la bicicletta», e in mancanza del mezzo lei e la sorellina si esibivano in corse sfrenate per i corridoi. La più grande, che ha sempre amato gli scherzi, si divertiva a farli al personale di servizio: nascondeva le carriole ai giardinieri, riempiva di palline di calce le tasche degli scudieri e soprattutto faceva dannare le sentinelle, costrette a scattare sull'attenti ogni volta che lei apposta passava e ripassava davanti a loro.

Finalmente qualcuno in famiglia si accorse anche che la bambina ormai destinata al trono aveva bisogno di un'istruzione più solida di quella impartita da Crawfie novanta minuti al giorno. Quel qualcuno era ovviamente la nonna regina Mary, la donna che aveva «inventato» la nuova monarchia «vicina al popolo», e indiscutibilmente la più sveglia e preparata della tribù famigliare. Aveva avuto buon naso la regina Vittoria, facendo sposare al nipote Giorgio V (notoriamente un po' lento) questa principessa tedesca, May di Teck, che era anche una seconda cugina. Lei era stata sempre critica a proposito del curriculum scolastico preparato per le nipotine. Insisteva che alle bambine fossero insegnate soprattutto storia e geografia, per far loro comprendere l'importanza dell'Impero. Meglio dare più tempo alle genealogie – a cominciare da quella famigliare – e alla storia che alla matematica: dopotutto, argomentava, nessuna delle due avrebbe mai dovuto occuparsi dei suoi conti, e allora a che scopo perder tempo coi numeri?

Queen Mary era anche molto critica per il poco tempo dedicato allo studio, per di più interrotto da frequenti vacanze: «Quand'ero ragazza, io non smettevo di praticare francese e tedesco, e avevo anche un bel po' di compiti a casa», ricordava con aria severa che le allungava ancora più il viso squadrato e spigoloso. Fino all'abdicazione i suoi rimbrotti ebbero scarsi effetti ma dopo, con la prospettiva del trono per Lilibet, il suo approccio educativo trovò maggior successo. E lei si impegnò di persona a insegnare la storia alle nipoti, con metodo incredibilmente moderno: conducendole in visita ai monumenti teatro di vicende secolari che coincidevano in così larga misura con quelle della monarchia e della loro famiglia.

Nel solo anno dell'incoronazione di Giorgio VI, il 1937, Queen Mary guidò le bambine tra i meandri della Torre di Londra, i fantasmi Tudor di Hampton Court, le meraviglie botaniche dei giardini di Kew, e ancora Greenwich Palace e un numero imprecisato di musei e gallerie d'arte. Così tanti che Margaret, la più piccola e già da allora la meno intellettuale delle due, promise a se stessa che da adulta «non avrei mai permesso ai miei figli di vedere più di tre grandi quadri alla volta, in modo che fossero loro a supplicarmi di vederne ancora uno anziché stramazzare per la stanchezza sognando di tornare a casa». Sempre soldatino, Lilibet non si lamentava e, anzi, i racconti storici la appassionavano.

Aveva dodici anni quando infine le fu data la prima infarinatura riguardo alle istituzioni politiche sulle quali un giorno avrebbe dovuto vegliare. Dopo l'incoronazione del padre il 12 maggio 1937, Elisabetta era diventata a tutti gli effetti «erede presuntiva» al trono inglese: *presumptive*, attenzione, e non *heir apparent*, cioè erede diretta, perché in quanto femmina il suo diritto di successione sarebbe svanito con la nascita di un fratellino maschio. E con genitori ancora abbastanza giovani – Giorgio VI quarantun anni, la regina Elizabeth trentasei – nessuno escludeva che questo potesse ancora avvenire. In ogni caso, nel 1938 si decise di mandarla due volte a settimana a Eton a imparare storia costituzionale dal vice *provost* della famosa scuola, l'illustre giurista Henry Marten, coautore di un diffusissimo libro di testo intitolato *The Groundwork of British History*, Fondamenti di storia britannica. Nel suo studio colmo di libri sino al soffitto sir Henry istruiva la principessa sulle gesta della monarchia, mentre Crawfie leggiucchiava P.G. Wodehouse in un angolo della stanza e gli allievi «ordinari» dello studioso entravano di tanto in tanto a interpellarlo.

Sir Henry era un tipo distratto e spesso si rivolgeva a Elisabetta come se avesse di fronte i suoi studenti, chiamandola *Gentlemen*. Ma era ben consapevole di avere l'opportunità unica di contribuire a formare la futura sovrana, e ce la mise tutta. Fu lui a spiegarle il segreto della straordinaria longevità della monarchia britannica, cioè la sua estrema adattabilità: la volta che la regina se ne scordò, nella tragedia di Diana, stava per perdere se non il trono almeno il sostegno del Paese. E probabilmente fu ancora il professor Marten a inculcarle l'importanza del Commonwealth, quel moderno e democratico sostituto dell'Impero che rappresenta per Elisabetta un caposaldo della sua missione. Precoce estimatore dei mezzi di comunicazione di massa, lo storico sottolineò l'importanza dei messaggi radiofonici reali per mantenere un contatto diretto tra il monarca e i sudditi di un conglomerato planetario di nazioni. Riluttante a seguire il consiglio al momento dell'esordio sul trono, Elisabetta in seguito imparò a giocare anche a questo gioco.

Considerato che si trattava dell'erede alla Corona inglese, è difficile non trovare gravemente carente la sua istruzione, perfino nel confronto con sovrane di epoche non proprio illuminate. Elisabetta I era non solo poliglotta (comprese le lingue classiche) ma un pozzo di scienza, e anche Vittoria ebbe precettori all'altezza del suo futuro. Elisabetta ha rimediato in larga misura grazie alla sua determinazione, capacità di osservazione, senso del dovere e intelligenza pronta. L'omaggio migliore le venne dal suo unico primo ministro donna, che fu anche quello con cui si trovò in minor sintonia: eppure Margaret Thatcher riconobbe che i suoi incontri settimanali con la sovrana non erano una mera formalità ma «vere e proprie sessioni di lavoro alle quali lei arriva sempre perfettamente preparata». Con la stessa ostinazione con cui da bambina allineava con precisione le scarpe alla sedia coi vestiti, oggi passa ogni giorno tre ore a studiare le carte delle *red boxes* tanto odiate e trascurate dallo zio David. Forse è vero che per essere un buon re non è necessario sapere di filosofia. Ma è importante saper sorridere e agitare la mano alla gente.

La fine dell'infanzia per Elisabetta coincise probabilmente con la solenne, sfarzosa, costosa e medievale cerimonia di incoronazione del padre il 12 maggio 1937. La data era stata fissata per la *Coronation* di Edoardo VIII, ma tornò buona invece per il suo imprevisto successore. Governo e famiglia reale investirono moltissimo nella celebrazione dell'antico rito sotto le volte dell'abbazia di Westminster: la consideravano un'occasione cruciale per restaurare la dignità della monarchia fortemente danneggiata dal comportamento di Edoardo (perfino i suoi servitori più fedeli si rifiutarono di seguirlo nell'esilio). L'ombra del fratello maggiore continuava però ad allungarsi su Bertie, convinto che il popolo ancora gli preferisse David. E il lungo rituale dell'incoronazione lo terrorizzava.

La madre Mary capì che aveva bisogno di sostegno e accettò di accompagnarlo in chiesa, con uno strappo al protocollo tanto più notevole in una rigida osservante dell'etichetta come lei. Anche il Gabinetto fece la sua parte per essere sicuro che lo spettacolo fosse all'altezza della tradizionale pompa e magnificenza degna dell'Impero britannico, e stanziò per lo show (destinato anche a fare impressione sui nemici esterni) l'incredibile somma di 524.000 sterline, l'equivalente di 20 milioni odierni. Due volte e mezzo quanto aveva speso quello scialacquatore di Giorgio IV per la sua investitura al trono nel 1820. Per il nuovo re sarebbe stata l'occasione di mostrare che era degno del ruolo, con il supporto ancora una volta determinante di moglie e figlie.

L'erede presuntiva, che aveva appena compiuto undici anni, era entusiasta di prendere parte alla cerimonia. Per lei e Margaret il sarto Norman Hartnell, che l'avrebbe vestita anche da adulta, aveva preparato due abiti ricamati d'oro e merletti, per la prima volta con gonna lunga, mantelline d'ermellino e speciali coroncine. Le bambine portavano anche guanti lunghi al gomito e il loro primo filo di perle al collo. La zia principessa Mary le ricorda con queste parole: «Sembravano così dolci nei loro abiti di pizzo e mantelli cerimoniali, specialmente quando si misero in testa le loro coroncine». Il pubblico rimase incantato. E l'incoronazione fu un successo.

A dispetto dello sciopero degli autisti dei bus, Londra fu invasa da centinaia di migliaia di persone arrivate con treni speciali, e l'intera Inghilterra percorsa da uno di quei soprassalti patriottici che coincidono con le grandi ricorrenze della monarchia. Dappertutto bandiere, striscioni, foto del re, anche se nei quartieri più poveri qualche cartello invocava GOD BLESS THE KING AND QUEEN – AND THE DUKE

OF WINDSOR: il quale seguì alla radio l'evento seduto in poltrona nel castello di Condé, in Francia, sferruzzando un pullover per la sua amata Wallis. Era bravissimo nel lavoro a maglia: lo rilassava.

Chissà se lui tornò mai in mente all'affezionata nipotina Lilibet in quel giorno fatale. Ma probabilmente era troppo impegnata a non perdere un momento della cerimonia, che riportò fedelmente nel racconto compilato per i genitori. È un documento molto tenero, oggi negli Archivi Reali, scritto a matita su carta a righe e rilegato con un nastro vermiglio. Sul frontespizio si legge: «L'Incoronazione / 12 maggio 1937 / A *Mummy* e *Papa* / In ricordo della loro Incoronazione / Da Lilibet / Scritto da lei stessa / Un resoconto dell'Incoronazione». Segue una descrizione che avrebbe fatto di Elisabetta un'ottima cronista, se non fosse stata chiamata a un altro mestiere. La carrozza di Stato irlandese che conduce lei, Margaret e la nonna Mary a Westminster Abbey «ballonzola un po' troppo ma ci abituiamo». In compenso rimane a bocca aperta di fronte all'abito della vecchia regina vedova, lei davvero «troppo bella in un vestito d'oro ricamato a fiori d'oro». In breve, trova tutto «*molto, molto* bello», e ha perfino un brivido poetico quando descrive il momento in cui all'unisono tutte le lady in chiesa sollevano le braccia guantate di bianco per rimettersi in capo le loro coroncine nobiliari: «Sembravano cigni».

Al re sembrò che la cerimonia andasse un po' meno liscia. Con lui già inginocchiato davanti all'altare per leggere il giuramento, i vescovi di Durham e Bath non riuscivano a trovare la pagina giusta. E quando svelto l'arcivescovo di Canterbury aveva abbassato il suo libro davanti agli occhi del re, non si era accorto che il suo pollice nascondeva proprio le parole da leggere. In più la collana dell'Ordine della Giarrettiera del marchese di Salisbury si era impigliata nel cuscino su cui il nobiluomo porgeva all'arcivescovo la corona reale. Contrattempi minori, in una giornata che la regina Mary giudicò «meravigliosa». Lasciata l'abbazia, la nuova famiglia reale fece in carrozza il giro dell'intero centro, dall'Embankment a Hyde Park e poi giù per Constitution Hill sino a Buckingham. Dal balcone della reggia si affacciarono per salutare, secondo Elisabetta, «milioni di persone che gridavano 'Vogliamo il Re', 'Vogliamo Giorgio'». «E il Re vuole la sua cena», brontolò Bertie di buon umore. Era l'inizio di un'altra love story tra gli inglesi e la loro monarchia.

Principesse contro il boa

QUEEN Elizabeth era bravissima a lusingare le persone comuni esibendo un interesse verso le loro esistenze che la vecchia Queen Mary non era mai stata capace di simulare. Appariva amichevole, disponibile, sorridente come mai nessuno dei Windsor era stato sino ad allora. Era naturalmente il frutto di «studio, pianificazione e una tremenda concentrazione», e una vena di artificialità traspariva talvolta dal suo comportamento. «*Wave, Bertie*», agita la mano, sibilava al marito continuando a sorridere il più dolcemente possibile. E lui, obbediente, sventolava la mano come uno straccio. Affascinati dalla nuova coppia reale, i sudditi lo erano ancor più dalle figlie: con la loro spontaneità le principessine conquistavano molto più facilmente il cuore degli inglesi. Ogni loro mossa finiva subito sui giornali e non potevano spostarsi senza essere oggetto dell'attenzione di folle di fan beneauguranti.

A Eastbourne, località marina dove il re era stato convinto a soggiornare qualche tempo per respirare un po' d'aria buona, la gente le seguiva in chiesa e poi si assiepava sul lungomare per vederle giocare in spiaggia. Occasionalmente Crawfie le aveva condotte in incognito nella metropolitana londinese ma, appena riconosciute, l'assembramento di curiosi aveva richiesto l'intervento della polizia e la chiamata in soccorso di un'auto reale. Stesse scene nei *garden party* estivi nel parco di Buckingham. Tremila invitati da ogni classe sociale si accalcavano per scrutarle da vicino e riceverne un sorriso. Elisabetta era già esperta in tecniche di gestione delle masse e raccomandava alla sorellina più piccola: «Non devi essere troppo di fretta quando attraversi la folla per andare al tavolo del tè». Ma Margaret non aveva tutti i torti: senza un certo slancio difficilmente si sarebbero fatte strada verso l'agognato buffet dei dolci.

Il trasferimento nella reggia produsse, come ovvio, un preoccupante isolamento delle bambine, che fino ad allora avevano potuto giocare con i coetanei nei giardini dietro la casa di Piccadilly. Adesso avevano a disposizione tutti per loro i quattro ettari di meraviglioso parco cintato alle spalle di Buckingham Palace, ma proprio nessuno con cui dividerli. La circostanza rendeva ansioso anche il governo. Può sembrare strano che dei ministri si occupino di giochi infantili ma qui si trattava di una piccola che avrebbe un giorno guidato l'Impero, e sembrava opportuno che facesse un po' di pratica di mondo. La soluzione escogitata fu di allestire appositamente per le fanciulline reali una compagnia di *Girl Guides*, la branca femminile dei boy scout.

L'idea lasciò letteralmente senza parole Miss Violet Synge, futura presidente nazionale dell'associazione. «Ma come può funzionare?» si stupì. «Le guide devono trattarsi l'un l'altra come sorelle.» Niente paura. Le prescelte per formare una compagnia erano tutte figlie di reali parenti oppure dei cortigiani e dignitari di più alto rango. Per capirci, all'epoca Kate Middleton non avrebbe potuto farne parte. Ogni mercoledì pomeriggio il Primo Reparto Guide di Buckingham Palace, venti ragazzine di alto lignaggio, si riuniva per «esplorare» gli angoli più remoti... dei giardini reali! Miss Synge le aveva divise in tre pattuglie, reclutando Margaret, che era troppo piccola per essere una guida, come *brownie* (lupetta). Elisabetta fu subito nominata vicecapopattuglia, con la cugina Patricia Mountbatten suo superiore: a tredici anni la principessa era un po' troppo piccola per l'onore ricevuto, ma agli adulti attorno a lei sembrava impensabile che la futura regina non fosse in comando di qualcosa. In mezzo alla curatissima vegetazione del parco le nobili fanciulline praticavano i loro esercizi di sopravvivenza senza nemmeno lontanamente immaginare che presto la realtà potesse metterle alla prova.

Era il 1939, e il nuovo conflitto mondiale ormai incombeva. L'Inghilterra ci arrivava terribilmente impreparata. Churchill, che gridava da anni al lupo hitleriano, non veniva preso sul serio. Il Regno voleva disperatamente la pace, che già era parsa sul punto di essere infranta nell'autunno del 1938, quando Hitler aveva ingoiato i Sudeti infrangendo l'integrità territoriale della Cecoslovacchia. All'epoca perfino re Giorgio VI si era offerto di scrivere al dittatore «da ex soldato a un altro» per implorarlo di risparmiare un'altra guerra ai giovani d'Europa. Il premier Neville Chamberlain lo aveva dissuaso e aveva avviato la mobilitazione bellica, dai rifugi antiaerei allo scavo di trincee a Green Park, di fronte alla reggia.

Elisabetta e Margaret, come migliaia di altri bambini in Gran Bretagna, avevano ricevuto le loro maschere antigas, da tenere sempre accanto a sé: uno speciale modello per i piccoli disegnato come una testa di Topolino, col naso rosso e blu (ma per i loro cuginetti sotto i quattro anni non c'erano maschere così piccole, l'ordine per i genitori era di avvolgerli in coperte). Poi arrivarono la Conferenza di Monaco, la resa di Chamberlain e la sciagurata strategia dell'*appeasement* che spinse Hitler ad alzare la posta. Pochi mesi dopo, il 15 marzo 1939, i carri armati tedeschi entrarono a Praga, cancellando la Cecoslovacchia dalla carta d'Europa. Il titolo del *Daily Telegraph* suonò la sveglia: «Who can hope to appease a boa constrictor?» Chi può sperare di placare un boa constrictor?

Chamberlain ordinò il riarmo e introdusse la coscrizione obbligatoria. Il re e la regina, su invito del presidente Franklin Roosevelt, si recarono negli Stati Uniti in giugno. Fu il viaggio che li «fece» finalmente sovrani. Sino a quel momento l'ombra del fratello in esilio copriva e allarmava Bertie. Il viaggio dei duchi di Windsor in Germania, dove erano stati ricevuti con tutti gli onori da Hitler, era un segnale scioccante dei piani dell'ex re. Quando, imbaldanzito dall'accoglienza dei tedeschi, Edoardo programmò un tour negli Stati Uniti, dove nessun monarca inglese era mai stato dopo la Rivoluzione del 1776, a Londra Corte e governo si convinsero che il duca stesse complottando per riprendersi il trono. Bisognava correre ai ripari. Da qui l'urgente traversata transatlantica di Giorgio VI e consorte.

Roosevelt aveva caldeggiato anche la presenza delle figlie della coppia reale («Cercherò di procurarmi uno o due Roosevelt della stessa età per giocare con loro!») ma il re ritenne il tour di sei settimane troppo faticoso per le ragazzine. La separazione, però, risultò davvero dolorosa e ispirò un'ondata di simpatia popolare verso le principessine. Era la prima volta che la vita divideva quell'unità apparentemente inseparabile rappresentata da *We Four*, e stavolta perfino l'imperturbabile Elisabetta sembrava scossa. All'addio sul molo di Portsmouth l'erede presuntiva, secondo un testimone, «appariva in lacrime, e la faccia di Margaret contratta in una smorfia di dolore», mentre il re e la regina restarono immobili sul ponte a fissarle «finché le due figurine si confusero con il blu delle banchine affollate». I giornali lodarono la coppia reale per la devozione al dovere che li aveva spinti a staccarsi dalle amatissime figlie per il bene delle relazioni transatlantiche.

Il viaggio fu in effetti uno straordinario successo, ma le principesse a casa non furono da meno. In assenza dei genitori, sembrava che l'intero Paese volesse prendersene cura. Soprattutto, non c'era più modo di tenere la stampa lontana dalle loro tracce. Una visita improvvisata allo zoo di Londra si trasformò in una mischia di cronisti, e a chi fingeva di chiedersi come mai i reporter fossero sempre informati sui movimenti delle piccole, sir Eric Miéville, allora addetto stampa del Palazzo, faceva notare che «di questi tempi simili informazioni passate ai giornali valgono soldi». Spiccioli rispetto a quanto gli editori avrebbero pagato di lì a cinquant'anni per spiare sotto le lenzuola reali. E poi, al momento, anche la morbosa attenzione attorno alle principesse tornava utile alla propaganda. Niente di meglio di qualche loro tenera foto per offrire sollievo all'ansia di lettori gravati ogni giorno di cattive notizie dall'Europa.

Il ricongiungimento coi genitori di ritorno in patria, il 22 giugno, fu un evento che galvanizzò l'intero Regno Unito. Elisabetta e Margaret raggiunsero Southampton per imbarcarsi sul cacciatorpediniere che le avrebbe condotte incontro al transatlantico di linea *Empress of Britain*, su cui viaggiava la coppia reale. Sulle banchine una folla strabocchevole di curiosi mischiata a legioni di cronisti scrutava avidamente le ragazzine che stringevano le mani degli ufficiali di bordo prima che la nave militare salpasse l'ancora. Nel breve viaggio le principesse apprezzarono le ciliegie offerte dal comandante, poi, incrociato il piroscafo, una scialuppa le trasbordò sull'*Empress*. Appena sul ponte si gettarono nelle braccia dei genitori, e il calore della scena offre uno strano contrasto con la freddezza di Elisabetta verso i figli bambini al ritorno dai suoi viaggi. Dove, come, quando è evaporata la spontanea carica affettiva di quella ragazzina tredicenne? Il motto dei gialli vecchio stile è *cherchez la femme*: qui forse è *l'homme* che bisogna cercare... Ma lo vedremo più avanti.

Terminati i baci e gli abbracci, sul transatlantico arrivò il momento di pranzare. Dopo un mese e mezzo le bambine sedettero di nuovo felici a tavola coi genitori, circondate da ufficiali e dignitari locali invitati a bordo. In loro onore, la sala da pranzo era stata decorata con festoni e palloncini, come si conviene a una festa di ragazzine. E anche i loro doni dall'America erano misurati su un'età che, ottant'anni fa, era ancora quella dell'innocenza: piccoli totem dei pellerossa, grembiulini scamiciati... Per Elisabetta l'allegria di quel giorno segnò forse lo spartiacque tra una protratta infanzia felice e un'impegnativa adolescenza.

Quell'estate del 1939 anche la piccola Margaret, a nove anni, cominciava a interrogarsi su «chi mai fosse questo Hitler, che sta rovinando tutto». La Germania accumulava uomini e armi nel cuore d'Europa, e una riluttante Gran Bretagna si preparava alla guerra. I capolavori della National Gallery, da Constable a Turner, da Poussin a Rubens a Rembrandt, lasciavano i muri del museo per essere caricati su speciali treni blindati, sotto il controllo di guardie armate, e trasferiti nel Galles del Nord, nelle sicure gallerie sotterranee di una vecchia cava di ardesia vicino a Blaenau Ffestiniog. I famosissimi marmi di lord Elgin, sottratti al Partenone, furono nascosti nel ramo di Aldwych della Piccadilly Line – la linea blu della metropolitana londinese – e i tesori del Victoria and Albert Museum presero la strada di case di campagna e svariati sotterranei. Perfino la carrozza di Stato ricoperta d'oro dovette lasciare le rimesse della reggia per essere portata a Mentmore House, nel Buckinghamshire.

Gli augusti occupanti di Buckingham Palace rimasero invece al loro posto, una fermezza a cui i Windsor forse debbono il fatto di occuparlo ancora oggi. La sovrana cominciò a esercitarsi con la pistola in un poligono allestito in un angolo del palazzo. «Non farò la fine degli altri», fece sapere in giro, alludendo alle vittorie lampo tedesche. Il 1° settembre la Germania invase la Polonia. Hitler ignorò l'ultimatum britannico e domenica 3 settembre, alle 11.15, toccò al campione dell'*appeasement* annunciare alla nazione l'entrata in guerra: «Abbiamo la coscienza pulita», disse alla radio il premier Chamberlain, «abbiamo fatto tutto ciò che un Paese può fare per mantenere la pace». Entro mezz'ora, l'ululato delle sirene antiaeree fece accapponare la pelle dei londinesi, ma per fortuna era solo un'esercitazione. Gli orrori del *Blitz* erano ancora lontani. E lontane da Londra erano pure le principesse reali, in Scozia. All'ora dell'annuncio di Chamberlain si trovavano a messa nella chiesetta locale con la cugina Margaret Elphinstone, e la decisione dei genitori fu che per il momento dovessero rimanere nelle Highlands, ospiti nel castello di Birkhall, che fa parte della tenuta di Balmoral. Quella sera ascoltarono alla radio l'appello del padre alla nazione e all'Impero reso universalmente noto dal successo cinematografico di *The King's Speech*, ovvero *Il discorso del re*.

Nel primo conflitto mondiale gli inglesi inaugurarono una strana espressione: *a good war*. Ha avuto una «buona guerra», dicevano di qualcuno che si era comportato con onore sul campo e aveva visto i suoi meriti riconosciuti. Per Giorgio VI, che aveva passato in ospedale gran parte del conflitto '14-'18, la «buona guerra» fu la seconda: quella in cui diede prova di coraggio, determinazione, sacrificio, riuscendo infine a liberarsi dell'immagine di leader incerto per figurare accanto a Churchill come il simbolo dell'Inghilterra vittoriosa. Il primo passo in questa direzione fu il magnifico discorso pronunciato alla radio lottando anzitutto contro la sua balbuzie (con l'aiuto del logopedista australiano Lionel Logue). «Il nostro Paese», disse, «è stato costretto alla guerra», e «per la salvezza dell'ordine e della pace mondiali, è impensabile che rifiutassimo di affrontare questa sfida.»

Fa impallidire per converso la miseria morale mostrata nella circostanza da fratello e cognata. «Com'è difficile decidere dove vivere quando ogni Paese trema», rifletteva con aristocratica nonchalance la duchessa di Windsor a Parigi. Ma intanto suo marito il 2 settembre scriveva a Hitler per supplicarlo di trovare «una soluzione pacifica del presente problema». Il dittatore, che meditava di farne un re-marionetta una volta battuta l'Inghilterra, ignorò ovviamente il suo appello, e il duca si mise a tempestare i parenti a Londra perché gli mandassero un esercito per evacuarlo in sicurezza. Alla fine, di fronte alla veloce avanzata tedesca, lui e la moglie scapparono in Spagna. Lì Edoardo avviò lunghi negoziati con l'ambasciata britannica dichiarando che non sarebbero tornati in patria se Wallis non fosse stata ricevuta a palazzo e a lui non fosse stata garantita l'esenzione fiscale. Perfino Churchill, che lo aveva appoggiato nella crisi del 1936, alla fine perse la pazienza e lo spedì alle Bahamas come governatore dell'arcipelago. Ci rimase virtualmente prigioniero per tutto il conflitto, ormai dimenticato e irrilevante.

Mentre zio David, al sicuro dall'altra parte del mondo, continuava a preoccuparsi soltanto che la moglie ricevesse l'agognato prefisso HRH, le principessine facevano il loro dovere bellico senza muoversi dal suolo patrio.

L'«Ich dien» dell'ausiliaria Windsor

Dopo i primi mesi di guerra trascorsi in Scozia, l'assenza al momento di raid aerei spinse anche le piccole Windsor, come molti evacuati dalle grandi città, a tornare a Londra. Ma la paura di uno sbarco tedesco era diventata una psicosi di massa. Qualche ministro suggerì che era il caso di mettere al sicuro Elisabetta e Margaret nel lontano Canada, come del resto molte famiglie dell'*upper class* avevano fatto con i loro cari: lord Mountbatten aveva spedito oltre Atlantico moglie e figlie, lo stesso aveva fatto con suo figlio il gran mondano Chips Channon e diversi altri ricchi avevano seguito il loro esempio. Queen Elizabeth spazzò via ogni suggestione del genere con la sua battuta più famosa, che ne fece all'istante il simbolo dell'incrollabile resistenza al nazismo e l'idolo dei britannici: «Le ragazze non partiranno mai senza di me. Io non partirò mai senza il loro padre. E il re non lascerà mai il suo Paese, qualsiasi cosa avvenga». Si capisce che questa tosta signora scozzese risultasse particolarmente antipatica al Führer, al punto da dichiararla «la donna più pericolosa d'Europa».

Furono prese ovviamente precauzioni. La coppia reale restò a Buckingham, ma spesso trascorse la notte a Windsor Castle; le figlie invece furono alloggiate nel Royal Lodge, la bella casa dei weekend all'interno del gran parco di Windsor. La protezione delle eredi fu affidata a una compagnia delle *Grenadier Guards*, i granatieri reali, che marciavano e scavavano trincee sotto gli occhi delle loro preziose pupille: «Non avrebbero tenuto fuori nessuno ma tenevano dentro noi» fornendo un po' di compagnia, avrebbe commentato Margaret col suo spirito caustico. I muri rosa furono ridipinti di verde e marrone per nascondere l'edificio ai bombardieri e i comunicati ufficiali si limitarono a informare che le ragazze «erano da qualche parte in campagna». A nessun giornalista, ovviamente, venne in mente di infrangere il segreto. E al sicuro nel meraviglioso parco, trasformato in gran parte in orto di guerra, le due sorelle poterono riprendere la loro routine, con le modifiche imposte dal conflitto.

La prima ovviamente riguardava la dieta. La guerra aveva introdotto il razionamento, dal burro allo zucchero, dalla carne al formaggio al prosciutto. Ogni suddito adulto aveva diritto a 4 once di zucchero,

2 di burro e 2 di formaggio a settimana: un'oncia equivale a 28,35 grammi. Pochino, come si vede. Nacque il «Cheddar del governo», un formaggio praticamente insapore, e le salsicce erano così gonfie di pane e di acqua che spesso esplodevano alle alte temperature – ecco perché, con la passione onomatopeica degli inglesi, furono ribattezzate *bangers*.

Il re dichiarò che anche le figlie dovevano seguire le regole del razionamento. Ma, si capisce, godevano di parecchie fortune. Anzitutto la loro dieta era integrata con l'abbondante selvaggina che veniva dalla tenuta e con la frutta e verdura prodotte nel giardino. Inoltre, a differenza di milioni di altri bambini, non dovevano passare ogni mattina un'ora e mezzo in fila con la mamma davanti al negozio di alimentari. E non dovevano privarsi nemmeno dei loro amati animali domestici, come migliaia di persone avevano fatto allo scoppio della guerra temendo che fossero uccisi, o semplicemente perché pensavano di non poterli più nutrire. In tutte le riprese dei cinegiornali di guerra gli adorati corgi Crackers, Susan e Ching continuano a zampettare attorno alle principesse in tutti i giochi e le passeggiate nel parco di Windsor.

Questo non vuol dire che fossero esenti dalla principale sofferenza dei loro connazionali in quegli anni: la paura. Soprattutto il terrore dei bombardamenti del Blitz. Con la disfatta della Francia, nella primavera del 1940, la guerra cominciò davvero. Buckingham Palace si riempì di principi forestieri messi in fuga dall'invasione tedesca, Haakon di Norvegia e subito dopo Guglielmina d'Olanda, fuggita da L'Aia all'ultimo minuto per essere accolta personalmente da re Giorgio a Liverpool Station. Elisabetta aveva appena compiuto quattordici anni quando il 10 maggio, dopo l'invasione nazista della Norvegia, Chamberlain si dimise per favorire finalmente una politica di guerra totale alla Germania. La torta di compleanno della principessa – aveva annunciato la madre – sarebbe stata di semplice pan di Spagna, in segno di economia. Ma il discorso di commiato pronunciato da Chamberlain alla radio faceva immaginare ben altri sacrifici.

«Voi e io dobbiamo radunarci dietro il nostro nuovo leader, e con la forza della nostra unione e il nostro incrollabile coraggio combattere e lavorare finché questa bestia selvaggia, che è balzata su noi fuori dalla sua tana, non sia stata finalmente disarmata e rovesciata»: detto dall'uomo che un anno e mezzo prima, tornando da Monaco, aveva annunciato «la pace per i nostri giorni», dava pienamente l'idea della drammaticità della situazione. Le principesse lo ascoltarono dall'apparecchio nel Royal Lodge ed Elisabetta confidò alla madre, che lo scrisse al premier dimissionario: «Ho pianto, *Mummy*».

Il nuovo governo fu affidato alla guida di un uomo molto più risoluto come Winston Churchill, che alla Camera dei Comuni promise di «ingaggiare guerra per mare, per terra e per aria, con tutta la nostra potenza e tutta la forza che Dio può darci». E intanto faceva piani per l'emergenza. In caso di invasione, il re e la regina avrebbero trovato rifugio a Madresfield, la bellissima casa dei conti Beauchamp nel Worcestershire, da dove avrebbero guidato la resistenza contro il nemico. Lì sarebbero stati raggiunti anche dalle figlie, prelevate da Windsor (corgi inclusi) da commandos scelti della Brigata Guardie e della Cavalleria Reale, pronti a intervenire in qualunque momento.

L'invasione non arrivò ma il Blitz sì. Per Lilibet e Margaret il primo allarme suonò appena due notti dopo l'arrivo al castello. Lì per lì pensarono di vestirsi ma fu loro ordinato di correre subito nel rifugio. La più piccola, appena decenne, si addormentò sulle ginocchia di Crawfie mentre Elisabetta si mise a leggere un libro fino al cessato allarme, alle due della notte. E il giorno dopo, mettendo in mostra l'abituale spirito pratico, decise con la governante di dotare il rifugio di letti veri e propri e di trasferirci subito le cose a cui tenevano di più, per risparmiare tempo all'allarme successivo. Giocattoli e libri, i diari che la mamma l'aveva incoraggiata a tenere, spille e gioiellini finirono tutti stipati in un set di valigie dono del governo francese che i valletti portarono nel sotterraneo.

Il peggio arrivò dopo l'estate. *Black Saturday*, il Sabato nero del 7 settembre 1940, dovette sembrare ai londinesi molto simile al temuto Giorno del Giudizio. Una marea di fuoco si rovesciò dal cielo sulla città. Trecento bombardieri tedeschi, in due ondate l'una dopo l'altra, rasero al suolo case, magazzini, fabbriche, musei e tutto quello che si poteva distruggere nell'East End, la zona portuale e industriale della capitale. Gli incendi si potevano vedere distintamente fin da Brighton, la località balneare nel Sussex 90 chilometri a sud di Londra. Quando l'allarme cessò dodici ore dopo, alle quattro e mezzo del mattino, tra le macerie si contarono 430 morti e 1.600 feriti. Churchill, in visita la mattina dopo, quasi pianse a vedere l'Union Jack piantata in cima ai cumuli di rovine che erano state case di povera gente. Fu la prima di settantasei notti di bombe in fila, che martellarono soprattutto Londra.

E i bombardamenti sui quartieri poveri dell'East End rischiarono di provocare una crisi di consenso attorno alla monarchia. Una visita della coppia reale fu accolta da bordate di fischi, e la regina specialmente dileggiata per essersi presentata con le sue pellicce: come mai, gridava la folla di operai e piccola gente, l'elegante West End aveva invece subito così pochi danni? La risposta era che lì si trovavano night club e non fabbriche, oltre alla reggia e ai palazzi del governo. Ma, per prudenza, sotto il Blitz la coppia reale prese a passare la notte a Windsor, e fece bene: due sere dopo, il 9 settembre, Buckingham fu colpito da spezzoni di bombe e le finestre mandate in frantumi. Meno di una settimana più tardi arrivò il colpo diretto.

La regina era impegnata a togliere un ciglio dall'occhio del marito quando sentì in avvicinamento l'inconfondibile ronzio di un aeroplano: «Tutto accadde così rapidamente che avemmo solo il tempo di guardarci stupidamente l'un l'altro quando il fischio della bomba ci sfrecciò oltre e l'ordigno esplose con tremendo fracasso nel quadrangolo», il cortile interno di Buckingham. Un'altra bomba sventrò la cappella reale. Era evidentemente un attacco pianificato alla reggia. E con il suo straordinario intuito per la comunicazione di massa Queen Elizabeth non perse l'occasione per fare pace con il suo popolo. Davanti a quaranta giornalisti spediti a coprire la storia, rilasciò impavida un'altra delle sue dichiarazioni celebri: «Sono felice che siamo stati bombardati. Adesso posso guardare in faccia la gente dell'East End».

Nello spazio di una notte la rabbia dei poveri verso la presunta sicurezza dei ricchi e dei reali svanì. «Se fanno del male al re e alla regina o alle principesse, impazziremmo al punto da far saltare in aria ogni tedesco sulla Terra», affermò una popolana che rifletteva il sentimento della gente semplice. E per far capire che nemmeno le bombe naziste le mettevano paura, Queen Elizabeth si rifiutò sempre di affrettarsi verso il rifugio, come la supplicavano i cortigiani, camminando al contrario al passo solenne di una cerimonia di Stato. I simboli contano, per una nazione in guerra, e nessuno più dei Windsor sapeva come offrirli.

Era arrivato anche per Elisabetta il momento di scendere in campo. A quattordici anni la stragrande maggioranza dei suoi coetanei era già stata costretta a lasciare gli studi per lavorare. Lei era esente dall'una e dall'altra cosa, ma non si può negare che pure al riparo dei loro privilegi le principessine giocavano un ruolo chiave nella battaglia della propaganda. Difficilmente una vita protetta e coccolata in un castello poteva essere paragonata a quella di milioni di coetanei, eppure anche loro sopportavano con coraggio l'isolamento nel rifugio in campagna, lontano dai genitori. Anche loro facevano sacrifici, come il popolo. Rinunciavano al calore di una vita famigliare così come toccava ai soldati e ai loro cari, obbedivano alle regole del razionamento, coltivavano nell'orticello carote e patate secondo le esortazioni del governo: «*to Dig for Victory*», zappare per la vittoria. Ma sotto le bombe della Luftwaffe la primogenita poteva diventare un'arma ancora più preziosa, e i reali genitori finalmente autorizzarono il governo a impiegarla.

Con i nazisti all'offensiva, e l'Inghilterra più che mai un'isola nell'Europa della croce uncinata, il sostegno degli Stati Uniti d'America diventava vitale. Il direttore generale della Bbc chiese al segretario privato del re se la principessa poteva prendere in considerazione l'idea di parlare per radio ai bambini del Nord America e a quelli inglesi evacuati oltreoceano. Ciò che fino ad allora il Palazzo aveva respinto come una trovata volgare ebbe invece stavolta un immediato consenso. Rivolgendosi in apparenza ai piccoli, la voce dell'adolescente erede al trono si sarebbe aperta la via nel cuore dei grandi, semplicemente mostrando il coraggio di un Paese attraverso le sofferenze.

Così il primo discorso radiofonico di Elisabetta d'Inghilterra andò in onda il 13 ottobre 1940 nel programma *Children's Hour*, L'ora dei bambini, della Bbc. Il discorso che le fecero leggere appare retorico e zuccheroso ma lei fu efficace e convincente, e il colpo di propaganda un trionfo. «Migliaia di voi in questo Paese hanno dovuto lasciare le loro case ed essere separati da mamma e papà», esordì la vocina sottile e lievemente nasale da *upper class*. «Mia sorella, Margaret Rose, e io vi siamo molto vicine, giacché sappiamo per esperienza che cosa vuol dire essere lontani da coloro che si amano più di tutti.» A differenza del padre, terrorizzato dai discorsi in pubblico, Elisabetta si mostrava in grado di usare la radio con assoluta padronanza. Leggeva in modo chiaro e preciso, compensando con la compostezza e gravità del tono lo scoperto sentimentalismo del testo. Che raggiungeva l'acme nella conclusione: «Mia sorella è accanto a me ed entrambe vogliamo dirvi buonanotte. Vieni, Margaret», ed ecco una vocina tranquilla dire: «Buonanotte». «Buonanotte», riprese la sorella maggiore, «e buona fortuna a tutti voi.»

La trasmissione fu un tale successo che la Bbc ne fece anche un disco da mettere in commercio in America e nei territori dell'Impero. L'intuizione di «vendere» le principesse come due normali ragazzine che condividevano con il loro popolo privazioni e pericoli faceva risuonare nel pubblico corde affettive profonde. In realtà una sola volta durante la guerra Elisabetta avrebbe corso un rischio serio. Nel 1944, mentre guidava la sua pattuglia di Girl Guides in un'escursione per il parco di Windsor, si sentì una bomba volante del genere che gli inglesi chiamavano *doodlebug*, larva d'insetto, avvicinarsi a pochissima distanza. L'ufficiale dell'Esercito che accompagnava il gruppetto ordinò alle ragazze di correre a ripararsi dentro una stretta trincea, e l'ordigno si schiantò esplodendo lì vicino. Da allora un'auto blindata seguiva ogni passeggiata delle principesse.

Dopo il trionfale esordio nel '40, Elisabetta non avrebbe letto un altro discorso alla radio prima del 1944 ma intanto le storie sulle ragazze Windsor si confermarono preziose per tenere alto il morale della nazione. Ormai quindicenne, l'erede al trono bandì un premio per gli scolari del Galles, destinato al miglior saggio in inglese e gallese sul risparmio dei metalli. La sorella invece colorava ghiande da usare come bottoni e le vendeva per sostenere lo sforzo bellico. Entrambe donavano metà della loro paghetta per le buone cause, e nel luglio 1941 allestirono perfino un concerto di beneficenza per raccogliere fondi: vennero premiate dal padre adorante con un ballo a castello. Fu il primo per l'undicenne Margaret, che se la godette un mondo, rimanendo in piedi a ballare fino alle 2 e mezzo di notte. Infine crollò a letto esausta per due giorni. Col senno di poi, una premonizione di un destino di eccessi.

La guerra offrì alle principesse anche una doppia opportunità: di espandere la loro educazione e uscire con qualche anticipo dall'ambiente alquanto infantile in cui un genitore iperprotettivo e possessivo le avrebbe volentieri tenute ancora a lungo. Al primo compito provvide Antoinette de Bellaigue, moglie belga di un visconte educata a Parigi, che era scappata dal suo Paese giusto una settimana prima dell'invasione tedesca. Il re consentì a convocarla a Windsor perché insegnasse alle sue ragazze letteratura e storia, oltre che per dare loro «un'idea precisa degli altri Paesi, del loro modo di pensare e dei loro costumi». La viscontessa rappresentava una guida intellettuale certamente più profonda e capace delle precedenti governanti, ed è merito suo se da allora Elisabetta è in grado di conversare in francese senza mai dover ricorrere a un interprete.

Nella primavera del 1942, appena raggiunti i sedici anni, l'erede al trono si affrettò a iscriversi all'Ufficio del Lavoro, come tutte le ragazze comuni della sua età. Il re era estremamente dubbioso in merito ma la sua era una reazione tipicamente maschilista di fronte alla rivoluzione che investiva la condizione femminile nell'isola. Con milioni di uomini in guerra, la Gran Bretagna fu anche la prima nazione al mondo a introdurre la coscrizione obbligatoria per le donne. All'inizio furono confinate nei soliti ruoli impiegatizi o di catering ma presto la scarsità di manodopera le vide dilagare in tutti i settori. Giorgio VI non aveva una grande opinione del lavoro femminile, e poi temeva che la figlia potesse diventare facile bersaglio per il nemico. Sta di fatto che, certo non casualmente, Elisabetta fu tra le pochissime a cui non venne offerta nessuna occupazione.

Anche quando diventò maggiorenne, nell'aprile 1944, il principale cambiamento fu finalmente il trasferimento dalla camera nella nursery divisa con Margaret a un appartamento adeguato a una giovane donna. Fino ad allora, benché fisicamente fosse già un'adulta, continuava a vestire come la sorella di quattro anni più piccola, e tutte e due avevano un guardaroba da ragazzine. Crawfie le chiamava ancora «*the little girls*», le bambine. In segno d'affetto, senza dubbio, ma dev'essere stato decisamente frustrante per una giovane donna che a sedici anni era stata nominata Colonnello Onorario delle *Grenadier Guards* e che tutti già lodavano per la sua dignità regale. Lady Airlie, dama di compagnia della madre, era colpita dal «portamento della sua testa», e notava «qualcosa di speciale attorno a lei, quel qualcosa di indescrivibile che aveva la regina Vittoria». L'inattività in cui era tenuta la corrucciava, sia pure nel suo modo sempre composto e rispettoso: «Dovrei fare quel che fanno tutte le ragazze della mia età». Finalmente il governo fu d'accordo, ricordando quale formidabile arma di propaganda la principessa potesse essere.

Agli inizi del 1945, quando gli Alleati stavano ormai avanzando in Germania, l'«erede presuntiva» alla corona fu infine autorizzata a entrare nel corpo dell'Auxiliary Territorial Service, come apprendista autista. Già dal 1943 le donne costituivano l'80 per cento dei guidatori dell'Esercito, e il ruolo sembrava ideale per la principessa, visto che pulire e cucinare sarebbe stato un compito troppo basso e il lavoro d'ufficio troppo comodo. Così cominciò la breve carriera di meccanico della Second Subaltern Elizabeth Alexandra Mary, come fu registrata con il numero di matricola 230873 e assegnata al No. 1 Mechanical Transport Training Centre a Aldershot.

All'inizio la trattavano con i guanti gialli, poi quando il *Daily Mail* alluse a un trattamento di favore, le cose cambiarono: imparò a guidare e controllare un camion di tre tonnellate, a cambiare le candele e aggiustare i freni, a dare il grasso agli assi e a sostituire gli pneumatici. «Non ho mai lavorato così duro in vita mia», ricorderà Elisabetta, che si sentiva finalmente parte dello sforzo di guerra e si divertiva nella nuova avventura. La fatica, anche fisica, non significava che in quei mesi la principessa non continuasse a godere la vita protetta e privilegiata che aveva condotto sino ad allora. I e altre ausiliarie dell'Ats vivevano in caserma, mentre lei viaggiava ogni giorno tra Windsor e il centro di addestramento a bordo di una limousine con chauffeur. Di mangiare alla mensa comune non se ne parlava nemmeno: aveva il suo posto alla tavola degli ufficiali, e alle quattro del pomeriggio – per ovvie ragioni di sicurezza – era di ritorno a casa.

L'eccitante esperienza fu comunque breve, ma la protagonista mai tanto fotografata sin dai tempi dell'incoronazione paterna. Le immagini della Second Subaltern Windsor ebbero la copertina di *Time* (dove, ricordate?, era già finita bambina) nonché la prima pagina di ogni giornale e rivista degli Alleati. L'«arma di propaganda» aveva funzionato ancora brillantemente – e quanto più Elisabetta desiderava mostrarsi una ragazza qualunque, tanto più la sua posizione la rendeva più simbolica che mai.

Tuttavia la vittoria le regalò almeno due notti in tutta la vita in cui poté essere «come tutte le altre ragazze». Le folle che l'8 maggio 1945, il giorno della resa tedesca, si radunarono attorno al monumento a Queen Victoria, davanti alle cancellate di Buckingham Palace, erano molto più numerose del giorno dell'incoronazione. Churchill arrivò in auto scoperta, arringò brevemente la moltitudine ed entrò nella reggia per pranzare con il sovrano e la consorte. Alla gente non bastava: «Vogliamo il re!» era il coro insistente della piazza. E sul balcone apparve la famiglia reale, accolta da un uragano di applausi che ripartiva ogni volta che accennava a ritirarsi: se ne contarono otto in totale. Giorgio VI indossava la sua uniforme di Marina ed Elisabetta appariva radiosa nella sua divisa di ausiliaria territoriale. Pazza di gioia, la folla attaccò a cantare all'indirizzo dei reali, «*For he's a jolly good fellow*... Perché è un bravo ragazzo...» Churchill, richiamato a sua volta sul balcone, salutò con la sua famosa «V» di vittoria.

Quella notte la quattordicenne Margaret, vivace e allegra come sempre, suggerì che lei e la sorella potevano forse avventurarsi in incognito per le strade di Londra affollate come in pieno giorno. Nell'eccitazione del momento, i genitori misero da parte la solita protettiva cautela e diedero il loro permesso. Con Elisabetta ancora in divisa Ats e la sorella adolescente, da un'uscita laterale della reggia sgattaiolarono una quindicina di persone o giù di lì, incluse madame de Bellaigue, l'immancabile chaperon Crawfie e alcuni giovani ufficiali delle Guardie, scortati da uno scudiero reale. Per non farsi riconoscere, Elisabetta si calò sugli occhi la visiera del berretto, ma uno degli ufficiali protestò che non sarebbe mai andato in giro con un collega vestito in modo inappropriato, così lei dovette aggiustarsi il cappello. Tutt'attorno la gente ballava, si abbracciava, gridava, si baciava, letteralmente ebbra di felicità.

Pressato da ogni parte, il gruppetto riuscì a raggiungere Parliament Square, poi da lì piegò a sinistra verso Piccadilly e risalì sino a Park Lane, non senza una sosta nei leggendari alberghi *Ritz* e *Dorchester* prima di attraversare Green Park per tornare a casa. Spesso la folla li travolgeva e dovevano correre per evitare le ondate incessanti che percorrevano il centro di Londra in una notte indimenticabile. Era la prima volta che Elisabetta riusciva ad aggirarsi senza essere riconosciuta per la capitale del suo regno e l'eccitazione si legge ancora oggi nelle righe con cui ha fissato quelle ore nel suo diario: tutto attorno a lei c'erano «file di gente che scendevano lungo Whitehall* e tutti noi eravamo trascinati via da maree di felicità e sollievo». Anche lei si lasciò contagiare dalla gioia e finì a danzare con perfetti sconosciuti, esibendosi in piazza nel «Lambeth Walk» e nell'«Hokey-Cokey».

Trasportati dalla marea umana, si ritrovarono sotto la reggia mentre la gente intonava un'altra volta il coro: «Vogliamo il re, vogliamo il re!» E le luci, che per sei anni avevano dovuto disertare le notti di Londra, «all'improvviso tornarono a illuminare il povero vecchio palazzo con le cicatrici della battaglia», ricorderà Margaret in un'intervista, «e mia madre era lì che indossava un abito bianco con una tiara sui capelli... era tutto scintillante, e ci fu un grande boato dalla folla, che fu molto eccitante. Il V-E Day** fu un meraviglioso, luminoso sprazzo di gloria». Le sorelle erano così felici che la notte dopo decisero di ripetere l'esperienza, come ha raccontato Elisabetta: «Fuori tra la gente di nuovo – Trafalgar Square, Piccadilly, Pall Mall, semplicemente camminato per miglia. Visti i genitori sul balcone a mezzanotte e mezzo – mangiato, ballato, a letto alle tre!» In tutta la sua breve vita da adulta fu l'unico vero momento di libertà che l'erede al trono aveva potuto godere, un'occasione simile non si sarebbe ripresentata mai più.

Due anni dopo la «piccola Lilibet» diventò maggiorenne. In Africa, perché il 1° febbraio 1947, su invito del premier sudafricano Jan Smuts, la famiglia reale partì per una visita di Stato nel *dominion* che aveva tanto contribuito alla vittoria ed era ora dilaniato dal conflitto tra la comunità anglofona e gli Afrikaner di discendenza olandese. Giorgio VI non voleva che la Corona perdesse la sua nominale sovranità sull'ex colonia ma fu felice del viaggio anche per l'opportunità di lasciare il maltempo a Londra e di tenere lontana Elisabetta dall'innamorato Filippo. La visita però fu faticosa ed esasperante per il re, che cercava di «vendere» il suo ruolo di capo di Stato ai nazionalisti che non volevano saperne. Andò molto meglio alle figlie. Piuttosto che al monarca e alla consorte era alla nuova generazione di Windsor che la gente si interessava. E soprattutto a Elisabetta. «Lasciateci qui la principessa», gridava la folla ovunque lei apparisse. Al ballo di benvenuto a Città

* L'ampio viale dei ministeri che collega il Parlamento a Trafalgar Square.
** *Victory in Europe Day*.

del Capo, la notte dopo il loro arrivo, più di cinquemila persone danzarono al ritmo di un fox-trot intitolato *Princess*.

Partita di malavoglia per la separazione da Filippo, Lilibet si scaldò durante il viaggio e divenne – la descrive il segretario del re, sir Alan Lascelles – «deliziosamente entusiastica e interessata». Inoltre «ha la passione di sua nonna [Queen Mary, *N.d.A.*] per la puntualità e, con mia delizia, si precipita furiosamente su per le scale a far fretta ai suoi genitori quando sono in ritardo più del solito». Con altrettanta decisione sfiorava con l'ombrello il tallone della madre quando la vedeva «sprecare tempo in conversazioni inutili», e tuttavia osservandola «al lavoro» Elisabetta imparò moltissimo dalla mamma regina: «È capace di trattare le vecchie scocciature con l'abilità della madre e non si risparmia mai in quella parte estenuante del dovere reale». Insomma, ecco già qui il ritratto della sovrana: capace di sorridere e salutare con la grazia di una regina e di tenere un discorso come un re. E lì in Sudafrica avrebbe pronunciato quello capace di definire il resto della sua vita.

Il ritorno in patria era fissato per il 24 aprile, e tre giorni prima Sua Altezza Reale Elisabetta compiva ventun anni. Il governo del Sudafrica dichiarò la giornata festa nazionale, e per la principessa fu un compleanno pieno di impegni: passò in rivista reparti di veterani, incontrò i ministri, parlò a un raduno di giovani e partecipò a un gran ballo in suo onore. Il maresciallo Smuts le regalò un collier con ventuno diamanti e la chiave d'oro della città. Il momento più importante fu tuttavia quando dai microfoni della radio si rivolse in diretta all'Impero e al Commonwealth.

Il discorso era stato scritto da Lascelles e quando Elisabetta ne aveva letto le bozze si era commossa: «Mi ha fatto piangere», confessò all'estensore – ed era ormai cosa nota che l'evenienza si verificasse di rado. Si trattava in effetti di un giuramento così inusuale per una giovane donna del ventesimo secolo che resta ancor oggi toccante, dopo che la regina lo ha mantenuto per quasi settant'anni. «C'è un motto che è stato scelto da molti dei miei antenati – un nobile motto: 'Io servo'.* Quelle parole sono state un'ispirazione per molti eredi al

* «*Ich dien*» divenne il motto del principe di Galles – il Principe Nero – dopo la battaglia di Crécy nel 1346.

trono quando pronunciavano il loro cavalleresco giuramento all'ingresso nella maggiore età... Io dichiaro davanti a voi tutti che la mia intera vita, sia essa lunga o breve, sarà dedicata al vostro servizio e al servizio della nostra grande famiglia imperiale alla quale tutti noi apparteniamo.» A dispetto dei suoi errori – e come tutti ne ha fatti molti –, i sudditi sanno che ha mantenuto la parola.

PARTE SECONDA

Amore

«Bomba Elisabetta» e «Sogliola Mountbatten»

Il re indossava l'uniforme di Ammiraglio della Flotta mentre accompagnava sua figlia all'altare lungo la navata centrale di Westminster Abbey. Margaret stava subito dietro la sorella, seguita dalle altre sette damigelle d'onore di Elisabetta, che portavano tutte rose e gardenie. I paggetti nel corteo erano il principe Michael di Kent e il principe William di Gloucester, cugini della sposa, entrambi di appena cinque anni. Nel suo incedere verso l'altare Elisabetta risplendeva di diecimila perle cucite sul suo abito, sotto gli sguardi di duemila invitati tra i banchi dell'abbazia mentre altri duecento milioni di persone seguivano la cerimonia in diretta sulle onde di Bbc Radio.

Le folle planetarie dei matrimoni reali in diretta tv erano di là da venire ma queste nozze spalancarono la strada, e comunque per l'Inghilterra uscita devastata dalla guerra si trattava di molto più che una pittoresca sfilata per i patiti di favole reali. Era il 20 novembre 1947, e la ventunenne erede al trono sposava il suo amato Filippo. Anche se il premier Clement Attlee rifiutò di concedere un giorno di festa nazionale – perché «un Paese dove le patate sono razionate non può permetterselo» – la maggior parte dei sudditi era d'accordo con il suo avversario defenestrato, Winston Churchill: un matrimonio reale doveva essere «un lampo di colore sulla difficile strada che dobbiamo percorrere».

La vittoria era finalmente arrivata, ma subito seguita dalla depressione. Il tempo esaltante degli eroici sacrifici in guerra lasciò il passo a una pace di miseria e devastazioni. Al ritorno a Londra dopo gli anni al sicuro in campagna, Margaret ricorda che «fu un brutto shock vivere di nuovo in città». La gaia capitale che le reali sorelle avevano lasciato prima del Blitz non esisteva più: tutt'attorno a loro non c'erano che edifici sventrati, strade piene di buche, muri crollati, marciapiedi distrutti. Lo stesso palazzo di Buckingham era considerato fragile dopo aver subito nove attacchi aerei. I negozi offrivano quel che capitava, e spesso erano del tutto sforniti. Mossi a compassione, gli abitanti delle floride ex colonie, dal Canada alla Nuova Zelanda, mandavano pacchi di frutta e altre delizie agli ex orgogliosi padroni, ora affamati. Bisognosi di case, cure sanitarie, lavoro, i britannici avevano mandato a casa il loro condottiero di guerra e l'avevano sostituito con il laburista Attlee, che prometteva le meraviglie dello Stato sociale. L'Inghilterra era in bancarotta, e non solo finanziariamente.

La Gran Bretagna aveva vinto la guerra ma stava perdendo l'Impero. Era il prezzo che le toccava pagare alle nazioni sottomesse per l'aiuto decisivo che avevano fornito contro i nazisti. Queen Victoria era stata dichiarata imperatrice dell'India il 1° gennaio 1877, e da quel giorno l'enorme territorio del subcontinente era stato il gioiello più prezioso della corona. Adesso, le sue trisnipoti furono le ultime a ricevere le insegne della Crown of India, l'ordine che lei stessa aveva fondato. Il 15 agosto 1947 l'India conquistò la piena indipendenza all'interno del Commonwealth, divisa in due Stati su linee etnico-religiose secondo gli accordi firmati dall'ultimo viceré, lord Mountbatten. Cos'altro, se non un matrimonio reale, poteva riportare un po' di luce in quel cupo inverno inglese?

È vero, il promesso sposo era uno spiantato principe greco di una dinastia tedesca, ma anche il marito della grande Vittoria, il quasi santificato Albert di Sassonia-Coburgo-Gotha, era un principotto germanico arrivato in Inghilterra senza un penny. In effetti proprio il loro matrimonio nel 1840 aveva fatto intuire per la prima volta quale potente strumento fossero le nozze reali per alimentare la lealtà e l'attaccamento dei sudditi. Prima di allora erano sempre state un quieto affare famigliare, senza fanfare e senza pompa, celebrate di solito a tarda sera in qualche cappella di palazzo. Vittoria e il suo governo volevano invece marcare la rottura tra la nuova sovrana, tutta purezza e dovere, e i suoi debosciati antenati della dinastia hannoveriana, soprattutto gli ultimi *wicked uncles* (gli zii dissoluti) Giorgio IV e Guglielmo IV. Così la regina vestita di bianco come le sue damigelle impalmò il suo bell'Alberto in una grande cerimonia pubblica, di pomeriggio, nella cappella di St James's: le folle risposero con entusiasmo, allineandosi sui marciapiedi al passaggio del corteo nuziale, e nacque in quel momento il modello virtuoso di una monarchia «famigliare».

Un secolo dopo il governo era alquanto incerto. I laburisti al potere temevano che un sontuoso matrimonio reale potesse alienare le simpatie degli elettori gravati dalle terribili difficoltà del dopoguerra. Molti deputati dell'ala più radicale del partito protestavano in anticipo per il costo della cerimonia, per non parlare del futuro appannaggio della coppia. Il Gabinetto era diviso: il Labour era il partito del popolo, e se la gente voleva un po' di allegria e divertimento perché negarglielo? Ma, al tempo stesso, come poteva un partito associato sin dalla sua fondazione a sentimenti repubblicani accettare di finanziare l'apoteosi matrimoniale dell'erede al detestato trono?

Decisero ancora una volta i giornali. La stampa che contava, tabloid e fogli legati all'establishment, erano d'accordo: il matrimonio doveva essere la prima occasione nel dopoguerra per riportare in Inghilterra – come si scrisse in un articolo – «la tradizionale gaiezza di un evento pubblico di gala». Inoltre sarebbe servito a dare un segnale al mondo esterno. L'Impero era svanito e il Paese rovinato. Ma in mezzo al disastro l'istituzione più rappresentativa del Paese, la famiglia reale, era sopravvissuta e aveva contribuito a tenere alto il morale della nazione. Come lei, anche il Regno Unito avrebbe resistito e sarebbe ripartito, non più una grande potenza ma pur sempre un Paese con cui fare i conti.

Non fu facile organizzare un matrimonio capace di mantenere un delicato equilibrio tra austerità e sfarzo, in grado di entusiasmare i sudditi con l'abituale esibizione di grandeur reale ma senza offenderli nel momento di ristrettezze. A cominciare, ovviamente, dall'abito della sposa. Si decise che sarebbe stato realizzato con stoffa acquistata con i tagliandi del razionamento ancora in vigore (lo sarebbe rimasto fino al 1952...). Che ci crediate o no, un gran numero di donne in tutto il Paese, anch'esse promesse spose, donarono i loro coupon alla principessa, in una gara di generosità che appare inconcepibile ai giorni nostri. Se ne contarono quasi tremila, sebbene dovettero essere tutti restituiti alle titolari perché il trasferimento dei tagliandi era illegale. Come ci si poteva attendere, fu il reale papà ad aprire i cordoni della borsa, quella privata, la *privy purse* (per distinguerla dall'appannaggio statale).

La seta fu acquistata e Norman Hartnell, ormai da tempo sarto prediletto delle donne della Casa Reale, disegnò il vestito ispirandosi alla *Primavera* di Botticelli: un fitto intrico di steli e fiori che volevano simbolizzare la rinascita e il rigoglio dopo la guerra. Essere sempre e comunque un simbolo era il destino a cui Elisabetta non poteva sfuggire. L'«arma di propaganda» bellica prestava adesso la sua gioventù e il suo amore al tremendo sforzo per ricostruire il Paese. E meno male per lei che il talentuoso Hartnell trasformò il suo compito patriottico in un colpo di maestria sartoriale. L'abito, a giudizio di chi se ne intende, fu e resta il più bello e fastoso dell'intera storia dei matrimoni reali: certo più elegante del pur sfarzoso vestito di Diana, con il suo interminabile strascico, o di quello più misurato della nipotina acquisita Kate Middleton.

La seta avorio della gonna fu ricamata con fiori, cristalli e perle, e i cinque metri di strascico decorati con boccioli d'arancio e filadelfo, gelsomini e rose bianche di York. Dall'America furono importate diecimila perle e le ricamatrici di Hartnell lavorarono a tempo pieno per sette settimane per ricoprirne l'abito. Che alla fine costò in tutto la sbalorditiva cifra di 1.200 sterline, equivalenti oggi a 40.000, ma allora una somma astronomica per un Paese che usciva dal conflitto. Non ci furono tuttavia tante polemiche sulla spesa quanto sulla provenienza della stoffa. Da dove veniva la seta? Forse, Dio non voglia, era stata prodotta da bachi italiani? O peggio, giapponesi? Hartnell rassicurò i connazionali. Non si trattava di bachi nemici: l'avevano prodotta quelli cinesi, anche se non poteva assicurare che non fossero comunisti.

Più insidiosi di loro si mostrarono, com'era da attendersi, i cronisti dei tabloid. L'Inghilterra non stava nella pelle per scoprire i dettagli dell'abito prima che fosse indossato. Elisabetta fu addirittura costretta a rilasciare un comunicato stampa in cui esprimeva il suo desiderio che rimanesse un segreto fino al suo giorno più bello. Ma niente da fare, come nei successivi matrimoni reali i reporter erano a caccia di indiscrezioni e magari fotografie, anche pagate a peso d'oro. Per evitare irruzioni clandestine di paparazzi, il manager della sartoria si rassegnò a dormire nel laboratorio come un moderno Argo a guardia del suo tesoro. Non fu certo l'unico a cui fu richiesto un impegno extra. L'ufficio postale di Buckingham Palace (la reggia ne aveva uno esclusivo) dovette fare gli straordinari per la consegna del diluvio di regali in arrivo da ogni angolo del Paese e del globo.

Le precedenti coppie reali avevano restituito i doni provenienti da sconosciuti. Elisabetta decise invece di accettarli tutti. L'elenco presenta dettagli commoventi. Molti spedirono alla figlia del re oggetti tramandati nella loro famiglia, come la vecchia signora che inviò una sottogonna di pizzo dei tempi della regina Vittoria. Un anziano del Galles del Nord fece arrivare un sasso del monte Snowdon come portafortuna, e due ragazzine si privarono di due umide fette di toast bruciato – il pane era ancora razionato: quando avevano sentito l'annuncio delle nozze alla radio si erano così emozionate che avevano bruciato il toast, e senza pensarci due volte l'avevano mandato alla sposa. Di fronte a questa esplosione di generosità popolare, la famiglia reale prese la decisione di mettere in mostra i regali a St James's Palace.

Le *Grenadier Guards* furono incaricate di allestire l'esposizione al pubblico di millecinquecento oggetti scelti tra i duemilacinquecento donati, e i ragionieri di Corte intravvidero subito la possibilità di recuperare almeno in parte le spese sostenute da papà Giorgio. L'accesso alla mostra era infatti a pagamento: 5 scellini il primo giorno, soltanto 1 i successivi. Nonostante ciò, i visitatori non mancarono, anzi furono folle, disposte in file ordinate che spesso raggiungevano il chilometro. È la stessa Elisabetta a raccontarlo, dopo aver assistito sbalordita alla scena dalle finestre della vicina reggia. Alla fine più di duecentomila persone si aggirarono curiose tra vasi, gioielli, argenteria e servizi di porcellana, accompagnati dall'abituale congerie di oggetti ritenuti utili a una giovane coppia, come lavatrice, frigorifero, sciarpe e fazzoletti, due tazze da cioccolata in porcellana inviate da papa Pio XII, tovaglie e strofinacci da cucina spediti dalla moglie di Roosevelt e non meno di centocinquanta paia di calze di nylon, un presente estremamente generoso visto che erano ancora razionate. Decisamente più esotico il regalo di Gandhi, una pezza di lino tessuta personalmente da lui e scambiata da Queen Elizabeth per il perizoma che l'ascetico leader indiano si avvolgeva attorno ai lombi.

Altri doni meno spirituali non potevano purtroppo esser messi in mostra: il puledro purosangue regalato dall'Aga Khan (che fu anche il primo cavallo di Elisabetta a vincere una corsa nel 1950), il gattino siamese donato da due infermiere del Wiltshire, il tacchino offerto da una casalinga di Brooklyn perché «non avete niente da mangiare in Inghilterra», per tacere delle cinquecento scatole di ananas in conserva mandate dall'australiano governatore del Queensland. A dispetto della penuria immaginata dagli stranieri, monarchi, principi e dignitari invitati alle nozze erano però decisi a fare dell'occasione la prima grande baldoria del dopoguerra.

Cominciò lo sposo Filippo, con due grandi *stag party*, l'addio al celibato, la notte prima del matrimonio: il primo, al *Dorchester Hotel*, fu addirittura aperto alla stampa; il secondo, al *Belfry Club*, fu una cosa privata e molto più scatenata, con molti commilitoni della Marina e i parenti come lord Mountbatten e il marchese di Milford Haven, testimone dello sposo. Lo stesso giorno il *pennyless prince* – il principe squattrinato, come l'aveva battezzato la stampa alla sua apparizione – era stato investito dal re del titolo di Sua Altezza Reale e ammesso nell'esclusivo Ordine della Giarrettiera, sebbene una settimana dopo la futura moglie per sottolinearne la precedenza. Il mattino del matrimonio, il bel vichingo di cui l'erede al trono era perdutamente innamorata fu creato duca di Edimburgo, conte di Merioneth e barone Greenwich, una cascata di titoli che il re commentò così: «È straordinario dare a un uomo tutto subito, ma so che Filippo comprende le sue nuove responsabilità». Privatamente Sua Maestà non ne era forse altrettanto sicuro.

A Londra piovvero teste coronate come confetti. Arrivarono a dozzine i principi delle famiglie reali europee, trasformando il già leggendario *Claridge's* nel loro quartier generale. Il re di Norvegia, la regina di Spagna e il re di Romania, il re e la regina di Danimarca si scambiavano inviti e passavano da un pranzo all'altro. Più spinosa per i Windsor la lista degli invitati famigliari. Mancavano anzitutto Edoardo e la moglie Wallis. Queen Elizabeth non poteva – e non avrebbe mai potuto – perdonarli e, giacché sull'argomento la figlia imitò sempre l'atteggiamento di mamma e nonna, l'amato zio David fu confinato per sempre nel campo dei reietti: tanto più che i parenti sul trono continuavano a sospettarlo di tramare per rovesciarli e riprendersi la corona. Fosse per solidarietà verso il fratello primogenito escluso o davvero per le cattive condizioni di salute, risultò assente anche la zia paterna della sposa, principessa Mary. Ma neppure dal lato dello sposo mancavano le spine: tutte e tre le sorelle non furono invitate per il fatto di aver sposato principi tedeschi, un paio per di più nazisti convinti. In ogni caso, teste coronate e nobili d'ogni specie erano così tanti sui banchi di Westminster Abbey che i membri del Parlamento affidarono a una lotteria l'assegnazione dei pochi posti rimasti in chiesa, con ovvio risentimento degli esclusi.

Basta questo dettaglio a misurare l'adattabilità della monarchia, la sua capacità di aderire ai cambiamenti della società. Sessantaquattro anni dopo, nel 2011, quando toccò a William e Kate essere protagonisti di un altro matrimonio d'amore (che fu pure lo show tv più visto al mondo), l'ordine delle precedenze era capovolto. Su millenovecento invitati, la grande maggioranza era gente comune, rappresentanti delle tante organizzazioni di beneficenza presiedute dai freschi duchi di Cambridge, e perfino una ex homeless, Shozna, una ragazza di vent'anni protagonista di una storia di dolore e redenzione che aveva spinto William ad aiutarla. Il re del ventunesimo secolo è già sulla lunghezza d'onda dei suoi sudditi.

Il «giorno più felice» della nonna racconta altre giovinezze, un altro ordine sociale e altre speranze, in un mondo appena uscito dalla guerra più catastrofica sperimentata dall'umanità. Due giorni prima delle nozze il re e la regina ospitarono un gran ballo a Buckingham Palace, e difficilmente i saloni severi della reggia hanno mai visto prima o dopo un tale selvaggio divertimento. Di fronte ai tanti reali presenti, lady Airlie – pur abituata alla vita a Corte – pensò che «dopo gli anni di austerità era come la scena di una favola». Ad alta gradazione alcolica, per la verità, e con eccessi non sempre principeschi. Un maharaja indiano aggredì il duca di Devonshire e l'anziano statista-filosofo Jan Smuts si rivolse alla regina Mary con un complimento da ubriaco: «Voi siete la grande patata; le altre regine sono patate piccole». La sovrana vedova non sembrò offendersi, anzi. Nel suo diario annotò entusiasta: «Ho visto molti vecchi amici. Sono stata in piedi dalle nove e mezzo a mezzanotte e mezzo!!! Non male per un'ottantenne». Anche il figlio monarca si divertì come non faceva forse dagli anni della gioventù. A un certo punto fu lui, sul ritmo sincopato di una conga, ad avviare un «trenino» al quale si aggregarono esilarate molte altre teste coronate, in una fragorosa sfilata attraverso gli appartamenti di Stato. La baldoria andò avanti fino a notte inoltrata.

Il giorno dopo, mentre il palazzo ribolliva di preparativi come un alveare, i protagonisti rifiatavano prima del grande spettacolo dell'indomani. We Four trascorsero assieme l'ultima giornata della loro esistenza di affezionata famigliola. Il re, così legato alle figlie e specie alla maggiore, forse sperava che con l'aggiunta di Filippo sarebbero diventati *Us Five*, Noi Cinque, ma questo non sarebbe mai accaduto. La sera della vigilia i quattro reali cenarono tranquillamente insieme e poi Elisabetta andò a letto presto. La scena, in quelle ore, era fuori dalla reggia. Già dal calar del sole gli ammiratori più sfegatati erano accorsi a occupare i migliori posti lungo il tragitto del corteo nuziale sul Mall. Nella nottata i due parchi ai lati del viale furono letteralmente invasi da una folla strabocchevole, che fece la fortuna dei chioschi di caffè e salsicce montati dagli abusivi. La gente arrivava da ogni angolo del regno, ed era pronta a sborsare cifre da estorsione pur di guadagnarsi una visione privilegiata della cerimonia. La vista dalla finestra di uno dei palazzi attorno all'abbazia costava almeno dieci ghinee.

Elisabetta, com'è ovvio, non dormì molto quella notte e fu gratificata dalla moltitudine che si accalcava sotto la sua finestra. «Non posso credere che stia accadendo davvero», disse alla fedele Crawfie, «devo darmi dei pizzicotti.» Più efficace ancora fu l'arrivo, alle nove, delle aiutanti di mastro Hartnell (non ancora fatto sir) per l'ultima prova e finalmente la vestizione, sotto lo sguardo attento della puntigliosa Bobo. Come spesso in queste situazioni, non mancò qualche lieve contrattempo, tipo il momentaneo smarrimento del bouquet (venne fuori che un valletto l'aveva messo in un guardaroba per tenerlo fresco) o la rottura di una delicata tiara di diamanti che bisognò riparare. L'inconveniente maggiore fu la sparizione di una collana di perle, dono di qualcuno, che la principessa aveva deciso di indossare per la cerimonia. A un'assistente venne in mente che era finita anch'essa nell'esposizione dei regali a St James's Palace, così il segretario della principessa Jock Colville fu spedito in tutta fretta a recuperarla nel vicino palazzo reale dei Tudor. Senonché i poliziotti di guardia ai tesori non sembravano molto convinti della storia: per affidargli il prezioso oggetto pretesero che si lasciasse accompagnare da un paio di detective fino a Buckingham Palace.

Arrivò giusto qualche minuto prima che Elisabetta prendesse posto radiosa accanto al padre sulla carrozza di Stato irlandese che l'avrebbe condotta in chiesa, in mezzo al tripudio dei sudditi schierati ai lati del Mall, nel campo di Marte e infine nello slargo davanti a Westminster Abbey. Al braccio di re Giorgio percorse solennemente la navata centrale, preceduta dalla processione dei coristi della Cappella Reale e, poiché anche gli scranni del coro erano stati destinati agli invitati, i novantuno ragazzi dovettero stringersi sulla balconata dell'organo già occupata in parte dai radiocronisti. Elisabetta e Filippo si inginocchiarono davanti all'altare su cuscini di seta rosa, senza che nessuno sospettasse che ricoprivano vecchie cassette per la frutta ridotte alla misura desiderata. Molti si commossero quando la principessa, come aveva fatto Vittoria, promise di obbedire al marito. Come con l'antenata, molti dietro le quinte le sconsigliarono di farlo. In ogni caso, era improbabile che rispettasse il giuramento – almeno questo.

Dopo la firma del registro matrimoniale nella cappella di St Edward, i novelli sposi tornarono a Palazzo dove furono raggiunti dai centocinquanta invitati per l'esclusivo *wedding breakfast*, il banchetto nuziale servito in vasellame d'oro massiccio. La coppia sedette con i genitori, un gruppo di parenti stretti e i re di Norvegia, Danimarca e Romania. C'era anche la madre di Filippo, la principessa Alice, un'eccentrica signora che in età avanzata si era fatta monaca ortodossa e faceva temere per qualche uscita balzana. Invece, stando ai testimoni, si comportò benissimo e anche lei apprezzò piatti intitolati «Filetto di sogliola Mountbatten» in omaggio a Filippo, oppure «Bombe Glacée Princesse Elizabeth» in omaggio alla sposa, che con il suo minuto metro e 62 a una «bomba» proprio non faceva pensare (sebbene, in piena luna di miele, Filippo poco cavallerescamente si lagnasse con gli intimi di eccessive pretese coniugali...). Lo scarno menu prevedeva anche pernice in casseruola, fagiolini e patate. Ci furono due brevi discorsi del re e del genero, e si passò ai dolci.

Le cucine reali avevano preparato ben dodici torte, undici in verità destinate a essere distribuite come regalo o souvenir del matrimonio. La vera torta di nozze era stata ridotta a misure più ragionevoli per obbedire all'imperativo dell'austerità, ma continuava a pesare più di 200 chili, distribuiti su quattro piani per un'altezza totale di 2 metri e 74. Era stata creata con i prodotti spediti dalle Girl Guides australiane, decorata con gli stemmi nobiliari degli sposi e figurine di zucchero che illustravano le loro attività preferite. Toccò a Filippo il taglio della torta, eseguito da uomo d'armi con la nuova preziosa spada che gli aveva donato il re. Come d'uso in Inghilterra, uno strato del dolce venne messo da parte per il battesimo del primogenito e un altro fu spedito in Australia in segno di gratitudine per chi aveva contribuito alla sua realizzazione. Nessuno poteva immaginare che una fetta della torta, ancora perfettamente commestibile grazie all'alto contenuto alcolico, sarebbe stata venduta all'asta per 680 euro ben sessantotto anni dopo, il 3 settembre 2015!

Al calar della sera, sotto la pioggia che cominciava a cadere mescolandosi ai petali di rosa lanciati dagli invitati, la nuova coppia prese posto sul landò scoperto per raggiungere Victoria Station. Elisabetta si era ovviamente cambiata, indossando un abito blu, e lungo tutto il tragitto fino alla stazione si ripeté il bagno di folla del mattino. Lei, come scrisse a re Giorgio, era «così felice e aveva provato tanta gioia che era diventata totalmente egoista dimenticando i tuoi sentimenti o di chiunque altro». E l'intensità di questi sentimenti balza agli occhi dalla lettera umanissima che il padre le scrisse: «Quando ho consegnato la tua mano all'Arcivescovo, ho sentito di aver perso qualcosa di molto prezioso». Il profondo amore paterno di quest'uomo introverso si mescolava al dolore di aver rinunciato alla compagna di cavalcate e di caccia, alla confidente più sicura, all'amica fiduciosa e sincera. La partenza di Elisabetta per la sua nuova vita accanto all'uomo che aveva voluto infrangeva per sempre la bolla affettiva di We Four. Perfino l'esuberante Margaret quella sera, rimasta sola con Crawfie, confessava scoraggiata: «Non posso immaginare la vita senza di lei».

Mammà non vuole, papà nemmeno...

Il matrimonio da favola, destinato a commuovere ed esaltare gli inglesi, fu in realtà la prima manifesta dimostrazione della forte volontà di Elisabetta, della sua determinazione nel perseguire gli obiettivi fissati. Il primo e più importante di tutti fu Filippo, e tutti sanno ormai che il futuro marito fu anche il primo amore dell'adolescenza. Galeotta fu la visita della famiglia reale al Royal Naval College di Dartmouth, il 22 luglio 1939, e legittimo il sospetto che dietro l'evento cruciale per la vita della principessa ci sia lo zampino dello zio di Filippo, lord Mountbatten. Cugino del re, rimasto intimo di Edoardo VIII anche se aveva trasferito la sua lealtà a Giorgio VI, zio Dickie discendeva dalla principesca famiglia dei Battenberg e in quegli anni, come nei successivi, fu una presenza costante nella vita dei Windsor. Anche lui aveva una sua agenda precisa, come vedremo più avanti, e secondo più di qualche testimone quel che accadde a Dartmouth faceva parte del piano.

Il re con moglie e figlie restarono a bordo del loro yacht, il *Victoria and Albert*. Con loro si trovava anche lord Mountbatten, nel ruolo di aiutante di campo del sovrano. Il panfilo, che portava il nome della vecchia regina, l'aveva anche condotta in crociera ed era ancora arredato nello stile pesantemente sontuoso del secolo precedente. La domenica mattina la famiglia avrebbe dovuto scendere a terra per seguire il servizio religioso all'Accademia Navale ma alla notizia che due degli allievi si erano buscati gli orecchioni, Sua Maestà decise seduta stante di non portare con sé le figlie. Le ragazze furono condotte all'abitazione del Capitano del college, dove l'onnipresente Miss Crawford le tenne occupate con un trenino-giocattolo, forse non esattamente il divertimento sognato da molte tredicenni come Elisabetta.

L'atmosfera cambiò radicalmente quando un cadetto alto e biondo fece il suo ingresso nella stanza e salutò la maggiore delle principesse. Era il principe Filippo di Grecia, da pochi mesi allievo del collegio e teoricamente sesto in linea di successione al trono greco. Lilibet lo conosceva solo di vista, per averlo incontrato alle nozze dello zio George duca di Kent con Marina di Grecia (prima cugina del giovane) e anche ad altre riunioni di famiglia. Il bel ragazzo si inginocchiò accanto a lei e cominciarono a giocare coi trenini, mentre a loro e a Margaret venivano serviti limonata e biscotti allo zenzero. Dopo un po', lui propose di lasciar perdere le locomotive in miniatura e andare sul campo da tennis, «per divertirci davvero saltando la rete».

Le ragazzine erano ovviamente incantate dal bell'aspetto e dalle maniere compite e sicure del principe già diciottenne. Elisabetta non gli toglieva gli occhi di dosso e si affrettò a riferire alla governante le sue prodezze: «Com'è bravo, Crawfie. Quanto in alto riesce a saltare!» La donna adulta giudicò il giovanotto un po' troppo pavone ma si guardò bene dallo scoraggiare la sua pupilla, che era appena un'adolescente con la macchinetta ai denti. Filippo, d'altronde, dava a vedere di non accorgersi dei suoi sguardi adoranti, divertendosi piuttosto a prendere in giro la piccola Margaret. Ma questa disinvolta distrazione sembra alquanto artefatta, a dar credito alle memorie del figlio del Capitano del college, North Dalrymple-Hamilton. A lui fu chiesto di tirar fuori il suo trenino per far giocare le principesse e poi «Filippo si presentò per aiutare a prendersi cura di loro – penso che Dickie piuttosto abbia fatto in modo che lui fosse chiamato». Dal ponte dello yacht reale, lord Mountbatten aveva tirato i suoi fili e fatto in modo che fra tutti gli allievi dell'Accademia toccasse proprio al nipote il compito di far compagnia alle reali fanciulle.

Certo nessuno più dell'affascinante e aristocratico ufficiale di Marina conosceva l'attrazione che, alla vigilia della guerra, un giovane cadetto poteva esercitare su una ragazza. La maggior parte dei biografi sono oggi ragionevolmente certi che, proprio come Leopoldo re dei Belgi aveva sapientemente pilotato Vittoria tra le braccia di suo nipote Albert, così Mountbatten abbia incoraggiato l'incontro e preparato il nipote a mostrarsi a Elisabetta nella luce migliore. La sua ambizione di avvicinarsi al trono, con qualsiasi mezzo, non era un mistero per nessuno che lo conoscesse bene. Il minimo che si può dire è che Filippo svolse il compito con scrupolo e brillantemente.

Il mattino dopo l'esibizione sul campo da tennis, l'irresistibile cadetto navale si presentò a bordo dello yacht per sedere a pranzo con la famiglia reale, e poi per unirsi al gruppo in una puntata in piscina. A sera era di nuovo a cena sul panfilo, ma Elisabetta era stata già spedita a letto presto assieme alla sorellina. Il tenace marinaio non cedette e il giorno dopo era daccapo lì, stavolta per il tè. Zio Dickie, che era ovviamente anche lui della compagnia, annotò con evidente soddisfazione sul suo diario: «Filippo è venuto a bordo del *V&A* per il tè ed è stato un grande successo con le ragazze». Elisabetta si mostrò particolarmente premurosa, chiedendogli sollecita cosa volesse mangiare e fissandolo affascinata mentre lui divorava un banana-split.

Non c'è dubbio che, oggi come allora, molte tredicenni sarebbero cadute in deliquio di fronte a un Adone come Filippo di Grecia. Alto, bello, sofisticato, era poco più che adolescente, eppure aveva già fatto perdere la testa a parecchie donne mature. Ma Elisabetta appare, a guardare la scena dall'esterno, particolarmente indifesa. La principessa conduceva, e avrebbe condotto ancora per anni, una vita estremamente protetta, confinante con l'infantile. Lei era già una signorinetta ma i genitori imponevano che, a dispetto dei quattro anni di differenza, le due sorelle continuassero a vestire allo stesso modo, col risultato che la più grande portava ancora le calze corte come la più piccola. Trascorreva la maggior parte del tempo nella nursery, sempre con sorella e *nannies*, e gli unici adulti che incontrava erano cortigiani e dignitari che esitavano perfino a rivolgerle la parola. Contatti con i coetanei, specie se maschi, pressoché zero, se si eccettuano i cugini.

C'erano, è vero, le settimanali visite a Eton per le lezioni di storia costituzionale del professor Marten, ma non c'era rischio che gli allievi dello storico osassero tentare un contatto con «l'erede presuntiva» alla Corona. In breve, Elisabetta a tredici anni era una fanciulla timida e solitaria, che amava il ballo ma alle feste trovava difficile divertirsi. La governante Crawfie arrivò a chiedere agli amici di famiglia se, per piacere, «quest'anno potevano invitare alla festa solo la principessa Elizabeth. Stiamo cercando di separarle un po' perché la principessa Margaret attira tutta l'attenzione e la principessa Elizabeth glielo lascia fare». Non sarebbe successo anche questa volta.

Quando lo yacht reale salpò l'ancora allontanandosi dalla baia di Dartmouth, i cadetti dell'Accademia furono autorizzati a seguirlo verso il largo con qualsiasi imbarcazione fossero riusciti a trovare. In un virile slancio di entusiasmo, lo fecero in centinaia finché il sovrano ordinò di farli tornare indietro, per evitare che remassero troppo al largo. Quasi tutti obbedirono al segnale di rientro: tutti tranne Filippo che continuò a vogare a tutta forza nella sua barchetta sulla scia della nave. Lilibet rimase a fissarlo attaccata al binocolo, finché il re perse la pazienza e cominciò a gridare: «Quel giovane pazzo! Deve tornare indietro!» Un ufficiale ripeté più volte l'ordine al megafono, e finalmente il principe marinaio gettò la spugna e tornò verso riva.

Altre e più pericolose acque lo attendevano, quando pochi mesi dopo scoppiò la guerra. Ma fu una tragedia bellica ad avvicinare di nuovo i due giovani. La sera del 25 agosto 1942 lo zio di Elisabetta, George duca di Kent, rimase ucciso in un incidente aereo in Scozia. Aveva solo trentanove anni, e il più piccolo dei suoi tre figli appena sette settimane. Lilibet era stata damigella d'onore della sposa alle sue nozze, nel 1934, con la bella e sofisticata Marina di Grecia. Lei era stata vicina a Filippo negli anni passati in esilio a Parigi. Rimasta vedova a trentacinque anni, spostò la sua attenzione sul ventunenne cugino, forse anche lei sperando – come Mountbatten – che il fascino del giovanotto potesse rialzare le fortune della malconcia famiglia. Di fatto cominciò a riceverlo frequentemente durante la guerra, e questo ovviamente contribuì a tenerlo più vicino a Elisabetta. Con la quale manteneva ormai una corrispondenza costante. Lui intanto cercava di avere «una buona guerra».

All'inizio non sembrava tanto brillante. Ma già nell'autunno del '42 si era distinto al punto di essere nominato primo tenente e comandante in seconda di un cacciatorpediniere. Fece il suo dovere con coraggio. Lo sbarco degli Alleati in Sicilia, nel 1943, lo trovò sulla nave *Wallace*, appartenente alla squadra navale incaricata di coprire l'attacco. Si guadagnò un breve congedo che trascorse subito a Londra ospite dello zio Mountbatten e coccolato da una falange di fanciulle, ammaliate dal bell'aspetto e dagli eroici racconti di guerra. La cugina Alexandra di Iugoslavia, con cui ebbe in quel tempo un flirt decisamente impegnativo, racconta che «il fascino di Filippo si era diffuso, come l'influenza, attraverso un'intera schiera di ragazze». Ma il bel principe non perdeva d'occhio la preda grossa.

È la stessa Alexandra a ricordare un episodio del 1941: lo trovò che scriveva una lettera alla «cara Lilibet» e finché non l'ebbe finita non le prestò alcuna attenzione. Nello stesso anno ebbe occasione di passare un weekend con i Windsor, e riuscì a impressionare re Giorgio con i suoi racconti navali. Continuava a vedere Elisabetta come una bambina ma il suo evidente interesse per lui lo lusingava, e gli offriva anche la possibilità di coltivare rapporti amichevoli con la famiglia reale. Se si era accorto che la principessa invece era già innamorata cotta di lui, non lo dava a vedere. Almeno non sino alla fine del 1943.

Quel Natale Filippo fu invitato a passare le festività con la famiglia reale a Windsor. Lilibet era ovviamente al settimo cielo. «Chi *pensi* che verrà a vederci recitare, Crawfie?» chiese eccitata alla governante. Del rituale prenatalizio faceva infatti parte l'annuale pantomima organizzata dalle principesse per il ristretto pubblico di genitori, parenti e amici invitati per la festa. Si può immaginare la delusione quando il bel marinaio finì a letto con l'influenza, costretto quindi a perdere le prime due rappresentazioni dello spettacolo, incentrato sulla storia di Aladino. Per fortuna si riprese in tempo per la terza messa in scena sabato 18 dicembre, e prese posto in prima fila accanto al re, alla regina e alla cugina vedova, la principessa Marina. Nel suo libro Miss Crawford ricorda di averlo trovato molto cambiato, «segnato dalle intemperie e affaticato», ma sempre bello e di impeccabili maniere.

Elisabetta recitava ovviamente nel ruolo principale, e ballava e cantava con una «compagnia» di quaranta persone, più un coro di venticinque elementi. Il suo invitato speciale non mancò di mostrarsi deliziato del tono scherzoso dello spettacolo, ridendo fragorosamente anche alle battute più scadenti. Nel frattempo avrà certamente notato l'avvenuta trasformazione della «cara Lilibet» dall'adolescente con cui corrispondeva nella giovane donna attraente che gli danzava sotto gli occhi. A diciassette anni la principessa era senza dubbio molto graziosa, non tanto alta ma di bella figura e occhi magnetici, e con quel tocco d'innocenza che il giovane ma esperto playboy aveva raramente trovato nelle tante donne conquistate. Senza contare che quella ragazza, già idolatrata dalla nazione, era destinata a diventare una delle donne più ricche e potenti del pianeta.

Inoltre c'era una dimensione affettiva con cui Filippo si trovava per la prima volta a contatto. Figlio di una famiglia disintegrata che ne faceva praticamente un orfano, il forte legame famigliare esibito senza riserve dai Windsor dovette fargli lo stesso effetto che la calda atmosfera di casa Middleton avrebbe fatto sul nipote William sessant'anni dopo. Un sentimento complesso fatto di invidia, attrazione per un'esperienza mai provata e desiderio di esserne parte. Premurosi com'erano verso le figlie, il re e la regina erano l'esatto contrario degli indifferenti e sgangherati genitori toccati a Filippo. In quel Natale del '43 a Windsor, per la prima volta nella sua vita provò il calore di una vera famiglia, sebbene fosse quella di re e regina. Come ha ricordato Elisabetta, «abbiamo passato dei giorni molto allegri, con un film, pranzi in compagnia e ballando al suono del grammofono». Il giorno di Santo Stefano – Boxing Day, il giorno dei regali, in Inghilterra – si cominciò con le sciarade, passione condivisa dei We Four, poi i giovani arrotolarono il tappeto nel Salotto Cremisi e si scatenarono nelle danze fino all'una di notte, Filippo tra gli ultimi a lasciare la sala.

Forse anche lui ebbe il sospetto di aver esagerato, perché una volta partito scrisse alla regina esprimendo la speranza che il suo entusiasmo «non gli fosse scappato di mano». Ma temeva così poco la reale riprovazione che si spinse ad aggiungere Windsor alle case dei Mountbatten e della cugina Marina nell'elenco dei suoi posti preferiti, e questo – concludeva ruffiano – «può darvi solo una piccola idea di quanto abbia apprezzato i pochi giorni che siete stati così gentili da lasciarmi trascorrere con voi». Di fatto, in quella vacanza, un certo vincolo sembra essersi stabilito tra i Windsor e il giovanotto, in virtù proprio della semplicità e schiettezza della vita dei reali, come lui scriverà dopo un'ulteriore visita in estate: «È il semplice piacere dei piaceri e divertimenti famigliari, e il sentimento che sono benvenuto a condividerli. Ho paura di non essere capace di tradurre questo nelle parole giuste».

A questo punto il sempre manovriero zio Dickie ritenne la situazione matura per agire. Il nipote era così entusiasta della famiglia reale che lo spinse a valutare l'idea di proporsi a Elisabetta. E non si limitò a questo. Anche un altro cugino rimesso sul trono alcuni anni prima, Giorgio II di Grecia, intervenne in modo pressante sui parenti Giorgio VI ed Elizabeth perché prendessero in considerazione l'interesse del giovane. E perfino la nonna di Lilibet, la solitamente arcigna Queen Mary, forse «lavorata» dalla nipote, si schierò con tutta la sua indubbia influenza a favore di Filippo. Il re e la regina furono sinceramente scioccati dalla mossa inattesa. Ai loro occhi la figlia così coccolata era davvero poco più di una bambina, senza contare l'inconscio timore che innamoramento e nozze infrangessero per sempre la stretta unione di Noi Quattro. Così Giorgio rispose pure alla temutissima madre che sebbene Filippo fosse di loro gradimento, perché «vede le cose nel modo giusto», tuttavia lui e la moglie ritenevano che «Elisabetta fosse troppo giovane per quello adesso». E dunque a Giorgio di Grecia avrebbero risposto che «P. [Philip, *N.d.A.*] farebbe meglio a non pensarci più per il momento».

Era un rifiuto bell'e buono, che aveva anche inespresse ragioni politiche. Nei circoli reali prevaleva l'opinione che il sentimento xenofobo dei sudditi, certamente esasperato dalle sofferenze per l'interminabile guerra, avrebbe preferito uno sposo inglese, di ovvia estrazione aristocratica. In pole position veniva considerato Hugh conte di Euston, erede di una delle grandi casate dell'isola, quella dei duchi di Grafton discendenti diretti di un figlio illegittimo di re Carlo II. Il giovane Euston era stato a guardia di Windsor Castle con le *Grenadier Guards* e la sua cospicua ricchezza lo metteva al riparo dal sospetto riservato a Filippo: di essere un cacciatore di fortune.

Senza un soldo, straniero, senza una casa o una famiglia propriamente tale, il «bel vichingo» – come sembrava a Elisabetta – non era effettivamente facile da «vendere» al pubblico britannico, così diffidente dei forestieri. Per di più, a dispetto del suo sangue certamente reale, le sue connessioni con l'establishment isolano restavano molto tenui. Non usciva da Eton, come la maggior parte di cortigiani e dignitari, e le sue maniere erano molto più quelle spicce e noncuranti dei tanti reali detronizzati in giro per l'Europa che non quelle della rigida e formale nobiltà inglese. Per molti della cerchia più intima del Palazzo semplicemente «non era un gentiluomo». Ciò che all'innamorata Elisabetta appariva un comportamento schietto ed energico, per i suoi regali famigliari era tutt'altro, almeno stando a quanto un anonimo cortigiano riferisce al diarista Harold Nicolson: lo trovavano «rozzo, maleducato, non istruito e in prospettiva probabilmente infedele». Su quest'ultimo punto, di chiunque fosse davvero il giudizio, era comunque profetico. Anche se la previsione era resa facile dalla fama di cacciatore di gonnelle che Filippo si era già guadagnato.

C'erano poi due ulteriori motivi di diffidenza, ed erano forse i più gravi. Il principe appariva una pedina nelle mani di lord Mountbatten, e la smodata ambizione di zio Dickie, il suo costante complottare per acquistare più influenza a Corte e sul Parlamento, lo rendevano inviso a molti. Infine c'era l'origine tedesca, quasi una bestemmia in un Paese che aveva dovuto combattere una sfida mortale contro la Germania per due volte in un secolo. È vero che non meno tedesche erano le radici della famiglia reale, che non a caso aveva dovuto cambiarsi il cognome. Ma i sudditi adesso la consideravano del tutto anglicizzata, mentre non c'era niente di più teutonico dell'aspetto fisico di Filippo e del nome della sua casata: Schleswig-Holstein-Sonderburg-Glücksburg. Zio Dickie si mise al lavoro per bianchettare almeno questa macchia mentre Elisabetta per il momento si accontentava di tenerlo accanto in foto: il ritratto del «vichingo» la fissava dalla parete vicino al letto, con una barba aggiunta a penna nell'ingenuo tentativo di nasconderlo a eventuali ispezioni materne.

Bel vichingo cerca patria

È ARRIVATO il momento di dare un'occhiata ai primi anni di vita del futuro consorte reale, non solo per comprendere meglio le ragioni dell'avversione che suscitava ma soprattutto perché – come si dice – se conosci il bambino, conoscerai l'adulto. L'uomo che dall'età di venticinque anni è sicuramente tra i più viziati dal privilegio e dalla ricchezza, servito, riverito, adulato dai cortigiani, concupito da belle donne, circondato dallo sfarzo e dalla pompa, è nato il 10 giugno 1921 sul tavolo da pranzo di Mon Repos, una villa estiva presa in affitto sull'isola di Corfù. Di sangue reale ma povero in canna, anche da piccolo non lasciava che questo intaccasse minimamente la sua arroganza e autostima, il suo esibizionismo, il suo temperamento aggressivo ed estroverso, naturalmente portato al comando. Un maschio alfa al quale le donne hanno sempre permesso di tutto con una solitaria eccezione: la bambinaia inglese Roose che gli rifilava frequentemente scapaccioni a mani nude o con la pantofola. Già da bimbo o ragazzino era dura tenerlo sotto controllo, specie quando sgusciava nudo dalla vasca da bagno e si dava alla fuga tutto bagnato lungo i corridoi di casa.

Con ogni evidenza, Filippo nasce da una distrazione. Ultimo di cinque figli, è anche l'unico maschio. La più piccola delle sorelle, Sophie, aveva già sette anni quando lui venne al mondo, e la madre trentasei, che a quell'epoca era decisamente un'età avanzata per avere un figlio. Di illustrissimi natali, la principessa Alice di Battenberg era una pronipote della grande regina Vittoria, e aveva conosciuto il futuro marito, principe Andrea di Grecia, alla cerimonia d'incoronazione del cugino Edoardo VII nel 1901. La famiglia reale greca, come molte altre dei Paesi balcanici in quegli anni, non aveva niente a che fare con la nazione di cui portava la corona. Nel 1863 i greci, liberi dal giogo turco, avevano offerto il trono al secondogenito del re di Danimarca Cristiano IX. Il principe Vilhelm di Schleswig-Holstein-Sonderburg-Glücksburg aveva appena diciotto anni e nessuna voglia di passare il resto della vita in un posto lontano e arretrato. Perciò rifiutò. Ma quando il padre minacciò di spedirlo in prigione ci ripensò, e divenne re degli elleni con il nome di Giorgio I.

Andrea era il suo sesto figlio e nel 1903 portò all'altare Alice di Battenberg. Il guaio è che, sebbene principe della Casa Reale, il suo unico reddito era lo stipendio di ufficiale di cavalleria. All'inizio i novelli sposi se la cavarono con il tesoretto messo insieme come regalo di nozze dai parenti coronati di mezza Europa. Quando questo finì si trovarono a condurre una vita veramente misera, spesso di autentica povertà: avevano faticato perfino a mettere insieme i tre mesi di deposito per l'affitto di Mon Repos. Ma da autentico principe del sangue, Andrea non rinunciò al suo valletto nemmeno quando non aveva i soldi per vestire e nutrire i suoi cinque figli.

In più, era vanitoso e raffinato, una splendida figura con l'immancabile monocolo e il fisico aitante nell'attillata uniforme militare. Al figlio avrebbe trasmesso la bellezza e il fascino, il gusto delle storielle e la capacità di far ridere la gente. Oltre ovviamente alla caratteristica principale: anche Andrea era inconfondibilmente *a lady's man*, un uomo a cui piacevano le donne, e viceversa. La principessa Alice era molto bella, indomita e testarda, ma dovette farsene una ragione. Mentre il marito conduceva la vita del soldato spassandosela in giro, lei teneva in piedi la famiglia e allevava i figli. Era sorda, ma all'età di vent'anni era già perfettamente in grado di leggere le labbra in quattro differenti lingue. Non immaginava che il peggio dovesse ancora arrivare, pochi mesi dopo la nascita di Filippo.

Nel 1922, in piena guerra greco-turca, il principe Andrea era stato nominato comandante del V Corpo d'Armata ellenico, che era penetrato in profondità nella penisola anatolica. La spedizione si risolse in una catastrofe. Male equipaggiato e peggio addestrato, l'Esercito greco venne messo in rotta dai soldati di Mustafà Kemal Atatürk, il fondatore della moderna Turchia. Decine di migliaia di militari vennero uccisi, ma non solo: i nazionalisti turchi si abbandonarono a orribili pogrom di civili nelle città costiere dell'Asia Minore che i greci avevano occupato per duemilacinquecento anni. Un milione di rifugiati fuggirono con ogni mezzo cercando scampo nella madrepatria già piegata dalla sconfitta. Un colpo di Stato militare depose il nuovo re Costantino e lo mandò in esilio, ma il fratello Andrea fu meno fortunato. La giunta militare decise di usarlo come capro espiatorio. Il dittatore Theodoros Pangalos lo convocò e gli chiese quanti figli avesse. «Cinque», rispose il principe (Filippo aveva nove mesi).

«Poveri piccoli orfani», fu il sarcastico commento di Pangalos. Era il preannuncio della condanna a morte irrogata dal tribunale militare.

Lo salvò la moglie Alice, che era anche la sorella maggiore di lord Mountbatten (il nome è solo l'anglicizzazione di Battenberg). Tempestò Dickie finché non lo costrinse a chiedere udienza a Giorgio V per convincerlo a salvare il lontano parente Andrea. Il trucco riuscì. La nave da guerra britannica *Calypso* fu spedita nella baia di Atene con la minaccia di bombardare il palazzo del governo se il principe non fosse stato subito rilasciato e portato a bordo, dove lo aspettava la moglie. Pangalos si piegò, e la *Calypso* se la filò a tutto vapore verso il porto di Brindisi, non senza prima aver raccolto a Corfù il resto della famiglia reale greca. Erano quasi tutte donne, a parte l'infante Filippo, e quando la nave da guerra inglese lasciò il porto di Atene furono avvisate che avevano solo poche ore per radunare il possibile prima di essere anche loro prelevate dall'isola.

La principessina Sophie, penultima di casa, aveva allora otto anni e più tardi avrebbe ricordato così quella drammatica evacuazione: «Fu una cosa terribile. Un caos assoluto. Le mie sorelle dovevano far trovare tutto pronto. Ricordo tutte che correvano qua e là, impacchettando quel che potevano. A parte Filippo erano tutte donne, con le dame di compagnia greche, una governante francese e una bambinaia inglese. Tutto quello che riuscimmo a prendere con noi furono poche valigie con gli effetti personali, il resto ce lo lasciammo alle spalle». E questo fu tutto, per quanto riguarda il rapporto del principe con il Paese natale: ne portava il titolo – «principe di Grecia e Danimarca» – ma non l'avrebbe mai rivista e non ne avrebbe mai parlato la lingua. Quando vent'anni dopo il cugino greco Giorgio II sarebbe intervenuto in suo favore con i genitori di Elisabetta, non lo avrebbe fatto certo per affetto parentale ma solo per calcolo politico: un'Inghilterra legata per matrimonio alla sua dinastia sarebbe stata costretta a sostenere anche con le armi il suo trono traballante.

Sbarcata a Brindisi dalla *Calypso*, la mattina dopo la famiglia era già sul treno diretto a Parigi, allora meta di tutti i sovrani detronizzati d'Europa. Il più piccolo della compagnia fece di tutto per rendere il viaggio più difficoltoso, come ricorda ancora una volta la sorella Sophie: «Sul treno Filippo era impossibile. Non sedeva mai fermo e strisciava dappertutto, fino a diventare completamente nero, dalla testa ai piedi. Passò perfino del tempo a leccare le finestre. Era molto, molto vivace e nessuno riusciva a controllarlo». A Parigi infine la famiglia si stabilì, nell'estate del '22, nella dépendance di una grande villa di proprietà del fratello di Andrea, il principe Giorgio, che aveva sposato la ricca ereditiera Marie Bonaparte: lei discendeva da Napoleone ma era molto più importante che fosse la nipote del fondatore del Casino di Monte Carlo. E a Parigi la famiglia andò completamente a rotoli.

Il principe Andrea si disinteressò completamente di moglie e figli dedicandosi a tempo pieno alle molte signore alla moda della Francia postbellica. Per arrivare alla fine del mese la povera principessa Alice aprì nell'elegante Faubourg Saint-Honoré un negozio chiamato *Hellas*, dove vendeva qualsiasi prodotto greco, dal miele ai ricami. Per risparmiare, l'alimentazione dei cinque figli era basata soprattutto su riso e budino di tapioca. Senza alcun controllo paterno, Filippo diventava sempre più un ragazzaccio allegro, pieno di feroce energia. Se ne andava in giro da solo e tornava a casa – racconta la cugina Alexandra, che di lì a non molto se ne sarebbe innamorata – con gli abiti strappati, pieno di tagli e di lividi. Adorava gli scherzi, e una volta ne fece una grossa. Liberò i maiali allevati in un angolo della grande proprietà dello zio e li spinse con un bastone verso i curatissimi prati dove gli adulti si stavano godendo un elegante *tea party*. Gli animali travolsero tutto scatenando il finimondo, mentre lui si sbellicava dalle risate.

In quegli anni la maggiore influenza sullo scatenato ragazzo la esercitarono due signore inglesi. Furono loro, la bambinaia e la governante, a insegnargli il modo di vivere inglese, le maniere inglesi, e ovviamente la lingua. Questa formazione gli rese la vita molto più facile quando per lui arrivò il tempo di frequentare una scuola in Inghilterra, di arruolarsi nella Marina britannica e soprattutto, di sposare la futura regina d'Inghilterra. A mettere in moto questa catena di eventi fu la pratica dissoluzione del matrimonio dei genitori. Andrea di Grecia si era innamorato di un'attraente e soprattutto ricca vedova, Madame Andrée de la Bigne, un'ex attrice. Senza nemmeno curarsi di informare la famiglia, andò a vivere con la donna: d'estate sul piccolo panfilo di lei, perennemente in moto tra un porticciolo e l'altro del Mediterraneo, e d'inverno nella villa che la signora possedeva in Costa Azzurra.

Dopo dieci anni di fatiche e ristrettezze, nel 1931 la moglie abbandonata ebbe un collasso e finì ricoverata a spese dei reali parenti in vari sanatori svizzeri. Quando ne uscì, Alice aveva trovato la religione. Per il resto della vita indossò un abito nero da monaca. Se ne tornò in Grecia e lì fondò un suo ordine monastico, la Sorellanza Cristiana di Marta e Maria. Per fortuna loro, le quattro figlie si erano tutte sposate – tra il dicembre 1930 e l'agosto 1931 – con altrettanti esponenti dell'aristocrazia tedesca, due dei quali ferventi nazisti. E il piccolo di casa le aveva all'inizio seguite, passando dall'uno all'altro dei castelli in Germania, e imparando un fluente tedesco. A cambiare la prospettiva fu l'antisemitismo sempre più minaccioso del regime hitleriano, che costrinse alla fuga in Scozia il maestro di Filippo a Salem, l'eccentrico ebreo tedesco Kurt Hahn. Dalla cittadina nel Baden-Württemberg, dove anche Filippo era tra gli studenti, Hahn trovò rifugio in Scozia e aprì una sua scuola in una casa chiamata Gordonstoun, vicino alle gelide acque del Moray Firth. Quando l'istituto fu inaugurato, nel 1934, il principe tredicenne fu tra i suoi primi allievi, e ne sarebbe stato il più famoso fino all'arrivo del figlio Carlo: che al contrario di lui avrebbe odiato quel posto.

La pedagogia applicata da Hahn con spartana disciplina era un *pot-pourri* di insegnamenti platonici, manuale dei boy scout e tradizioni delle *public schools* inglesi: queste, in particolare, godevano di una certa stima da parte dell'insegnante tedesco perché era convinto che proprio a loro fosse da ascrivere il merito della vittoria britannica contro la Germania nella prima guerra mondiale. Filippo era perfettamente a suo agio nell'ambiente cameratesco e un po' bullistico di Gordonstoun, e molto popolare tra gli altri allievi. Uno di loro, Jim Orr, che sarebbe poi diventato suo segretario privato, ricorda che il principe «era molto amichevole, con un gran senso del divertimento, e conosciuto per i suoi capelli bianchi bianchi». Non si vantava del suo sangue reale e molti dei ragazzi nemmeno sospettavano le sue connessioni altolocate. Immaginavano piuttosto che fosse orfano, visto che i suoi genitori non gli facevano mai visita a scuola.

Di fatto, dileguatosi il padre in Costa Azzurra e partita la madre per la Grecia, Filippo poteva contare almeno su due padri surrogati. Uno era il marito della sorella Theodora, Berthold margravio di Baden, che sebbene molto più anziano del ragazzo riuscì a farselo amico e gli insegnò a volare, a pescare e a guidare un'auto. «Ha avuto una grande influenza sul mio carattere», dirà più tardi il principe. L'altro papà surrogato ebbe un'influenza ancora maggiore, perché gli aprì tutte le porte in Inghilterra. Era il fratello della madre, George Mountbatten, marchese di Milford Haven. Viveva nel castello di Lynden Manor, una sfarzosa e fantasmagorica costruzione vittoriana, con la moglie Nadezhda de Torby, pronipote del massimo poeta russo Alexandr Puškin. Nada, come la chiamavano tutti, era una delle donne più affascinanti e spregiudicate di quegli anni.

Era una coppia che spandeva un'atmosfera sulfurea attorno a sé, e probabilmente non il miglior modello famigliare per un adolescente, a parte la circostanza che zio George pagava le rette della scuola e fu il primo a prospettare a Filippo una carriera nella Royal Navy. Per il resto la vita dei Milford Haven era lastricata di scandali. Nadezhda, un'autentica e seduttiva *dark lady*, era anche una lesbica dichiarata. Pochi anni prima si era innamorata della cognata Edwina, ricchissima moglie di Dickie Mountbatten, a sua volta nota per una irrefrenabile bisessualità. Negli stessi anni, però, Nadezhda coltivava anche una relazione saffica con Gloria Vanderbilt, e le avventure scandalose del terzetto riempivano le cronache mondane dei primi anni Trenta, finché tutta la storia finì in tribunale a New York su denuncia del marito della Vanderbilt.

Nello stesso periodo Filippo trascorreva parecchio tempo a Lynden Manor con le tre signore. Non sappiamo quale impatto ebbe questo ambiente sulla sua personalità, e nemmeno se abbia mai curiosato tra la fantastica collezione di libri pornografici messa assieme dallo zio George, una delle più vaste in tutta Europa. La libreria del castello conteneva album di foto di rapporti sessuali in ogni possibile posizione e con qualsiasi numero di partecipanti, nonché volumi dedicati al sadomasochismo, al bondage, alla flagellazione e qualsiasi altra fantasia o perversione sessuale. Nella sua raccolta il marchese aveva anche strane pubblicità di preservativi, dildo e vibratori, e sembra che ogni tanto appagasse i suoi sogni erotici violenti con la bella Nada.

A ogni modo, questo maniero di eccentrici non refrattari alle perversioni fu quanto di più vicino a una famiglia Filippo poté sperimentare. E la morte di zio George nel 1938, ucciso dal cancro, dev'essere stata uno choc per il ragazzo che aveva imparato a rispettarlo come un padre adottivo. Questo improvviso vuoto affettivo fu tuttavia subito colmato da una figura che avrebbe giocato un ruolo molto più importante – anzi, decisivo – nella vita dell'abbandonato principe greco: zio Dickie, alias lord Louis Mountbatten. Era il fratello minore del defunto marchese di Milford Haven ma, in virtù della sua straripante ambizione, capo riconosciuto della grande casata. Da quel momento in poi fu lui a occuparsi del nipote e a indicargli la strada.

La guerra era vicina e non c'era dubbio che, seguendo le inclinazioni guerresche di tutti i suoi antenati, Filippo dovesse entrare nelle forze armate. Al ragazzo piaceva l'idea di volare e desiderava arruolarsi nella Royal Air Force, la mitica Raf, ma i Mountbatten avevano una lunga tradizione marinara e Louis lo persuase a entrare piuttosto nella Royal Navy. Non gli aprì solo le porte della Marina ma anche quelle di casa sua, la meravigliosa tenuta di Broadlands vicino a Romsey, nell'Hampshire. In qualche modo, insomma, zio Dickie finì per adottare il nipote, forse anche vedendo in lui il figlio che aveva desiderato senza poterlo avere (Edwina gli aveva dato solo due femmine). E a diciotto anni il bel principe squattrinato fu finalmente accettato all'Accademia Navale di Dartmouth. Dieci giorni dopo, lì avrebbe accolto la ragazzina Lilibet, sotto l'accorta regia dello zio Mountbatten. All'istante, divenne «l'uomo di cui la principessa Elisabetta si innamorò sin dal loro primo incontro», scrisse sir John Wheeler-Bennett nella sua biografia ufficiale di Giorgio VI. Quando lei, ormai regina, lesse le bozze, le approvò senza correggere nemmeno una virgola.

Che anche il giovanotto si fosse fatto subito delle idee risulta dai ricordi del viceammiraglio Harold Tom Baillie-Grohman, che su pressione del solito Mountbatten accettò di prendere sulla sua corazzata *Ramilles* «l'aspirante di Marina principe Filippo» (senza cognome, come si usa per i principi). L'alto ufficiale lo prese in simpatia e cercò di dargli qualche consiglio: «Gli dissi che come cittadino straniero non avrebbe potuto andare oltre il grado di tenente facente-funzioni, a meno che non si fosse naturalizzato come suddito britannico. Filippo replicò che lui voleva una carriera nella Royal Navy. Aggiunse anche che suo zio aveva delle idee sul suo futuro, e cioè che pensava che lui potesse sposare la principessa Elisabetta. Fui preso completamente alla sprovvista e gli chiesi se fosse innamorato di lei. Filippo rispose:

«Oh sì, molto innamorato. Le scrivo ogni settimana». Era la primavera del 1940 e Lilibet aveva appena quattordici anni.

Pochi mesi dopo, l'Italia invase la Grecia e in quanto suddito di quel Paese il principe acquisì il diritto di essere pienamente belligerante. Il suo autentico battesimo del fuoco, a bordo della corazzata *Valiant*, avvenne nella battaglia di Capo Matapan contro la flotta italiana. Per il suo coraggio, si guadagnò una menzione nei dispacci ufficiali, e «ben meritata» a detta dei suoi superiori. In realtà, la sua prontezza ed efficienza furono una gradita sorpresa per i commilitoni. Al suo arrivo a bordo si aspettavano che Filippo, in quanto principe e greco, fosse un raccomandato e per di più rammollito. Coraggio e determinazione gli guadagnarono al contrario popolarità e galloni. Contribuirono anche le battutacce di cui è sempre stato generoso. Qualche mese dopo era a Creta quando vide scendere a terra zio Dickie sopravvissuto all'affondamento della sua nave *Kelly*. Lord Mountbatten era comprensibilmente fradicio e insudiciato, nero di nafta da capo a piedi, e fu accolto dal nipote con uno scoppio di risa: «Sembri proprio un menestrello negro!» Le osservazioni razziste sono state una costante della sua vita (e delle sue celebrate gaffe).

Sul cacciatorpediniere *Lauderdale*, dove fu spedito come primo luogotenente nel 1942, Filippo incontrò il collega che sarebbe stato il suo amico più stretto per i successivi vent'anni, Mike Parker. L'ufficiale australiano sarebbe diventato il suo scudiero e segretario privato, ma soprattutto il più fidato compagno di baldoria e di caccia alle gonnelle. Fedeli al motto che un marinaio ha una donna in ogni porto (e figuriamoci poi in tempo di guerra), i due se la spassarono ovunque il servizio li portasse, dal Nordafrica a Gibilterra, dall'India all'Australia all'Estremo Oriente. Per dirla con le parole di Parker: «C'erano sempre vagonate di ragazze». E Filippo registrava ogni porto dove aveva avuto un'avventura con un punto esclamativo.

Anche se il principe ha sempre smentito ogni illazione su sue presunte esperienze sessuali durante il servizio in Marina, sarebbe in tal caso l'unico a essersi mantenuto illibato dai diciannove anni ai ventisei del matrimonio. Interrogato in proposito, Parker ha ricordato che «naturalmente ci siamo divertiti in Nordafrica», ma ha negato di aver frequentato «i locali bordelli scopando qualsiasi cosa fosse in vista. C'era così tanto altro da fare». Ecco, la verità sta forse racchiusa in quell'ellittico «tanto altro da fare».

Ad Alessandria d'Egitto il principe e lo scudiero non persero uno solo dei night club che erano in realtà bordelli mascherati, e colleghi ufficiali li ricordano circondati di danzatrici e prostitute. Ma la sua vocazione di «sciupafemmine» si rivelò pienamente a Filippo nelle visite a Melbourne e Sydney. Parker, che era australiano, lo presentò alle signore della società locale. Inutile dire che le bellezze di *Down Under* furono istantaneamente sedotte dal biondo guerriero di sangue reale. Qui conviene affidarsi alla biografia della gelosa cugina Alexandra, che finì con lo sposare il re di Iugoslavia (detronizzato da Tito): «Filippo colpì i cuori femminili, prima a Melbourne e poi a Sydney, con un impatto eccezionale». Testimoni ricordano che le ragazze «si mettevano in coda» per essergli presentate, e una signora-bene di Sydney ormai nella mezza età riassunse senza peli sulla lingua: «Le ragazze facevano la fila per portarselo a letto. Era magnifico, e reale». Ma lui, ci andava a letto? «Come?!?! Ma naturalmente. Le donne gli piacciono davvero. E gli è piaciuta la permanenza in Australia. Accidenti se gli è piaciuta!»

Insomma, l'idea che in quegli anni Filippo sia rimasto platonicamente fedele al suo amore lontano sembra assai poco plausibile. Altri colleghi ufficiali hanno raccontato di una serie di *love affairs* tanto in patria quanto all'estero, anche se il diretto interessato ha sempre mantenuto una grande discrezione in merito. A parte quando beveva un po' di più e faceva la ruota vantando le sue conquiste. Nel frattempo proseguiva la sua corte epistolare a Elisabetta e non mancava mai di andare a trovarla quando aveva una licenza in Inghilterra. Ma sulla storia d'amore che ha cambiato la sua vita il principe si è sempre mostrato stranamente reticente. Anche nei colloqui con il suo biografo ufficiale Basil Boothroyd, nel 1970, ha negato ogni significato speciale alla sua frequentazione dell'erede al trono negli anni della guerra: «Una o due volte ho passato il Natale a Windsor perché non avevo nessun posto in particolare dove andare [...] Sì, avevamo l'abitudine di scriverci occasionalmente. [...] Dopotutto eravamo parenti, metà della gente lì erano miei parenti. [...] Non è che devi per forza pensare al matrimonio».

L'impressione di questi ricordi smozzicati è che Filippo lotti per smorzare la suggestione di aver freddamente e scientemente pianificato la seduzione dell'adolescente che sarebbe diventata regina. Perfino al suo biografo ufficiale non dice tutta la verità sulla sua relazione con la reale fanciulla poco più che decenne. Non rivela, per esempio, gli incontri occasionali a Coppins, la casa di campagna della cugina Marina duchessa di Kent. Prendevano il tè loro due da soli, e da soli passeggiavano a lungo per i prati attorno alla residenza. Poteva anche accadere che restassero a pranzo o a cena, e certamente questi appuntamenti segreti contribuirono ad aumentare l'alone di eroismo attorno al biondo vichingo assieme all'amore della sua ammiratrice. Poteva forse restare una cotta adolescenziale se Lilibet non fosse cresciuta isolata rispetto ai suoi coetanei avendo pochissime occasioni di incontrarne. In più era una ragazza decisa a ottenere sempre quel che voleva, e quel che voleva era Filippo. Non prese mai in considerazione l'idea di trovare qualcun altro, e l'opposizione di molti al suo amore – genitori compresi – non fece che rafforzarlo.

Fino al 1943, quando la principessa compì diciassette anni, il suo spasimante fu comunque sempre molto accorto nel trattare la teenager innamorata con il massimo rispetto, perfino evitando di sfiorarla. Ma dal fatale Natale di quell'anno a Windsor, e dalla pantomima di Aladino, la storia d'amore prese il volo. Da quel momento in poi il semiorfano greco e squattrinato prese a corrispondere apertamente con l'«erede presuntiva» al trono. E tutti, a bordo del cacciatorpediniere *Whelp* impegnato contro i giapponesi nel Pacifico, sapevano che la fidanzata del *First Lieutenant* Prince Philip era nientemeno che la futura regina d'Inghilterra. La circostanza gli guadagnò ammirazione e rispetto a bordo, ma nessuna amicizia a Londra.

Non erano solo i genitori a conoscere, e osteggiare, la passione e le intenzioni matrimoniali di Elisabetta, ma quasi tutti a Buckingham Palace. E nessuno poteva nemmeno lontanamente immaginare che l'erede al trono britannico potesse sposare un principe greco. Particolarmente i membri dell'aristocrazia e dell'establishment reagivano all'idea con orrore. Che fosse un bel ragazzo, un valoroso combattente, un principe di sangue reale, un discendente (pure lui) della regina Vittoria, tutto questo non contava nulla di fronte a un semplice dato anagrafico: non era inglese. Il sentimento fu chiaramente espresso perfino da un lontano parente della famiglia reale come David

Bowes-Lyon, fratello di Queen Elizabeth, che, non volendo chiamarlo straniero, pudicamente definì Filippo *un-British*, non britannico. Per chi aveva meno remore parentali, era invece semplicemente «un orribile forestiero».

C'era naturalmente la virulenta reazione xenofoba di una nazione che, già isolana di suo, per mano degli «stranieri» aveva patito in cinquant'anni due spaventose guerre. È vero che per secoli sovrani (e sovrane) avevano scelto consorti nella riserva dei principi protestanti tedeschi (i cattolici non erano ammessi sul trono) ma il primo conflitto mondiale aveva cancellato questa consuetudine. In più è lecito sospettare, almeno per quanto riguarda i critici dell'establishment, un distinto ripudio di censo. Perché il pretendente era certamente di purissimo sangue reale ma altrettanto certamente povero in canna. Il suo unico reddito era la modesta paga di un ufficiale di Marina di basso grado.

I giorni sul finire della guerra furono di sicuro un periodo difficile per Filippo. Gli anni del conflitto avevano semplicemente posposto il momento del confronto con la dura realtà: non aveva soldi né casa né una prospettiva adeguata al suo rango. Una volta sceso dalla sua nave, non aveva un posto dove vivere. Era costretto a chiedere ospitalità nella casa londinese di zio Dickie o nell'appartamento del cugino e amico Milford Haven a Kensington Palace. Il maggiordomo di Mountbatten, John Dean, e la cuoca Mrs Cable ricordano bene il tempo passato a curarlo e nutrirlo ogni volta che si presentava alla porta di casa per una notte o un weekend. Suonava al campanello, la cuoca andava ad aprire, lui chiedeva se poteva rimanere a dormire, lei subito chiedeva se aveva bisogno di mangiare, «lui declinava ma cercava solo di essere educato. Io gli preparavo qualcosa da mangiare e John Dean si occupava degli abiti, li lavava e stirava così che potesse essere presentabile il giorno dopo. Vestiti da civile praticamente non ne aveva, solo la divisa della Marina. Quel che ricordo è che era sempre educato e attento, e portava costantemente con sé una foto della principessa in una logora cornice di pelle che sistemava accanto al letto nella mansarda».

Quella foto rappresentava anche la promessa del premio più grande. Ma difficilmente sarebbe mai riuscito a conquistarlo senza l'aiuto decisivo di zio Dickie, l'ambizioso e spregiudicato lord Louis

Mountbatten, eroe della guerra nel Pacifico, conte di Burma (Birmania), ultimo viceré dell'India. E autentica «eminenza grigia» nella vicenda dei Windsor per almeno tre decenni: non è un caso che lo si incontri spesso nelle pagine di questo libro. Dopo il padre e il marito, è la figura che ha avuto più influenza nella vita di Elisabetta, alla pari con la Regina Madre. Che infatti lo odiava.

Zio Dickie, sensale reale

Da neonato l'aveva tenuto fra le braccia la bisnonna Vittoria, e proprio in memoria del suo venerato consorte gli avevano dato tra gli altri nomi anche quello di Albert. All'epoca la famiglia portava ancora con orgoglio il suo nome tedesco: Battenberg. Era il ramo cadetto e morganatico (quindi senza diritto di successione) della Casa Reale d'Assia, sovrani del Granducato tedesco di Assia-Darmstadt. Il nonno di Louis, il principe Alessandro, aveva sposato per amore una «semplice» contessa, Julia von Hauke: lui aveva rinunciato a ogni diritto al trono, ma lei era stata creata principessa di Battenberg e aveva potuto passare il titolo ai cinque figli. Erano ovviamente imparentati con tutte le teste coronate d'Europa, incluso lo zar di Russia, ma un legame speciale li univa alla Gran Bretagna, dopo che i due figli Henry e Louis presero rispettivamente in moglie l'ultima figlia e una nipote della grande Vittoria. Che nella circostanza mostrò un inaspettato spirito liberale.

Alla notizia che i due fratelli Battenberg si sposavano nella famiglia reale inglese, gli imperatori Hohenzollern a Berlino reagirono con un'arroganza da medievali cavalieri teutonici. A Vittoria arrivarono un paio di lettere dalla primogenita Vicky, vedova dell'imperatore Federico III, e dal nuovo sovrano Guglielmo II, appena succeduto al padre. Mamma e figlio esprimevano preoccupazione perché, secondo loro, i due Battenberg – essendo il risultato di un matrimonio morganatico – non erano *von Geblüt*, cioè di sangue puro. La regina-imperatrice non solò ignorò l'«avvertimento» ma lo considerò anche una specie di affronto personale. Era il genere di chiacchiere che le riportavano alla mente le maligne insinuazioni di mezza Europa sull'effettiva paternità del suo amato consorte. All'epoca, non pochi avevano rilevato che il principe Alberto somigliava molto più al ciambellano di Corte, il barone ebreo von Mayern, che non al padre legittimo Ernesto, duca di Sassonia-Coburgo-Gotha.

Nel 1917 i Battenberg avevano seguito l'esempio di re Giorgio V, che aveva ribattezzato Windsor la Casa Reale, e avevano anglicizzato il loro nome in Mountbatten, abbandonando anche tutti i titoli tedeschi. In compenso, il reale parente aveva creato Louis primo marchese di Milford Haven. Ma la Grande Guerra non era costata alla famiglia solo il cambio del nome. Allo scoppio del conflitto il padre di Dickie, Louis, era stato oggetto di una violentissima campagna diffamatoria. Aveva sì sposato una nipote (anche lei tedesca) della regina Vittoria, ma era nato in Germania e si chiamava ancora principe di Battenberg. Non importava che avesse servito con onore nella Royal Navy, salendone i gradi fino a diventare Primo Lord del Mare, in pratica comandante in capo della Marina britannica. La stampa nazionalista lo mise nel mirino e prima che finisse il 1914 l'ammiraglio Louis di Battenberg fu costretto ad abbandonare l'incarico.

Il colpo fu durissimo anche per il figlio quindicenne, all'epoca cadetto navale. Nelle lettere alla madre il giovane Louis, che tutti chiamavano Dickie (sebbene sia il diminutivo di Richard) affrontava l'argomento con amaro sarcasmo: «Secondo le ultime voci è venuto fuori che Papà è una spia tedesca [...] Sono stufo marcio di tutto questo». Ma la conseguenza non fu una resa, al contrario. Il capace e ambizioso giovanotto promise a se stesso che avrebbe riparato il torto arrecato all'onore della famiglia e l'avrebbe anzi sospinta verso più elevati vertici sociali. Fu questa determinazione che ne fece uno dei più famosi intriganti del suo tempo. E quando Filippo comparve all'orizzonte, intuì subito che gli veniva offerto un formidabile strumento di realizzazione dei suoi disegni.

Ma la scalata era cominciata molto prima, più o meno negli stessi mesi in cui il nipote nasceva su un tavolo da pranzo a Corfù. Da figlio cadetto, Louis non poteva contare sull'eredità paterna, che secondo la legge inglese andava al primogenito assieme al titolo di marchese. La sua sola risorsa era la paga della Marina: urgeva sposarsi bene. Alto, elegante, di bell'aspetto come sarebbe stato il nipote, il giovane ufficiale catturò rapidamente la più ambita preda del momento, Edwina Ashley. Anche lei discendeva dall'aristocrazia, precisamente dai conti di Shaftesbury, ma era un po' meno *von Geblüt*, anzi il suo sangue era decisamente «contaminato», visto che aveva un nonno ebreo. In compenso era una ragazza molto ricca. La più ricca d'Inghilterra. La mamma Amalia Cassel, morta giovane, era la figlia di sir Ernest, il banchiere ebreo di re Edoardo VII nonché magnate internazionale ritenuto tra gli uomini più facoltosi e influenti d'Europa.

Per amore della moglie Annette, Cassel aveva abbandonato l'ebraismo e si era fatto cattolico. Ma avendo perso presto tanto consorte che figlia, aveva concentrato tutto il suo affetto sull'unica nipote Edwina, rendendola anche erede universale della sua enorme fortuna. Alla sua morte, nel 1921, la giovane appena ventenne ereditò qualcosa come due milioni di sterline del tempo, equivalenti a un centinaio di oggi. La sua dote comprendeva anche Brook House, il sontuoso palazzo di famiglia a Londra, e la meravigliosa tenuta di Broadlands, che sarebbe divenuta la magione preferita di zio Dickie e dei suoi *protégés* pro tempore, prima Filippo e poi suo figlio Carlo. Mountbatten a quel tempo poteva contare solo sul suo salario di ufficiale, la miseria di 610 sterline l'anno. Tra l'ereditiera e il principe spiantato, se non fu amore a prima vista, fu certo la più rapida e conveniente alleanza matrimoniale. Il 18 luglio 1922 eccoli unirsi in matrimonio nella chiesa di St Margaret, a Westminster.

Se guardate le foto d'epoca, non potrete evitare un moto d'ammirazione: alti, belli, flessuosi, l'immagine stessa del *breeding*, il «lignaggio», come si dice in inglese dei «bennati». E nelle navate del tempio era schierata la crema dell'alta società britannica, a cominciare dai parenti di Louis, ovvero la famiglia reale inglese. Se da infante aveva strillato sulle ginocchia di bisnonna Vittoria, da bambino aveva diviso i giochi con il principe di Galles, il futuro re Edoardo VIII, e David era lì a fare il testimone di nozze. I due cugini si erano scambiati la promessa che sarebbero stati l'uno il *best man* dell'altro. Quando toccò a Dickie di rendere il favore, nel 1937, ne fu impedito dal divieto di Giorgio VI a tutti i famigliari di prendere parte alle nozze dei duchi di Windsor. E a quel punto la lealtà dell'arrampicatore Mountbatten si era già trasferita da Edoardo al fratello.

Ma per ora restiamo nei *Roaring Twenties*, che a Londra furono tra i decenni più scatenati. L'enorme ricchezza della moglie offriva a Dickie la possibilità di condurre una vita forse anche più regale di quella dei cugini Windsor – i figli di Giorgio V – con cui divideva i piaceri delle frenetiche notti londinesi. Soprattutto con David e George, il duca di Kent, protagonisti di cronache mondane e scorribande notturne di un'aristocrazia che sembrava avere totalmente smarrito i freni morali. Era una gioventù che aveva affrontato la guerra atroce delle trincee ed era sopravvissuta. Ora chiedeva solo di saziarsi della vita dorata offerta dal denaro e dai suoi privilegi di casta. Edwina e Louis Mountbatten volteggiavano spavaldi e spregiudicati in questo tourbillon di jazz, night club, droga e sesso.

Dei due era soprattutto lei a infrangere ogni convenzione, ogni regola. Come racconta la biografa Janet Morgan, dopo le nozze a soli vent'anni «s'imbarcò in due decenni di frivolezza. Non soddisfatta di avere due splendide figlie e un entusiastico ragazzo per marito, trovò rifugio negli amanti, suscitando scandalo». Specie quando avevano la pelle nera come il suo grande amore Leslie «Hutch» Hutchinson, cantante e pianista caraibico che era diventato la stella del cabaret e dello smart-set londinese negli anni Trenta. Secondo la leggenda, recentemente rilanciata dal musical *Hutch* in scena nel West End, la generosa gentildonna avrebbe regalato al gigantesco amante – 1 metro e 93 - un preservativo tempestato di diamanti e adeguato a misure fuori standard proporzionali all'altezza. La commedia musicale non manca nemmeno di allusioni alle voci del tempo, secondo cui Hutch e la lady fedifraga sarebbero rimasti vittima di un raro fenomeno medico che lascia gli amanti avvinghiati senza scampo. E così, nudi e intrecciati, sarebbero stati condotti in una clinica privata dove riuscirono a separarli.

Vere o false che fossero queste chiacchiere, Mountbatten manifestava un'olimpica indifferenza verso le infedeltà della moglie, che ricambiava con pari trasporto. Amava ripetere che «mia moglie e io abbiamo passato la vita a entrare e uscire dal letto... degli altri». Anche per lui, a quanto sembra, gli amanti non dovevano necessariamente essere dell'altro sesso. Così almeno sostiene A.N. Wilson nel suo celebre saggio sui postvittoriani, dove racconta che tra gli amici Dickie era anche conosciuto allusivamente come *Mountbottom*, un giochino di parole sul cognome che vuol dire «montare sotto». Fece scandalo anche un breve articolo del periodico *Private Eye* che riferiva di marinai ubriachi sorpresi nella sua casa londinese.

Le molteplici distrazioni mondane e sessuali non fecero mai perdere di vista a Mountbatten l'obiettivo che aveva dato alla sua vita. Il matrimonio con una delle donne più ricche in Gran Bretagna era stato strumentale ai suoi disegni, come lo erano l'esibita amicizia con il futuro re d'Inghilterra e l'accanita scalata alle alte gerarchie della Marina. Ma fu la seconda guerra mondiale a mettere le ali a una carriera che divenne in breve straordinaria, nonostante gli esordi sfiorati perfino dal ridicolo.

Il cacciatorpediniere *Kelly*, di cui era al comando, prima finì sulle mine e contro un'altra nave, e in seguito fu gravemente danneggiato da bombardieri tedeschi dopo aver segnalato per errore la propria posizione al nemico. Ma il talento teatrale di Mountbatten e la sua abilità oratoria fecero il miracolo di trasformare un fallimento in un'epopea, specialmente dopo che fu riuscito a riportare a casa la nave che imbarcava acqua. Al resto ci pensò l'amico Noël Coward, il drammaturgo dell'*upper class*, che nel film *In Which We Serve* compì la metamorfosi del comandante incompetente in eroe di guerra. Nemmeno l'affondamento del *Kelly* davanti a Creta scalfì questa reputazione, tanto più che lui fu così fortunato da sopravvivere, ma centotrentasei membri dell'equipaggio no.

Come comandante di navi Mountbatten non era forse un granché, ma come propagandista capace di vendere anzitutto la sua figura a un pubblico affamato di leggende e ansioso di lieto fine, aveva pochi rivali. E Churchill, che sapeva riconoscere le personalità a lui più affini, lo prese sotto le sue ali. In men che non si dica, e ben oltre il suo rango militare, fu nominato capo delle operazioni combinate e successivamente addirittura comandante supremo delle forze alleate nell'Asia Sudorientale. In questo ruolo guidò e vinse la battaglia per liberare dai giapponesi la Malesia e la Birmania, acquistando il titolo di Earl of Burma. È tipico delle guerre, si sa, produrre carriere fulminanti, ma il passaggio di Mountbatten da semplice capitano di cacciatorpediniere sbeffeggiato per le sue disavventure a membro dell'olimpo dei grandi strateghi di un conflitto globale è sicuramente straordinario.

A operare la trasformazione contribuirono il suo carisma e la sicurezza di sé, così necessari nei difficili momenti dei primi anni Quaranta. Ma non meno importanti si rivelarono naturalmente le sue relazioni reali e il modo svergognato con cui ne faceva uso quando si metteva a caccia di un incarico. Il vecchio Churchill, che a suo tempo non aveva mosso un muscolo per impedire la cacciata del padre dall'ammiragliato, era adesso il più fervente sostenitore del figlio, e se lo coccolava alla pari del suo soldato favorito, il maresciallo Montgomery. Erano entrambi vanitosi fino al ridicolo, e una volta per scherzo presero a contare l'uno le medaglie dell'altro. Quando Mountbatten scoprì di avere due decorazioni in meno, si affrettò a farsi accordare altri due riconoscimenti.

Il tramonto di Churchill dopo la vittoria non comportò affatto quello del suo pupillo. Al contrario, con notevole abilità manovriera il neovisconte di Burma (il re lo aveva creato nell'agosto 1946, e conte un anno dopo) riuscì a convincere il neopremier laburista Attlee che, a dispetto di tutti i suoi quarti di nobiltà, pure lui aveva simpatie per la sinistra. Ne fu prontamente ricompensato con la nomina a ultimo viceré dell'India, con l'incarico specifico di condurre a conclusione i negoziati per l'indipendenza del subcontinente e la sua spartizione tra indù e musulmani. Assolse al compito in un totale di centoventicinque giorni, assumendo decisioni brutali con energica spietatezza.

Fu l'ennesima metamorfosi: da ammiraglio vanesio ad abile statista. Non abbastanza da evitare il bagno di sangue che accompagnò la Partizione, ma a quel punto sinceramente gli inglesi ne avevano abbastanza dell'India e non si curavano molto dei massacri nella pianura del Punjab. Nel frattempo lui e la moglie si erano goduti in grande stile i giorni finali del secolare dominio britannico nella favolosa terra di Golconda. A Delhi la coppia viveva in una reggia che al confronto faceva apparire Buckingham quella che era stata all'inizio, ovvero una casa di campagna. E lì, in mezzo allo sfarzo orientale della capitale indiana, l'amicizia con il geniale leader indipendentista Jawaharlal Nehru si trasformò per Edwina in una relazione più profonda, forse il suo ultimo amore, sebbene stando alla figlia Pamela «il rapporto si mantenne sempre non fisico». Anche le lettere della contessa al marito proverebbero, secondo la biografa Catherine Clement, che la relazione con il futuro premier indiano «fu soprattutto platonica.

Non sempre». Mountbatten, come al solito, scrollò le spalle e lasciò che il triangolo entrasse nella storia.

Ritornò dall'India per riprendere alla grande la carriera militare. Diventò Ammiraglio della Flotta, capo di Stato maggiore della Difesa e infine, nel 1955, Primo Lord del Mare – il posto che il padre era stato costretto a lasciare quarantun anni prima. L'ultima e maggiore promozione testimonia la forza e il prestigio personale che era riuscito a crearsi: Churchill, che era tornato primo ministro e lo considerava un traditore per aver «distrutto l'Impero», fu costretto a dare il suo riluttante assenso. Per Mountbatten si trattava della rivincita per la quale aveva lottato tutta la vita. Si installò nello stesso ufficio che aveva occupato il padre, e il primo giorno del nuovo lavoro scrisse nel diario: «Un brivido sedere sotto il ritratto di Papà».

Era questo l'uomo destinato a esercitare una vasta influenza durante tutta la prima parte del regno di Elisabetta. Forse non direttamente su di lei ma di sicuro attraverso il marito prima e il figlio poi. Anzitutto come «padre surrogato» di Filippo nei primi anni Trenta, in seguito come ispiratore della sua carriera navale, infine come «sensale» del matrimonio che nei suoi piani avrebbe dovuto sostituire la dinastia Mountbatten a quella dei Windsor. Riguardo al ruolo dello zio nella sua vita, a dire il vero, lo stesso duca di Edimburgo ha più volte, e pubblicamente, manifestato fastidio per la tendenza di Mountbatten a esagerare – secondo l'ex pupillo – la sua parte. A Filippo non piace che le figure dei suoi genitori vengano quasi cancellate dal quadro, e non ama essere dipinto come un docile strumento dei piani matrimonial-dinastici dell'ammiraglio.

Dietro un tono fintamente scherzoso, del resto, lo aveva già rimproverato per lettera nel periodo del corteggiamento di Elisabetta: «Non voglio essere scortese, ma è evidente che ti piace essere il general manager di questo piccolo spettacolo, e ho piuttosto paura che lei possa non abituarsi all'idea così docilmente come faccio io». Ma nemmeno Filippo può negare che, se nel febbraio '47 zio Dickie non gli avesse dato il proprio nome, la sua ascesa sino ai gradini del trono sarebbe rimasta una chimera.

Filippo «Senza-pigiama»

Solo qualcuno che aveva dovuto cambiare nome per sopravvivere poteva realizzare con altrettanta prontezza che il principale ostacolo per i progetti matrimoniali del nipote stava proprio nell'albero genealogico. Nel suo orgoglio luciferino il baldanzoso venticinquenne non vedeva alcuna ragione per cui come Principe Filippo di Grecia non fosse adatto a sposare la Britannica Principessa Elizabeth. Dopotutto avevano entrambi lo stesso grado di parentela nei confronti dell'antenata Vittoria, e lui personalmente era molto fiero del suo titolo greco, sebbene nell'Ellade ci avesse vissuto meno di un anno, da neonato. Se le autorità britanniche non gli permettevano di usare il suo titolo non ufficiale, allora – fece sapere – era suo desiderio essere chiamato soltanto *Lieutenant Philip*, Tenente Filippo. Ovviamente, nemmeno così poteva andare.

La soluzione suggerita dal ministro dell'Interno James Chuter Ede sembrava, per citare il dialetto veneto, un classico caso di *tacòn pèso del buso*, peggio la toppa del buco: perché non assumeva il nome ufficiale della famiglia? Peccato che «Schleswig-Holstein-Sonderburg-Glücksburg» suonasse dannatamente tedesco, e nessun decente inglese in quel momento poteva desiderare – dopo sei anni di guerra – che la futura regina sposasse un crucco. Qualche tabloid non solo chiese di escludere il matrimonio, non solo pretese che pure il corteggiamento gli fosse proibito ma arrivò a esigere che lo sfortunato giovane venisse persino bandito dalla Gran Bretagna.

Zio Dickie salvò la situazione. Fu lui a suggerire che il parente greco prendesse il *suo* cognome, Mountbatten, che ormai da trent'anni aveva perso ogni connessione con l'originale germanico Battenberg. Filippo non aveva obiezioni, e fu così che nel febbraio 1947 acquistò finalmente un'identità accettabile per l'anagrafe inglese. E soprattutto per la famiglia reale. Ma prima di arrivare a questo punto, trascorsero mesi difficili per il principe, e piuttosto rischiosi per la sua decisione di mettere su famiglia. Se mai l'aveva presa, non sembrava più tanto salda. Dopo anni di guerra, il giovane ufficiale voleva godersi la vita come la maggior parte della gente. Gli piacevano la compagnia dei commilitoni, la vicinanza delle donne e la facilità con cui ci andava a

vicino a un laghetto molto amato, nuvolette bianche sulla nostra testa e chiurli cinguettanti». Il sogno che lei aveva coltivato per sette anni era diventato realtà. Due giorni dopo Filippo chiese formalmente a Giorgio VI la mano della figlia ma il re non poteva, di sua volontà, accordare il permesso. Secondo la legge il matrimonio doveva essere approvato non solo dal governo inglese ma anche dai Gabinetti di vari Paesi del Commonwealth. In più, ma questo non lo disse, lui rimaneva convinto che quello non fosse l'uomo giusto per sua figlia, sebbene cominciasse a disperare di poter trovare un candidato più adatto. In ogni caso decise di metterlo alla prova, per vedere se riusciva a integrarsi nella famiglia, e perciò lo invitò a trascorrere un mese assieme alla famiglia a Balmoral nell'autunno del 1946. Fu un disastro.

I due uomini non potevano essere più differenti. Tanto rigido, formale, quieto, quasi vittoriano il più anziano quanto estroverso, prepotente, eccessivo, a tratti sboccato il più giovane. E tanto più tendeva a esserlo quando si rendeva conto, come allora, di essere costantemente sotto osservazione e giudicato insufficiente. Di Balmoral, così amato dai Windsor, Filippo detestava tutto. La mancanza di acqua corrente in stanza, i rumori che non lo facevano dormire, l'ossessivo rispetto della forma che gli dava l'impressione di essere in parata giorno e notte. E soprattutto il kilt. Costretto a indossarlo come il re e tutti gli altri uomini del seguito, lo faceva «sentire come una donnicciola». E un giorno, per scherzo, quando il monarca entrò in sala da pranzo lui gli fece la riverenza. Giorgio non profferì verbo ma lo incenerì con lo sguardo: per lui era stato un insulto alla Scozia e al suo abito tradizionale.

Al monarca non piaceva l'atteggiamento poco deferente di Filippo, la sua abitudine di parlare troppo a tavola e soprattutto di darsi delle arie con le figlie. Quando poi dai servizi segreti ricevette il rapporto sullo stile di vita del probabile genero, si rafforzò nell'idea che la sua amata Lilibet stesse facendo la scelta sbagliata. Il ritratto era quello di un giovane gaudente privo di qualsiasi disciplina. L'appartamento in cui viveva a Londra con il cugino David Milford Haven, a Kensington Palace, era un campo di battaglia «cosparso di abiti, scarpe e biancheria sporca dappertutto». I due passavano la giornata a far nulla e fumare, o a correre per la città sulla piccola MG nera acquistata da Filippo. La notte era sempre giovane per loro. La trascorrevano in gran parte visitando i night club più malfamati e non tornavano mai a casa prima dell'alba, di solito mezzo ubriachi. Niente più di un uomo del genere sembrava differente dalla giovane donna che voleva sposare. A quasi ventun anni, Elisabetta passava le serate a palazzo con i genitori, e come sempre era calma, gentile, attenta, dolce, con un forte senso del dovere.

Fu a questo punto che re Giorgio decise di compiere il tour sudafricano con tutta la famiglia, sperando che la separazione potesse mutare i sentimenti della figlia. Alla partenza diede istruzioni precise che a Filippo non fosse concesso di salire a bordo della nave *Vanguard* per salutare Lilibet, e anzi che non gli fosse permesso di farlo nemmeno dalla banchina. Stessa storia al ritorno dieci settimane dopo. Nessuno doveva sapere la verità sulla relazione della principessa. Ma era l'ennesimo caso di genio uscito dalla lampada. Dopo aver passato dieci settimane da scapolo a Londra, tra party scatenati e locali notturni, il principe accolse con entusiasmo il ritorno della fidanzata segreta divenuta intanto maggiorenne, e la coppia diventò inseparabile a teatro, alle cene, anche sulle piste da ballo dei night più rispettabili. I giornali, che avevano finalmente tra le mani una storia d'amore reale, cominciarono a riempirsi di foto della coppia e i *royal watchers* – questa speciale genia di giornalisti sempre a cavallo tra pettegolezzi e storia – annunciavano un imminente fidanzamento reale.

La buona novella arrivò infine nella *Court Circular*, il Bollettino di Corte dell'8 luglio 1947: «È con il più grande piacere che il Re e la Regina annunciano il fidanzamento della loro amatissima figlia la Principessa Elisabetta al Principe Filippo RN [Royal Navy, *N.d.A.*], figlio del defunto Principe Andrea di Grecia e Principessa Andrea (Principessa Alice di Battenberg). Il Re ha felicemente dato il suo consenso». L'Inghilterra esultò. Dopo anni di privazioni il matrimonio mandava un segnale di speranza nel futuro, e prometteva di saziare nuovamente i divoratori di favole reali rimasti così a lungo a digiuno. Le foto ufficiali del fidanzamento dominavano le prime pagine e i cinegiornali, mostrando all'anulare della principessa un anello con un grosso diamante quadrato e due pietre più piccole ai lati.

Fino al giorno prima Filippo non avrebbe mai potuto permettersi un simile gioiello: sul suo conto in banca il futuro genero del re disponeva di 6 sterline e 10 scellini, e la sua paga era di 11 sterline settimanali. Non aveva una casa né una famiglia. Tutti i suoi averi sarebbero potuti entrare in un paio di valigie. Il suo guardaroba consisteva di tre divise navali, un abito intero e uno spezzato blazer blu e pantaloni grigi. C'erano anche uno smoking e una giacca da caccia, però non un solo calzino che non fosse rammendato. Ma stava per sposare una delle ereditiere più ricche del pianeta, e qualunque gioielliere al mondo sarebbe stato felice di fargli credito.

Erano nozze che ancora facevano storcere il naso a più di qualcuno, specie nell'establishment. L'ombra proiettata da quell'intrigante che era lord Mountbatten faceva immaginare un matrimonio «manovrato», se non proprio organizzato. In parte i fatti autorizzano la definizione ma Filippo, che non ha mai mandato giù questa ricostruzione, non ha tutti i torti quando difende il suo amor proprio. Con la riserva matrimoniale dei principi tedeschi venuta a mancare, «se guardate la cosa un momento», disse più tardi il principe, «e un sacco di gente ha passato molto tempo a considerarla, non solo a darci un'occhiata, non c'erano molte alternative».

Il matrimonio fu fissato per il 20 novembre. Qualcuno avrebbe voluto posporlo all'estate successiva, ma la coppia aveva aspettato già abbastanza. La luna di miele fu per Elisabetta il momento magico che aveva sognato, e di sicuro uno dei più felici della sua intera vita. I novelli sposi passarono la loro prima notte di nozze in uno spettacolare letto a baldacchino di epoca Tudor con una testata di seta avorio imbottita, pesanti coperte di damasco e lenzuola rosa. La camera era decorata con gouache di Salvador Dalí e faceva parte della lussuosa suite personale, con spogliatoi separati e un bagno sfarzoso, di Edwina Mountbatten a Broadlands, la casa di campagna ereditata nell'Hampshire. La moglie di zio Dickie l'aveva prestata alla coppia reale e al risveglio, la mattina dopo, Lilibet poté ammirare dalle vetrate aperte sulla valle del fiume Test uno spettacolo glorioso di campi e foreste.

I Mountbatten, arrivati dall'India per il matrimonio, erano subito ripartiti per la loro missione lasciando i freschi sposi a godersi da soli la luna di miele nella meravigliosa villa in stile palladiano. A provvedere a ogni loro necessità erano rimasti l'onnipresente Bobo e il valletto di Filippo, il chiacchierone John Dean. Sua Altezza Reale Elisabetta e il nuovo duca di Edimburgo restarono fino ai primi giorni di dicembre, cavalcando, passeggiando e rilassandosi accanto a un fuoco scoppiettante nel grande salotto di Broadlands. A tener loro compagnia c'era solo Susan, la cagnetta corgi favorita, che la principessa aveva voluto portare con sé. L'Inghilterra èra ancora nella morsa del razionamento alimentare ma per la tavola della futura regina non fu risparmiato nulla. I migliori vini francesi accompagnavano i trionfi di manzo, agnello e fagiano alternati al pesce fresco appena pescato nel Test. La sposa esigeva di cenare ogni sera a lume di candela, e per la prima e l'ultima volta nella loro intera vita matrimoniale, lì a Broadlands, dormirono nello stesso letto. Appena rientrati a Buckingham, ognuno ebbe il suo appartamento separato e da allora Elisabetta e Filippo hanno sempre dormito, tranne qualche rara occasione, in camere diverse.

La luna di miele segnò anche un radicale cambiamento nei rapporti della futura regina con la stampa. Fino ad allora erano stati idilliaci, improntati a comprensione e collaborazione: i cronisti rispettavano la sua privacy e lei trovava tempo ogni tanto per concedersi agli obiettivi. Ma le nozze cambiarono tutto. Il pubblico chiedeva avidamente di più sulla nuova favola reale e i direttori di Fleet Street – la strada dei giornali nella City – erano disposti a tutto pur di accontentarlo. Risultato: ogni volta che la coppia lasciava Broadlands, giornalisti e paparazzi la inseguivano con ogni mezzo, auto, scooter e una volta perfino a cavallo. Nemmeno l'intimità della camera da letto veniva rispettata. Gli alberi spogliati dall'inverno offrivano eccellenti postazioni per i teleobiettivi puntati sul reale baldacchino.

La visita in chiesa, nella vicina Romney, per il servizio mattutino attirò più di un migliaio di persone, che circondarono il tempio portandosi dietro scale, sedie e ogni sorta di oggetto su cui arrampicarsi per spiare gli sposi attraverso le alte finestre. Quando loro se ne furono andati la gente si mise in coda per avere la chance di sedere agli stessi posti. Passati sette giorni di questo assedio, Elisabetta e Filippo ne ebbero abbastanza e rinunciarono alla seconda settimana che avevano programmato nell'Hampshire. Preferirono spostarsi nella solitudine meglio protetta del castello di Birkhall, vicino a Balmoral. Ma prima di lasciare Broadlands l'irascibile duca trovò modo di inaugurare il suo tempestoso rapporto con i fotografi mandandoli spesso al diavolo, o anche peggio: «*Fuck off, leave us alone!*» Fottetevi, lasciateci soli!

Da Birkhall Elisabetta scrisse alla madre: «È così bello e pieno di pace proprio ora. Susan è sdraiata davanti al fuoco, Rummy [l'altro corgi, *N.d.A.*] si è addormentato subito nella sua scatola accanto al fuoco, e io sono occupata a scrivere questo in una delle poltrone vicino al fuoco (vedi com'è importante il fuoco!). È un paradiso quassù». Lei innamorata, ma concreta come sempre. Lui più romantico, come appare da una sua lettera alla suocera: «Adorare Elisabetta? Mi chiedo se questa parola è abbastanza per esprimere ciò che è in me. Si adora il sense of humour di qualcuno o il suo orecchio musicale o i suoi occhi?»

I freschi sposi tornarono a Londra per il cinquantaduesimo compleanno del re, il 14 dicembre. Il cambiamento della principessa colpì sir John Colville, il diplomatico che le era stato adesso assegnato come segretario privato. «Sembrava molto felice», annotò nel suo diario, «e, come risultato di tre settimane di matrimonio, improvvisamente una donna invece di una ragazza.» Un'osservazione che chiarisce benissimo come le coccole della vita in una famiglia molto unita avessero ritardato il suo ingresso nell'età adulta.

Paparazzi a parte, la luna di miele fu un successo da ogni punto di vista. Tre mesi dopo, la principessa era incinta. Perfino i nemici dichiarati di Filippo a Corte, come il segretario privato del re sir Alan «Tommy» Lascelles, dovettero inchinarsi di fronte alla rapidità ed efficienza del marito. «Che bravo giovanotto», lo lodò sarcastico parlando con Harold Nicolson. «Che senso del dovere. Assolutamente non uno stupido. Così innamorato, povero ragazzo. E dopotutto ha avviato l'erede al trono verso una famiglia proprio secondo i piani.»

Che eseguisse un piano o no, tutti i testimoni concordano che la ventunenne principessa e l'aitante marito formavano una coppia calda e di vigorosi appetiti. Gli invitati che a Sandringham o a Balmoral partecipavano con loro ai giochini di *Murder*, Assassinio, notavano l'infallibile rapidità con cui la coppia si riuniva appena le luci si spegnevano. In stile con il suo noto machismo, che tante critiche gli avrebbe attirato nell'epoca ancora lontana del «politicamente corretto», Filippo non rifuggiva da confidenze intime. Poco dopo il matrimonio un amico fece notare la bella carnagione di Lilibet, e lui scoppiò a ridere: «Sì, ed è così dappertutto!»

Secondo la tradizione dell'*upper class*, la coppia dormiva in camere separate ma comunicanti, e i rapporti seguivano i rituali che il sistema richiede. A rischio d'imbarazzo erano soprattutto i servitori. Come il valletto di Giorgio VI, James Macdonald, che una volta entrò nella camera di Filippo a Buckingham per scoprire la presenza di una visitatrice notturna: Elisabetta era ancora lì, nel letto del marito, in camicia da notte di seta. Il principe, per parte sua, era nudo – «e non gliene importava affatto», commentò Macdonald. Anche su questo la Corte dei Windsor era molto più formale e puritana. Queen Elizabeth aveva l'abitudine di bussare delicatamente sulla porta per avvertire il valletto che poteva entrare – quando il re aveva indossato una decente veste da camera. Era il tipo di accessorio a cui il genero si mostrava allergico. In un weekend da amici in campagna, il maggiordomo addetto a disfare la sua valigia osservò che evidentemente a Buckingham avevano dimenticato di metterci dentro il pigiama. «Mai messa quella roba», fu la secca risposta del principe.

Nel primo anno del loro matrimonio, e mentre aspettavano che finisse il restauro di Clarence House assegnata loro da re Giorgio, Elisabetta e Filippo affittavano per il weekend Windlesham Moor, una casa in campagna vicino ad Ascot. Ma secondo quanto ha raccontato cinquant'anni dopo un domestico della tenuta, Norman Barson, ex guardia dei Granatieri, il principe amava visitare la magione anche durante la settimana, di solito il martedì o il mercoledì, nelle prime ore della sera. Avvertiva con una telefonata e arrivava rombando sulla sua MG decappottabile, sempre accompagnato da una bella, slanciata, elegante giovane lady che non era la principessa.

«Mai saputo il suo nome», disse Barson al *Daily Mirror* nel 1996, «ma sembravano molto vicini. Lei lo fissava adorante negli occhi.» Mangiavano insieme, sandwich di manzo e gin-and-orange, e lui versava da bere all'amica ma quasi niente per sé. Nessuno della servitù fu mai testimone di alcunché di sconveniente tra i due, ma quando restavano soli «si sentivano ridere e scherzare [...] Lui si comportava con lei esattamente come con la regina. Era affascinante con tutte e due. Le guardava fisso negli occhi con la testa piegata da un lato e le faceva ridere».

La bella sconosciuta era solo la prima di una lunga serie di seducenti signore che hanno punteggiato la lunga vita matrimoniale di Filippo. Il personale di servizio, gli amici, i parenti non hanno mai cercato di negare l'evidenza ma hanno sempre ridotto questi incontri a innocenti «amoreggiamenti», frutto di un carattere esuberante che ha costante bisogno di divertimento e distrazione. Come ha dichiarato uno di loro al biografo Robert Lacey, «la regina sa che ha un marito che se la spassa parecchio». Ma non è mai stato infedele, giura John Gibson, un valletto che ha servito il duca anche nei primi giorni di matrimonio. Davvero? Molti di questi «spassi» li incontreremo da vicino nelle prossime pagine. Ma è interessante scoprire che l'incorreggibile discolo cominciò a procurarseli sin dai primi mesi di matrimonio, quando la giovanissima e adorante consorte sembrava solo desiderare di passare più tempo possibile accanto a lui.

Una mogliettina semplice e carina

Il ritorno a Londra dopo il viaggio di nozze evidenziò subito una certa difficoltà di Filippo a adattarsi alla routine della vita matrimoniale. Tanto più che la coppia non poteva ancora contare su una casa propria. Clarence House, che sarebbe stata la loro residenza, era in stato di abbandono dopo essere rimasta disabitata per diversi anni. Le stanze erano ancora illuminate con la luce a gas e i soffitti non erano stati riparati dopo i danni causati dalle bombe. Come molte giovani coppie nell'immediato dopoguerra, anche gli Edimburgo furono costretti ad andare ad abitare dai suoceri. Solo che nel loro caso il temporaneo ricovero era Buckingham Palace, con tutti i suoi lussi e comfort. Ma anche qualche svantaggio.

«Ricordati che la tua vecchia casa è ancora tua», aveva scritto re Giorgio alla figlia il giorno del matrimonio. Ecco, il punto di vista di Filippo era che la moglie era praticamente tornata a casa, in seno a una famiglia che ancora rifiutava di considerarla un'adulta. Nella reggia Lilibet era sempre pronta a correre alla chiamata di mamma o papà, e la sua vita era davvero poco differente da quella che era sempre stata. I genitori non erano la sola presenza ingombrante. L'irritabile coniuge trovava insopportabile l'ombra costante della fidata Bobo, e i rapporti con i cortigiani erano glaciali, specie con i dignitari di più alto rango come il segretario del re Tommy Lascelles. L'uomo era a dir poco urticante, un esemplare classico dello *stiff upper lip* esibito dai padroni dell'Impero, ma quello che il duca non riusciva a dimenticare era il tentativo di sabotaggio dei suoi progetti matrimoniali e la sufficienza con cui gli avversari di Corte si erano permessi di guardare a lui e alla sua famiglia.

La principessa, al contrario, era deliziata dall'inizio della sua vita matrimoniale. Sotto il mantello della regalità, sembrava nutrire un sano istinto borghese per la gioia delle piccole cose e la serenità della routine. Al marito era stato trovato lavoro presso l'Ammiragliato (il ministero della Marina militare), al capo opposto del Mall, e quindi a due passi dalla reggia. Lui ci andava a piedi ogni mattina, e Lilibet alle quattro e mezzo in punto ogni pomeriggio si metteva accanto alla finestra per vederlo spuntare a passo svelto da dietro la fontana sulla piazza, oppure superare i cancelli del cortile con la sua macchina sportiva. È difficile dire se si rendesse conto in quei tempi di quanto fosse esasperante per Filippo il ruolo di eterno secondo al quale si sentiva ormai inchiodato.

Non era quello che aveva immaginato. Dopo il matrimonio aveva scritto alla suocera Elizabeth: «La mia ambizione è di saldare noi due in una nuova, congiunta esistenza che sarà capace non solo di resistere ai colpi diretti contro di noi ma anche di essere una forza positiva per il bene». Il guaio è che di «noi due» alla gente interessava solo una: Elisabetta. Le nozze l'avevano resa ancora più affascinante per i suoi futuri sudditi e il coniuge realizzò presto che il suo destino era, allora e per il resto della vita, di camminarle due passi indietro. Tanto più la popolarità di lei cresceva, tanto più l'umore di lui peggiorava. Per l'Inghilterra che a fatica si riprendeva dalle privazioni della guerra, e cominciava la ricostruzione, quella giovane bella donna sui gradini del trono si identificava immediatamente con le speranze e le attese della nazione.

Il marito, per converso, continuava a soffrire perché nemmeno i suoi famigliari più stretti erano i benvenuti sull'isola, e i suoi amici più cari venivano trattati come gente un po'equivoca. La passeggiata di un miglio, mattina e sera, dalla casa all'ufficio e viceversa, che riempiva di tenerezza la moglie in trepida attesa alla finestra, era per lui fonte di frustrazione: passata la festa di nozze, nessuno lo notava, nessuno lo riconosceva. Era come una di quelle anonime figurine nere che riempiono i tristi quadri coevi di Stephen Lowry. Un travet in impermeabile e cappello di feltro che in ufficio appariva petulante e irascibile, e a casa stava sempre col muso lungo.

L'arrivo del primo figlio non migliorò la situazione. Nel maggio 1948, incinta di tre mesi, Elisabetta accolse con gioia la prospettiva di una visita nella mitica Parigi, per inaugurare al Musée Galliera la mostra su «Otto secoli di vita britannica». La principessa era eccitata all'idea di compiere la prima visita ufficiale in Francia dal 1939 e di scoprire una città dove non era mai stata, sebbene all'epoca la capitale francese fosse più grigia di Londra. Filippo, invece, era riluttante all'idea di tornare in un luogo per lui ricco di ricordi deprimenti. Il suo comportamento fu di conseguenza cupo, spiacevole, perfino sgarbato, mentre la moglie, pur soffrendo di nausee mattutine, faceva del suo meglio per apparire sorridente e lieta. Finché pure lei scoccò uno sguardo di rimprovero al duca esploso in uno dei suoi scatti di rabbia quando scoprì un fotografo nascosto sotto un tavolo a un pranzo ufficiale.

Di ritorno a Londra, lo scontento di Filippo continuò ad aumentare sino a manifestarsi pubblicamente. In mezzo alla gente, quando accompagnava Elisabetta nei suoi impegni ufficiali, sorrideva di rado, mostrandosi spesso infastidito. In privato pretendeva di aver sempre ragione, di evitare le formalità, di essere consultato su materie che riguardavano solo la moglie in quanto erede diretta al trono. Si lamentava di non essere padrone a casa sua, dal momento che i suoi ordini non venivano eseguiti per l'intervento di qualche autorità superiore. Si rammaricava anche di vedere poco la principessa durante il giorno. Ma a quanto pare non sembra fosse pazzamente innamorato. Piuttosto si sentiva offeso per il fatto che altri, dai consiglieri agli alti dignitari, vantassero più diritti di lui sul tempo della moglie. Era insomma una questione di orgoglio, anzi di orgoglio mascolino.

Stufo, lunatico, incerto sul da farsi, il duca trovò sostegno e conforto nel vecchio amico e commilitone Mike Parker, il compagno di tante bisbocce in tempo di guerra. Con lui poteva rilassarsi ed essere sincero sulle cause della sua frustrazione. E, con Elisabetta ormai agli ultimi mesi di gravidanza, prese a passare sempre più tempo con lui, cementando un legame fatto di ricordi e complicità. Quando scoprì che come marito dell'erede al trono aveva diritto a uno scudiero, che avrebbe svolto le mansioni di segretario, consigliere, amico, factotum, non ci pensò due volte e brigò per far avere il posto a Parker. Assieme ripresero una vita da scapoli, fatta di squash, bevute, corse in auto e night club. Quando il re ne fu informato, convocò Filippo per fargli una solenne lavata di capo. Ma quello che veramente lo sconvolse fu la richiesta del genero di riprendere il servizio attivo in Marina, insomma di imbarcarsi di nuovo su qualche nave lontano da casa.

Più il tempo passava, più Filippo sembrava incapace di abituarsi all'idea che la sua funzione era di assistere la moglie che assolveva ai suoi doveri reali. Re Giorgio trovava vergognoso questo comportamento. Costretta dalla salute declinante del sovrano in carica, Elisabetta andava sempre più assumendo su di sé i compiti della monarchia, e il marito sembrava non avere alcuna intenzione di offrirle il sostegno dovuto. Il re vide la conferma dei timori che aveva sempre nutrito sull'arroganza di Filippo: ecco qui un giovanotto squattrinato con poco da offrire a parte il bell'aspetto, che se ne va in giro come se il mondo gli dovesse tutto.

Elisabetta supplicò il marito di non tornare in mare, ma lui fu irremovibile. Gli chiese almeno di restare nelle acque di casa, in modo da essere vicino tanto a lei quanto al piccolo Charles di nemmeno un anno. Gli ricordò anche che il re era seriamente malato, di aterosclerosi, e in questa situazione lei aveva bisogno che la persona amata le stesse vicino. Niente gli fece cambiare idea. Con grande dolore di Lilibet, il 17 novembre 1949 – un anno dopo la nascita del primogenito – il primo tenente Filippo duca di Edimburgo prese servizio a Malta sul cacciatorpediniere *Chequers*, come secondo in comando. Ma con gran sollievo della moglie non fu spedito subito in missione, e questo permise alla principessa di volare sull'isola del Mediterraneo per passare sei magnifiche settimane con il consorte nella casa del governatore. Bastarono perché gli perdonasse il suo comportamento egoistico, e si capisce. Sotto il sole caldo dell'isola mediterranea, accanto al suo biondo vichingo abbronzato, a Elisabetta sembrò di trovarsi in una seconda, e più bella, luna di miele.

Fu in effetti l'ultimo periodo di libertà che poté sperimentare, e anche il più rilassato e felice. Lontano da Londra, dalla Corte, dai doveri reali, la giovane donna destinata al trono si ritagliò per un mese e mezzo il ruolo fantastico di *naval wife*, una qualunque mogliettina di Marina che passa il tempo aspettando il ritorno a casa del guerriero. Se ne andava in giro per l'isola guidando la sua Daimler, prendeva il tè con le altre mogli anche non blasonate, si faceva sistemare i capelli dal parrucchiere locale, nuotava, prendeva il sole e ballava teneramente allacciata a Filippo sotto il chiaro di luna.

In casa giocavano come bambini. Lui la inseguiva per i corridoi della residenza con un paio di grossi canini finti, oppure le infilava un serpentello di plastica nella scatola della cipria. Anche zio Dickie viveva in quel periodo a Malta come comandante del primo squadrone della flotta nel Mediterraneo, e lui e la moglie invitavano spesso la principessa a casa oppure la portavano in gita in barca sulle varie isolette lungo la costa. «Erano così rilassati e liberi», avrebbe poi detto John Dean di Elisabetta e Filippo in quei giorni. «Penso che sia stato il loro momento più felice.» Certamente lo fu, e così tanto che quando da casa arrivò la notizia di una brutta tonsillite del piccolo Carlo (un anno appena compiuto), a nessuno dei due genitori passò nemmeno per la testa di tornare in Inghilterra. Né la madre si preoccupò di passare col bimbo almeno il Natale. Rientrò a Buckingham solo ai primi di gennaio, quando finalmente Filippo prese il mare. E fu allora che Elisabetta scoprì di essere di nuovo incinta.

Il duca era tornato in mare, sì, ma si sentiva ancora infelice. Non sopportava l'idea che, da marito dell'erede al trono, dovesse ancora prendere ordini da altri ufficiali, per quanto più anziani. Zio Dickie era adesso il comandante del Primo squadrone del Mediterraneo, e il nipote lo tormentava perché manovrasse per fargli avere un comando. Porta pazienza, fu la risposta. Ma dopotutto non ce ne volle molta. Il 15 agosto 1950 Filippo fu nominato tenente-comandante della *sua* fregata, la *Magpie.* Lo stesso giorno che il bollettino ufficiale rendeva pubblica la notizia, a Londra nasceva sua figlia Anne Elizabeth Alice Louise.

Finalmente al comando di un vascello, il duca si sentiva realizzato. Deciso a dimostrarsi il miglior capitano della flotta, sottopose l'equipaggio a un addestramento massacrante ma creò anche uno spirito di corpo capace di produrre premi e risultati. E di tornare utile alla politica estera del Paese. Una volta che Elisabetta ebbe terminato il periodo di allattamento della piccola Anna, si affrettò infatti a volare di nuovo a Malta per passare il tempo al sole con Filippo. E l'Ammiragliato a quel punto decise che la *Magpie* sarebbe diventata un'ambasciata galleggiante, trasportando l'erede al trono in visita negli Stati rivieraschi del Mediterraneo. La Grecia fu uno dei primi attracchi, e lì

Filippo si sentì lusingato di essere il protagonista, presentando lui ai suoi reali parenti la consorte inglese. Presto la *Magpie* divenne nota nella Royal Navy come lo yacht privato del duca. Lui di sicuro non si era mai sentito così felice e allegro, a suo agio nella vita di mare che tanto amava: si divertiva al comando della sua nave, giocava a polo ogni volta che scendeva a terra e si godeva le occasionali visite della moglie. Furono due anni meravigliosi troncati dal peggioramento della salute del re.

A Buckingham Palace cresceva la preoccupazione e si facevano preparativi per affidare la reggenza a Elisabetta. In ogni caso si decise che l'erede dovesse assumere da subito una maggior parte dei doveri reali del padre ammalato: al consorte era richiesto di starle accanto negli impegni ufficiali, e così il *Lieutenant-Commander* Filippo di Edimburgo fu costretto ad accettare il congedo indeterminato dalla Marina. La vacanza era finita. Cominciavano i guai.

La rivolta dell'ameba

Tornato a Londra, anche l'umore del duca tornò nero. In pubblico imparò a comportarsi come da copione, sorridendo e offrendo il suo lato piacevole, almeno il più delle volte. Ma a casa, vale a dire a Clarence House, nel frattempo restaurata a un costo triplo rispetto al previsto, prevalevano irritazione e lunaticità. Persino il personale cercava di tenersi alla larga da lui, per evitarne i modi sgarbati in qualche caso fino all'offensivo. Il peggio arrivò di lì a breve, con la morte temuta e tuttavia improvvisa e inattesa di Giorgio VI.

È la mattina del 6 febbraio 1952, e il necessario cambio di scena ci riporta in Kenya, al Sagana Lodge, dove Elisabetta dorme di ritorno dal safari fotografico. Nell'altra stanza Filippo sente qualcuno grattare alla finestra e va a investigare. Si trova di fronte l'amico e segretario Mike Parker che gli dice: «Ho paura di avere la più terribile delle notizie. Il re è morto». «Dio mio!» esclama il principe. «Sicuro?» E Parker: «Sì, è stato confermato». Filippo chiude la finestra e va a svegliare la moglie. Elisabetta è devastata dall'annuncio, il marito cerca di consolarla come può. Ma chi consolerà lui del cataclisma che si annuncia sulla sua vita? La parola ancora a Parker: «Rividi Filippo il giorno dopo, e sembrava che tutto il peso del mondo gli fosse improvvisamente precipitato sulle spalle. Non ho mai provato tanto dispiacere per qualcuno in vita mia. Aveva un aspetto terribile».

In realtà quello che il duca più temeva era accaduto, e con largo anticipo. Giorgio VI aveva appena cinquantasei anni. Se la sua salute non fosse stata così malandata, avrebbe potuto vivere ancora per venti, o forse più. La successione sarebbe stata un affare degli anni Settanta, e loro avrebbero avuto ancora molto tempo da trascorrere come coppia, non come istituzione. Adesso invece tutto precipitava, lui non era più il marito dell'erede al trono ma della regina, la somma rappresentante del Regno, e avrebbe dovuto prendere il posto che gli spettava, due passi dietro di lei, per il resto dei suoi giorni. Chiamarla *Ma'am* in pubblico come tutti gli altri sudditi e alzarsi in piedi al suo ingresso in una stanza perfino nel privato dei loro appartamenti. Quanto alla Royal Navy, e al suo sogno di una brillante carriera in Marina come zio Dickie, addio per sempre. L'esuberante primo tenente era scomparso, per cedere il posto all'accigliato e depresso duca di Edimburgo.

Se mai avesse avuto alcun dubbio sul ruolo che gli spettava, gli fu subito chiarito dai cortigiani allo sbarco a Londra il giorno dopo. Quando il quadrimotore Argonaut della Boac atterrò a Heathrow, Filippo si preparò ad accompagnare la moglie vestita a lutto giù per la scaletta. Pronto, il segretario del defunto sovrano, il solito Tommy Lascelles, gli ricordò che Sua Maestà doveva scendere da sola. Lui poteva seguire un poco dopo.

Dal finestrino dell'aereo, appena toccato terra, Elisabetta aveva visto la fila delle limousine nere in attesa, e aveva esclamato: «Oh, hanno mandato quei carri da morto!» Era il nome che da bambine lei e Margaret davano alle auto reali. Adesso davvero servivano a celebrare un funerale: non solo quello del padre defunto, ma anche della sua giovinezza. La tristezza e la depressione di Filippo rispondevano a una precisa percezione: con la nuova stagione di doveri finiva pure la relazione spensierata e allegra che aveva goduto sino ad allora con la moglie, e se ne andava in frantumi anche la possibilità di vivere una normale vita di coppia con i loro due bambini piccoli.

Si può supporre che la stessa consapevolezza fosse all'origine delle lacrime che riempivano gli occhi di Winston Churchill e gli scorrevano copiosamente sulle guance quando, in rendigote nera, cilindro e bastone nella mano sinistra, si inchinò davanti alla sua nuova regina appena ventiseienne. L'anziano premier, tornato al potere da pochi mesi, non piangeva solo il sovrano scomparso con cui aveva diviso il peso degli anni di guerra ma anche il destino della giovane donna che aveva visto bambina. Conosceva le gravi responsabilità che aveva davanti, sapeva che non era adeguatamente preparata ad affrontarle e che la morte prematura del padre per lei voleva dire la fine di ogni prospettiva di una normale, felice vita matrimoniale.

Ma il primo colpo arrivò da dove non se lo sarebbe mai aspettato. All'udire la notizia dell'ascesa al trono di Elisabetta, zio Dickie chiese che gli portassero dello champagne e brindò ad alta voce: «Ora regna la Casa dei Mountbatten!» Dal suo punto di vista aveva di che festeggiare. Il piano concepito tredici anni prima era andato a compimento, e il nipote aveva realizzato la sua più grande ambizione. Nessuno in effetti poteva mettere in dubbio che secondo le tradizioni della genealogia l'ammiraglio avesse pienamente ragione: come gli Hannover erano diventati Sassonia-Coburgo-Gotha dopo il matrimonio di Vittoria con Albert, così i Windsor dovevano trasformarsi in Mountbatten dopo le nozze di Elisabetta con Filippo, che portava quel nome. Di conseguenza, suggerì al nipote di inviare al governo una richiesta ben scritta perché in ogni riferimento alla famiglia reale il nome *Mountbatten-Windsor* sostituisse quello di *Windsor*.

Filippo in realtà non era particolarmente affezionato al nome dello zio, esso stesso una moderna invenzione. Al momento del matrimonio, i giuristi interpellati avevano espresso il parere che i figli dovessero prendere, secondo l'uso, il nome del padre, e il principe indicò come possibilità Edimburgo o anche Edimburgo-Windsor. Ma, all'atto pratico, si limitò a firmare la lettera scritta direttamente dallo stesso Mountbatten e inviata al suo vecchio amico Winston Churchill, tornato un anno prima al numero 10 di Downing Street. Era convinto che lo statista, che aveva costruito la sua vertiginosa carriera militare durante la guerra, sarebbe stato anche ora disponibile a sostenere la sua ulteriore ascesa. Si ingannava. La prima a essere raggiunta dalle voci sulle vanterie di zio Dickie – che la sua famiglia ora regnava in Gran Bretagna – fu l'anziana regina Mary, che reagì come una furia: comprensibilmente, visto che a dispetto dell'anglicizzazione del nome i Battenberg erano tedeschi e contro la Germania gli inglesi avevano combattuto due guerre in quarant'anni. È vero, anche lei era di origini teutoniche. Ma sarebbe stato difficile trovare qualcuno che si sentisse più inglese di Mary e che disprezzasse di più quell'ambizioso *parvenu* – così lo giudicava – di Mountbatten. La bellicosa vedova di Giorgio V prese carta e penna e scrisse a Churchill: lo informò della voce che girava e gli chiese formalmente di assicurare che non sarebbe stato tollerato alcun cambio al nome della dinastia.

Figurarsi la reazione dell'uomo che più di ogni altro portava i meriti della sconfitta del nazismo. Mostrò indignazione di fronte alle notizie riferite da Queen Mary, tanto più che per i maggiorenti del partito conservatore, appena tornato al potere, in ballo non c'era una semplice questione di nomi. Molti ministri Tory temevano che Filippo e suo zio Dickie avessero in testa un silenzioso colpo di mano costituzionale, influenzando la giovane e innamorata regina per condurla verso una sorta di monarchia bicefala e sinistrorsa. Nessuna prova certa portava in quella direzione, ma era indubbio che Filippo guardava al Partito laburista con maggiore interesse e apertura di quanto manifestato tradizionalmente dai reali. Alimentata da questi sospetti, la rabbia di Churchill esplose quando il 6 marzo ricevette la lettera con la richiesta formale di Filippo. Convocò un'immediata riunione del Gabinetto di governo – entro un'ora – e quello stesso giorno fece approvare una lettera che portava le firme del Lord Cancelliere, del Lord del Sigillo Privato e del ministro dell'Interno. La missiva fu immediatamente consegnata a mano alla regina e al principe consorte. In essa il governo di Sua Maestà informava seccamente la sua sovrana che, per decisione unanime del Gabinetto, il nome Mountbatten non sarebbe stato usato dalla famiglia reale: ufficialmente, essa avrebbe continuato a chiamarsi *The Royal House of Windsor.*

La Gran Bretagna è sì formalmente una monarchia, ma «la sovranità risiede nel re in Parlamento», come recita la formula che risale ai tempi di Enrico VIII. Il che vuol dire che il monarca sanziona le decisioni del Parlamento, e che se questo – secondo un celebre paradosso – decide di condannarlo a morte, il sovrano non può fare altro che firmare la propria condanna. A Elisabetta per fortuna non toccò tanto ma, ironicamente, proprio il giorno prima del suo ventiseiesimo compleanno – il 20 aprile 1952 – dovette apporre la sua firma sotto l'Ordine in Consiglio, cioè l'editto reale, che vietava l'uso ufficiale del nome Mountbatten e metteva fine una volta per tutte alle ambizioni di zio Dickie.

Il proclama della sovrana non lasciava alcun margine: «Dichiaro che io e i miei figli saremo chiamati e conosciuti come la Casa e la Famiglia di Windsor e che i miei discendenti che si sposeranno e i loro discendenti porteranno il nome di Windsor». La dichiarazione era stata preparata e portata a Elisabetta nel suo studio a Buckingham Palace da Tommy Lascelles, che lei aveva ereditato dal padre come segretario privato. E anche come capofila dei cortigiani anti-Mountbatten. Quando Elisabetta II chinò il capo per firmare il documento, lui le stava sopra – si divertì a raccontare più tardi – come «uno dei baroni di Runnymede», cioè i nobili ribelli che costrinsero re Giovanni Senza Terra a firmare la *Magna Charta* nel 1215. Quando apprese la cattiva nuova, Filippo – sempre incapace dell'autocontrollo della moglie – sfogò la sua rabbia urlando alla *sua* Lilibet: «Sono l'unico uomo di questo Paese che non può dare il suo nome ai figli! Sono solo una dannata ameba! Questo è tutto!»

In realtà per l'energico e volitivo duca era solo l'inizio della discesa agli inferi. La regina comprendeva la sua reazione furiosa, ma sapeva di non potersi opporre ai desideri della nonna Mary, di sua madre, di Churchill e dell'intero governo. Era la sovrana ma doveva chinare la testa. Dopo lunghe consultazioni con costituzionalisti e alti dignitari, trovò almeno il modo di dare al marito una posizione più elevata di quella di semplice consorte. Alla vigilia della sua prima apertura ufficiale del Parlamento, nel settembre 1952, emanò un proclama per dichiarare che era «suo grazioso piacere stabilire e ordinare che Sua Altezza Reale il Duca di Edimburgo debba d'or innanzi avere, conservare e godere il Posto, la Preminenza e la Precedenza prossime a Sua Maestà». Era un modo per pacificare l'uomo che amava, per dirgli che era importante e non una semplice appendice. E per ribadire il concetto, lo nominò anche alla testa del Consiglio incaricato di pianificare la cerimonia dell'incoronazione, programmata per il giugno dell'anno seguente.

Per compensare gli smacchi pubblici, Elisabetta consegnò al marito tutti i poteri nella loro sfera privata. Era in parte un tentativo di compromesso, ma in parte anche il frutto del suo profondo convincimento – reso noto al tempo da una pubblicazione ufficiale – che «il principio del marito come capo della famiglia è la sola garanzia della felicità domestica». È difficile sostenere che l'autorità dispotica di Filippo in casa sua e sui figli abbia prodotto questo risultato, ma per tenerlo impegnato la sovrana gli affidò anche la responsabilità esclusiva delle tenute private, Sandringham e Balmoral: lui le gestiva, osservò con evidente disapprovazione la Queen Mum Elizabeth, come «uno Junker prussiano», latifondisti noti per arroganza e brutalità. Parecchi visitatori dei due castelli riportarono del resto le cattive maniere del duca pure verso la consorte, e il disprezzo con cui liquidava le sue osservazioni: «Che dannata sciocchezza!» era il suo commento più gentile. Per incredibile che appaia, liti coniugali ad alta intensità di decibel raggiungevano orecchie estranee attraverso le porte chiuse. Di solito lei reagiva flemmaticamente. «Non uscirò dalla mia cabina finché non si sarà calmato», dichiarò a un cortigiano dopo un episodio del genere sul panfilo *Britannia*. «Me ne starò seduta sul letto finché non sta meglio».

I gesti d'amore della moglie non riuscirono a tranquillizzare Filippo, che restava inquieto, frustrato, insoddisfatto. Era troppo giovane, pieno di energia e progetti e idee per restarsene con le mani in mano, o per agitarle solo nel saluto alla gente. Così si auto-conferì l'incarico di rivoluzionare almeno il funzionamento di Buckingham Palace, che gli appariva una reggia ancora vittoriana, del tutto fuori contatto con la realtà. «Questo è il dannato ventesimo secolo, non il diciannovesimo», urlava a dignitari e servitori. Solo che per spingerlo nella modernità intendeva usare metodi e disciplina da ufficiale di Marina, e la faccenda non poteva risolversi che in un disastro.

Cominciò a ispezionare il palazzo manco fosse sul ponte di comando del suo cacciatorpediniere. Marciava per i corridoi trovando difetti in chiunque. Irrompeva a sorpresa negli alloggi della servitù, tra i fornelli, nelle retrocucine, in posti dove non avrebbe mai dovuto mettere piede. E strillava a tutti, cuochi e sguatteri, pulitori e valletti, appena si imbatteva in una finestra sporca, un filo di grasso sulla pentola, una macchia sul pavimento. La qualità della tavola di Corte gli sta a cuore pure adesso, che non si fa più vedere in cucina da sessant'anni. Alla fine del banchetto di Stato in onore del nostro presidente Ciampi, al quale avevamo avuto l'onore di essere invitati, il duca si soffermò a chiacchierare con mia moglie Iolanta, e le chiese anzitutto se avesse notato il *flavour*, l'aroma italiano di molte pietanze appena servite. Non molti principi si occupano del menu.

Ma all'epoca questo interessamento produsse una semirivoluzione fra i quattrocento dipendenti di Buckingham Palace. Come sanno tutti i patiti di *Downton Abbey*, nelle case nobiliari inglesi del secolo scorso vigeva una rigida distinzione tra *upstairs*, il piano superiore, e *downstairs*, il piano di sotto: sopra ci sono i signori, che non scendono mai nel sottoscala, regno dei domestici. L'irruzione di Filippo in questo universo fu accolta molto male dal personale della reggia londinese. Stufi di veder criticati dal duca il loro lavoro, la loro competenza e le tradizioni, i rappresentanti sindacali avvertirono gli alti dignitari di Corte che il principe si era spinto troppo oltre. E chi pensate si assunse con piacere il compito di recapitare il messaggio? Ma il solito Lascelles, naturalmente, passato a fare il segretario privato della figlia dopo il padre. Fu lui a chiarire al principe dove cominciavano e dove finivano le sue responsabilità. In poche parole, a dirgli di badare ai fatti suoi.

Tutti gli osservatori in quegli anni concordano nel rilevare il grande cambiamento di Elisabetta una volta sul trono. Prima era una giovane donna felice, talvolta perfino estroversa. Ai pranzi ufficiali o ai balli saltava agli occhi di tutti quanto amasse il marito. Si curava di tutte le sue attività, non si perdeva una sola delle partite di polo in cui lui eccelleva: come sempre innamorata dei cavalli, camminava lungo le file dei puledri, li accarezzava, li premiava con una zolletta di zucchero. Dopo l'ascesa al trono la sorridente Elisabetta amante dello scherzo era scomparsa e aveva lasciato il posto a una donna grave, solenne, mai sorridente, apparentemente quasi priva di emozioni.

Non c'è dubbio che la giovane donna prese il suo nuovo ruolo di monarca molto seriamente, com'era d'altronde nel suo carattere. E dunque non sorprendentemente cambiò atteggiamento nello spazio di una notte. «Una volta regina», ha scritto il biografo (non ufficiale)

Nicholas Davies, «Elisabetta sembra che abbia indossato il mantello della monarchia quasi come un sudario.» Di certo le foto di quei due anni di passaggio mostrano due persone completamente diverse. E i sudditi se ne accorsero. La nuova Lilibet appariva piuttosto accigliata, poco amichevole, impegnata nel suo lavoro di sovrana con un'aria arcigna, per qualcuno addirittura acida e cupa. Il mutamento non poteva non riflettersi su Filippo. Avrebbe voluto aiutare la moglie a portare il suo fardello ma il mito del machismo in cui era cresciuto gli impediva di rassegnarsi a un ruolo inferiore, anche di fronte alla sua sovrana. L'infelicità e il risentimento del principe si riflettevano a loro volta su Elisabetta, contribuendo probabilmente alla maschera seria e distante che da allora si calò sul viso. Il matrimonio d'amore – autentico e profondo, almeno da parte della regina – si trovò per la prima volta sottoposto a uno stress che avrebbe lasciato il segno.

Deluso nei suoi sforzi di riforma del palazzo, il duca decise di lasciar perdere e di occuparsi solo della propria vita. Era stufo di avere sempre servitori tra i piedi, che gli aprivano la porta o gli portavano la valigia: «Non credete che io sia dannatamente capace di portarmi la borsa da solo?» strillava agli sfortunati valletti che facevano il loro lavoro. Sulla stessa linea di condotta, insistette per guidare la sua auto, rifiutò l'ascensorista sempre di turno a Palazzo, licenziò il proiezionista del cinema interno per cambiare da solo la «pizza» delle pellicole.

Si fece allestire pure un cucinino nel suo appartamento, così da potersi cuocere un pranzetto da solo o farsi una tazza di tè senza dover chiamare le cucine lontane chilometri e aspettare mezz'ora un pasto freddo. E visto che ovviamente gli rifiutavano il permesso di tornare al servizio attivo in Marina, arrivò al punto di far trasformare il suo appartamento a Buckingham in modo che somigliasse alla cabina di una nave. I falegnami usarono del magnifico mogano africano per tappezzare le pareti, costruire ripiani e scaffali, armadi e poltrone esattamente come a bordo di un vascello. Una sola innovazione Filippo riuscì a imporre: fece installare per sé una linea telefonica diretta che gli permetteva di parlare con chiunque, Elisabetta compresa, senza dover passare per il centralino della reggia, che di solito impiegava tra i cinque e i dieci minuti per smistargli una telefonata.

Ad aggravare la situazione, si aggiunse l'intollerabile alterigia dell'aristocrazia britannica contro l'outsider spuntato dal nulla, anzi peggio, dall'estero. Governo e cortigiani fecero lega comune per rifiutargli qualsiasi coinvolgimento nelle questioni pubbliche, tenendolo lontano dagli affari di Stato o della monarchia, e possibilmente anche dalla moglie. Non gli fu mai permesso, per esempio, di ficcare il naso nelle famose *red boxes* piene di documenti ufficiali che la regina riceve parecchie volte al giorno. Il duca fu isolato, senza clamore, senza che qualcuno desse l'ordine. Ma nessuno a Corte o al governo voleva che il volitivo, arrogante Filippo afferrasse le redini del potere dalla giovane moglie che era così evidentemente innamorata di lui, e sotto la sua influenza. Tutti conoscevano le ambizioni di lord Mountbatten, perciò non volevano rischiare che il nipote si lasciasse manovrare dall'intrigante ammiraglio. E nessun aristocratico inglese desiderava che la Corona fosse ghermita dai tedeschi Battenberg, entrati dalla porta sul retro. L'opinione generale era che il principe, per quanto importante come consorte della regina, non avesse alcun titolo a esercitare influenza sul trono, e di conseguenza su qualsiasi decisione o politica. E così, tacitamente, il duca di Edimburgo fu congelato in una posizione di assoluta irrilevanza costituzionale e politica.

La miseria della sua condizione gli apparve devastante quando il Consiglio per l'Incoronazione, che lui stesso presiedeva per ordine della regina, lo autorizzò a invitare alla cerimonia le tre sorelle sposate in Germania ma gli negò il permesso per i cognati. Erano tutti e tre discendenti di ricche e gloriose dinastie principesche, e Filippo protestò direttamente con la moglie, giudicando il rifiuto un affronto a lui, alla sua famiglia, e anche al loro matrimonio. Elisabetta cercò di intervenire sui suoi consiglieri e su Churchill ma non ci fu niente da fare: i cognati appartenevano all'aristocrazia tedesca che aveva in larga parte appoggiato Hitler, e dunque non potevano essere accolti a Londra per l'incoronazione della regina.

Di nuovo, per lenire l'orgoglio ferito del marito, Elisabetta gli preparò una straordinaria sorpresa nel gennaio 1953: la promozione eccezionale da tenente comandante ad Ammiraglio della Flotta. Lui ne fu estasiato ma anche addolorato. Amava indossare la sua divisa e godere di tutto l'ossequio dovuto a un ammiraglio della Royal Navy ma sapeva bene di non aver fatto nulla per guadagnarsi questo clamoroso salto di ranghi. Il suo senso dell'onore non accettava di lasciarsi ingannare, sapendo che il titolo arrivava solo perché era il marito della regina.

L'unico amico sulle cui spalle poteva piangere, davanti a una buona bottiglia di cognac, era Mike Parker. E questi fu bravissimo a indicargli l'altro lato della storia, quello luminoso. Non aveva forse sposato la regina d'Inghilterra, una delle donne più ricche del mondo? Non godeva forse di un appannaggio di 7.000 sterline l'anno (150.000 di oggi)? Non aveva a sua disposizione una flotta di Rolls-Royce, segretario, valletto, scudiero, autista? Non poteva forse giocare a polo ogni weekend, pescare quando gli pareva, cavalcare, sparare, e per di più non aveva la disponibilità assoluta di tre o quattro palazzi? «Non male per un tenente della Marina», fu l'ironica ma consolante conclusione dell'amico. E non erano gli unici conforti a disposizione.

La vulgata vuole che in quei mesi, sopraffatta dalle sue nuove responsabilità come regina, Elisabetta abbia chiuso in faccia a Filippo le porte del talamo reale. La storia è confermata da Dickie Mountbatten, che godeva a tal punto della fiducia di Lilibet da esser messo a parte di questo straordinario segreto intimo. E lui naturalmente si attribuisce anche il merito della revoca del bando, sia pure parecchi anni dopo, confermata dalla nascita del principe Andrea nel 1960 (e di Edoardo nel '64). Resta tuttavia il mistero sulle vere ragioni della repentina astinenza: se fu davvero una mistica devozione al senso dello Stato a spegnere la passione della regina per il marito oppure la scoperta che Filippo, dopotutto, aveva seguito il consiglio di Parker e deciso di trovare conforto nei semplici piaceri della vita. Le donne, prima di tutto.

«Ma'am», il catalogo è questo...

In qualche modo, Elisabetta se l'era cercata. Negando a Filippo i suoi diritti coniugali, gli aveva fornito la scusa che gli serviva per vivere la vita che voleva, come un promiscuo donnaiolo privo del benché minimo senso di colpa verso la moglie o i suoi giuramenti matrimoniali. Sarebbe stato discreto, naturalmente, come richiedeva il suo ruolo, ma se la sarebbe goduta. Orgoglioso del suo fisico e della sua mascolinità, sapeva benissimo di attrarre sciami di donne, tanto più eccitate all'idea di «rubare» il marito alla regina: se lei aveva tutto, loro potevano avere il suo consorte. L'inseparabile compagno di questa nuova stagione d'avventure e ribalderia era Mike Parker, con cui il principe sembrava dividere tutto, a cominciare dalla stessa concezione della vita come gioco, cameratismo, competizione. E il teatro delle scorribande, inizialmente limitato a Londra, si estese presto all'intero globo.

C'erano naturalmente i doveri reali da rispettare, visto che il suo primo compito era ormai quello di accompagnare Elisabetta in tutti gli impegni ufficiali. Ma gli restava abbastanza tempo da dedicare ai suoi interessi personali e alla sua passione primaria. Le donne. Anche oggi, che ha oltrepassato abbondantemente i novant'anni, mettete Filippo in una stanza con un nutrito gruppo di persone e vedrete che la sua bussola interiore lo indirizza infallibilmente verso le signore più attraenti della comitiva. Le fissa con gli occhi che furono un tempo di un irresistibile blu, le avvolge col suo sorriso, ci scherza e ride, racconta storielle. Ho avuto la fortuna di sposare una bella donna, e ho osservato all'opera un Filippo più che ottantenne: la prima volta che l'ha vista a un ricevimento a Buckingham Palace è andato dritto verso di lei e ha attaccato discorso, facendosi ancora più entusiasta quando ha scoperto che anche lei è mezza greca. Poi si è rassegnato a chiacchierare con l'arcivescovo di Canterbury, che era lì vicino.

Il suo periodo d'oro, fra i trenta e i cinquanta, ha coinciso con gli anni ruggenti della *Swinging London* (definizione dell'americano *Time*) e della liberazione sessuale, il decennio Sessanta e poi ben dentro i Settanta. Ma di storie ne aveva avute tante anche in gioventù, sebbene tenute accuratamente nascoste all'innamorata Lilibet, e due delle sue passioni del tempo, oggi scomparse, hanno lasciato libri su di lui. Curiosamente entrambe negano con tanto vigore di essere state tra le sue conquiste da spingere il lettore a pensare il contrario. La prima è la regina Alexandra di Iugoslavia, figlia postuma di re Alessandro I di Grecia e dunque cugina diretta di Filippo. L'altra è anche lei di origine greca, nata Foufounis, ma diventata piuttosto nota sulla scena del cabaret come Hélène Cordet: la sua famiglia era vicina di casa del principe ai tempi dell'esilio a Parigi, e lei comincia la sua storia ricordando che da piccoli con Filippo giocavano al dottore e all'infermiera, da sempre primo incontro dei bambini con la sessualità.

Praticavano anche un altro gioco chiamato «il Re, il Servo e il Maiale», e lui si offriva sempre per l'ultimo ruolo. Il re invece non voleva farlo mai perché «diceva di temere che gli tagliassero la testa». Per i maiali aveva una specie di ossessione. Nella casa dei Cordet a Marsiglia il principe decenne si divertiva a passare il tempo nella porcilaia, portando a spasso gli animali, nutrendoli e infangandosi più o meno quanto loro. Hélène, già ragazzina attraente e vivace, era la sua platonica fidanzatina dell'epoca, ma secondo molti non più tanto platonica qualche tempo dopo. I due si sono frequentati a lungo in Inghilterra durante e dopo la guerra, e sull'isola la Cordet ha costruito la sua carriera artistica postbellica, prima come cantante di night e poi in televisione.

Nel frattempo diventava anche mamma due volte: i suoi figli Max e Louise sono nati fuori dal vincolo matrimoniale – un atto di coraggio in tempi di perbenismo imperante –, e l'identità del padre resta un mistero. La madre sostenne in seguito che fosse un giovane aviatore francese, Marcel Boisot, che ha poi finito per dare il nome a entrambi. Ma almeno per Max molte voci e indizi indicano Filippo, inseparabile da Hélène negli anni della guerra, ed è certamente suggestivo che nemmeno il fido scudiero Mike Parker abbia mai negato questa ipotetica paternità. Quel che è certo è che il principe ha pagato di tasca sua per l'educazione del ragazzo, spedito nella stessa scuola frequentata da tutti e tre i figli maschi della coppia reale, ovvero Gordonstoun. Il semplice atto di generosità di un padrino? Forse, ma non risulta che il duca abbia mai finanziato l'istruzione di nessun altro ragazzo. E con Max, brillante economista e uomo d'affari in Cina, scomparso nel 2011, ha mantenuto rapporti per tutta la vita. Come con la madre, invitata ogni tanto a Buckingham per un tè o un pranzo ma sempre in assenza della regina. Una sola volta l'ha incontrata, brevemente. Elisabetta le ha sorriso con dolcezza, pare, e le ha detto: «Ho sentito parlare così tanto di Lei. Piacere di incontrarla, finalmente». E ha lasciato la stanza.

Con la cugina Alexandra l'amore sbocciò dopo l'invasione italiana della Grecia. «Improvvisamente Filippo arrivò ad Atene, allegro, disinvolto, sicuro di sé...» scrive la principessa, e sembra di vedere la giovinetta sognante davanti al «bel vichingo», anche se lei ha sempre negato ogni intimità. È difficile crederle, visto che il libro di cui è autrice rende manifesta la sua gelosia e anche il risentimento verso Dickie Mountbatten, come se lo ritenesse responsabile di essersi intromesso nella sua relazione con Filippo. Alexandra – che avrebbe poi sposato l'ultimo re di Iugoslavia, Pietro II – incontrò il cugino quando avevano entrambi diciassette anni e lo rivide due anni dopo in piena guerra ad Atene. Lui passava molto tempo in casa dei parenti, e Alexandra ricorda che «quando cominciavano i raid aerei noi avremmo dovuto correre nel rifugio [...]. Invece ce ne salivamo sulla terrazza e stavamo a guardare. [...] Filippo forniva una cronaca in diretta fra le mitragliatrici che abbaiavano, le onde di luce dei riflettori che spazzavano il cielo e il ruggito dei bombardieri».

Questo amore in tempo di guerra continuò a fiorire in tutte le località in cui la famiglia di Alexandra si spostava alla ricerca di rifugio dal conflitto. La cugina va al Cairo, ed ecco comparire Filippo sulla sua automobilina che la porta al *Gezira Club*, il ritrovo chic degli occidentali, «per una nuotata in piscina o anche solo una chiacchierata nei lunghi, pigri pomeriggi in cui non era di servizio. Esplorammo insieme i vecchi bazar e i magnifici giardini botanici». La giovane e i suoi si spostano in Sudafrica, e chi si presenta poche settimane dopo a Città del Capo, se non il principe guerriero? Di ritorno a Londra, la coppia è inseparabile, e il cuore di Alexandra sembra battere forte ancora quando scrive molti anni dopo: «Il miglior ricordo di Filippo è lui in licenza, Filippo che cena e balla e si confida». I weekend li passavano assieme nella casa di campagna della cugina Marina, la duchessa vedova di Kent. A dispetto dei dinieghi dell'una e del silenzio dell'altro, sembra proprio che sia stata per entrambi una grande passione giovanile.

Per ritrovare Filippo a caccia di avventure bisogna fare un salto di dieci anni, nell'ottobre 1956. Elisabetta, trentenne, è sul trono da quattro anni, il marito trentacinquenne non ne può più. Perfino la deferente stampa del tempo comincia a far filtrare notizie sul pessimo stato del matrimonio, che sta per compiere nove anni. La regina capisce che il duca ha bisogno di allontanarsi da Londra. Del resto, era stato già deciso che Filippo dovesse inaugurare i Giochi Olimpici di Melbourne, alla fine dell'anno. Adesso, come alla ricerca di una separazione non ufficiale, Filippo propone di visitare molti altri Paesi del Commonwealth in un lungo e lento viaggio di ritorno. La prontezza con cui la reale consorte dà il suo consenso la dice lunga su quanto anche lei fosse stufa del perenne malumore del marito, della sua aria cupa, delle sue cattive maniere. «Era Buckingham Palace il posto da cui lui doveva prendersi un periodo di riposo», osserva il biografo reale Ben Pimlott.

Il viaggio venne riprogrammato: una volta lasciata Melbourne, lo yacht reale *Britannia* farà rotta verso Nuova Zelanda, Malesia, Gambia, Antartide, isole Galápagos e Falkland. Quasi un giro del mondo, 60.000 chilometri e quattro mesi d'assenza: Filippo mancò non solo il nono anniversario di nozze ma anche il Natale con i figli a Sandringham, e perfino una crisi politica di estrema gravità come la guerra per il canale di Suez, che vide il definitivo tramonto della Gran Bretagna come grande potenza. Ma in quei mesi di relax, in cui il duca tornò a sentirsi un uomo libero, la vera crisi che lo preoccupava era un'altra: i tabloid a Londra vennero a sapere che la moglie di Mike Parker aveva chiesto il divorzio, e annusavano odore di sangue in un altro e ben più importante matrimonio. Quello reale.

Le voci sulla crisi, rilanciate dalla stampa, si fecero così serie che il segretario privato di Elisabetta, sir Michael Adeane, fu costretto a un passo senza precedenti: una formale smentita di stampa. «Non corrisponde affatto a verità che ci sia alcun contrasto tra la regina e il duca di Edimburgo». La dichiarazione, com'è ovvio, servì solo ad alimentare le chiacchiere. Finché, come una bomba, arrivò la notizia che Mike Parker, il fedele segretario, l'onnipresente scudiero e compagno d'avventure del principe, aveva deciso di lasciare il suo incarico a Corte.

Ufficialmente, la motivazione era che Parker non se la sentiva di rimanere accanto a Filippo a causa dell'imminente divorzio. Il duca di Edimburgo a sua volta se la prese con la stampa per l'insopportabile pressione esercitata sul suo amico. La verità è un'altra: la partenza di Parker da Buckingham Palace venne decisa in segreto dagli alti dignitari della Corte. L'obiettivo era offrire ai giornali un diversivo per coprire le crepe nel matrimonio reale e scaricare sulla «cattiva influenza» esercitata dallo scudiero ogni eventuale rivelazione sulle malefatte del principe. Che erano tante e gravi, e portavano soprattutto un nome: *Thursday Club*, il Club del Giovedì.

Il nome del circolo, nato subito dopo la guerra, derivava dalla circostanza che i suoi pochi, selezionatissimi membri si riunivano sempre di giovedì. L'idea era di avvicinare il weekend e spassarsela alla grande, di solito da *Wheelers*, il ristorante di pesce in Old Compton Street, nel cuore di Soho, all'epoca il più famoso quartiere a luci rosse di Londra. I marciapiedi di Old Compton erano pattugliati da legioni di prostitute. Filippo era entrato nel club nel 1946, spinto da Parker e dal cugino David Milford Haven. Tra i soci si contavano gli attori David Niven e Peter Ustinov, il futuro Cancelliere dello Scacchiere Ian Mcleod, il principe Bernardo d'Olanda marito della regina Giuliana, personaggi della tv e della stampa come i direttori dei principali tabloid, il *Daily Mail* e il *Daily Express*, il giornale che il principe avrebbe un giorno chiamato «quel dannato orribile foglio». E c'erano anche altri personaggi poco raccomandabili. Uno era Stephen Ward, futuro protagonista dello scandalo Profumo. Un altro il famoso fotografo *Baron* Nahum, proprio quello che aveva realizzato le foto delle nozze tra Elisabetta e Filippo. Nei festini nel suo appartamento succedeva di tutto: sadomasochismo, bondage, camerierine che servivano nude, sesso di gruppo etero e omo. Anche il duca e Parker figuravano ogni tanto tra gli ospiti.

Il Club del Giovedì era, si capisce, esclusivamente maschile. Si gozzovigliava per tre o quattro ore, ci si sbronzava, si raccontavano piccanti prodezze sessuali o storielle sconce. Ogni tanto i membri, principe incluso, lasciavano *Wheelers* per trasferirsi nel lussuoso appartamento di David Milford Haven a Grosvenor Square, tradizionale indirizzo londinese dell'aristocrazia. Lì il divertimento cominciava con il gioco delle carte e poi, mentre l'alcol scorreva abbondante, venivano chiamate le ragazze. La decina di presenti scommetteva sulle belle ospiti in giochi chiamati «Caccia alla cagna» o «Trova la lady». Il vincitore si ritirava in una delle vicine camere da letto con la fanciulla che più gradiva tra quelle a disposizione, tra gli urrà degli amici. Ogni tanto la porta della stanza restava aperta per chi volesse soddisfare pulsioni voyeuristiche.

Elisabetta apprese delle simpatiche attività del *Thursday Club* dalle storiacce che cominciarono ad apparire sui tabloid, con allusioni sempre più scoperte al coinvolgimento del principe. Voleva disperatamente credere al marito, perciò lo affrontò e gli chiese spiegazioni. Lui rispose con un cenno della mano come a dire «*Nonsense*», sciocchezze. Piuttosto, suggerì, saranno chiacchiere messe in giro dagli stessi che si opponevano al nostro matrimonio. Lilibet decise di credergli. Dopotutto, anche la fidatissima Bobo, che non aveva mai abbandonato la sua «bambina», giudicava i pettegolezzi come «spazzatura dei giornali, che dovrebbero avere cose più importanti di cui scrivere». E quando le accuse al principe si fecero più dettagliate, Bobo ricorse all'argomento classico per le mogli tradite: «Non preoccuparti di queste cose. Tutte sappiamo come sono fatti gli uomini. Faranno sempre qualche birbonata».

Alla fine, messo alle corde dalle pesanti allusioni dei giornali a festini di sesso e droga, il Club del Giovedì dopo dodici anni chiuse i battenti, ma solo per riaprire come *Monday Club*, il Circolo del Lunedì... Filippo era sempre tra gli illustri partecipanti, ma a quel punto le sue relazioni femminili rappresentavano già un vero e proprio harem. Un settore era costituito dalle cosiddette *polo wives*, le sofisticate signore dell'alta società che accompagnavano i consorti a giocare a polo con il principe, e tra una partita e l'altra allacciavano con lui un eccitante *affaire* clandestino. Quante di queste lady non riuscivano a resistere al sorriso malandrino dell'atletico duca fasciato nella sua tenuta sportiva?

«Quante non so», ha raccontato un ricco giocatore del circuito a Nicholas Davies, «ma almeno una dozzina o più durante quegli anni. Era un fatto largamente risaputo. [...] Le sue relazioni erano ben note e tuttavia va detto, a suo merito, che era molto discreto e con lui le donne si sono comportate impeccabilmente, mai *kissing and telling.*» *Kiss and tell*, letteralmente baciare e raccontare, nel gergo dei tabloid indica l'attività di chi va a letto con una celebrità e si fa pagare per riferirlo. Tra le «mogli del polo» i pettegolezzi includono nobildonne come la duchessa di Abercorn e la contessa di Westmoreland ma anche la madre di Sarah Ferguson, Susie, all'epoca moglie di un maggiore delle Guardie reali che lasciò per sposare il ricco giocatore argentino Hector Barrantes. E in Argentina, dove si recò in visita ufficiale nel 1962, Filippo si lasciò volentieri sedurre – giurano suoi compagni di viaggio – da una «vedova di polo», la ricchissima Malena Blaquier.

Ma per saperne di più dovremo aspettare un altro mezzo secolo: stranamente tutti i documenti ufficiali sulla visita sono stati dichiarati segreti di Stato per cento anni.

Ma probabilmente il torneo preferito da Filippo, negli anni Sessanta, era quello organizzato a St Memse, vicino all'aeroporto parigino di Orly, da Robert de Balkany, il miliardario franco-rumeno che aveva sposato Maria Gabriella di Savoia. Nella tenuta dominata da un magnifico castello c'erano stalle per cinquanta puledri e un campo da polo. Ogni anno, a fine maggio, de Balkany invitava un bel gruppo di selezionati ospiti, incluso il duca di Edimburgo, a passare il weekend al castello: arrivo venerdì, partita sabato, volo per casa domenica sera. L'invito era accompagnato dalla domanda: viene con signora o preferisce tentare la sorte? La sorte era rappresentata da splendide donne sole, giovani e sexy, spesso amiche di amici. Filippo non arrivò mai con signora. E certo mai con la regina. Sebbene una principessa sia stata presente di tanto in tanto, spesso fermandosi a chiacchierare con il duca di Edimburgo. Ma l'unico uomo a cui era interessata era David Niven. La principessa era Grace Kelly e l'attore fu certo uno dei grandi amori della sua vita. E a St Memse era tutto così discreto...

Anche a Roma, dove il duca di Edimburgo non mancava di frequentare i selvaggi sex party dei tardi anni Sessanta. Erano tra i cento e i centocinquanta gli invitati in un palazzo principesco del centro, ogni primo lunedì del mese per la maggior parte dell'anno. L'elenco sembrava una specie di *Who's Who* del jet set internazionale: accanto agli italiani c'erano francesi, statunitensi, inglesi, tutti banchieri e finanzieri, star del tennis o giocatori di polo, industriali e gran mondani. Tra i nomi figurano gli Agnelli, il gioielliere americano Harry Winston, il boss della Revlon Charlie Robson e qualche testa coronata come il principe Filippo. Il racconto di un milionario francese che prese parte a queste feste sembra uscire da una fantasia di Federico Fellini: «Prima di cena un'orda di forse cinquanta giovani e belle donne veniva giù dallo scalone centrale. Erano completamente nude salvo indossare dei cappelli eccessivi, e qualcuna una maschera. Entravano nella sala da pranzo e sparivano. Quando suonava il gong della cena anche gli uomini, tutti in giacca da sera, venivano invitati a togliersi i pantaloni e a prendere posto a tavola in questa tenuta. A quel punto scoprivano che nascoste sotto la tovaglia c'erano le ragazze, che per venti minuti o giù di lì si prendevano cura dei signori», nel modo che si può immaginare.

Dopo cena si giocava – roulette, blackjack, chemin de fer – ma soprattutto si scommetteva. Il gioco era questo: dodici ragazze nude si sdraiavano a terra, e i gentiluomini a turno cercavano di fare l'amore con il maggior numero possibile prima di raggiungere l'orgasmo. Dopotutto, era l'anno delle Olimpiadi di Roma. E i sogni della *Dolce vita* turbavano il mondo intero. Si sa che Filippo accettò l'invito a un paio di feste ma non risulta che abbia mai partecipato ai giochini sessuali.

Al mondo magico della celluloide appartenevano alcune delle sue «relazioni speciali», come Jane Russell e Zsa Zsa Gabor, e una delle sue grandi passioni: oggi sono forse in pochi a ricordare Merle Oberon, ma fu una delle attrici più famose degli anni Trenta e Quaranta, e ancora nei Cinquanta restava una delle donne più affascinanti dell'intero pianeta. Fu zio Dickie – pure stavolta... – a presentarla al nipote nell'ottobre 1956. Aveva quarantacinque anni, quindi dieci più di Filippo, ma ne dimostrava venti. Minuta, occhi a mandorla scuri e ridenti, carnagione olivastra, era nata negli slum di Bombay da un inglese e una singalese che mescolava anche sangue maori. Per Filippo rappresentava l'ideale di bellezza muliebre. Ne fu folgorato al primo incontro. E lei, nonostante i quattro mariti, conservò sempre una speciale tenerezza per il suo bel principe. Nel 1957 lui le fece visita con lord Mountbatten nella sua villa sulla baia di Acapulco chiamata *Ghalal*, amore. E da amanti, stando ai testimoni, i due si comportarono nei dieci giorni di vacanza. Ma negli stessi mesi, a Londra, il duca coltivava un'altra passione, stavolta bionda.

Katie Boyle era sette anni più giovane di lui ed era diventata un personaggio televisivo. Si chiamava in realtà Caterina Irene Imperiali, ed era nata nella cittadina pugliese di Francavilla. Ne era scappata nel '46, al crollo del regime fascista, e a Londra la madre l'aveva lanciata nella buona società. Aveva sposato un ricco agente di Borsa nel 1955, ma l'anno dopo era già nel letto di Filippo, in un appartamento a Belgrave Square che lui usava per i suoi amori segreti. Fu uno *steamy affair*, una relazione spinta, secondo uno dei più vecchi amici di Filippo: «Lei era una donna molto passionale... e ogni volta che potevano starsene da soli era, da quanto ho capito, sesso non stop. A lui piaceva da matti».

Se è vero quello che afferma un intimo della Casa Reale, e cioè che la regina smise di essere innamorata del marito nel 1956, allora si capisce anche perché accadde proprio quell'anno. Sua Maestà, per definizione, «è informata di tutto», e dunque sembra quanto meno altamente improbabile che ignorasse le molteplici avventure sessuali del consorte. Semplicemente, come molte altre donne meno altolocate ma nella sua stessa condizione coniugale, se n'è fatta una ragione. Nell'impossibilità di un divorzio, che segnerebbe la fine dell'idea stessa di «famiglia reale», Elisabetta ha trasformato un'unione d'amore in un sodalizio professionale. Ha accettato per quello che è l'uomo che ha sposato, e questa consapevolezza non le ha impedito comunque di farci ancora due figli.

Forse dietro la sua immensa tolleranza verso le innumerevoli «scappatelle» di Filippo si può avvertire anche l'ombra di un senso di colpa. Ha voluto a tutti i costi al suo fianco un uomo orgoglioso, che amava anche per questo, e lo ha trasformato in un «mantenuto». Il minimo che potesse fare, in cambio, era accettare i suoi tentativi di procurarsi un po' di autostima e di indipendenza.

Forse soltanto una delle tante relazioni adulterine di Filippo ha veramente spezzato il cuore della regina. È quella di cui il pubblico sa meno, e che perfino la pettegolissima stampa britannica si è sempre ben guardata dal menzionare. Perché coinvolge nientemeno che la cugina prima di Sua Maestà, Alexandra di Kent. Quindici anni più giovane di Filippo, Alex – come la chiamavano in famiglia – era una donna dal sorriso pronto e dal carattere gentile. La relazione con il duca, alle cui nozze era stata damigella d'onore appena undicenne, cominciò probabilmente verso la fine degli anni Cinquanta. Non le impedì di sposare nel 1963 il banchiere Angus Ogilvy, in quello che all'apparenza sembrava un matrimonio felice. Non tanto, evidentemente, visto che l'*affaire* con Filippo è andato avanti per oltre vent'anni. Quando in famiglia si venne a sapere della loro storia, il vecchio Mountbatten, furioso, ordinò al nipote di smetterla immediatamente. Ma lui non era più uno squattrinato semiorfano greco, e gli rispose a brutto muso di farsi i fatti suoi.

Elisabetta, oltre a essere personalmente ferita dal tradimento della cugina che considerava un'amica, ne era terrorizzata. Temeva davvero che Filippo fosse così coinvolto da decidere di metter su un'altra casa, discretamente, con Alexandra. Chiese consiglio, come sempre, a zio Dickie e lui cercò di tranquillizzarla dicendole che era uno dei soliti flirt del marito e sarebbe presto finito: «Lui sa da quale parte trova il pane imburrato», soggiunse in un impacciato tentativo di consolazione. Lilibet stavolta non ne era tanto sicura e arrivò a chiedere aiuto anche al vescovo Mervyn Stockwood, per molti anni confidente e consigliere della famiglia. Non si sa se il sant'uomo abbia strigliato l'adultero ma la storia ci dice che il matrimonio reale ha tenuto. Anche se i pettegolezzi aggiungono alla lista delle amanti pure un'altra parente, molto più giovane: lady Penelope Romsey, moglie del nipote del vecchio Mountbatten.

Ma a quel punto ormai Elisabetta faceva spallucce. «Sua Maestà», spiegava un alto dignitario di Corte, «è perfettamente felice di invitare tutte queste signore. Si stringe nelle spalle e dice: 'A Filippo piace averle attorno'. Sa che lui non farebbe mai nulla per umiliarla.» È quel che sostiene anche il presunto colpevole, protestando la sua innocenza: «Come potrei essere infedele alla regina?» ha confidato una volta a un parente. «Lei non potrebbe mai vendicarsi.» Sicuro?

Favoriti ma non cicisbei

I RACCONTI degli intimi all'inizio del matrimonio dipingono rapporti di coppia molto allineati al tradizionale dominio del marito, in questo caso appesantito dal machismo quasi patologico di Filippo. Sorprende, semmai, che nemmeno lo status reale della consorte sia servito a contenere o modificare l'atteggiamento del duca. Lord Mountbatten, dopo aver fatto da sensale di nozze, si accorse presto che il nipote intimidiva la moglie. A tavola accadeva che lui le scoccasse un'occhiata severa, e lei immediatamente lasciava cadere l'argomento di cui stava parlando. Oppure, a sera, se lui diceva: «È ora di andare a letto», lei interrompeva subito la sua occupazione e lo seguiva senza discutere.

Bastarono pochi anni di matrimonio perché lui diventasse apertamente sgarbato: «*Shut up*», taci, le diceva anche davanti ad amici, e Lilibet si azzittiva immediatamente.

Si potrebbe immaginare che l'ascesa di Elisabetta al trono nel 1952 spegnesse l'arroganza maschile esibita da Filippo. Nient'affatto. Nelle discussioni a tavola, se voleva sostenere con forza il suo punto di vista spesso in disaccordo con la moglie, il principe non esitava a dirle: «Stai buona». E questo atteggiamento era quasi regola quando si parlava di Carlo. Verso il primogenito il giudizio paterno era invariabilmente critico, e se Elisabetta si azzardava a prendere le parti del figlio Filippo esplodeva: «Pensa agli affari tuoi quando parlo con i ragazzi, ti dispiace?» La cosa sorprendente è che lei obbediva e taceva. E non reagiva nemmeno quando il marito si abbandonava a uno dei suoi sport preferiti, come racconta John Barratt, il segretario di Mountbatten: «Era come se provasse piacere a trattare male la moglie, a deriderla, a dirle che non sapeva di che parlava, a ridicolizzare le sue opinioni». Ma lei non reagiva. «Il principe Filippo è uno duro, che è la ragione per cui lei lo amava», è la spiegazione offerta da un ex cortigiano. Alla fine Lilibet avrebbe imparato a combattere, e nemmeno la costante presenza dei dignitari avrebbe inibito qualche salutare litigio. Ma non prima di una quindicina d'anni di vita matrimoniale.

Zio Dickie, come suo solito, interveniva per richiamare il nipote, esortandolo a maggior gentilezza e considerazione nei confronti della moglie. E come per i rimbrotti per le sue avventure sessuali, la risposta infastidita di Filippo era di pensare ai fatti suoi. Forse per inconscio senso di colpa, la reazione di Mountbatten fu un crescente atteggiamento protettivo verso Elisabetta. Era molto attento verso di lei, sollecito e gentile, pronto a chiederle il suo punto di vista su tutti gli argomenti ma anche a consolarla delle sue infelicità coniugali. Il rapporto si fece particolarmente intenso negli anni Sessanta, quando la crisi del matrimonio reale si era ormai consumata. A Broadlands o a Windsor, era facile vedere Elisabetta e zio Dickie avviarsi sotto braccio per passeggiare e chiacchierare a lungo.

Se Mountbatten, a sessant'anni ormai esperto uomo di Stato, offriva alla regina saggi consigli riguardo ai suoi doveri pubblici, ma anche ai problemi privati, erano in verità altre le spalle su cui lei preferiva piangere: quelle larghe e muscolose di Henry George Reginald

Molyneux Herbert, settimo conte di Carnarvon. Se anche solo l'idea che Elisabetta abbia reso a Filippo pan per focaccia può essere presa in considerazione, allora non ci sono dubbi sull'ipotetico partner. I siti web di fanatici repubblicani – come, giusto per citarne uno, *The Happy Fox* – si spingono a pubblicare foto del giovane principe Andrea tra quelle di Filippo da una parte e del conte dall'altra, sormontate dall'interrogativo: «Chi è il padre?» Nel gioco delle somiglianze, non il duca.

Harry Herbert incontrò Lilibet per la prima volta quando lei era ancora una teenager. Lui era maggiore di due anni ed ebbero occasione di ballare insieme più di qualche volta. A un certo punto, anzi, Harry sembrò riscuotere le simpatie di Giorgio VI come uno dei giovani aristocratici in grado di strappare a Filippo il cuore della figlia (salvo ripensarci quando qualcuno sussurrò che il vero padre del giovanotto era il maggiordomo di famiglia). In ogni caso, lord Porchester, secondo il titolo che gli spettava in attesa di ereditare, restò ottimo amico di Elisabetta, che lo ha sempre chiamato affettuosamente *Porchy*. La loro amicizia si cementò soprattutto negli anni Cinquanta attorno alla comune passione per l'ippica. Nel 1956 Porchy sposò un'ereditiera americana, Jean Wallop, e si dedicò professionalmente alla sua passione sportiva. Diventò presidente dell'Associazione Allevatori di Purosangue, presidente dell'Associazione Fantini Dilettanti, presidente del Jockey Club. E finalmente, nel 1969, manager ippico della regina.

Per più di due decadi, dalla fine degli anni Cinquanta, lord Porchester e la sua «padrona» hanno passato molte ore assieme. L'argomento erano sempre i cavalli, ovviamente, e tutte le attività che li riguardano, dalla selezione delle razze all'acquisizione degli stalloni ai metodi di accoppiamento ai sistemi migliori per allevare un fuoriclasse. E vincere il mitico Derby di Epsom, il sogno che finora Sua Maestà non è mai riuscita a realizzare. Ma c'erano solo cavalli e corse nella loro relazione? Sembrerebbe molto di più.

In pubblico Porchy si rivolgeva sempre formalmente all'amica, chiamandola come da etichetta *Ma'am* o *Your Majesty*. Ma in privato era sempre e solo Lilibet, e lei ricambiava chiamandolo Harry. Alto, snello, muscoloso e di bell'aspetto, lord Porchester sembrava l'immagine stessa della distinzione dell'*upper class* britannica. Era del resto un tipico prodotto di quella classe. Nell'87, con il titolo di conte di Carnarvon ereditò dal padre anche 3.000 ettari di terra nell'Hampshire e lo splendido castello di Highclere, set del fittizio *Downton Abbey*. Era stato educato a Eton, dov'era capitano della squadra di boxe. Aveva frequentato l'accademia militare di Sandhurst e servito in Egitto con il primo reggimento di cavalleria della Casa Reale. Reso disabile al servizio effettivo, si era occupato delle sue vaste tenute e soprattutto della sua passione per i cavalli e le corse. Era «affascinante, cortese, con un buon senso dell'umorismo e una scintilla negli occhi». Tutto quello, si direbbe, di cui Elisabetta aveva bisogno per alleviare le sue pene coniugali.

Durante tutti gli anni Sessanta i due erano inseparabili. Si vedevano spesso a Windsor nell'allevamento di purosangue della regina, o anche a Broadlands, dove erano entrambi ospiti di Mountbatten. Andavano assieme a cavallo, facevano lunghe passeggiate scortati solo dai cani e sedevano a chiacchierare davanti al fuoco fino a notte fonda. Con la sensibilità affinata dall'esperienza, il vecchio ammiraglio udì distintamente squillare un campanello d'allarme. E prese l'iniziativa senza precedenti di scrivere a Lilibet una lettera ammonitrice. L'unico che l'ha vista, oltre ai due protagonisti, è John Barratt, che all'epoca era responsabile di tutta la corrispondenza del conte di Burma.

«Come al solito la lettera cominciava '*Dear Lilibet*', e proseguiva con un avvertimento: 'Ti esorto a essere più discreta nella tua relazione con Porchy'. Mountbatten era sempre più preoccupato dall'intimità della regina con Porchester. Sapeva cosa succedeva e temeva che la faccenda potesse sfuggire di mano. Vedeva come stavano assieme, come erano diventati vicini, comportandosi l'uno verso l'altra come se fossero amanti. [...] Elisabetta era così vivace quando Porchy era attorno, e stavano così bene insieme.»

I sospetti cozzano con le dichiarazioni dello stesso Harry sulla sua felice vita matrimoniale, in un'intervista del 1989: «Siamo una famiglia molto fortunata. Mia moglie e io siamo molto fortunati ad avere quattro figli, nipoti, e soprattutto l'un l'altro». L'unione è durata in effetti quarantacinque anni, sino alla sua morte improvvisa per infarto nel 2001. Ma resta il fatto che, dopo il marito, Harry Porchester è stato forse l'uomo più vicino a Elisabetta. L'ammonimento di zio Dickie produsse scarsi effetti, soltanto qualche weekend in meno nella sua bella casa di campagna. Per il resto, i due continuarono a viaggiare insieme in tutto il mondo per gli affari dell'ippica. Filippo, d'altronde, non era mai stato un fanatico delle corse e quasi mai accompagnava la moglie in questi viaggi. Per esempio, la tradizionale fiera primaverile dei puledri nel Kentucky è stata, dal 1975 in poi, uno degli appuntamenti immancabili per la coppia Lilibet-Harry. Di solito si fermavano alla Lane's End Farm di Versailles, la fattoria-allevamento di William Farish III, riservatissimo miliardario americano amico di George Bush senior ed ex ambasciatore statunitense a Londra dal 2001 al 2004.

Nel 1984 rimasero invece a dormire un paio di notti dal cognato americano di Porchy, il senatore Malcolm Wallop, proprietario di un magnifico ranch a Big Horn, nel Wyoming. Lord Porchester aveva pieno titolo, naturalmente, di accompagnare la regina nei viaggi di affari equini: come manager del suo allevamento aveva anzi il dovere di fornirle tutti i consigli di cui poteva aver bisogno. Ma al tempo stesso queste visite erano per lei una boccata d'aria fresca, lontana finalmente dalle restrizioni e regole di Buckingham Palace. Tutti coloro che ha incontrato nelle sue annuali puntate in Kentucky la descrivono rilassata e felice ogni volta che si trovava lì. Poteva chiacchierare senza sosta di corse, purosangue, stalloni e giumente, e per una fanatica del cavallo come lei non poteva esserci vacanza migliore.

In breve, non ci sono prove conclusive che la loro relazione sia andata oltre il lecito. Ma certo Porchy è stato molto fortunato nel trovare un datore di lavoro così comprensivo come Elisabetta. Lei ha continuato a manifestare un'incrollabile fiducia nelle sue capacità di manager ippico a dispetto del fatto che la sua ventennale gestione sia stata un totale fallimento. Per un allevatore spendere ogni anno, come fa la regina, attorno al mezzo milione di sterline e non riuscire nemmeno ad avvicinarsi al trofeo del Derby rappresenta non solo una frustrazione ma anche un cattivo investimento. Nel 1982 la sovrana sembrò finalmente aver fatto un buon affare quando, su suggerimento di lord Porchester, vendette la giumenta Height of Fashion allo sceicco di Dubai per 1 milione e 250.000 sterline. All'epoca fu ritenuto un prezzo esorbitante. Ma nel 1985 e nel 1986 la giumenta partorì due eccezionali purosangue, Unfuwain e Nashwan, che vinsero rispettivamente la 2000 Guineas e l'ambitissimo Derby. E Porchy venne unanimemente indicato come il responsabile di una colossale cantonata. Ma non perse il favore reale.

Solo un altro uomo a Corte ebbe paragonabile accesso ai sentimenti della regina. Anche lui un aristocratico di antico lignaggio, Patrick Plunket fu per Lilibet non solo un prezioso aiuto e consigliere ma un amico e un'anima gemella. Difficilmente poté mai esserci qualcosa di men che appropriato tra i due: era noto a tutti che Plunket era sessualmente neutrale. In compenso si dimostrava un uomo molto dolce e una brillante intelligenza. Patrick Terence William Span, settimo barone Plunket, era due anni più grande di Elisabetta e la conosceva sin dal 1948, quando era stato nominato scudiero di re Giorgio VI. Tra i due quasi coetanei si stabilì subito una forte intesa e quando la regina salì sul trono dapprima confermò l'amico al suo posto, e poi lo promosse *Deputy Master of the Household*, viceresponsabile del funzionamento della Casa Reale. Lui mantenne l'incarico fino alla morte per cancro nel 1975, a soli cinquantun anni.

Al suo arrivo a Buckingham Palace, la famiglia reale al completo si innamorò subito di lui. Erede di una grande fortuna (un nonno era un magnate dei diamanti in Sudafrica), educato a Eton e Cambridge, Plunket amava le arti, l'opera, la musica colta, il teatro, il cinema. Il re arrivò a pensare che sarebbe stato un eccellente partito per l'irrequieta principessa Margaret ma sfortunatamente lui non appariva interessato alle donne, e nemmeno agli uomini. A dispetto dei pettegolezzi e delle allusioni, pare che il sesso in tutte le sue forme non gli interessasse.

Ancora una volta, con Elisabetta, galeotto fu il cavallo. Anche lui condivideva la passione della principessa per il quadrupede e assieme, a guerra finita, facevano lunghe cavalcate, un'abitudine che sarebbe rimasta per i successivi vent'anni. Ma era anche compagno di pesca per la Regina Madre Elizabeth, di caccia per Filippo e di vita mondana per Margaret, prima che entrasse in scena Tony Armstrong-Jones. Per Elisabetta la sua natura calda e generosa e la sua leggerezza di spirito risultavano particolarmente preziosi in contrasto con la cocciutaggine e il permanente malumore del consorte. Plunket sembrava avere una speciale abilità nel portare armonia anche nelle situazioni più scabrose. In più la famiglia reale apprezzava il suo talento nel ricevere e intrattenere. Sapeva mettere tutti a loro agio ed era forse l'unico che riusciva a far scoppiare la sempre controllata Elisabetta in fragorose risate, con le lacrime agli occhi. Alla fine, i Windsor lo avevano soprannominato *Master of Revels*, il Maestro delle Feste, perché nessuno meglio di lui sapeva come mescolare magnificenza e informalità.

Tutte queste doti Plunket le mise al servizio della sua regina. Mai fiori furono meglio disposti, mai menu meglio concepiti. Elisabetta sa apprezzare il bello e il buono della vita, ma non ha una personalità creativa. Era un compito che lasciava volentieri al fedele Patrick. Era lui che prima di Natale o in occasione di compleanni e visite di Stato batteva gli eleganti negozi di Burlington Arcade o le vie chic dello shopping per riportare a Palazzo una selezione di doni originali: alla regina toccava solo la scelta finale. Per lei, sostiene un amico, «lui era una specie di fratello acquisito». In pubblico naturalmente era sempre *Ma'am*, anche di fronte agli altri membri della famiglia, ma in privato lei lo chiamava Patrick e lui la salutava con un bacio sulla guancia. Filippo era ben lungi dall'essere geloso. Piuttosto, riconoscente perché Plunket lo sollevava da una serie di compiti che lui detestava, compreso l'essere simpatico, comprensivo e divertente.

Era sempre Patrick a organizzare, per una decina d'anni tra i Sessanta e i Settanta, quelle che per la sovrana erano autentiche «avventure»: dalla porta posteriore della reggia scivolavano in incognito per andare al cinema, di solito l'Odeon di King's Road, a Chelsea, e poi magari a cena con amici in un ristorante qualunque, spesso da *Raffles* sul lato opposto di King's Road. Sera preferita il lunedì, quando lasciavano Buckingham nella vecchia Rover di Elisabetta, lei camuffata con un impermeabile e un foulard in testa. Era ancora lui a danzare con la regina nei ricevimenti in cui Filippo era troppo occupato a flirtare con le lady amiche, e a passare abilmente la partner a un altro ballerino che non aveva osato chiederle un ballo.

Quando zio Dickie Mountbatten e la Regina Madre, entrambi nati nel 1900, raggiunsero assieme i settant'anni (lui a giugno, lei ad agosto) fu Plunket a inventarsi una specie di festa generazionale dei Windsor, sebbene i due festeggiati si amassero poco reciprocamente. Ma Patrick aggiunse ai protagonisti altri due settuagenari come il duca di Gloucester e il duca di Beaufort, e ne risultò una serata allegra ed elegante, una grande festa di famiglia che faceva risaltare il ruolo della regina come anello di congiunzione di tutte le generazioni e le anime della dinastia. A lui Elisabetta deve anche la creazione della Queen's Gallery: la convinse a trasformare in museo la cappella bombardata della reggia e a offrire al pubblico (pagante) una delle più belle collezioni private di pittura al mondo.

L'intimità fra la sovrana e il suo più prezioso servitore ha indotto qualcuno a pensare che fossero amanti. Il solito website ha rifatto il giochino delle somiglianze, stavolta associando la foto di Plunket a quella dell'ultimo figlio di Elisabetta, Edoardo. Non c'è il benché minimo elemento a sostegno di questo pettegolezzo. Piuttosto, la relazione fu quasi certamente priva di ogni connotato sessuale ma comunque fortemente coinvolgente per la regina sul piano sentimentale. Patrick Plunket sembrava offrire alla donna sola sul trono gentilezza e calore, sincerità e pazienza in tale abbondanza da renderle impossibile non rispondere con lo stesso amore. Quando lui morì, nel giugno 1975, lei pianse apertamente e fece qualcosa che gli inglesi riservano alla memoria delle persone amate: fece sistemare una panchina di legno con il suo nome nei Valley Gardens, all'interno del Gran Parco di Windsor, nei quieti e isolati giardini in cui avevano spesso passeggiato insieme.

La breve lista di amici di cui Elisabetta si è veramente fidata non sarebbe completa senza altri due nomi. Il primo è sir John Miller, scudiero reale dal '61 all'87, con l'incarico di sovrintendere alle auto e carrozze reali. È stato suo compito anche, per quasi trent'anni, l'organizzazione di qualsiasi corteo cerimoniale della sovrana. E come diceva lui, scrollando le spalle con tipico understatement: «Ho molto da farmi perdonare». Ma la regina lo faceva subito, perché sir John la faceva ridere di gusto. Sir Matthew Farrer invece non era molto divertente, ma come avvocato privato di Sua Maestà dal 1965 al 1994 l'ha servita con abilità e intelligenza anche nei tempi difficili rappresentati dall'*annus horribilis* 1992.

Aveva dunque ragione, Filippo, a immaginare che la moglie non fosse in condizione di vendicarsi dei suoi tradimenti? Allo stato degli atti una risposta sembra impossibile. In ogni caso, l'assenza di prove certe conferma che anche per Sua Maestà, come per i suoi antenati, «il peccato non consiste nel commetterlo ma nel renderlo pubblico». A dispetto di tutto sembra che il legame tra i coniugi reali sia rimasto fortissimo anche dopo la fine della passione giovanile. Ma, spesso sola, oppressa dagli impegni ufficiali e dalle delusioni private, Elisabetta si è comunque ritagliata un mondo a parte, con le sue indiscutibili lealtà, i suoi riti, i suoi amici fidati.

Il marito tuttavia, che lo meritasse o meno, non è mai uscito dal quadro. Ricordo il grande pranzo nella Banqueting Hall offerto da Blair a trecento invitati, nel 1997, per festeggiare le loro nozze d'oro. Nel brindisi finale la regina rese a Filippo il più schietto e grato degli omaggi: «È stato la mia forza e tale è rimasto in tutti questi anni, e io e la sua intera famiglia, e questo e molti altri Paesi, abbiamo con lui un debito assai più grande di quanto egli mai ammetterà o noi riusciremo mai a quantificare». La risposta del duca mostra un insolito tocco di umiltà: «Credo che la lezione principale che abbiamo imparato è che la tolleranza è l'ingrediente essenziale di qualsiasi matrimonio felice. Posso assicurarvi che la regina possiede in abbondanza la qualità della tolleranza». I presenti applaudirono e scoppiarono a ridere, e anche Elisabetta si permise un accenno di sorriso. Chissà se in quel momento si è chiesta se ne è valsa la pena.

INTERMEZZO A CORTE

Una giornata da regina

È PERFINO successo, com'è noto, che a svegliare la regina sia stato un estraneo, l'imbianchino disoccupato Michael Fagan, intrufolatosi nella sua camera da letto, con gran scorno dei servizi di sicurezza. Quando questo per fortuna non accade, ogni santo giorno della settimana (eccettuato il weekend) Sua Maestà viene svegliata alle 7.30 in punto nella sua camera non tanto grande, cinque metri per tre. Una cameriera arriva con un vassoio d'argento su cui sono disposti una teiera anch'essa d'argento, una tazza di comune porcellana e un bricco con il latte. «*Good morning Ma'am*» è il buongiorno a cui fa da contrappunto un augusto «*Good morning*». La domestica apre le tende, deposita il vassoio sul letto davanti alla sovrana e si sposta in bagno a far scorrere l'acqua calda nella vasca vittoriana di smalto con i vecchi rubinetti d'ottone.

La regina intanto attacca la colazione. Sappiamo esattamente che cosa le piace trovare sul vassoio grazie agli appunti della *Deputy Head Royal Coffee Maid*, ovvero la Vicecapocameriera del Caffè, di Buckingham Palace: tra le carte di Mrs Audrey Taylor, scomparsa nel 2008, sono state trovate e messe all'asta le sue note autografe su come – e con che cosa – va preparato il vassoio della reale colazione. Si è così appreso che la regina è ghiotta di toast bianco e biscotti d'avena, mentre Filippo esige fette biscottate Ryvita e toast integrali. Mentre ci spalma su la marmellata, Elisabetta ascolta alla radio il programma *Today*, contenitore di notizie, opinioni e interviste che di solito rispecchia l'agenda politica della giornata. Di tè ne beve solitamente un paio di tazze lasciando scorrere lo sguardo sulla camera e sulle foto incorniciate di figli e nipoti disposte sopra il prezioso cassettone del Settecento. Il letto invece è molto più semplice, un *queen size* con copriletto blu e lenzuola bianche, cambiate ogni giorno. Dopo il bagno, Sua Maestà si sposta nello spogliatoio accanto che contiene armadi a muro, cassettiere e guardaroba di varia misura. Gli abiti che indosserà sono predisposti dalla sera prima, scelti dalla guardarobiera che ha sostituito l'amata Bobo come consigliera alla vestizione.

La sovrana è pronta per cominciare la sua giornata di lavoro. Si avvia lungo il corridoio sul quale si apre l'appartamento del marito Filippo, lungo la stessa ala del Palazzo che si affaccia su Constitution Hill, e più oltre su Green Park. I coniugi, com'è noto, hanno sempre dormito in suite separate, e se nessuno dei due ha impegni mattutini si ritrovano nella Breakfast Room per consumare la colazione propriamente detta. Il duca una volta amava il *Full Monty*, come si chiama in gergo la tradizionale colazione inglese completa, con uova, pancetta, salsicce e toast (preferita anche, pare, dal feldmaresciallo Montgomery, donde il nome). Ora che l'età richiede qualche accortezza in più, si limita a consumare qualche toast alla marmellata di arance amare accompagnato da succo di frutta e uova à la coque. A tavola non si parla. La coppia si immerge nella lettura di tutta la stampa britannica, cominciando dai più insidiosi tabloid – *Sun*, *Star*, *Mirror*, *Mail* – e finendo con i *broadsheets*, gli autorevoli giornali d'opinione come *Times*, *Telegraph*, *Guardian*. Elisabetta non manca mai di concludere con un'occhiata a *The Sporting Life*, bibbia quotidiana del mondo dell'ippica.

Il rapporto dei Windsor con la stampa è per sua natura spinoso. Le decine di articoli sulla «Ditta» costituiscono una minaccia costante, e spesso un'autentica infrazione del diritto alla privacy a cui pure i reali, teoricamente, avrebbero titolo. Al tempo stesso l'attenzione dei giornali rappresenta una rassicurante conferma dell'ossessione nazionale nei riguardi della famiglia reale: se i sudditi sono sempre così curiosi di tutto quanto la riguarda, vuol dire che conta ancora nelle loro vite, o quanto meno nel loro immaginario. Il giorno che non sarà più così la monarchia sparirà nell'irrilevanza, e poi sparirà del tutto. Questo costringe Elisabetta e i suoi consiglieri a un difficile esercizio di equilibrio rispetto al diritto di cronaca. Sanno benissimo che, perfino oggi con le vendite in calo, i giornali vengono letti da non meno di venticinque milioni di inglesi, vale a dire il 70 per cento della popolazione adulta. E sono dunque il principale filo diretto tra l'istituzione e l'opinione pubblica.

Di regola Buckingham Palace non risponde mai a insinuazioni o attacchi, né si prende la briga di smentire. La Corona non può lasciarsi trascinare in processi per diffamazione. C'è stata qualche rarissima eccezione. Una volta, nel 1983, la regina denunciò la cannoniera della stampa scandalistica, il *Sun* dell'australiano repubblicano Murdoch, per un articolo sulla love story del principe Andrea con la starlette del «pornosoft» Koo Stark, descritta mentre cammina a piedi nudi per i solenni saloni della reggia. Tre lustri dopo toccò al principe Carlo ricorrere a un giudice per bloccare la pubblicazione su vari tabloid della storia inventata da un ex valletto su suoi presunti rapporti omosessuali. E infine gli avvocati di Palazzo si sono mossi per ottenere un'ingiunzione del giudice contro la pubblicazione in Gran Bretagna delle foto «rubate» di Kate Middleton in topless: il settimanale francese che le ha messe in pagina non ha potuto raggiungere le coste britanniche, ma in compenso i sudditi si sono rifatti gli occhi su internet.

L'esame della stampa fresca di giornata è pertanto l'oggetto della prima riunione di Sua Maestà con i collaboratori che l'attendono nel suo ufficio affacciato su Green Park, alle nove precise ogni mattina. E con la regina non è mai consigliabile mancare di puntualità, non solo per una questione di rispetto ma per evitare di incorrere nel suo manifesto dispiacere. Per lei il ritardo è imperdonabile, e nemmeno i parenti più cari evitano il suo rimbrotto, come racconta Dickie Mountbatten. «Partii da casa sapendo che sarei stato in ritardo. Dissi al mio autista di filare come un matto e lui affrontò contromano una rotonda e anche una strada a senso unico, nel tentativo di risparmiare qualche minuto vitale. Arrivammo sollevando una nuvola di polvere e io mi precipitai nella sua stanza, più o meno in ritardo di dieci minuti. Ero tutto ansimante e senza fiato quando giunsi in sua presenza. La regina mi guardò dall'alto in basso e disse piuttosto seccamente: 'Sei stato carino a deciderti a venire, alla fine, forse ci possiamo vedere un altro giorno', e se ne uscì dalla stanza. Mi sentii un microbo. Ma da quella volta non sono mai più stato in ritardo.»

Severa e brusca con tutti – compreso il primo ministro – quando necessario, Elisabetta viene però generalmente descritta come un «principale» attento e gentile verso i dipendenti. È lei in persona a scegliere il personale con un *caveat*: «Cominciamo a provare per un anno, e vediamo se ci sopportiamo a vicenda». Nessuno se ne va se non dopo molti anni, e di solito i dipendenti usano aggettivi entusiastici per definire la loro esperienza lavorativa, tipo «avvincente», «privilegiata», mentre il boss dalla testa cotonata è per tutti «ispiratore». Non c'è ragione di dubitarne, tanto più che i salari a Corte sono tutt'altro che alti: un maggiordomo ha diritto a vitto, alloggio e poco più di 15.000 sterline all'anno. Ma sa che, una volta lasciato il Palazzo, il suo «valore» sul mercato privato sarà anche dieci volte tanto.

Gli spettatori che hanno seguito in tv la performance di Elisabetta come «Bond girl» all'inaugurazione dei Giochi Olimpici di Londra, nel 2012, hanno anche avuto modo di dare un'occhiata al suo ufficio. Ricordate? è lì che Sua Maestà riceve Daniel Craig, per salire quindi assieme a lui sull'elicottero da cui si getterà (la controfigura, ovviamente) in paracadute sullo stadio di Stratford. Il vasto studio a Buckingham somiglia piuttosto a un salotto privato, e l'atmosfera è piacevole e distesa. La regina lavora da più di sessant'anni alla scrivania Chippendale che si portò dietro da Clarence House, e siede su una splendida poltrona della stessa epoca con cuscino in tessuto. Sui magnifici mobili della stanza ci sono dappertutto fiori freschi portati da Windsor, soprattutto i preferiti garofani rosa e mughetti. Su un tavolo è in mostra una gran quantità di foto, che mischiano ai famigliari anche i ritratti di cani e cavalli particolarmente amati. È in questo salotto che riceve il primo ministro in carica, ogni martedì sera da sessantaquattro anni. E guai al premier che prende alla leggera l'appuntamento. Lei lo mette sulla graticola.

Tutti i suoi collaboratori ne lodano il buon senso, la comprensione, la mancanza di formalità nei rapporti, senza peraltro mai diminuire di un etto la sua dignità regale. La descrizione migliore, anche su questo punto, viene dall'ex segretario Martin Charteris, che ha lasciato scritto: «Conosco la regina da quarant'anni e non l'ho mai vista venir meno alla sua dignità, mai. Che rientri a casa bagnata e coperta di fango dopo la difficilissima caccia al cervo o che mi riceva in vestaglia per darmi un messaggio, è sempre la regina».

La mattinata di lavoro, tra riunioni, lettura delle carte delle *red bo-*

xes, istruzioni al Lord Ciambellano e alla sua dama di compagnia lady Susan Hussey, figlia del conte Waldegrave, si interrompe per decidere il menu dei pranzi del giorno. I cuochi di Corte le sottopongono varie alternative, scritte in francese su un quaderno in pelle. Sua Maestà ha un palato semplice e preferisce piatti cucinati secondo i dettami della *nouvelle cuisine*, quindi poco elaborati. Ma trova importante la presentazione ed esige che tutte le pietanze abbiano un'impronta per così dire geometrica, nel senso che gli alimenti, siano pesce o carne, verdura o patate, devono essere tutti tagliati in pezzettini meticolosamente regolari.

L'esperienza di un pranzo con Sua Maestà, eccitante per il personaggio con cui si siede, raramente propone estasi culinarie, come sanno tutti coloro ai quali il Lord Ciambellano «ha ricevuto ordine di spedire un invito» per un *lunch* reale. Questi incontri di solito offrono a Elisabetta un'occasione per sondare gli umori del Paese, trovandosi a chiacchierare con persone che provengono da ogni settore della società, dalla finanza alla Chiesa, dai giornali all'accademia, dal calcio al teatro. Agli ospiti è «ordinato» di arrivare a Palazzo per le 12.30, un valletto li accompagna sino alla Sala degli Inchini, un trionfo di tappezzerie panna e oro, e qui li accolgono una dama di compagnia e uno scudiero per la cerimonia degli aperitivi. La regina arriva coi suoi corgi quando tutti gli invitati sono presenti, ma non beve alcolici. Si racconta che una volta la Queen Mum, notoriamente affezionata al gin tonic a ogni ora, le chiese se ne voleva uno prima di pranzo, ed Elisabetta rispose: «No, grazie, mamma. Dobbiamo regnare, questo pomeriggio».

Il pranzo è servito alle 13.10 in punto nella sala che la grande Vittoria fece arredare com'è nel 1844. Elisabetta siede al centro del tavolo, con il marito o il figlio Carlo di fronte, e come sempre l'ospite di maggior rilievo alla sua destra, e una signora alla destra del duca o del principe. Regola vuole che nessuno continui a mangiare quando la sovrana ha finito, e la cortesia costringe la regina a centellinare il suo cibo conservando sempre un boccone nel piatto finché l'ultimo ospite ha terminato il suo. Anche la conversazione a tavola segue regole precise. Sua Maestà parla con gli invitati alla sua destra fra la prima e la seconda portata, e con quelli a sinistra fra la terza e la quarta. Al dessert parla con tutti. Per venire incontro ai gusti di ogni commensale, il menu è sempre una specie di massimo comun denominatore dei piatti più diffusi: salmone, sella d'agnello o scaloppe di vitello, un pudding per finire. Severamente banditi dalla tavola reale, per evitare imbarazzi o macchie sconvenienti, sia gli spaghetti sia ogni tipo di salsa rossa.

Dopo pranzo è il momento della passeggiata salutare nel parco della reggia. Elisabetta ne approfitta per portare a spasso la sua muta di corgi, assottigliata dagli anni. Ma non ne vuole di nuovi, per non lasciarli soli quando non ci sarà più. Nel pomeriggio si concede anche un riposino e una lettura più approfondita di *The Sporting Life*, o si concentra sullo studio della genetica equina, nella speranza che prima o poi il suo allevamento produca un agognato vincitore del Derby. Il lavoro riprende con i «ricevimenti» formali: quindici minuti l'uno di appuntamenti con diplomatici di Paesi stranieri oppure con ambasciatori inglesi in procinto di partire per nuove missioni, o ancora con i rappresentanti delle tante organizzazioni della vita sociale. Si va avanti sino alle cinque, quando viene servito il tè.

La regina predilige una particolare miscela di foglie cinesi e indiane prodotta da Twinings, e in vendita anche da Fortnum & Mason su Piccadilly. Lei lo prende con un po' di latte ma senza zucchero, e come da tradizione le piace mangiare qualche *fingers*, come si chiamano in gergo i minitramezzini al cetriolo serviti assieme a *scones* e pasticcini. Terminata la pausa riservata al tè, di solito alle 17.30, è il momento del pasto dei suoi cagnolini, di cui lei ama occuparsi personalmente. Non senza la collaborazione di una pattuglia di lacchè in livrea. Uno arriva con un grande telo verde di plastica che stende per terra, un altro con una pila di ciotole ognuna con il nome del destinatario, un terzo con un bidoncino di cibo che la regina distribuisce a ogni cane con un cucchiaio d'argento. Ai lacchè tocca anche vigilare che i corgi rispettino il turno e nessuno cerchi di rubare dal piatto dell'altro. Quando hanno finito, di nuovo tutti fuori sulle orme della padrona per fare i loro bisogni (possiamo escludere che sia Sua Maestà a raccogliere quelli solidi). Nei weekend, invece, l'intera muta dispone di una Rolls-Royce per trasferirsi a Windsor, dove li attende la reale padrona.

Il fine settimana nel castello avito è uno dei canoni immutabili dell'esistenza di Elisabetta. Niente potrebbe essere più tradizionalmente inglese del ritorno settimanale nel *countryside*, anche se invece della semplicità di un cottage la regina trova ad accoglierla le centinaia di stanze e salotti di uno dei più famosi manieri del mondo. In primavera

Windsor diventa anche la scena sontuosa di una tradizione inaugurata nel diciannovesimo secolo dalla regina Vittoria, quando ad aprile la Corte si trasferiva nel castello: è la serie di incontri chiamati in gergo *dine-and-sleep*, ovvero «cena e dormi».

In queste occasioni Elisabetta riunisce a Windsor tra otto e dieci eminenti ospiti da vari settori della società, per una piacevole serata di conversazioni a tavola. Un invitato racconta che «si parlò di ogni sorta di cose, incluse questioni politiche su cui la regina mostrò vaste informazioni e letture. Su argomenti più leggeri si rivelò spiritosa e comunicativa». Insomma, per quanto formali, questi pranzi a castello appaiono molto più rilassati di quelli organizzati a Buckingham per le stesse ragioni. Forse perché, come suggerisce l'ex premier Alec Douglas-Home, «la regina considera Windsor la sua casa, proprio come ognuno fa con la sua. Per noi è difficile comprenderlo». In ogni caso, oltre alla stagione pasquale, è lì che Lilibet ama trascorrere ogni possibile weekend, godendosi la parte di castellana. È largamente noto che Sua Maestà ispeziona le camere degli ospiti prima del loro arrivo e seleziona anche le letture che immagina di loro gradimento.

La faccenda, sin dai tempi dei genitori di Elisabetta, funziona così. Ogni coppia di invitati arriva tra le sei e le sette della sera, accolta da uno scudiero e una dama di compagnia che la scortano al suo appartamento in una delle tre torri: Lancaster, York o quella di re Edoardo III. La suite comprende di solito due grandi camere da letto con relativi bagni, uno spogliatoio per signora e un salottino con scrittoio, generosamente rifornito, oltre che di acqua minerale, di decanter con whisky, sherry, gin, coppe di canditi, barattoli di biscotti, vassoi colmi di frutta fresca. Ogni ospite si vede assegnare un lacchè o una cameriera come domestico personale, e saranno loro a disfare le valigie all'arrivo, disporre in bagno gli oggetti da toilette, prendersi cura degli abiti, anche lavandoli e stirandoli se necessario: «Meglio di qualsiasi lavanderia a secco a Londra», secondo il lapidario commento della moglie di un diplomatico del Commonwealth. Ma qualcuno, come il direttore di museo Roy Strong, può trovare «snervante essere curato da così tante persone».

Gli ospiti si incontrano per gli aperitivi in uno dei tanti vasti salotti del castello, dove la regina e il duca di Edimburgo li raggiungono circondati, oltre che dai soliti corgi, anche da una mezza dozzina di cortigiani. Elisabetta è affezionata al suo cocktail vecchio stile, gin e Dubonnet (una parte di gin, tre di liquore), un gusto ereditato dalla mamma, mentre Filippo è un amante della birra Boddingtons, prodotta dalle parti di Manchester. La regina racconta aneddoti su precedenti visitatori, mettendo in mostra le sue notevoli qualità di imitatrice (ma non le piaceva quando era Diana a imitare lei...), e ride divertita delle malefatte dei suoi mordaci cagnetti gallesi. Dopo di che, tutti di nuovo in camera a cambiarsi d'abito a tempo di record per ritrovarsi a cena alle 8.15 in punto nella maestosa State Dining Room. La coppia reale arriva un quarto d'ora dopo e ci si siede a tavola.

Qui il dress code è strettamente formale. Donne in lungo come la regina, che esibisce sempre alcuni dei suoi spettacolari diamanti, e giacca da sera per i signori, con la sola eccezione dei maschi di Casa Reale che indossano la *Windsor Uniform* creata da Giorgio III per i gentiluomini a Corte: Filippo ha ideato una sua versione, di velluto blu scuro con revers scarlatti e bottoni d'ottone. Almeno su questo il figlio Carlo non prende le distanze, e a una serata a castello alla quale anche mia moglie e io eravamo invitati sfoggiava la stessa elegante tenuta del padre.

L'atmosfera è meno rigida che a Buckingham, ma anche qui il protocollo è religiosamente rispettato, e la regina si aspetta che gli ospiti lo conoscano. Oddio, non vista, ogni tanto anche lei si permette uno strappo: testimoni degni di fede mi assicurano che sotto le lunghe tovaglie ne approfitti per liberarsi temporaneamente di un paio di scarpe strette. Ma sono infrazioni minime, e certe volte è lei stessa a dare qualche indicazione pratica ai convenuti. «Devo spiegarLe come fare coi tovaglioli», ha detto una volta a un invitato. «Guardi là che fanno. Sbagliano completamente. Hanno messo il lato inamidato rivolto verso il basso. Ma così il tovagliolo gli scivola dalle ginocchia. Deve fare così, poggi sulle gambe il lato non inamidato, e un lembo lo assicuri sotto.»

Lei ha l'abitudine di pulire sempre l'orlo del bicchiere dalla sua traccia di rossetto, e a fine pranzo di aprire la borsetta da sera e passarsi di nuovo il colore sulle labbra. È una consuetudine d'altri tempi ma non viola l'etichetta. L'ex first lady Laura Bush la imitò una volta a un pranzo di signore commentando allegra: «La regina mi ha detto che si può fare». È un cerimoniale d'altri tempi, pre-avvento del femminismo, anche quello che vede Elisabetta alzarsi e uscire dalla sala con le altre signore lasciando i gentiluomini a tavola a fumare sigari e bere porto. Jean Carnarvon, la vedova del suo intimo amico lord Porchester, ha raccontato che la regina «non ha mai battuto ciglio per questo. Era una cosa scontata».

Quando i signori hanno finito, può cominciare l'ultima parte della serata, sempre nella libreria del castello, dove la sovrana ha fatto disporre in mostra per l'occasione oggetti o volumi di particolare interesse. «La selezione mira più a intrattenere che a informare», ha spiegato Oliver Everett, per più di due decadi Bibliotecario Reale. Insomma, a dare alla gente qualcosa di cui parlare. Finché le chiacchiere di circostanza non cedono il passo a un ammirato stupore nel tour della pinacoteca che Elisabetta lascia sempre ultimo, guidando con competenza gli invitati tra i van Dyck, i Rubens e gli Holbein che affollano le pareti. In pittura come nella vita non finge mai di apprezzare ciò che non le piace, perciò all'inaugurazione della Tate Modern (la galleria nazionale di arte moderna) la guidarono lontano dal famoso letto sfatto di Tracey Emin o dallo squalo in formalina di Damien Hirst. Ma sa bene quello che ha in casa, e prende molto sul serio il suo ruolo di custode di una collezione d'arte che comprende ben settemila dipinti. Finita la visita vengono serviti caffè e liquori in salotto, e infine tutti a letto dopo un formale arrivederci. Gli ospiti ripartono presto la mattina dopo, senza rivedere i reali e con l'indicazione di non lasciare denaro al personale (ma una mancia ci scappa sempre).

Un banchetto di Stato, a Buckingham o a Windsor, è ovviamente un affare molto più serio. Ci sono da mettere a tavola mediamente centocinquanta persone, in uno degli scenari più imponenti e sfarzosi che si possano immaginare. Si capisce che la preparazione di questi eventi – in media quasi due per ogni anno di regno – richieda anche più di sei mesi. Ma il risultato è davvero strabiliante, un ingranaggio perfetto come un orologio e scintillante come un uovo Fabergé della reale collezione. Invitato con mia moglie al banchetto in onore del nostro presidente Carlo Azeglio Ciampi, a Buckingham Palace, ricordo una serata che fece un'impressione indelebile sugli ospiti italiani. A parte, ovviamente, qualche comprensibile riserva sul menu che, sebbene scritto in francese, prevedeva – indovinate – sella d'agnello...

Già l'invito lascia immaginare arcani percorsi organizzativi. Mi giunse in ufficio un paio di mesi prima della data fissata – il 15 marzo 2005 – dentro una busta immacolata 21x16. Accanto al monogramma EIIR, cioè Elisabetta II Regina, il timbro circolare con la scritta BUCKINGHAM PALACE SW1A 1AA al posto del francobollo certificava che la missiva veniva proprio dall'ufficio postale collocato al primo indirizzo del regno. Subito sotto, un altro bollo – stavolta ovale – specificava il passaggio attraverso THE MASTER OF HOUSEHOLD'S OFFICE, l'Ufficio del maestro della Casa Reale. Infine, sul lembo della busta, il leone e il liocorno rampanti, emblema araldico della monarchia britannica, non lasciavano dubbi sul fatto che fosse proprio Elisabetta a scrivermi.

Oddio, non lei in persona. Estratto con ogni riguardo dall'involucro, il largo e spesso cartoncino bordato d'oro, sormontato dal monogramma reale anch'esso in oro, diceva testualmente (traduco alla lettera): «Il Lord Steward ha ricevuto il comando di Sua Maestà di invitare il Dottor Antonio Caprarica e Mrs Caprarica a un Banchetto di Stato offerto a Buckingham Palace dalla Regina e dal Duca di Edimburgo in onore del Presidente della Repubblica Italiana e Signora Ciampi, Martedì, 15 marzo 2015, alle 8.30 pm».

Nell'angolo destro del cartoncino era naturalmente specificato il codice di abbigliamento: abito da sera per le signore, cravatta bianca (cioè frac) per i signori, abito da sera da cerimonia per gli ufficiali in servizio e infine abiti nazionali (eventuali sudditi dell'ex Impero...). Agli invitati veniva anche ingiunto di presentarsi a Palazzo tra le 7.50 e le 8.10 della sera. L'autista della limousine che avevo affittato dovette fare miracoli nel traffico londinese per trovarsi in coda alle 7.52 davanti alla cancellata della reggia, pronto al controllo capillare dell'unità antiterrorismo di Scotland Yard: cani antiesplosivo, piattaforma a raggi X su cui far salire le auto... Insomma, niente lasciato al caso. E si capisce. A parte gli ospiti italiani, quella sera a Buckingham c'era tutto l'establishment britannico accanto alla regina: dal premier Blair ai ministri degli Esteri, della Difesa, della Giustizia, agli alti gradi di forze armate e polizia, all'arcivescovo di Canterbury. Un attacco terroristico avrebbe lasciato il Regno senza testa.

Dentro, imbocco con mia moglie lo scalone d'onore a doppia elica sino al primo piano, seguito da Tony Blair e consorte Cherie. In cima, sulla soglia delle Sale di Stato, mi fermo per cedergli la precedenza, che il premier graziosamente rifiuta. In coda per arrivare al cospetto della regina, chiacchieriamo ovviamente del tempo, con Cherie che sorride nostalgica al ricordo di una recente vacanza romana. La fila degli invitati scivola lentamente in avanti. Un banchetto di Stato è un affare così serio che il Cerimoniale di Corte ha ordinato la stampa di un libriccino in copertina rigida blu con lo stemma dei Windsor sovrimpresso in oro: nelle sue novantotto pagine risulta pianificato ogni momento delle settantadue ore che i coniugi Ciampi passeranno a Londra. Ogni passo dettagliato al minuto. A pagina 50 si annuncia: «8.20 p.m. Gli Ospiti sono presentati alla Regina, al Presidente della Repubblica Italiana e alla Signora Ciampi e al Duca di Edimburgo dal Lord Steward nella Sala della Musica e prendono posto nella Sala da Ballo».

La Sala della Musica a Buckingham è il posto in cui gli infanti reali vengono battezzati, come tutti i figli e nipoti di Elisabetta, ma nelle occasioni formali è anche il luogo in cui gli ospiti vengono presentati a Sua Maestà e ai capi di Stato in visita. Per arrivarci si attraversa la Sala del Trono, e avvicinandomi alla soglia scorgo appena oltre la regina, il diadema tempestato di diamanti sopra i capelli candidi e la fascia blu dell'Ordine della Giarrettiera che le attraversa l'abito candido cosparso di migliaia di perline. Con ritmo invariabile tende la mano guantata di bianco (in pubblico, i guanti non li toglie mai) all'ospite che viene annunciato dal Lord Steward.

Quando tocca a noi, il duca di Abercorn se la cava discretamente con la pronuncia del mio nome (difficilissima per un inglese): Iolanta fa un passo avanti ed esegue, come da etichetta, una lieve genuflessione. Elisabetta le offre la mano, poi passa a me e mi sfiora le dita mentre eseguo il prescritto inchino del capo. Segue subito Blair, ma è solo con l'ospite che viene dopo che il sorriso di Sua Maestà sembra animarsi. È il famoso *jockey* Frankie Dettori, ed è lei stessa a presentarlo a Ciampi: «Non lo conosce? Ma certo. È il nostro miglior fantino!»

Seguendo il programma al secondo, alle 8.30 – quando tutti gli invitati sono ormai seduti – la *Royal Procession* guidata dalla regina e da Ciampi fa il suo ingresso nella *Ball Room*, la sala da ballo grande come una piazza d'armi che ospita investiture e banchetti come questo. Quando vi entriamo l'occhio si perde nello scintillio delle luci dei lampadari di cristallo, degli argenti apparecchiati a tavola, dei diamanti indosso alle signore. Ai due lati dei lunghissimi tavoli disposti a ferro di cavallo prendono posto, secondo i dettami dell'etichetta, i centocinquanta ospiti, tra i quali spiccano le tiare incrostate di pietre preziose delle dame di Casa Reale.

Anna, che porta il titolo speciale di *Princess Royal*, è al tavolo centrale alla destra di Ciampi, a sua volta a destra della regina. Sul lato sinistro del ferro di cavallo siede la duchessa di Gloucester, cugina di Sua Maestà. Ma la più carica di gioielli, sul lato destro, due posti più su di fronte a me, è la principessa di Kent, moglie del cugino Michael. La conosco da qualche tempo, anche per i romanzi storici che ama scrivere, e la trovo simpatica. Non lo è altrettanto a Buckingham, dove negli anni Novanta la chiamavano una delle «tre streghe di Windsor»: le altre due erano Diana e Sarah. L'orchestra delle *Irish Guards*, disposta sulla balconata a cinque metri d'altezza, attacca a suonare mentre noi sotto cominciamo a mangiare.

Dal «Consommé Hélène» al dessert «Terrina di cioccolato e vaniglia» passano due ore e mezzo di pura britannicità alimentare. Al brodino in cui naviga, sullo sfondo magnifico del cobalto della porcellana, qualche sparso vegetale segue il «Loup de Mer Poché Printanier», che sarebbe una spigola – o branzino – pressoché insapore, ma fortunatamente accompagnato da un bianco francese Puligny-Montrachet, 1er Cru Le Clavoillon, Domaine Leflaive 1998. Sul vino niente da eccepire, e pure la «Selle d'Agneau Farcie Aux Herbes» va giù molto meglio con un rotondo rosso italiano Allegrini-La Poja 1999.

Ai brindisi, nelle due secche cartelline che legge con la sua sottile voce nasale, Elisabetta riesce a esprimere con ammirevole concisione tutto ciò che deve dire. Ricorda l'esiliato Mazzini, rende omaggio al «leggendario Zeffirelli» che le siede di fronte ma pure ai «numerosissimi calciatori italiani sui nostri campi da gioco», esalta i legami tra i due Paesi e conclude citando il grande poeta Robert Browning, così innamorato della nostra Asolo: «Scrisse in maniera memorabile che, se si fosse aperto il suo cuore, si sarebbe trovato 'Italia' inciso su di esso». Il discorso non l'ha scritto lei ma si può star certi che, se non la pensasse in questo modo, non l'avrebbe pronunciato.

Naturalmente non c'è modo, nemmeno nella rilassata conversazione dopo il pranzo nel vasto salotto della *North Drawing Room*, di indovinare i veri pensieri della regina sugli argomenti del giorno. Si può abbozzare una chiacchierata leggera, se interpellati, ma oltre le condizioni del tempo, qualche lieto ricordo di caccia, una parola sui cavalli o cenni generalissimi sull'universo, non si va. La maschera rimane incollata al viso, dopo decenni di esercizio. Elisabetta sembra animarsi solo trovandosi di nuovo davanti Dettori. Parlottano fitto per un po', poi lui la fa sorridere. Appena la regina si allontana mi avvicino al fantino: «Frankie, che ti ha detto?» «Eh, era un po' dispiaciuta per la vendita di Height of Fashion, sai, la cavalla che ha ceduto allo sceicco Maktoum. Coi purosangue che ha prodotto, e tutto quello che hanno vinto, ripeteva, avrei dovuto tenermela. Ma io le ho detto che non doveva pentirsi. Una volta tanto ha fatto comunque un buon affare.»

Dopo una vita di banchetti e di incontri, le serate trascorse in casa senza impegni, in un Palazzo finalmente quieto, devono forse sembrare a Elisabetta e Filippo le più eccitanti. La regina non si perde mai le *news* della Bbc alle 18, e poi va a vestirsi per cena. Non è tanto formale come i nonni Giorgio V e Mary, che pure da soli indossavano lui il frac e lei l'abito lungo con tiara di diamanti, però Lilibet va a tavola in corto da sera e il marito in smoking e cravattino nero. Inutile dirlo, pochi brividi dal menu: salmone affumicato o pesce fresco (ma senza i relativi coltelli giudicati dozzinali dal bisnonno Edoardo VII), agnello, *apple pie*. E giusto un goccio di vino bianco secco. Dopo cena, c'è la tv. Almeno per lei, perché Filippo non la sopporta e spesso va nel suo studio a guardare un po' di documentari naturalistici.

La regina si divertiva un tempo coi pupazzi dei *Muppet*, ama il tenente Kojak e le serie di Poirot, segue le fiction più in voga e la versione inglese dell'*Isola dei famosi*. Ma a cambiare canale provvede un domestico, perché Elisabetta trova stressante il telecomando: «Faccio fatica a orientarmi, ci sono troppe frecce». Quando spegne l'apparecchio si mette a leggere oppure dà una scorsa all'ultimo pacco di documenti arrivato con la *red box* governativa. Contrariamente alla garbata satira di Alan Bennett, che nel suo delizioso romanzo *La sovrana lettrice* l'ha dipinta come una tardiva adepta della gioia dei libri, Elisabetta ama leggere di tutto: thriller, biografie, romanzi, trattati sulle razze equine, e con particolare piacere – a quanto pare – i gialli ambientati nel mondo dell'ippica scritti dall'ex fantino Dick Francis. Poi spegne la luce, e almeno i suoi sogni se li tiene per sé.

PARTE TERZA

Potere

Sopra, il duca di York, futuro re Giorgio VI, e la moglie Elizabeth Bowes-Lyon con la piccola Elisabetta, 1926 (POPPERFOTO/GETTY IMAGES). *Sotto, Elisabetta con la* nanny *Clara Knight* (FOTO PAUL POPPER/POPPERFOTO/GETTY IMAGES). *A destra, con lo zio David, futuro re Edoardo VIII* (FOTO OLYCOM).

Sopra a sinistra, Elisabetta a sette anni (FOTO TOPHAM/IMAGE WORKS/IMAGE WORKS/THE LIFE IMAGES COLLECTION/GETTY IMAGES). *A destra, nel 1939, in occasione di una gara di nuoto* (ULLSTEIN BILD/ULLSTEIN BILD VIA GETTY IMAGES). *Sotto, il 12 giugno 1937, dopo la cerimonia di incoronazione, il nuovo re Giorgio VI si affaccia al balcone di Buckingham Palace accompagnato dalla moglie Elizabeth, dalla madre Queen Mary e dalle figlie, le principesse Elisabetta e Margaret* (FOTO POPPERFOTO/GETTY IMAGES).

A sinistra, Elisabetta e Margaret con gli amati corgi (FOTO TIME LIFE PICTURES/PICTURES INC./THE LIFE PICTURE COLLECTION/GETTY IMAGES)*. Il primo, Dookie, arrivò nel 1933, e già nel 1936 la passione delle principesse per i cagnetti gallesi diventò oggetto di un libro illustrato per bambini: raffinata propaganda dei Windsor come «una famiglia molto umana». Eccoli sotto, circondati dai loro cani nel 1937* (FOTO OLYCOM)*.*

Sotto, il 13 ottobre 1940 Elisabetta pronuncia un discorso radiofonico rivolto ai bambini dell'Impero britannico, e in particolare a quelli evacuati a causa del conflitto. Accanto a lei la sorella Margaret (FOTO TOPICAL PRESS AGENCY/GETTY IMAGES)*.*

Sopra, Elisabetta a cavallo al Royal Lodge, nel grande parco di Windsor, nel 1940 (FOTO LISA SHERIDAN/STUDIO LISA/GETTY IMAGES). *Sotto, nel 1946, la principessa nel pieno di una danza al Royal Caledonian Ball, che si tiene ogni anno a Londra* (FOTO OLYCOM).

A sinistra, la principessa in un ritratto del 1946. Nell'estate di quell'anno Filippo le chiese di sposarlo. (FOTO LISA SHERIDAN/STUDIO LISA/GETTY IMAGES). *Sotto, una rara Elisabetta in pantaloni nel 1945 mentre presta servizio come meccanico nell'Auxiliary Territorial Service. Imparò a guidare camion pesanti e ad aggiustare i freni. «Mai lavorato così duramente in vita mia», ricorderà più tardi.* (FOTO OLYCOM).

Sopra a sinistra, Elisabetta e Filippo il giorno del loro matrimonio (FOTO POPPERFOTO/GETTY IMAGES). *A destra, in luna di miele nella tenuta di Broadlands* (FOTO ULLSTEIN BILD/ULLSTEIN BILD VIA GETTY IMAGES). *Sotto a sinistra, Filippo a Malta nel 1949* (FOTO ULLSTEIN BILD/ULLSTEIN BILD VIA GETTY IMAGES). *A destra, Elisabetta balla con lord Mountbatten, lo «zio Dickie»* (FOTO JIMMY SIME/CENTRAL PRESS/GETTY IMAGES).

Sopra, il 2 giugno 1953, Coronation Day, la regina e il consorte attraversano Londra sulla carrozza di Stato tra la folla festante (FOTO HARRY SHEPHERD/FOX PHOTOS/GETTY IMAGES). *A destra, Elisabetta scende dalla carrozza davanti all'abbazia di Westminster, aiutata dalle damigelle d'onore. La diretta televisiva della cerimonia trasmessa dalla Bbc – una prima assoluta nella storia della monarchia – provocò un autentico boom nella vendita dei televisori* (FOTO TOPICAL PRESS AGENCY/GETTY IMAGES).

Sopra, la processione verso l'uscita dell'abbazia al termine della cerimonia dell'incoronazione (FOTO KEYSTONE-FRANCE/GAMMA-RAPHO VIA GETTY IMAGES). *A sinistra, la regina ritratta da Cecil Beaton dopo l'incoronazione. In capo, la corona imperiale con il leggendario rubino del Black Prince. Elisabetta poteva letteralmente sentire il peso del dovere: tra abiti, manto e insegne regali, la sua figura minuta sopportava oltre venti chili* (FOTO KEYSTONE-FRANCE/GAMMA-RAPHO VIA GETTY IMAGES).

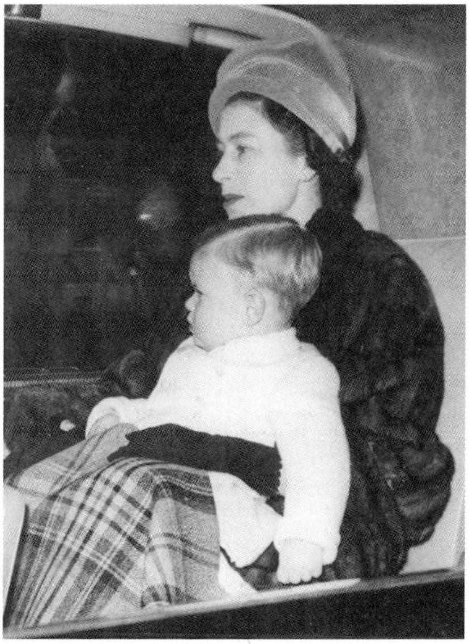

*Sopra a sinistra, Elisabetta al balcone di Buckingham Palace con il piccolo Carlo nel 1950 (*FOTO OLYCOM*). A destra, in arrivo alla stazione londinese di Liverpool Street con Andrea, nel 1961; il terzogenito era nato nel '60 dopo il settennale «bando» di Filippo dal talamo reale (*FOTO OLYCOM*). Sotto, al molo di Westminster, nel 1954, mentre scende dalla chiatta reale con i figli (*FOTO OLYCOM*).*

A sinistra, Elisabetta conduce il suo cavallo che, montato da Lester Piggott, ha appena conquistato la vittoria alle Oaks Stakes del 1957. Nonostante i molti soldi spesi, alla regina continua a sfuggire il premio più ambito: il Derby di Epsom (FOTO POPPERFOTO/GETTY IMAGES).

A destra, Sua Maestà alla sua scrivania nel 1959, alle prese con una delle famose red boxes *governative.* Reader No. 1, *Lettrice Numero 1, come la chiamano a Whitehall, è sempre preparatissima* (FOTO POPPER LTD./ULLSTEIN BILD VIA GETTY IMAGES).

A sinistra, la regina e il principe Filippo con il presidente americano John Kennedy e la moglie Jacqueline a Buckingham Palace nel 1961. Le due signore non si amavano: per Elisabetta la first lady cercava troppo la celebrità (FOTO OLYCOM).

Sopra, la famiglia reale a Balmoral; manca solo Edoardo, che nascerà nel 1964 (FOTO ULLSTEIN BILD/ULLSTEIN BILD VIA GETTY IMAGES). *Sotto a sinistra, Elisabetta e «Porchy» alle corse dei cavalli di Newbury nel 1970. Lord Porchester non ebbe grande successo come manager delle scuderie reali, ma fu sempre così intimo con la regina da alimentare molti pettegolezzi* (FOTO ROGER JACKSON/CENTRAL PRESS/GETTY IMAGES). *A destra, Elisabetta non ha l'aria felice mentre lancia un'occhiata obliqua al marito Filippo e alla cugina Alexandra di Kent, a detta di molti amanti per vent'anni.*

Sopra a sinistra, con Wallis Simpson al funerale del duca di Windsor nel 1972 (FOTO OLYCOM). *A destra, la regina e i suoi cani a Balmoral* (FOTO LICHFIELD/GETTY IMAGES). *Sotto, Margaret a un party a Mustique nel 1976* (FOTO LICHFIELD/GETTY IMAGES).

Sopra, Diana con la Queen Mum e il figlio William (FOTO TIM GRAHAM/GETTY IMAGES). *Sotto, la regina e il marito tra gli omaggi floreali deposti dai sudditi davanti a Buckingham in memoria di Lady Di nel 1997* (FOTO IAN WALDIE/REUTERS/CONTRASTO).

Sopra, Elisabetta con il consorte e i figli Carlo, Andrea e Anna alla cerimonia con cui si dava l'addio al panfilo reale Britannia, *l'11 dicembre 1997* (FOTO TIM GRAHAM/GETTY IMAGES). *Sotto, con Carlo e Camilla, assiste divertita alle competizioni del Braemar Gathering, i giochi delle Highlands scozzesi* (FOTO CHRIS JACKSON GETTY IMAGES).

A sinistra, Elisabetta, Filippo e Camilla con la famiglia di William il giorno del battesimo di Charlotte (FOTO MATT DUNHAM-WPA POOL/GETTY IMAGES). *Sopra, la regina con Kate Middleton* (FOTO ANDREW YATES/AFP/GETTY IMAGES). *Sotto, il baciamano di Carlo al termine del concerto per il Giubileo di Diamante* (FOTO LEON NEAL/AFP/GETTY IMAGES).

Sopra, Elisabetta circondata dalla famiglia (da sinistra, Carlo, Filippo, la regina, Camilla, Kate, William e Harry) sulla chiatta reale Spirit of Chartwell *durante i festeggiamenti del Giubileo di Diamante, il 3 giugno 2012* (FOTO JOHN STILLWELL/AFP/GETTY IMAGES). *A sinistra, nel ritratto ufficiale del 2013, quattro generazioni della famiglia reale che rappresentano anche la linea di successione al trono: dopo Elisabetta il titolo di sovrano spetterà al figlio Carlo, poi a William e infine al suo primogenito George* (FOTO JASON BELL/CAMERA PRESS/CONTRASTO).

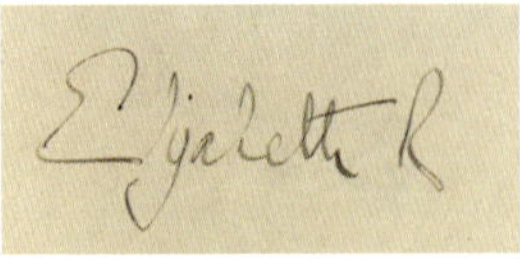

Quanto pesa la corona del Confessore

L'IMMAGINE più bella di quel giorno rimane il ritratto di Cecil Beaton. Elisabetta II abbaglia come un raggio di luce bianca sullo sfondo di Westminster Abbey. Il grande fotografo in realtà la mise in posa, appena tornata a Palazzo dopo la cerimonia dell'incoronazione, nello studio appositamente allestito nella Galleria dei Quadri a Buckingham Palace. Lo sfondo, dominato dal bianco e dall'oro, riproduce le aeree arcate gotiche a ventaglio della cappella di Enrico VII. In primo piano, su un trono d'oro e damasco, Elisabetta siede di tre quarti indossando tutte le insegne della sua regalità: le braccia nude coperte dal manto di porpora ed ermellino, in testa la corona imperiale con il grosso uovo di piccione del leggendario rubino del Black Prince, nella destra lo scettro, nella sinistra il globo simbolo dell'Impero più vasto mai apparso sulla Terra.

A guardare l'immagine di sovrumano splendore, nessuno può immaginare il fardello che sopporta da ore, dall'inizio del lungo rito sotto le volte di Westminster Abbey, questa giovane donna minuta. Solo la corona di Edoardo il Confessore, usata nella cerimonia religiosa, conta per 2 chili e 270 grammi, e tutte insieme le *full regalia* – abito, mantello, insegne – pesano 20 chili e 400 grammi. Mai come in questo caso il peso del dovere va inteso in senso letterale. La regina appare bella, serena, benevola, la sua stessa giovinezza un pegno di speranza e di gioia per un Paese uscito sfiancato dalla guerra. Era il 2 giugno 1953: forse il giorno più importante nella vita della sovrana, di sicuro il suo momento ufficiale più significativo.

L'Inghilterra ci arrivò sull'onda di una vera e propria «febbre dell'Incoronazione» che, con l'aiuto di stampa e televisione (all'esordio), contagiò l'intero pianeta. Per i britannici la festa fu in qualche modo la ricompensa a lungo rinviata per i sacrifici, la sofferenza, il coraggio degli anni di guerra. L'incoronazione di Elisabetta II sarebbe stata la celebrazione della vittoria che l'austerità postbellica aveva impedito, e al tempo stesso avrebbe rinsaldato il legame tra l'identità nazionale e «la monarchia del popolo», come veniva ormai presentata. Churchill, all'epoca premier, suonava la grancassa: la Corona, disse, era giunta a essere «di gran lunga più largamente e più saldamente basata sull'amore del popolo e la volontà della nazione che non nei quieti giorni in cui rango e privilegio governavano la società».

Il fiuto politico del vecchio elefante non lo tradiva. La Londra della tradizione imperiale, con la pompa della monarchia vittoriana, aveva cercato di riaffacciarsi a sprazzi negli anni della guerra e di riprendersi la scena quando il conflitto era finito. Non era così facile. *The Great and Good*, i ricchi e potenti, avevano tentato di resuscitare i riti della *Season* – la stagione mondana – e della *High Society* degli anni Trenta. La «società» londinese, con la Corte al suo apice, aveva sempre contato sulla straordinaria ricchezza di aristocratici e proprietari terrieri, che maritavano figlie e figli al termine di una vorticosa girandola di feste e ricevimenti. Non a caso per le stesse principesse si erano prospettati matrimoni con gli eredi delle grandi famiglie dai toponimi per cognome, i Westmorland, i Blandford, i Rutland. Ma adesso il Paese era in bancarotta.

La tassa di successione era stata portata al 75 per cento sulle fortune oltre il milione di sterline, e le imposte sul reddito erano al livello più alto di sempre. I nobili latifondisti svendevano proprietà e palazzi a Londra mentre i terreni agricoli, dalla Scozia al Devon, andavano all'asta a prezzi stracciati. Le *country homes*, seggi ancestrali di orgogliose dinastie feudali, venivano abbattute o cadevano a pezzi: quattrocento furono distrutte nella prima decade postbellica, e nel 1955 – secondo i calcoli dello storico David Cannadine – sparivano al ritmo di una ogni cinque giorni. Delle grandi case londinesi, che prima della guerra ospitavano party da favola, nessuna era rimasta intatta. Se non le avevano buttate giù le bombe naziste, erano state demolite per far posto a uffici oppure trasformate in musei. L'ultima a venir giù (nel 1960) sarebbe stata la meravigliosa magione dei marchesi di Londonderry in Park Lane. Tutti gli altri palazzi erano già spariti da un pezzo. Assieme alla montagna di ricchezza, potere e glamour che sosteneva lassù in cima i Windsor. Adesso la dinastia era un apice sociale rimasto privo della sua base. La popolarità della nuova sovrana offrì una sostituzione ideale. E l'ennesima reincarnazione della monarchia britannica.

Il vecchio Churchill alimentò da par suo, con l'abituale magniloquenza, la febbrile aspettativa dell'incombente incoronazione: «Io, la cui giovinezza è trascorsa nelle auguste, incontrastate e tranquille glorie dell'era vittoriana, posso ben sentire un fremito nell'intonare ancora una volta la preghiera e l'inno *God Save the Queen*». Il Paese si adeguò con entusiasmo. O almeno la maggior parte di esso. Non fu del resto solo occasione di vacanze e baldoria. Nelle scuole gli allievi venivano edotti su ogni singolo arcano dettaglio della cerimonia e sul suo significato mistico o simbolico. Ma al tempo stesso ai ragazzi veniva spiegato come la costituzione del regno si fosse evoluta nei secoli. E, di conseguenza, formule e simboli creati per legittimare l'autorità assoluta di una persona servivano ora ad assicurare il rispetto dell'equilibrio dei poteri su cui si regge una democrazia moderna. In breve, l'evento diventò una lezione di educazione civica su scala nazionale.

L'Inghilterra si abituò rapidamente a sognare l'avvento di una nuova Età Elisabettiana. Anche qui, era stato Churchill a dare il la nel suo messaggio radiofonico il giorno stesso dell'ascesa al trono: «Un periodo di prosperità ci attende perché la storia insegna che governati dalle nostre regine siamo sempre stati capaci di imprese straordinarie». Di sicuro agli inglesi che avevano affrontato e superato il Blitz, il paragone tra l'assalto tedesco del 1940 e la tentata invasione del 1588, quando l'Inghilterra elisabettiana aveva respinto l'Invincible Armada spagnola, non pareva affatto azzardato. E lecita era dunque la speranza che, come allora, a una guerra vinta seguisse una pace altrettanto generosa di successi.

Per molta gente sull'isola, era semplicemente impossibile credere che il loro Paese non fosse più nel club delle superpotenze globali. Dopotutto, perduto l'Impero, c'era ancora il neonato Commonwealth a proiettare l'illusione di un'influenza planetaria che si rifletteva, quanto meno, nell'abito da cerimonia della nuova sovrana: con il cardo scozzese, la rosa inglese, il porro gallese, l'edera irlandese, sulla larga e candida gonna erano ricamati anche i simboli delle ex colonie che ancora riconoscevano Elisabetta come capo nominale dello Stato. E dunque l'acacia australiana, la foglia d'acero del Canada, e un intero giardino di simboli per un largo arco di Paesi dalla Giamaica al Sudafrica, dalla Papua Nuova Guinea a Trinidad e Tobago.

Una potente, e confortante, immagine dell'unità del Commonwealth fu fornita, sei giorni prima dell'incoronazione, dal pranzo con Sua Maestà a Westminster Hall. Era la stessa solenne e colossale aula in cui il Parlamento ribelle aveva mandato a morte l'antenato

Carlo I. Elisabetta e Filippo sedevano, con i primi ministri del Commonwealth, al tavolo d'onore situato sui gradini dove il monarca Stuart aveva affrontato il processo. Adesso, poco più sotto di loro, trovavano posto in abiti di gala i rappresentanti di ben cinquantadue Parlamenti, ai quali il primo ministro britannico spiegava nel brindisi ufficiale la teoria odierna della monarchia. Al primo posto, nel discorso di Churchill, l'importanza della continuità: «Ho servito la trisavola di Vostra Maestà, il bisnonno, il nonno, il padre, e ora Voi stessa». Poi il vecchio statista riprese il tema del dovere, il «fardello» che la regina volontariamente accettava di caricarsi sulle spalle per realizzare il «ruolo unificante» della Corona: precisamente ciò che ne aveva fatto, secondo Churchill, «il legame centrale in tutta la nostra mutevole vita moderna, il solo che su tutti gli altri reclama la nostra fedeltà sino alla morte».

La regina, star assoluta della imminente rappresentazione, aveva già ben imparato la parte e, secondo tutti i testimoni, aveva enormemente gradito le prove. In effetti la preparazione dell'evento andava avanti da oltre un anno: subito dopo l'ascesa al trono il ministro dei Lavori pubblici, David Eccles, era stato incaricato di allestire una vasta organizzazione per coordinare le celebrazioni. Per fortuna uno dei problemi più spinosi era anche stato risolto tra i primi: invitare o no l'ex re Edoardo VIII? Elisabetta chiarì subito che non intendeva vedere lo zio alla cerimonia, dunque nessun invito (e lui per fortuna non si presentò). Le difficoltà di ordine pratico misero però alla prova il noto talento organizzativo degli inglesi. Le liturgie medievali prescrivevano la costruzione di piattaforme in modo che il monarca potesse essere incoronato sotto gli occhi di tutti i suoi sudditi. In epoca moderna la faccenda si presentava più complessa, con la trasformazione di ampi tratti di percorso della parata reale sul Mall e Whitehall in colossali gradinate da ippodromo.

Di fronte all'abbazia di Westminster, teatro dell'incoronazione, fu anche necessario tirare su un vasto edificio che potesse servire da area di riposo e deposito per l'interminabile corteo reale. L'organizzazione, i lavori e gli inviti dei dignitari stranieri imposero tempi lunghi, con la data finalmente fissata per il giugno 1953. Ma i sedici mesi di attesa contribuirono ad alimentare la frenesia attorno ai reali, portata al parossismo dal diluvio di notizie e indiscrezioni di stampa su ogni minimo dettaglio dell'evento.

Non risulta che nessun giornale di peso, nessun commentatore di vaglia, nessun inviato forestiero si sia preso la briga di mostrare riserve o critiche verso questa crescente isteria di massa. Piuttosto è vero che nel 1953 buona parte del pianeta prendeva ancora seriamente l'affare dell'incoronazione, condividendo in diversi gradi l'eccitazione dei sudditi britannici. Sembrava che l'evento servisse a sollevare il morale un po' dappertutto, inclusi Paesi che non avevano alcuna connessione con la Gran Bretagna. Il Brasile, per esempio, non era mai stato una colonia né membro del Commonwealth, eppure i suoi cittadini vollero regalare a Elisabetta un collier e orecchini di diamanti e acquamarine, aggiungendovi anche in seguito un braccialetto: la regina li avrebbe indossati nella sua visita ufficiale quindici anni dopo. Il successo della trasmissione televisiva dell'incoronazione – una prima assoluta nella storia della monarchia – conferma il fascino della favola reale anche oltre i confini dell'isola: tra i più ammaliati risultarono indubbiamente, come sono ancor oggi, i discendenti degli ex sudditi ribelli delle colonie del New England. Ben 85 milioni di americani guardarono i programmi rivali dedicati all'avvenimento dalla Nbc o dalla Cbs.

Dopo il grande evento, tra le poche voci critiche ci fu quella di un opinionista del *New Statesman*, la rivista dell'intellighentsia di sinistra: l'incoronazione, scrisse, ha fatto aumentare il numero di coloro che «sentono tutta la faccenda come roba fuori tempo, antiquata. [...] La classe lavoratrice britannica è stata semplicemente dimenticata». Ma il formidabile direttore del periodico, Kingsley Martin, era di tutt'altro avviso, convinto che la tradizionale ostilità laburista alla monarchia fosse stata messa a tacere dalla correttezza costituzionale di Giorgio V e Giorgio VI, e la stessa regina fosse al sicuro fuori dalla contesa politica: «La prima regola per tutti i monarchi che vogliono conservare la loro corona in una democrazia è che essi devono accettare senza riserve il consiglio dei primi ministri e mai in nessun caso lasciarsi coinvolgere nella politica dei partiti». È la regola, come vedremo più avanti, alla quale Elisabetta II si è sempre rigidamente attenuta. E che spiega perché, dopo sessantaquattro anni sul trono, resta la sovrana più popolare che l'Inghilterra abbia mai avuto.

Lo era altrettanto in quei lontani giorni di giugno in cui la speranza nella sua giovinezza faceva aggio sulla sua scarsa esperienza. L'invasione di Londra cominciò il 23 maggio 1953: solo in quel giorno, oltre un milione di persone si riversò nella capitale per ammirare le decorazioni lungo il tragitto cerimoniale. Quattro giorni dopo i problemi di traffico si fecero così gravi che la polizia vietò l'accesso all'area entro le due miglia da Westminster a tutti i veicoli, tranne quelli dei servizi pubblici e di emergenza. Sui quotidiani, negli ultimi giorni prima della scadenza del 2 giugno, non si potevano trovare altre notizie se non quelle relative a ogni singolo protagonista, a ogni minimo passaggio dell'evento. Cene, feste, ricevimenti formali si moltiplicavano.

Il 29 maggio un gigantesco *garden party* a Buckingham mise assieme una folla enorme che un osservatore paragonò al cast di un kolossal hollywoodiano in una pausa delle riprese: sultani, sceicchi, generali, vescovi, capi tribù africani mescolati a un esercito di donne vestite magnificamente «nelle loro sete e taffetà e gros-grain». A seguire, pranzo e ballo offerti ai dignitari dagli ufficiali della Household Brigade nella reggia di Hampton Court. A questo punto l'entusiasmo delle folle era ormai diventato incontenibile, come commentava con un certo aristocratico distacco uno dei collaboratori di Elisabetta, Jock Colville: «Non c'è mai stata una simile eccitazione. Mai nessun monarca ha ricevuto una tale adulazione».

Quando la regina quella sera lasciò il Palazzo per raggiungere Hampton Court, migliaia di persone si assieparono sui marciapiedi per salutarla, e la aspettarono per tributarle le stesse ovazioni al ritorno. Due giorni dopo toccò a Buckingham Palace aprirsi all'appuntamento-clou dell'ospitalità ai leader del Commonwealth: il pranzo offerto ai primi ministri. Cecil Beaton, che era nella reggia per altri impegni, capitò abbastanza casualmente nella sala dove si allineavano per la foto ufficiale e vide la regina «ovviamente euforica per essere la deliziosa, allegra e attraente guida di tutto questo».

Come sempre coscienziosa, Elisabetta era arrivata all'appuntamento dopo mesi di esercizio e di prove, consentiti dal lungo intervallo tra l'arrivo sul trono e l'incoronazione. Tutta la minuziosa organizzazione era stata del resto ampiamente rodata. Il tragitto della parata cerimoniale era stato fissato sin da novembre, e già a dicembre l'abbazia di Westminster era stata chiusa e consegnata ai tecnici del ministero dei Lavori pubblici, per adattarla alla cerimonia. Via le sedie, dentro ponteggi e gradinate, perfino binari per lo spostamento di oggetti pesanti e un imponente apparato di potenti luci elettriche sopra la navata. Le balconate furono decorate con festoni blu e oro, e la *Coronation chair*, il tronetto per la regina, fu collocata al centro del transetto. Appena più dietro, la pedana con cinque gradini (così che la sovrana fosse chiaramente visibile) dove Elisabetta avrebbe ricevuto l'omaggio dei suoi nobili.

Ogni momento della cerimonia fu provato e riprovato innumerevoli volte. A sovrintendere a questo faticoso addestramento era chiamato il duca di Norfolk, il primo Pari del regno, che come Earl Marshal (conte maresciallo) era anche Maestro delle cerimonie ereditario. Orgoglioso e pignolo, il duca rese le prove obbligatorie per tutti i protagonisti coinvolti eccettuata la regina (che veniva sostituita dalla duchessa). In effetti, era ampiamente noto che qualche precedente incoronazione, come quella della giovanissima Vittoria nel 1837, era stata così disorganizzata da finire in farsa, e Norfolk era determinato a scongiurare questa eventualità. Perciò le simulazioni si tenevano ogni giorno della settimana. Elisabetta, sebbene esentata dalla frequenza obbligatoria in abbazia, non era da meno.

Anche a Palazzo le prove erano lunghe e serie. Soprattutto ora che, dopo un iniziale diniego, la regina aveva accettato la presenza ineluttabile dell'occhio televisivo. Drappeggiata in lenzuola, per abituarsi a portare un lungo strascico, la sovrana faceva il giro completo della White Drawing Room (scelta perché la distanza equivaleva al percorso nella navata di Westminster Abbey): questo serviva a stabilire quanto lentamente dovesse camminare e quanti erano i passi da un punto all'altro. Quando il principe Filippo sembrava prendere la faccenda non troppo sul serio, la moglie lo richiamava seccamente: «Non essere sciocco. Torna qui e fallo di nuovo come si deve». Nella Galleria dei Dipinti, invece, le sedie erano state disposte in modo da simulare la carrozza di Stato, così che lei potesse esercitarsi a scendere e salire con lo strascico. A reggerlo nella lenta processione in chiesa sarebbero state sei damigelle d'onore scelte dall'Earl Marshal tra le figlie dei Pari. Con quale criterio? Fu chiaro quando le si vide tutte insieme: due alte, due medie e due più piccole di statura.

Fuori dalle cancellate della reggia, il pubblico sembrava parimenti intenzionato a fare dell'evento la più grande festa nazionale dei tempi moderni. Era la quarta incoronazione del ventesimo secolo (nel precedente erano state solo tre), e comunque un appuntamento abbastanza raro da voler essere ricordato per sempre da chi ne era testimone. Così l'industria dei souvenir reali finì con l'imprimere immagini di Elisabetta non solo sulle scatole dei biscotti o sulle tazze da tè ma su ogni genere di involucro, compresi quelli più legati alla quotidianità. Mentre giugno finalmente si avvicinava, più di qualcuno cominciava ad averne abbastanza. «Non che ce l'abbia con la regina», si lamentava una donna, «è che sono stufa di vedere la sua faccia su qualsiasi cosa sia inscatolata, dai piselli in su.»

Un lutto, atteso e temuto, minacciò di far saltare ogni cosa. La salute della nonna ottantacinquenne della nuova sovrana appariva ormai in rapido declino. May di Teck, la principessa tedesca che gli inglesi avevano imparato a rispettare e amare come la venerata Queen Mary, dalla morte del marito nel 1936 aveva subito una serie di colpi che l'avevano fiaccata: la crisi dell'abdicazione, i conflitti in famiglia, le ansie della guerra e la perdita dell'Impero, infine la morte del figlio Giorgio ad appena cinquantasei anni. La sola cosa che sembrava ancora tenerla in vita era la speranza di vedere incoronata la nipote. L'appuntamento era per giugno, ma agli inizi di marzo sembrò chiaro che la vecchia signora stava per perdere la sua corsa contro il tempo. La sua morte avrebbe obbligato la Corte a prendere il lutto, e arrivando poche settimane o pochi giorni prima della cerimonia a Westminster ne avrebbe determinato la cancellazione. Lei non voleva saperne: insistette, imperiosamente com'era usa fare, che la Corte rinunciasse al lutto in caso di sua scomparsa prima di giugno. E proprio questo accadde. Se ne andò il 24 marzo, esattamente settanta giorni prima dell'evento. Elisabetta la visitò prima del trapasso, ed è convinzione diffusa che abbia indossato la corona solo per lei.

Era anche grazie a questa donna di ferro, e al rispetto universale che i suoi genitori si erano guadagnati durante la guerra, se ora Elisabetta poteva contare su un enorme capitale di pubblica benevolenza. A questo lei aggiungeva la sua personale popolarità, dovuta alla giovinezza, alla sua fresca bellezza, alla famiglia che aveva costruito sull'amore. Stampa e opinione pubblica non le riservavano altro che torrenti di ammirazione, inconcepibili di lì a qualche anno, alla fine dell'epoca della deferenza. Ma per il momento era solo un trionfo, esaltato dagli echi mistici dell'incoronazione, la più complessa e importante di tutte le feste nazionali e il più significativo di tutti gli eventi reali. Nessun appuntamento come questo mette assieme tutti gli elementi della pompa monarchica, i pittoreschi e colorati costumi medievali dei dignitari, la sfilata di bande e bandiere, i reparti militari in tenuta da parata che dispiegano tutta la maestà della tradizione imperiale britannica.

Dal momento che l'India era ormai indipendente, Elisabetta II non sarebbe diventata imperatrice ma in compenso avrebbe ereditato non meno di tredici troni come regina – su invito – di Canada, Australia, Nuova Zelanda e svariate altre nazioni. Molte di queste non avevano la benché minima idea del simbolismo della strana cerimonia a cui stavano per assistere, riconducibile per gli storici all'incoronazione di re Edgar nel 973: un misto di antichi riti e aggiunte più recenti che nel suo cuore medievale conteneva – secondo gli studiosi – il rituale dell'unzione assieme a una primitiva idea di sacrificio. L'arcivescovo di Canterbury, Geoffrey Fisher, che avrebbe presieduto la celebrazione nell'abbazia di Westminster, probabilmente esagerava nelle sue omelie descrivendo un moderno monarca costituzionale come una specie di semiprete votato al dovere. Ma non c'è dubbio che fosse religioso l'elemento più rilevante della funzione, cioè l'unzione con l'olio consacrato, che una volta si riteneva fonte di poteri miracolosi. «Nemmeno tutta l'acqua del mare in tempesta può lavare il balsamo da un re consacrato», scrive Shakespeare nel *Riccardo II*, e l'idea quasi mistica ha conservato la sua forza: almeno per quanto riguarda Elisabetta, che stando ai testimoni fu profondamente toccata dal rituale.

Che cosa davvero volesse dire, al di là dei suoi rimandi misterici, fu oggetto di discussione fra storici e politologi. Per qualche tradizionalista si trattò di «uno sfarzoso spettacolo medievale di patriottismo, permeato di religione». Per lo storico James Wilkinson la cerimonia rappresentava invece «una veduta sinottica dell'intero sviluppo della democrazia moderna», con la duplice offerta di «un patto per preservare la grande tradizione politica anglo-sassone e un impegno a mantenere il processo storico grazie al quale questa è stata trasferita nelle procedure dello Stato moderno». In parole più semplici, l'incoronazione rappresentava una legittimazione del potere temporale, e dunque – nell'era moderna – delle istituzioni di una società liberale.

Niente avrebbe potuto chiarirlo meglio del giuramento che la regina prestò, su invito dell'arcivescovo Fisher, «di governare secondo le loro rispettive leggi e tradizioni» i popoli dei suoi differenti reami e di sostenere la Legge e la Giustizia.

L'Unta da Zadok tra Bibbia e tv

Il Coronation Day, il 2 giugno 1953, cominciò prendendosi gioco di qualsiasi leggenda circa *the Queen's weather*, cioè il sole splendente che si immagina accompagni tutti gli appuntamenti reali. Al contrario, la giornata si aprì fredda, umida, nebbiosa, e non solo a Londra ma in tutta l'isola. Si calcola che almeno trentamila persone abbiano dormito quella notte sui marciapiedi lungo il tragitto della parata reale, e che almeno altre ventimila abbiano cercato senza riuscirci di conquistarsi un buon punto di osservazione. A molti commentatori la resistenza e lo spirito di comunanza tra la folla ricordò la terribile prova del Blitz dieci anni prima. Il giornalista Philip Hope-Wallace sentì un padre ammonire così il figlio che si lamentava dopo ventotto ore di attesa: «Stai seduto fermo, o io incorono *te*».

Annotò il cronista: «Le folle abituate a sedere fuori sulla dura, fredda pietra durante le visite della Luftwaffe, non si lasciavano certo scoraggiare da una goccia di pioggia. Né dal freddo esagerato». Per ripararsi dall'una e dall'altro molti si erano avvolti nei giornali, che presto però furono fradici d'acqua. E dunque inutili a proteggersi da entrambi. In compenso le prime pagine sparavano una notizia che sembrava fatta apposta per confermare i magnifici auspici del nuovo regno. Con perfetto tempismo patriottico, il neozelandese Edmund Hillary e il suo sherpa tibetano Tenzing, membri di una spedizione britannica, erano arrivati per primi in cima all'Everest: sulla montagna più alta del mondo sventolava adesso la Union Jack.

La gente che aspettava da così tanto tempo, e dopo avrebbe ancora camminato a lungo per tornare a casa a piedi con le strade chiuse al traffico, fu ricompensata con una delle più scintillanti esibizioni di pompa imperiale nella storia britannica del dopoguerra. Fu una parata esaltante: lo scalpiccio degli zoccoli dei reparti di cavalleria con le corazze tirate a lucido, il passo cadenzato dei quindicimila militari in alta uniforme, il passaggio dei dignitari del Commonwealth con i loro costumi esotici, la sfilata dei potenti nazionali e stranieri. Churchill (che, come vedremo, era ancora al suo posto proprio grazie all'incoronazione) risplendeva nella sua uniforme di ammiraglio – feluca piumata e tunica blu-oro – in qualità di *Lord Warden of the Cinque Ports*, l'antico titolo medievale di Guardiano dei Cinque Porti. Sorrideva e salutava beato. L'unica forse a contendergli il primato della popolarità era la grassa e gioviale regina di Tonga, Salote Tupou III, «la regina più grande della monarchia più piccola» al mondo, nota divoratrice di porcellini arrosto, che a dispetto della pioggia viaggiava in carrozza aperta.

Per le strade di Londra si calcolavano due milioni di spettatori. E sotto le volte dell'abbazia era radunata in attesa una congregazione di ottomila persone, inclusi principi, monarchi, presidenti e tutti i primi ministri del Commonwealth. In chiesa la gente tremava per il freddo, soprattutto le mogli dei Pari del regno alle quali era stato richiesto di presentarsi in abito da gran gala. La contessa di Huntingdon raccontò ai lettori del *New Statesman* che il suo primo ricordo della giornata era «l'elemento di pietà e simpatia» provato per la sovrana, perché «tra l'inumana magnificenza della Corona e lo scintillio delle vesti d'oro, il volto della regina era molto giovane, molto umano, molto teso». Ma subito dopo, il sentimento era «Oh, che freddo!» In chiesa le lady si ritrovarono confinate in una vera e propria galleria del vento: «I nostri denti battevano, tremavamo dentro per il gelo, ci avvolgevamo nei nostri strascichi e guardavamo le nostre braccia nude diventare blu».

Se la passava meglio il telecronista della diretta Bbc, Richard Dimbleby, sistemato in un relativo comfort e tepore nella cabina piazzata a mezza altezza nella navata. Ci era entrato che era ancora notte, e ci rimase per oltre diciassette ore: un'autentica vescica di ferro. Forte di tanta resistenza, più tardi avrebbe giudicato molto severamente il cattivo comportamento di alcuni dei grandi Pari del Regno, giù tra i banchi nella navata. «File e file delle poltrone in cui sedevano», racconta indignato, «erano coperte dagli incarti dei sandwich, da resti di cibo, fogli di giornale, bucce di frutta, dolci sbriciolati e perfino un bel po' di bottiglie vuote.» Nemmeno i nobili somigliavano più a Wellington...

Anche Elisabetta II si era alzata all'alba. Dalle finestre ai piani alti di Buckingham aveva spiato alle prime luci la folla fuori dalla reggia, come aveva fatto sedici anni prima il giorno dell'incoronazione del padre. Finalmente, alle dieci e mezzo, aveva fatto la sua apparizione in scena: la carrozza di Stato, una colossale zucca tutta dipinta d'oro, emerse dai cancelli della reggia tra le prime ovazioni degli spettatori che intravedevano il bel volto sorridente della sovrana dietro gli ampi finestrini. Il cocchio, quanto di più simile alla vettura magica di Cenerentola, era stato restaurato e modernizzato: i cerchioni di ferro delle ruote erano stati sostituiti dalla gomma, per ridurre sobbalzi e scossoni, e l'interno adattato per ospitare, nascosto al pubblico, un ingombrante apparecchio radio a transistor, così che la regina e il marito potessero ascoltare la diretta della Bbc mentre viaggiavano a passo d'uomo alla volta dell'abbazia.

All'uscita della carrozza dal palazzo, l'entusiasmo della folla, sino ad allora compresso nell'attesa, esplose in un'ovazione liberatoria. Su tutto l'ampio viale del Mall decine di migliaia di sudditi assiepati, infreddoliti e bagnati applaudivano e gridavano, sbracciandosi a salutare la bella giovane donna che sorrideva misurata. Lei aveva voluto che il tragitto della parata si allungasse in un percorso circolare fino a Westminster, regalando al maggior numero di sudditi la visione fiabesca del suo passaggio. Il rumore della folla produceva nell'aria una specie di ruggito costante, insistente come il *drizzle*, la pioggerellina sottile che non smetteva di cadere. «Che cosa acclamavano?» si chiede il biografo reale Ben Pimlott. «Una donna di ventisette anni che non aveva alcuna chance nella vita di fare nient'altro che educate conversazioni e varare navi? La Monarchia? La nazione, il Commonwealth, il sistema di governo – o se stessi?»

Arrivata all'abbazia, Elisabetta, seria in viso, si mosse «lentamente come a un ritmo inudibile», secondo il racconto di un testimone tra il pubblico: «Il suo volto era pallido, la sua giovinezza e tenerezza intensificate dalle acclamazioni dei suoi sostenitori». La principessa Alice, nipote della grande Vittoria e contessa di Athlone, la vide come «una giovane e bella regina e sovrana che sembra una debuttante».

Cecil Beaton la descrisse con la stessa precisione e artistica magia che hanno le sue foto: «Le guance sono zucchero rosa. I capelli arricciati strettamente attorno al diadema vittoriano di gemme preziose diritto sulla fronte. Le mani rosee sono chiuse docilmente sull'elaborata grandeur della sua gonna riccamente adornata. Lei è ancora una giovane fanciulla con un comportamento di umiltà e semplicità. Forse sua madre le ha insegnato a non usare mai un gesto superfluo. Mentre cammina permette alla sua pesante gonna di ondeggiare avanti e indietro in un bellissimo effetto ritmico. Questa figura fanciullesca ha un'enorme dignità: lei appartiene a questa scena di magnificenza quasi bizantina».

La giovinezza e la bellezza della sovrana, così come il suo manifesto entusiasmo per il ruolo, produssero una profonda impressione su tutti coloro che la videro quel giorno, anche gli spettatori più smaliziati: «Affascinante piccola creatura!» si entusiasmò lord Pethick-Lawrence. «Spero solo che non se la lavorino troppo duramente.»

La funzione religiosa cominciò con la dichiarazione dell'arcivescovo di Canterbury, primate della Chiesa anglicana, ai vescovi riuniti nel santuario: «*Sirs*, presento a Voi Queen Elizabeth, la vostra indubbia Regina». Seguì il giuramento di Elisabetta, e la santa Comunione che venne celata all'occhio delle telecamere, mentre il coro intonava l'antifona «Zadok il sacerdote e Nathan il profeta unsero re Salomone» sulla musica scritta da Händel per l'incoronazione di Giorgio II, nel 1727. Dopo di ciò, la regina si spogliò di abiti e ornamenti regali e indossò un semplice vestito bianco per la cerimonia riservata dell'unzione. Veramente, l'olio santo che avrebbe dovuto essere usato era andato smarrito durante un bombardamento, e una mistura simile fu prodotta su richiesta della Corte da Savory & Moore, i noti profumieri di Bond Street.

Con la sovrana assisa sulla *Coronation Chair*, i Cavalieri della Giarrettiera alzarono un baldacchino sopra la sua testa, e fuori dalla vista di telecamere e spettatori l'arcivescovo di Canterbury fece il segno della croce sulle sue mani, il petto e il capo, intonando la formula straordinaria: «Sia la tua testa unta con il santo olio: come i re, i sacerdoti e i profeti furono unti. E come Salomone fu unto Re da Zadok il sacerdote e Nathan il profeta, così sia tu unta, benedetta e consacrata Regina sopra i popoli che il Signore tuo Dio ti ha dato da guidare e governare».

Gli spettatori, non solo gli ottomila presenti in chiesa ma anche i ventisette milioni di inglesi che seguirono alla tv le sette ore di cerimonia, furono quasi tutti toccati dall'immagine di giovinezza indifesa che Elisabetta proiettava in mezzo a tanto sfarzo e *grandeur*. Ai testimoni oculari appariva vulnerabile ma pure risoluta e ferma, «con le sue giovani, rotonde braccia scoperte in contrasto con la formalità del suo vestito magnificamente ricamato e del mantello di Stato cremisi con il lungo strascico». E infine arrivò il momento dell'incoronazione vera e propria. La sovrana ricevette prima lo scettro e l'orbe, assieme agli amuleti dono del Commonwealth, quindi l'arcivescovo prese la corona di Edoardo il Confessore e per qualche secondo la tenne sospesa sulla sua testa: l'espressione di Elisabetta, notò Beaton, fu in quella breve frazione di tempo «una di intensa aspettativa», finché il prelato non le fece scendere sul capo il pesante serto aureo rapidamente e con forza. Fu il segnale per le mogli dei Pari, che tutte assieme si posero in testa le loro coroncine nel movimento che diciassette anni prima aveva ispirato alla giovane principessa il paragone col battito d'ali dei cigni.

Adesso, sotto il peso degli abiti e delle insegne regali, Elisabetta era quasi impossibilitata a muoversi. L'arcivescovo e gli altri prelati dovettero sollevarla dal trono e aiutarla gentilmente a spostarsi sulla pedana retrostante, dove avrebbe ricevuto l'omaggio dei suoi nobili. Qualcuno, tenendo conto della sua figura minuta, aveva in effetti proposto di sostituire per lei la corona di sant'Edoardo il Confessore (o piuttosto, la copia fatta per Carlo II) con una più leggera, ma col suo tipico stoicismo la regina aveva insistito: se l'aveva indossata suo padre, avrebbe potuto farlo anche lei.

È che con la sua acuta sensibilità per i simboli a Elisabetta non poteva sfuggire lo straordinario potere emotivo di *quella* corona, strettamente intrecciata alla storia della nazione. Così come l'altra corona, quella imperiale indossata alla fine della cerimonia religiosa, testimoniava nelle sue pietre il valore e la grandezza dei costruttori dell'Impero. Dei suoi diciotto zaffiri, uno era appartenuto allo stesso Confessore, fondatore dell'abbazia e penultimo re anglosassone. Un altro veniva dal tesoro di Maria Stuarda, regina di Scozia. Il rubino del

Black Prince ornava il copricapo del principe di Galles alla battaglia di Agincourt contro i francesi nel 1415, e poi quello di Riccardo III a Bosworth settant'anni dopo. Un'altra pietra aveva seguito in esilio re Giacomo II Stuart. E nella corona erano incastonati anche i famosi orecchini di perle di Elisabetta I, la più grande regina d'Inghilterra. E poi, tra i 2.868 diamanti splendeva il Cullinam II, la «Seconda Stella d'Africa», vestigia del dominio svanito su interi continenti. Insomma, era come se la sovrana portasse sulla sua testa un compendio della storia inglese.

Così addobbata, circondata dai vescovi della chiesa anglicana di cui era appena diventata Governatore Supremo, si preparò a ricevere l'omaggio feudale dei suoi nobili. Il primo fu l'arcivescovo di Canterbury come supremo lord spirituale, ma subito dopo – come primo lord temporale – toccò a Filippo nella sua uniforme di ammiraglio della flotta, sulle spalle il mantello cremisi di velluto foderato di ermellino. Se nella cerimonia del matrimonio era stata Elisabetta a promettere di obbedirgli come una moglie tradizionale, ora era lui a inchinarsi davanti alla sua sovrana giurandole fedeltà, baciandola sulla guancia sinistra e promettendo di diventare – nella terminologia dei cavalieri medievali – «il vostro fedele vassallo e devoto servitore, testimoniandovi lealtà e verità, sino alla morte, contro chiunque vi rechi offesa».

La scena nell'abbazia, con Filippo inginocchiato dinanzi alla moglie e il figlioletto Carlo in abito di seta che guardava dalla balconata accanto alla nonna regina, confermava che «la famiglia», come ha osservato il giornalista e saggista Andrew Marr, «era al cuore del progetto monarchico: la famiglia reale, quindi la famiglia britannica, essa stessa composta di famiglie tradizionali radunate attorno a *quella* famiglia; infine, un'ulteriore famiglia di nazioni attorno a quella. [...] Più tardi la metafora 'famiglia' per regalità, che sembrava così ovvia e forte quel giorno, sarebbe stata brutalmente sfidata». Ma per ora l'intera Inghilterra si univa idealmente all'acclamazione che risuonava nell'abbazia: «Dio salvi la Regina Elisabetta. Lunga vita alla Regina Elisabetta, possa la Regina vivere per sempre!» Anche queste parole derivano da un'antichissima pratica degli anglosassoni e dei franchi, e per quanto possano suonare anacronistiche non lo sono certo più di una regina che con tanto di mantello e corona rimontava sul suo cocchio dorato reggendo nella destra lo scettro e nella sinistra il globo.

L'accolse «un grande profondo tuono» di giubilo lungo tutto il tragitto di undici chilometri fino alla reggia, accompagnata da quindicimila soldati, ventisette carrozze e ventinove bande.

Per il banchetto che seguì l'interminabile cerimonia, la decana dei cuochi inglesi, Prue Leith, aveva concepito un piatto che chiamò *Coronation Chicken*, il Pollo dell'Incoronazione. Il volatile era immerso in una cremosa salsa alla maionese che, grazie all'aggiunta di polvere di curry, presentava un ricco color oro. In successive versioni furono aggiunte anche uva sultanina e mandorle in tocchi, e da allora sino a oggi il discutibile insieme ha riempito milioni di sandwich sugli scaffali di tutti i supermarket britannici. Può essere un memento del perenne *Sic transit gloria mundi* il fatto che di tutta la pompa e grandezza di quel giorno la reliquia più duratura sia proprio quella più deperibile.

Regina formato esportazione

Il clima di festa ed eccitazione generato dall'incoronazione non si placò per parecchie settimane, come dimostrano i banchetti di strada, le parate, le esibizioni di luccicanti medaglie e gioielli non solo a Londra ma dappertutto nel regno. Ai posteri appare giustamente una classica eruzione dell'ossessione inglese per gli orpelli, che tuttavia produsse anche qualche rara creazione artistica di una certa importanza. Per esempio, l'8 giugno 1953 l'opera *Gloriana*, appositamente scritta da Benjamin Britten, fu eseguita al Covent Garden alla presenza della regina. L'idea di commissionarla al grande compositore era venuta al cugino di Lilibet, il conte di Harewood, che aveva in mente un'opera «nazionale» sullo stile italiano, alla Verdi. Il risultato fu molto diverso, e le reazioni della critica decisamente miste: come osservò Harewood, quel che i recensori ostili volevano era «una specie di piatta glorificazione [...] non l'appassionato, tenero dramma dentro le manifestazioni di sfarzo che Ben ha concepito». Si sospetta, non senza ragione, che molto più del bel canto Elisabetta si sia goduta il secondo posto strappato in quei giorni al Derby dal suo purosangue

Aureole. «Congratulazioni per aver vinto il Derby», disse all'allenatore del cavallo trionfatore, Norman Bertie, mentre gli consegnava il trofeo. E lui pronto, di rimando: «Posso congratularmi con Vostra Maestà per aver vinto il mondo?»

Quanto la battuta rispondesse al vero lo dimostrò il giro del globo che Elisabetta intraprese con il marito a novembre dello stesso anno. Si trattava di fatto di una ripresa di quel tour dei Paesi del Commonwealth che la morte di Giorgio VI aveva interrotto in Kenya l'anno prima. Ma ora, com'è ovvio, dimensione e obiettivi del viaggio si ampliarono enormemente. Non era più la missione di un'«erede presuntiva» al trono ma la visita di un monarca all'apice della gloria, la regina di un vasto Impero planetario che era oltretutto, nelle parole del finanziere americano Bernard Baruch, «*the world's sweetheart*», la donna più amata del mondo. Il tour della coppia reale sarebbe durato cinque mesi e mezzo, toccando tutti i continenti: da Bermuda e Giamaica a Fiji e Tonga nel Pacifico, dalle Isole Cocos a Aden, Uganda, Malta e Gibilterra. La maggior parte del viaggio sarebbe stata dedicata ad Australia e Nuova Zelanda, dove Elisabetta e il marito avrebbero trascorso ben tre mesi, più altri dieci giorni a Ceylon. Agli inglesi bastava scorrere sull'atlante i nomi di tutte queste località esotiche per sentirsi rinfrancati davanti alla domestica evidenza del declino.

In effetti, l'esistenza del Commonwealth – ha osservato Andrew Marr – «è uno dei tratti che distinguono la monarchia britannica da quelle di Scandinavia o Spagna e ne fa qualcosa di più di un piccolo avanzo geografico». Di questa circostanza, Elisabetta deve essere grata ai padri fondatori dell'India. Finita la guerra, l'Impero prese a sfaldarsi a rotta di collo. La Birmania fu il primo Paese a lasciarlo dopo la perdita delle colonie americane. Il lunedì di Pasqua 1949 fu la volta della Repubblica d'Irlanda. In Sudafrica era aperta da tempo la discussione sulla successione e gli australiani vagheggiavano piuttosto un'alleanza difensiva con gli Stati Uniti. Con la proclamazione d'indipendenza dei due Stati del subcontinente, India e Pakistan, Giorgio VI aveva perso anche il titolo di Rex-Imperator. Eppure proprio dall'India arrivò l'idea che avrebbe dato ancora un ruolo alla Corona dell'ex potenza coloniale.

A Delhi il premier Nehru sembrava fortemente interessato a rimanere all'interno di una qualche forma di *Commonwealth*, di comunità. E lo stesso valeva per la Repubblica Islamica del Pakistan. Ma naturalmente era piuttosto difficile adattare dei regimi repubblicani all'interno di un'istituzione a guida monarchica. I negoziati furono condotti con abilità dal premier laburista Clement Attlee, il vincitore delle elezioni generali del 1945. Il governo indiano rifiutava di riconoscere il re come capo di Stato o di avere qualcosa a che fare con il sistema monarchico inglese in termini di politica, onorificenze, giuramenti eccetera. Ma avrebbe accettato Giorgio VI (e i suoi discendenti) come capo del Commonwealth. Un ruolo unicamente simbolico che fu però riconosciuto dai rappresentanti di tutti gli otto Paesi riuniti a Londra nell'aprile 1949. Gran Bretagna, Australia, Nuova Zelanda, Canada, Sudafrica, Ceylon, India e Pakistan dichiararono di voler conservare il re «come il simbolo della libera associazione delle nazioni indipendenti» che si univano «come membri liberi ed eguali del Commonwealth delle Nazioni, liberamente cooperando nella ricerca della pace, della libertà e del progresso».

È la dichiarazione che rappresenta il documento fondativo del moderno Commonwealth. Nel momento in cui l'Impero evaporava, i Paesi di fresca indipendenza potevano di fatto rigettare il sovrano britannico e rimanere tuttavia all'interno del vecchio raggruppamento di popoli. È questo tipico compromesso inglese che ha consentito la crescita del Commonwealth proprio mentre ne limitava, ovviamente, i poteri. La «Comunità» conta oggi cinquantaquattro membri, di cui solo sedici riconoscono Elisabetta anche come capo di Stato; e la sua esistenza contribuisce a illudere gli euroscettici di poter disporre di una rete di protezione in caso di uscita dall'Unione Europea. Nessuna sorpresa, dunque, che la prima decisione importante della regina dopo l'incoronazione sia stata di imbarcarsi in una colossale visita di sei mesi attraverso i Paesi volontariamente soggetti alla sua più vasta autorità.

Fu un viaggio decisamente irripetibile, l'ultima occasione di un tour reale così esteso fra rimanenti colonie e nuovi *dominions* parimenti innamorati, ancora, della «britannicità». L'ultima volta, anche, che la sovrana degli ex dominatori sarebbe stata accolta da folle così imponenti. La reputazione della monarchia Windsor era al suo apogeo planetario. Dopo, tutto sarebbe cambiato. La pubblica adorazione avrebbe cominciato a declinare e l'avvento della televisione avrebbe convinto la gente a vedersi comodamente la regina sdraiati sul sofà piuttosto che aspettarla per ore sul ciglio della strada. Ma per il momento bisognava ancora andarci di persona, a vederla, e mai come allora sembrava valerne la pena, con una sovrana giovane e bella che era già una riconosciuta star internazionale. E come tutte le stelle, aveva bisogno di un guardaroba importante per andare in scena. Così, già molti mesi prima del viaggio, Sua Maestà valutò dettagliatamente con il fidato sarto Norman Hartnell i tessuti e i modelli più adatti per il vasto spettro di climi da attraversare.

La notte prima della partenza, come un finale privato dei festeggiamenti per l'incoronazione, Elisabetta e Filippo rimasero in piedi fino alle tre divertendosi un mondo al ricevimento offerto dalla Regina Madre Elizabeth a Clarence House. Tra gli ospiti, celebrità come l'attore Peter Ustinov e il commediografo Noël Coward, un favorito della Queen Mum. Più tardi Coward seguì alla tv, con l'occhio allenato dell'esperto di teatro, la partenza della sovrana e del duca: «La regina sembrava così giovane e vulnerabile e coraggiosa, e il principe Filippo così bello e allegro. Una coppia veramente romantica, con tutte le qualità delle vere star».

Qualità confermate dal viaggio trionfale, che avrebbe sfiancato chiunque altro. Un'autentica maratona di spostamenti, discorsi, parate, inni nazionali, strette di mano, ispezioni di truppe, aperture di parlamenti, e ancora spettacoli e banchetti, fiori e regali. Insomma, un'impresa mai tentata prima da nessun altro capo di Stato britannico, e degna di entrare nel Guinness dei primati.

La coppia reale volò da Londra a Bermuda il 24 novembre, quindi lasciò i Caraibi per proseguire attraverso il Canale di Panama sino alle isole Fiji, e da qui all'isoletta di Tonga (quella della grassa regina Salote, ricordate?). Gran parte del tour si svolse a bordo della nave della Marina *Gothic*, e questo offrì ai reali l'opportunità di lunghe pause rilassanti tra le varie tumultuose tappe. La regina, ricorda la sua dama di compagnia Pamela Hicks, poteva essere molto divertente: «Alle Fiji, il locale benvenuto comportava tre grugniti e solenni battimani una volta seduti per terra – quando i figiani lo fecero, fu una cerimonia abbastanza dignitosa. Ricordo la regina seduta sul pavimento del salotto della *Gothic* che emetteva tre impressionanti grugniti. Proprio in quel momento entrò un membro dell'equipaggio e rimase scioccato». A Tonga furono accolti con incredibili serenate di flauti nasali e fotografati con una tartaruga gigante che si voleva nata ai tempi del capitano Cook, due secoli prima.

La parte principale del viaggio cominciò a Auckland, in Nuova Zelanda, dove secondo i cronisti la regina-mania alimentata da mesi di notizie sull'incoronazione sfociò in un vero e proprio delirio nazionale. Elisabetta era il primo sovrano regnante a visitare il Paese, e ricevette le accoglienze di un messia. In più, le ansie economiche del dopoguerra produssero un bisogno di identificazione con la lontana monarchia che permeò ogni aspetto della vita nazionale. L'immagine dei Windsor risultò così adattata, perfino nei libri di scuola, all'immagine idealizzata che la comunità nazionale aveva di se stessa. La dinastia fu rappresentata come moderna ed egalitaria, progressiva e impegnata per la giustizia sociale: solo la natura classista della società inglese la costringeva a adottare le forme esteriori del privilegio.

Questa proiezione identitaria, che rimodellava il profilo di Elisabetta a seconda delle diverse esigenze nazionali, si può cogliere anche in altre tappe del viaggio. Libri, stampe e giornali esprimevano così il desiderio collettivo di riaffermare i legami con la Gran Bretagna e il Commonwealth dopo il difficile periodo della guerra. E il modo migliore per farlo sembrava quello di considerare la monarchia come un bene domestico. Nelle Fiji i manifesti mostravano un'Elisabetta dalla mascella allargata e le labbra ispessite. In Australia i disegnatori la raffiguravano nella tenuta casual del posto e un aperto sorrisone australiano a trentadue denti. Aiutavano la metamorfosi l'origine non britannica di Filippo, che ne faceva l'ideale cittadino del Commonwealth, e l'assoluta attenzione di Elisabetta a non esprimere in pubblico opinioni di qualsiasi genere.

A Natale del '53 la regina si trovava ancora in Nuova Zelanda, e la circostanza diede un felice impulso alla diffusione planetaria dei media elettronici. Se l'incoronazione aveva prodotto come effetto collaterale un'espansione dell'industria televisiva, la visita agli antipodi imponeva un accesso globale alla trasmissione delle notizie, e dunque un bel salto tecnologico. L'ormai tradizionale messaggio natalizio della sovrana alla radio offriva un'occasione d'oro. Certo non si poteva perdere uno degli appuntamenti più seguiti dell'anno, ma come fare con la regina esattamente dall'altra parte del mondo?

I boss della Bbc videro bene che si presentava – come scrissero in un documento interno – l'opportunità «di uno spettacolare trionfo per le comunicazioni del Commonwealth, aprendo un nuovo capitolo nella tradizione della reale trasmissione di Natale».

Ma temevano anche il rischio di un fiasco, che avrebbe compromesso soprattutto l'immagine della consorella australiana. Per minimizzare i pericoli di un blackout radio, si decise di far preregistrare il messaggio di Elisabetta a bordo della *Gothic* ormeggiata alle Fiji, e di far volare il nastrino a Sydney per la trasmissione successiva a Londra. Il giorno di Natale, come d'abitudine, milioni di inglesi sintonizzarono i loro transistor sul discorso di Sua Maestà: le parole di Elisabetta arrivarono forti e chiare. E non era il testo registrato, ma la sua voce in diretta da 20.000 chilometri di distanza. Effettivamente, uno spettacolare trionfo tecnologico per la «zietta Beeb» e l'intero Paese.

Il folle entusiasmo dei kiwi sembrò poca cosa rispetto a quello che aspettava i reali in Australia, dove si fermarono due mesi. All'epoca non si vedeva alcuna traccia di quel forte sentimento repubblicano che è arrivato a promuovere un referendum (perduto) nel 1999. La regina e il duca percorsero in treno quasi 4.000 chilometri, in aereo più di 15.000, e almeno 1.550 in macchina. Elisabetta tenne più di un centinaio di discorsi e se ne sorbì almeno altrettanti. Si stima che abbia ascoltato il suo inno nazionale 162 volte, e che tre quarti dell'intera popolazione adulta dell'Australia sia accorsa a vederla. Consapevole della folla allineata per miglia lungo le strade, lei si preoccupava che il corteo delle auto andasse abbastanza piano per permettere a tutti di gettarle uno sguardo. Ricorda ancora lady Hicks: «Non si stancava di ripetere: 'A che serve venire fin qui se non possono vedermi?'»

Il risultato fu un trionfo personale che mise tuttavia a dura prova la sua resistenza, la sua pazienza e soprattutto la sua capacità di mantenere un sorriso fisso per ore. Lei stessa era consapevole, come abbiamo visto dalla sua risposta al premier Macmillan, di avere una faccia che se non sorride sembra arrabbiata. «Ma non sono arrabbiata. Se cerchi di sorridere per due ore di fila ti viene un tic nervoso. Ma il momento in cui smetto di sorridere, chi mi vede dice: 'Non sembra arrabbiata?'» Piccolezze? Forse. Ma provate a immaginare un viaggio di due mesi costantemente a salutare, stringere mani e sorridere, all'infinito. C'è da uscirne pazzi. Elisabetta riuscì a mantenere la salute mentale ma perse ogni tanto la pazienza, sebbene mai pubblicamente.

Ogni tanto in privato, al termine di una girandola apparentemente senza fine di ricevimenti, pranzi e discorsi, lasciava cadere del tutto la maschera. «Mio Dio, come sono noiosi», disse una volta al marito e ai collaboratori. «Tutti questi sindaci e consiglieri sono così noiosi, noiosi, noiosi. Perché sono così noiosi?» Per non parlare dell'assoluta mancanza di privacy. Dopo lunghe ore di viaggio, il treno reale si fermava magari in qualche sperduta località per salutare qualche dozzina di persone accorse alla stazione. A Sua Maestà, che mai in vita sua aveva messo piede in un bagno pubblico, ne veniva indicato uno dove pettinarsi e truccarsi senza che l'inserviente, felice di averla a portata di mano, nemmeno ci pensasse a lasciarla un momento sola. «Ci penso io a liberarcene», le disse una volta una dama di compagnia. «Davvero?» rispose lei. «Sei così coraggiosa. Pensi che si offenderanno?»

Fu, insomma, un autentico tour de force ma ne valse la pena, e la regina ne ha avuto conferma anche di recente. Quando è tornata in visita in Australia nel 2011, per quella che resterà verosimilmente la sua ultima puntata nella terra *Down Under*, ha trovato ancora in giro un sacco di gente che ricordava il tour del 1954 come un momento eccezionale nella storia postbellica del continente: la stessa gente, grandi e piccoli, che era rimasta in piedi ai bordi delle strade o nelle piazze o accanto alle scuole, ovunque aspettandola e acclamandola e salutandola con entusiasmo.

Ceylon, oggi Sri Lanka, e poi le Isole Cocos, l'Uganda e Aden furono le ultime tappe prima che la coppia reale raggiungesse il Mediterraneo, per imbarcarsi finalmente sul *Britannia* nuovo di zecca e far rotta verso casa. A metà maggio, 173 giorni dopo essere partiti, potevano finalmente risalire l'estuario del Tamigi tra le acclamazioni della folla e delle navi radunate lungo le sponde, salutati dalle quarantuno salve di cannone della Torre di Londra. Il primo ministro Churchill era stato invitato a salire a bordo del panfilo reale a Yarmouth, per l'ultimo tratto del viaggio sul fiume, e rimase ammaliato quando si trovò davanti la sovrana in tenuta informale, con un paio di pantaloni color kaki. Ecco il resoconto estasiato del vecchio statista: «Filippo entrò [nella cabina, *N.d.A.*] e disse alla consorte: 'Vieni a salutare tua madre'. Lei scoppiò a ridere: 'Come posso, così?' Lei è del tutto spontanea». Difficilmente sarebbe la descrizione che verrebbe in mente per Elisabetta, almeno in pubblico.

Tutti concordano, invece, che privatamente lei è sempre se stessa. Lo era certo con il suo galante premier. Reduce da alcuni tra i più bei panorami del mondo, benedetti da una sovrabbondanza di raggi solari, la regina guardò depressa il cielo uggioso di Londra, e mentre attraccavano nel Pool of London si lasciò andare: «Questo fiume, guarda com'è spaventosamente sporco». Churchill la riprese con un brontolio: «*Ma'am*, questo è il filo d'argento che attraversa la storia britannica – non lo dimentichi mai». Nessun successivo primo ministro avrebbe mai più osato rimproverarla in tal modo. Anche se quel giorno il vecchio leone aveva alquanto bluffato. Stando al suo medico, sentiva freddo fin nelle ossa, era influenzato e «non aveva mai risalito il fiume prima di allora». Ma non era tipo da lasciarsi scappare una frase per la storia quando ne intravvedeva una.

Rabbuffi a parte, il governo concordava pienamente con il Palazzo che il tour di Sua Maestà era stato uno straordinario successo, un trionfo che aveva mostrato la solidità delle lealtà del Commonwealth e rafforzato i legami con gli antichi *dominions*. La stessa regina poté così orgogliosamente rivendicare, in un discorso alla Guildhall, che a dispetto delle facili liquidazioni della monarchia come «un residuo arcaico e senza significato, noi abbiamo ricevuto visibile e udibile prova che essa vive nei cuori della gente». Dal suo punto di vista, difficilmente si può darle torto, come dimostrano i cinegiornali che riprendono la coppia reale tra le folle osannanti del Commonwealth.

Se per il governo il viaggio era servito ad accrescere l'interesse e l'attenzione attorno alla sovrana, e a rafforzare in questo modo i legami tra *dominions* e madre patria, per Elisabetta era certo qualcosa di più che un esercizio di diplomazia internazionale. Il rapporto esistente con i sudditi delle ex colonie era una comunione di tipo personale, capace talvolta di generare lealtà più profonde che in patria. Ma anche aspettative che la stessa lontananza rendeva più elevate, semimessianiche. Tutto questo aveva funzionato finché la grancassa dell'incoronazione aveva surriscaldato le emozioni: una volta che l'ondata fu passata anche l'entusiasmo cedette fatalmente il passo alla disillusione. La visita fu ricordata con nostalgia per i sentimenti che aveva scatenato, ma niente di più.

Per l'entourage reale diventò però il modello su cui costruire tutti gli altri innumerevoli tour a venire. La meticolosa pianificazione del guardaroba, il riciclo degli stessi discorsi a latitudini differenti, i complimenti diversi da distribuire a pubblici diversi, i trucchi per resistere a lunghi, caldi e lenti viaggi in macchina. E naturalmente anche il modo in cui gestire il rapporto che fatalmente si andava annodando con i nuovi mass media, televisione in testa. Proprio l'incoronazione e il tour del Commonwealth scatenarono un nuovo genere di interesse verso le personalità della famiglia reale, e presto i Windsor si accorsero – come si vedrà più avanti in questo racconto – che non potevano sperare di essere contemporaneamente famosi e indifferenti alle richieste di una stampa moderna. Ma per il momento i direttori dei giornali erano ancora tutte figure dell'establishment, e la loro deferenza garantiva una stampa docile e poco intrusiva.

Nessuno di questi certo si sarebbe mai permesso, nel 1954, di porre in dubbio l'utilità per il Paese di quel viaggio colossale, come invece ha fatto cinquant'anni dopo il *Financial Times* chiedendosi se valga la pena di spendere tanti soldi per mandare in giro per il mondo due vegliardi ultraottantenni (ora ultranovantenni). È un interrogativo che riporta di nuovo al quesito centrale: qual è il lavoro della regina? Quel primo viaggio nei più remoti Paesi del Commonwealth fornisce indizi preziosi. Non si tratta solo di farsi vedere e stringere mani. È che attraverso questi semplici gesti si stringono legami, si rafforzano vincoli storici e culturali, si crea l'ambiente migliore perché legioni di *businessmen* che seguiranno possano firmare contratti vantaggiosi. È anche chiaro che, dopo sessant'anni e passa di questa esperienza, Elisabetta ha finito per vedere se stessa non solo, e forse nemmeno principalmente, come la regina d'Inghilterra ma piuttosto come una protagonista delle relazioni internazionali che non ha pari tra i viventi.

Non c'è nessuna tra le grandi personalità del secondo Novecento o contemporanee che lei non abbia incontrato. Padri della patria come de Gaulle, Wałesa, Mandela. Papi come Wojtyla e Ratzinger. Imperatori come Hailé Selassié o lo scià di Persia. Tiranni come il romeno Ceausescu e Mugabe dello Zimbabwe. Capi sovietici come Kruscev e Bulganin, e «nuovi russi» come Eltsin e Putin. Tutta la prima generazione dei leader africani che hanno conquistato l'indipendenza. Tutti i presidenti americani da Truman e Eisenhower fino ai Kennedy, Nixon, Reagan, e Obama ai nostri giorni.

A questi incontri non è mai arrivata impreparata: *Reader No. 1*, come la chiamano negli uffici ministeriali di Whitehall – «Lettrice Numero 1» – ha avuto accesso a ogni dispaccio segreto del Foreign Office e a ogni informazione riservata dell'MI6, dai primi anni Cinquanta in avanti. Come sovrana di altri quindici Paesi tiene un occhio attento sulle vicende di questi suoi reami lontani, e come capo del Commonwealth conosce dall'interno tutte le tematiche della decolonizzazione in Africa e della trasformazione nel subcontinente indiano e nel resto dell'Asia. I critici obietteranno che molti dei suoi incontri con i maggiori politici mondiali si sono tenuti sempre al livello di educati scambi di espressioni di buona volontà. Ma nemmeno gli avversari più ostinati possono negare il sapore della storia ad alcune di queste visite. Per esempio, quando nel 2011 ha messo piede sul suolo irlandese che nessun monarca britannico aveva più toccato dal viaggio del nonno Giorgio V, esattamente un secolo prima. E quando a Dublino ha reso omaggio alle vittime di Croke Park, dove i soldati inglesi nel 1920 avevano sparato sulla folla inerme, ricordando però che il dolore non ha risparmiato nemmeno la sua famiglia con l'assassinio dell'amato zio Dickie per mano dell'Ira.

È vero, è ben difficile che il suo diario possa promettere rivelazioni succose quanto quello della sua trisavola Vittoria, se non altro perché il suo lavoro è molto diverso: lei può incontrare, ascoltare, ma non interrogare. La politica non è il suo business. Ma si provi qualcuno a negare che pure «lavorarsi le folle», come si dice in gergo, non sia politica: sorridere, ascoltare le poesie dei ragazzini, parlare del tempo con gli adulti, chinare la testa davanti alle bandiere e alle sfilate. E scambiarsi doni, intere vagonate di regali per la massima parte abbastanza inutili: mica tutti diamanti come i presenti dell'ex colonia Sudafrica... Ma poi, non era una pietra preziosa il dono del sudafricano Mandela al principe Filippo, eppure rimane tra le cose che conserva tra le più care: un set di scacchi con figure africane dipinte a mano che spingono chiunque al sorriso. Nei magazzini della reggia c'è molto altro, da gioielli e borse di coccodrillo a dipinti e pezzi di ingenuo artigianato locale. Il punto vero non è il loro valore commerciale, spesso inesistente, ma quello simbolico: ognuno equivale a un trattato di pace e di amicizia, perché uno scambio di doni vuol dire assenza di guerra, di inimicizia.

E poi ci sono i viaggi politicamente difficili o climaticamente pesanti o logisticamente complicati. Nel Canada francese i nazionalisti francofoni non l'hanno esattamente acclamata – piuttosto fischiata, direi: e le è anche andata bene, perché i suoi 007 avevano sventato un complotto di fanatici separatisti per eliminarla, una replica dell'assassinio del presidente Kennedy. A Dresda, che la Raf ridusse in cenere per vendicarsi del Blitz nazista su Londra, all'uscita da una chiesa si trovò di fronte a un muro silenzioso di facce ostili. In Marocco, nel caldo soffocante del deserto, il re, scontento dei piatti preparati per pranzo, pensò di ingannare l'attesa offrendole soltanto cognac. Ma in Ghana la visita di Elisabetta ebbe un impatto direttamente politico che sarebbe difficile negare, in un momento cruciale per il futuro del Paese africano divenuto indipendente nel 1957.

Nel 1961 il presidente Kwame Nkrumah, arrivato al potere con le credenziali di leader liberale e illuminato, si era trasformato nel tipico esponente di quella che i politologi definiscono la «cleptocrazia» africana. Il suo «regime tirannico e corrotto», per usare le parole di Churchill, teneva in prigione centinaia di oppositori. Minacciando l'uscita dal Commonwealth, Nkrumah espelleva uomini d'affari e «consiglieri» occidentali e dopo una visita a Mosca nel settembre '61 pencolava pericolosamente verso un'alleanza militare con l'Unione Sovietica di Kruscev. Il premier Macmillan consigliò alla regina di non cancellare il suo viaggio previsto per metà novembre. Al tempo stesso suggerì al presidente Kennedy di neutralizzare le mosse dei sovietici offrendo a Nkrumah milioni di dollari per la progettata diga sul fiume Volta. Gli americani nicchiavano.

A Londra, in Parlamento e sulla stampa si levarono molte voci contrarie alla visita. Churchill le riassunse tutte in una lettera al primo ministro che sottolineava «il diffuso disagio tanto per la preoccupazione sulla sicurezza fisica della regina, se non peggio», quanto per il rischio di «sembrare appoggiare un regime che è interamente autoritario». Macmillan rispose che «il suo desiderio è di andare. Questo è naturale con una personalità così coraggiosa». Con notevole spregiudicatezza, il premier era deciso a usare la carta Elisabetta per aiutare l'amico americano a risolvere la crisi.

Difficilmente Elisabetta era all'oscuro del piano, ma questo non cambiò la sua determinazione a partire. Anzi, fece sapere di essere profondamente irritata dalla pressione dei «pavidi in Parlamento e nei giornali. [...] Quanto sembrerei sciocca se mi spaventassi di visitare il Ghana e poi ci andasse Kruscev e trovasse una buona accoglienza». Non le fecero cambiare idea nemmeno le bombe che esplosero ad Accra cinque giorni prima della sua partenza. E mostrò di avere un notevole intuito politico, oltre alla capacità di trattare senza complessi con qualsiasi genere di personalità. Anche con Nkrumah, che si sciolse a contatto con il fascino della regina e il fruscio di dollari americani che arrivava da Washington.

Il dittatore si fece fotografare mentre ballava con Elisabetta, e la stampa locale la battezzò come «il più grande monarca socialista del mondo». Il trucchetto della regalità funzionò perfettamente anche con i ghanesi, che «si innamorarono perdutamente». «Sono tutti pazzi per lei», riferì l'inviata della Bbc Audrey Russell. «In quella macchina aperta [...] lei non batteva ciglio, Nkrumah accanto a lei. Si vedeva la regina molto calma, molto composta, che sorrideva – non tanto, solo il giusto.»

Del suo ospite la sovrana appena trentacinquenne ma già esperta, aveva preso le misure precise, come si legge in una lettera all'amico lord Porchester, che all'epoca le era molto vicino. Lei mostrava sorpresa «per la visione confusa che [Nkrumah, *N.d.A.*] sembra avere del mondo», e per «quanto naïves e vanagloriose siano le sue ambizioni per se stesso e il suo Paese». Insomma, un dittatorello dominato «dalla prospettiva di breve termine e incapace di guardare oltre il tempo della sua vita». Al suo ritorno a Londra a fine novembre, Macmillan poteva chiamare Kennedy e dirgli: «Io ho rischiato la mia regina. Tu devi rischiare i tuoi soldi!» Il presidente replicò che si sarebbe mostrato all'altezza del «coraggioso contributo» della sovrana, e due settimane dopo sbloccò i fondi per il finanziamento della diga sul Volta. Il Ghana restò nel Commonwealth, e i sovietici con un pugno di mosche.

Pistole e vecchi merletti

L'APPUNTO più frequente rivolto alla monarchia è di essere un anacronismo, un'istituzione ammuffita estranea allo spirito dei tempi. Niente sembra dimostrarlo meglio dello stile di vita ancora dominante a Buckingham Palace quando Elisabetta e Filippo ne presero possesso. Intanto non fu un'operazione facile. La «dolce» Queen Mum non aveva nessuna intenzione di sgomberare la reggia per consentire il trasloco della figlia. Che da parte sua non aveva alcuna voglia né di dispiacere alla madre né di lasciare Clarence House appena restaurata. Ma il governo fu irremovibile, e così Elisabetta dovette scambiare alloggio con mamma e sorella, loro a Clarence House, e lei con Filippo e figli a Buckingham.

A palazzo regnava ancora l'ombra di Giorgio VI, come il padre un maniaco dell'abbigliamento formale. Valletti e lacchè erano tenuti a cospargersi i capelli di una polvere bianca ottenuta mescolando acqua e farina, con l'aggiunta di sapone e amido: in pratica, una versione «leggera» della parrucca settecentesca. Con parecchie aggravanti, però. Intanto ci voleva tempo a mescolarla, poi era di difficile applicazione e infine, in caso di pioggia (vedi incoronazione), si scioglieva colando sulla faccia degli sventurati. Filippo, che la considerava una cosa «da femminucce», la giudicava anche un esempio classico delle consuetudini insensate di cui la monarchia, per stare al passo coi tempi, avrebbe dovuto liberarsi. E anche Elisabetta se ne convinse, affrancando da questa schiavitù il personale di servizio. Ma solo nel 1955, ben tre anni dopo l'ascesa al trono.

È lo stesso anno in cui furono modificate, almeno in parte, le regole che di fatto impedivano ai divorziati l'accesso al Royal Enclosure di Ascot. Il recinto reale dell'ippodromo era – e in una certa misura rimane – il *sancta sanctorum* della *Season*, che nella settimana dell'ippica ha uno dei suoi pinnacoli. L'ingresso in questo spazio del privilegio impone norme di abbigliamento e di comportamento. I gentiluomini sono tenuti a indossare il *morning dress* (il nostro *tight*) completo di tuba, le lady a non scoprire le spalle davanti alla regina. Fino agli inizi degli anni Cinquanta, anche la «morale» esigeva la sua libbra di carne, e l'ostracismo verso i divorziati era rigidamente osservato, in ossequio al perbenismo bigotto della regina Mary. Ma la società intanto era cambiata. Molti matrimoni di guerra non avevano retto alla prova della pace e il tasso di divorzi registrava un aumento esponenziale. Anche la Corte doveva adeguarsi. Ma non del tutto. Il Royal Enclosure era in via di ricostruzione e il nuovo edificio avrebbe accolto un maggior numero di frequentatori delle corse. Si decise di riservare uno spazio più ridotto – *the Queen's Lawn*, il prato della regina – dove il bando ai divorziati rimaneva in vigore.

La vita della monarchia, alla vigilia del decennio dei Sessanta che avrebbe capovolto l'Inghilterra, era ancora scandita da consuetudini e cerimonie risalenti all'epoca vittoriana. Una di queste era la cosiddetta *Royal Bounty*, che si può tradurre come Reale Liberalità. Nel raro evento della nascita di tre gemelli, o quattro, la sovrana si preoccupava di inviare ai felici (?) genitori un assegno rispettivamente di 3 o 4 sterline. In pratica, una misura di sostegno demografico che Elisabetta abolì infine nel 1957. Restò invece – modificata – la pratica del *Maundy Money*, l'elemosina del Giovedì Santo. Era un annuale dono simbolico ai poveri da parte del re. Anche questa un'antica consuetudine che era stata ripresa da Giorgio V ma praticata solo a Londra. Dal '57 divenne invece una cerimonia itinerante: in quell'anno fu celebrata nell'abbazia di St Albans, e in quelli successivi a Durham, Carlisle, Coventry, Ely e altre città. La logica naturalmente era quella di far vedere la regina al più largo numero di sudditi, applicando istintivamente il principio che più tardi Woody Allen avrebbe codificato così: l'80 per cento del successo consiste nel mostrarsi. Nel caso dei monarchi la percentuale è probabilmente anche più alta.

Dall'agenda di Corte erano già scomparse per fortuna (grazie alla guerra) le *Levées*. E qui si torna in pieno Seicento, quando per i cortigiani era un segno di favore reale essere ammessi nella camera da letto del sovrano per assistere al suo risveglio e alla sua toeletta. Naturalmente nell'Otto-Novecento la pratica era stata modificata. All'augusta presenza adesso venivano introdotte personalità della vita pubblica e delle più svariate attività sociali, e soprattutto non più in camera da letto. I privilegiati, in formale *Levée Dress* (per gli uomini giacca di velluto a coda di rondine e pantaloni al ginocchio come nel Settecento), erano invitati a St James's Palace e qui, incolonnati, sfilavano davanti al sovrano assiso sul trono, eseguivano un inchino e passavano oltre. Allo scoppio del conflitto questi appuntamenti furono sospesi, e saggiamente mai più ripresi.

Al loro posto fu inaugurata la tradizione dei pranzi settimanali con la regina e il principe, nei quali ci siamo già imbattuti. Sono incontri utili a Sua Maestà per saggiare il polso della nazione e raccogliere le opinioni di personaggi illustri nei loro campi. I primi inviti furono diramati nel maggio 1956 e tra gli ospiti iniziali ci furono il direttore del *Times*, il preside di Eton, il vescovo di Londra, il presidente del Consiglio nazionale del carbone, il manager dello stadio di Wembley. A tavola di solito si è in dodici ma gli invitati sono solo sette, perché Elisabetta e Filippo sono abitualmente accompagnati dal *Master of the Household* (il Maestro di Casa Reale), dal suo vice e da una *lady-in-waiting*. Trovarsi in pochi a tavola con la regina può anche intimidire qualche commensale ma lei fa del suo meglio per assicurare che tutti partecipino alla conversazione.

La vittima più illustre della cosmesi imposta alla vita di Corte dalla nuova coppia reale fu certamente il ballo delle debuttanti. L'ultimo si tenne nel 1958, e bisogna complimentarsi con Elisabetta (e i suoi consiglieri) per il tempismo: niente sarebbe stato più anacronistico e ridicolo di questo festival virginale nel decennio che stava per iniziare, quando Londra divenne la capitale mondiale della rivoluzione sessuale. Ma fino ad allora la «presentazione» al re era l'evento principale dell'ingresso di una fanciulla – nobile, si capisce – nell'età adulta. E soprattutto sul mercato matrimoniale. Le aristocratiche diciottenni attendevano il momento con impazienza, le loro mamme con ansia e febbrile attività, giacché la presentazione della debuttante comportava anche un vorticoso tourbillon di cene e danze che si concludevano all'alba, con l'offerta del breakfast.

Leggenda vuole che nella circostanza il principe Filippo sorridesse solo alle ragazze bruttine. Se per incoraggiamento o per costruirsi un alibi, non è chiaro. Certo, la fine della cerimonia fu accolta con sollievo dagli automobilisti londinesi, che avevano imparato a evitare il Mall e la piazza davanti a Buckingham il pomeriggio dei giorni fatidici: l'ampio viale era interamente invaso dalle file dei veicoli che conducevano alla reggia le fanciulle e i loro genitori. Le esigenze del traffico crescente furono prese in considerazione anche per lo spostamento dell'altro evento clou della *Season*, il Trooping the Colour, la parata cerimoniale delle truppe per celebrare il compleanno ufficiale della regina. Si era sempre tenuta il secondo giovedì di giugno, con comprensibile effetto caos sulla circolazione dei giorni feriali. A partire da quello stesso 1958 fu spostata al secondo sabato di giugno. Ne guadagnò il traffico, ma la speranza di un tempo clemente nel mese estivo rimase quasi sempre delusa. Delle tante sfilate che ho seguito e raccontato in tv, la maggior parte è stata inzuppata da implacabili *showers*, gli scrosci irrispettosi della stagione.

Dei molti «vecchi merletti» della Corte di San Giacomo questo è uno dei più amati da Elisabetta. Di sicuro, lei viva, non finirà mai in un baule pieno di naftalina. Da molto tempo ormai Sua Maestà arriva sul terreno di parata delle *Horse Guards* su una carrozza scoperta, le gambe sotto una pesante coperta di lana. Ma per i primi vent'anni del regno, o quasi, lei percorreva il Mall a dorso di cavallo, vestita non più come negli anni Quaranta in un'uniforme blu scuro ma in una sontuosa giacca militare scarlatta su modello del diciottesimo secolo, con i bottoni dorati del reggimento quell'anno protagonista della sfilata. Indossava una lunga gonna blu scuro e un cappello basso, nero, di modello unico, ornato di piume e del distintivo del reggimento in parata. Al petto esibiva l'Ordine della Giarrettiera, il più esclusivo e prestigioso del mondo, ma pare che fosse anche più orgogliosa delle medaglie guadagnate come tante altre giovani donne con il suo breve servizio in guerra. Cavalcava all'amazzone, a differenza di quanto ha sempre fatto quando montava un cavallo per piacere (oggi precluso dall'artrosi al ginocchio), ma era una scelta dettata da considerazioni di dignità. Lungo tutto il percorso dalla reggia al terreno d'esercitazione Sua Maestà rimaneva impassibile, come richiesto dal suo ruolo di soldato in attività, mai un sorriso, mai una smorfia. Nemmeno quando le hanno sparato.

Era, stranamente, in quel 1981, una delle rare mattine di giugno in cui il sole splendeva sul Trooping the Colour. Una giornata all'apparenza perfetta. Folle festanti dietro le transenne nella calda luce che avvolgeva il Mall, impacchettato nelle Union Jack appese ai lampioni e agli alberi. Asfalto immacolato, a parte le deiezioni equine dei reparti di cavalleggeri appena passati. Elmetti lucidi degli agenti di polizia scaglionati a intervalli regolari. Le file dei soldati della Guardia perfettamente allineati sotto i loro colbacchi di pelo d'orso. La voce metallica del comandante del reggimento che ordinava «*Royal Salute! Pree-sent... arms!*» e in risposta il suono dei tre precisi movimenti sul calcio del fucile eseguiti in perfetto sincronismo da centinaia di mani.

La regina ammirava questa coreografia perfetta, che rifletteva la sua costante attenzione per i dettagli e la precisione. Gioiva dell'immagine di grandiosità e potenza che la parata proietta ogni anno dentro e fuori il Paese. E ovviamente amava i cavalli: la rivista poteva offrirne un'ampia selezione, dagli enormi Cavalry Blacks, i muscolosi stalloni neri delle *Life Guards* e dei Blue and Royals, ai leggeri cavalli da tiro dell'artiglieria della *King's Troop*, ai placidi e pesanti pezzati con i tamburi sul fianco. Lei stessa aveva reclutato uno di questi. Lo aveva adocchiato a Edimburgo che tirava un carretto. Prontamente arruolato, adesso Cicero – questo il suo nome – avanzava a passo cadenzato con la sua coppia di tamburi argentati che suonavano il ritmo di marcia.

Elisabetta montava Burmese, suo fedele compagno di parata sin dal 1969, un bel quadrupede quieto e disciplinato che le era stato donato dalla famosa Polizia a Cavallo del Canada. La regina si muoveva a passo cadenzato, senza fretta, per raggiungere l'arco delle *Horse Guards* alle undici in punto. Allora gli spettatori seduti sulle gradinate sarebbero balzati in piedi, la banda avrebbe intonato l'inno reale e lo stendardo dei Windsor avrebbe preso a sventolare nel cielo sopra il terreno di parata. La regina era quasi all'altezza della cittadella dell'Ammiragliato (oggi trasformato in albergo a sette stelle), là dove il Mall piega a destra verso lo spiazzo delle *Horse Guards*, quando improvvisamente ci furono strani rumori alla sua destra. Qualcuno sparava.

La folla su quel lato della strada istintivamente chinò la testa, la polizia scattò in avanti, ma chi non smise di osservare la scena poté vedere Elisabetta che continuava a cavalcare nella sua postura eretta, come se niente le accadesse attorno. Il solo gesto registrato dagli spettatori fu quello della sua mano guantata che accarezzava il collo di Burmese per tranquillizzarlo, rassicurarlo. Più tardi la regina avrebbe spiegato che a innervosire la bestia non erano stati gli spari ma gli improvvisi movimenti degli altri cavalieri che le si erano stretti attorno a proteggerla. Il caporale Galloway, del 2° battaglione delle *Scots Guards*, stazionato proprio a quell'angolo per presentare gli onori come tutti i commilitoni lungo il percorso, raccontò esattamente alla polizia quello che era successo: «Ci fu un rumore che lì per lì ho pensato essere l'applauso della folla. Poi ho riconosciuto un colpo d'arma da fuoco. Mi sono voltato e ho visto un uomo che puntava la pistola contro la regina, e mentre mi giravo lui sparava ancora un colpo. La gente gridava e lo spingeva in avanti. Io mi sono chinato oltre la transenna, l'ho afferrato per i capelli e l'ho tirato sul Mall, dove la polizia lo ha preso in consegna. Poi sono tornato alla mia posizione».

La regina non l'aveva mai cambiata, e la sfilata continuò come se niente fosse successo, sebbene l'eco degli spari fosse arrivata anche sul terreno di parata. Il commentatore televisivo si interruppe per pochi secondi, poi riprese la trasmissione annunciando che sembrava avessero sparato qualche colpo contro la sovrana, e le magnifiche evoluzioni dei soldatini di piombo si ripresero tutta l'attenzione sino alla fine, quando Elisabetta rifece il percorso a cavallo verso casa. La freddezza mostrata nella circostanza rappresenta un doppio tributo, al suo coraggio personale e alla qualità dell'addestramento ricevuto. La regina in realtà non era mai stata in pericolo ma lei non lo sapeva. Il responsabile del gesto, uno di quei ragazzi disturbati che cercano di richiamare su di sé l'attenzione, era armato solo di una scacciacani e aveva fatto fuoco sei volte: ma solo perché non era riuscito a procurarsi un'arma e pallottole vere. Si chiamava Marcus Sarjeant e spiegò che voleva diventare «il più famoso teenager del mondo». Riuscì solo a beccarsi cinque anni di galera e quando scrisse alla regina per scusarsi lei giustamente non rispose.

Anche la trisavola Vittoria era passata attraverso sette attentati mostrando identica freddezza. Il primo attentatore era stato un mezzo matto di nome John Francis che si era appostato tra gli alberi di Green Park per spararle mentre lei passava in carrozza. Ci provò ben due volte, la prima il 29 maggio 1842, e sfuggito alla polizia tentò di nuovo il giorno dopo: stavolta lo presero e scoprirono che il ventiduenne mentecatto aveva omesso di inserire i proiettili nel tamburo della pistola. Il sollievo del Paese si tradusse in un'alluvione di messaggi di auguri e congratulazioni alla sovrana, appena ventitreenne, che diventò un'eroina agli occhi dei sudditi e negli articoli di stampa: come scrisse l'*Illustrated London News*, antesignano dei tabloid, la giovane regina incarnava «gli affetti del popolo», era il punto focale dell'«amore della sua gente». Centoquarant'anni dopo, la sua trisnipote poteva solamente sognare di essere oggetto di una simile ondata di sentimentalismo, benché ovviamente i sudditi fossero felici dello scampato pericolo. Ma nelle tre decadi trascorse dall'entusiasmo dell'incoronazione l'Inghilterra era cambiata molto più della sua Corte, e la regina se ne sarebbe presto accorta.

Il sommovimento era cominciato negli anni Sessanta, e almeno in parte scontava i disastrosi fallimenti della classe dirigente britannica negli anni immediatamente precedenti. Quali erano i titoli che l'establishment poteva vantare per la sua supremazia se, come testimoniavano Guy Burgess e Donald Maclean, era infestato di spie al soldo dell'Unione Sovietica, compreso perfino il direttore della Pinacoteca reale Anthony Blunt; se John Profumo ministro della Guerra preferiva invece fare l'amore con la call-girl Christine Keeler; se la duchessa di Argyll organizzava orge come una volgare prostituta; e se l'aristocratico premier Anthony Eden conduceva il Paese nella catastrofica avventura di Suez? La sfiducia nell'*upper class* era tale che secondo molte voci la nascita del quarto figlio di Elisabetta, Edoardo, era stata deliberatamente pianificata per contrastare lo scoramento nazionale.

Certo, la regina e il duca avevano operato qualche timido cambiamento nel barocco funzionamento della monarchia. Ma rispetto alle scosse telluriche che investivano le società occidentali l'istituzione che rappresentavano appariva sempre più irrilevante e fuori tempo. Nella *Swinging London* degli anni Sessanta la tunica delle Guardie reali diventò, sbottonata, l'uniforme dei capelloni. Parate e pennacchi sembravano non esercitare più il fascino irresistibile del passato. I laburisti di Harold Wilson tornarono al potere nel 1964 e l'anno dopo eliminarono per sempre il conferimento dei titoli nobiliari ereditari. Le onorificenze adesso non andavano più solo ai rispettabili membri della società ma si appuntavano al petto di gruppi pop come i Beatles e calciatori come Stanley Matthews. Il merito, o almeno il suo mito, scacciava il *breeding*, la supremazia dei cromosomi e del privilegio ereditato. La famiglia reale, che per decenni aveva dettato gusti e mode, si ritrovò improvvisamente messa da parte, giudicata antiquata, perfino ridicola col suo accento *cut-glass*, lo *stiff upper lip* e tutto il restante armamentario di regale dignità. Le nuove *celebrities* non erano più le principesse, almeno fino all'avvento di Diana, ma rockettari, attori, musicisti, fotografi, indossatrici.

Presi inizialmente alla sprovvista, i reali diedero presto prova del loro abituale camaleontismo. Certo, Elisabetta manteneva la sua sacrale inattingibilità al vertice dello Stato, ma il resto della famiglia sembrava rispondere alla chiamata dei tempi. Se la regina Mary si era inventata la *working monarchy*, la monarchia al lavoro tra ospedali e tagli di nastri, i suoi nipoti approfittarono del decennio dei Sessanta per dar vita alla *partying monarchy*, la monarchia della baldoria. In prima fila soprattutto *una* nipote, l'irrequieta Margaret, che nel 1960 aveva sposato il fotografo Antony Armstrong-Jones. Già il fatto che la regina avesse autorizzato (il suo consenso era richiesto dalla legge) un simile improbabile match manifesta la rassegnata accettazione del Palazzo di fronte all'irruzione della modernità.

Quanto a Margaret, la sua personalità *bohémienne* ben si adattava alla frequentazione degli ambienti artistici ai quali apparteneva il marito. Gli amici della principessa diventarono Peter Sellers e Mick Jagger, non esattamente il modello di temperanza che la famiglia reale si supponeva dovesse incarnare. Al principe Filippo non andavano giù né il cognato né tanto meno i suoi sodali. Ma erano loro, adesso, a spargere attorno l'aura del *glamour*, e nel 1965 il filolaburista *Mirror* riportò esultante che Sellers e l'irriverente cantante-attore irlandese Spike Milligan, che era stato privato del passaporto britannico, erano tra gli invitati alla festa di compleanno della regina.

Contrariamente alle aspettative, questo accorciamento di distanze tra la monarchia e i sudditi non fece affatto scemare, come si prevedeva, l'interesse del pubblico per gli inquilini di Buckingham Palace. Al contrario lo rafforzò, con il contributo decisivo di una stampa che aveva trovato adesso un nuovo filone di racconto. Non più la magnificenza e la sontuosità, non più il simbolo e la dignità, ma la vita quotidiana attraverso il buco della serratura, le rivelazioni dei servitori, il dietro le quinte dei viaggi e le gaffe per le quali il duca di Edimburgo cominciava a diventare famoso. Al punto che le sue battutacce furono raccolte in un libro di suoi detti celebri, intitolato *The Wit and Wisdom of Prince Philip* (L'arguzia e la saggezza del principe Filippo), che a molti in verità pareva tout court maleducazione.

Per la stampa diventò routine la copertura della vita quotidiana dei Windsor, dell'attività scolastica dei figli, delle loro vacanze e fidanzatine. Si faceva lontano il tempo in cui il comandante Colville, addetto stampa di Sua Maestà, pensava che la comunicazione di Corte dovesse limitarsi alle note ufficiali, e tutto il resto fosse inaccessibile vita privata dei suoi datori di lavoro. Al contrario, proprio le indiscrezioni vere o pilotate su questa vita privata rafforzavano nell'opinione pubblica la suggestione che anche quella reale fosse dopotutto una famiglia come le altre. Ma allora perché tanti privilegi, e tanta distanza dalla gente normale? Un sondaggio tra gli inglesi consegnò un responso che risuonava tremendo come una profezia: tre sudditi su cinque volevano che «la famiglia reale vivesse più come la gente comune».

La scomparsa dei «premier elefanti»

I GARDEN *parties* a Buckingham Palace sono una tradizione che Elisabetta ha ereditato e rafforzato. Gli invitati sono ogni volta nell'ordine di svariate migliaia – anche fino a novemila – e queste feste che si svolgono due volte l'anno (ma una volta anche a Edimburgo, nel parco di Holyrood House) rappresentano per la regina periodiche opportunità di contatto con il suo popolo. Qualche volta anche occasioni di riflessione. Come quando, per esempio, una signora nel giardino della reggia le ha chiesto: «Lei che lavoro fa?»

Se si torna indietro alla cerimonia solenne dell'incoronazione, è possibile trovare non solo un chiaro indizio del senso semireligioso della sua missione che ne ricavò la regina, ma pure qualche traccia sul genere di lavoro che è *effettivamente* chiamata a fare. C'è qualcosa, oltre a tagliare nastri, stringere mani e pronunciare frasi di circostanza? Qual è in concreto la funzione dei *walkabouts*, le passeggiate tra la folla inaugurate negli anni Settanta in un viaggio neozelandese? Le domande di Sua Maestà agli occasionali interlocutori non vanno mai oltre il tempo, la provenienza o il numero dei nipoti: argomenti più seri sono proibiti dal ruolo e dai tempi stringati. Allora hanno ragione gli scettici che insistono sull'inutilità dell'istituzione? Al contrario, la visione tratteggiata da Churchill nel suo discorso al banchetto dell'incoronazione sembra indicare compiti molto più impegnativi della semplice rappresentanza. Per il vecchio statista, al di là della funzione strettamente cerimoniale, la Corona si identifica nella trinità di continuità, dovere e unità.

È un relativo aggiornamento della tradizionale teoria di Edmund Burke, che fa della monarchia il faro di luce che attraversa il buio dei secoli. È anche più o meno la tesi di un libro pubblicato nel 1958 da Dermot Morrah, dal titolo *The Queen at Work* (La regina al lavoro), particolarmente interessante perché sembra riflettere ciò che in merito si pensava all'epoca (e forse anche oggi) all'interno della reggia. Ai monarchici «democratici» che chiedono alla sovrana di offrire attivamente un esempio e di assumere una sorta di leadership morale, Morrah replica invece che l'importanza della regina «non sta in ciò che fa ma interamente in quello che è». Ciò che conta, insomma, non sarebbe la qualità dell'azione reale ma l'iconografia della regalità, basata sul comportamento privato del monarca. Ma quale influenza può esercitare la Corona sulla vita politica e le scelte del Paese? In una parola: qual è il suo *potere*?

Esso sembra manifestarsi attraverso una secolare consuetudine designata da un nome che è a sua volta un arcaismo: l'udienza. È l'incontro settimanale che il monarca riserva al suo primo ministro. Non viene registrato, filmato, resocontato, stenografato o in nessun altro modo reso pubblico. Quel che i due si dicono resta per sempre un segreto condiviso soltanto dalle loro memorie. La faccenda è così intrigante da essere diventata materia di un'applaudita pièce teatrale, *The Audience* appunto, in cui Helen Mirren ha deliziato gli spettatori londinesi interpretando di nuovo Sua Maestà dopo l'Oscar per *The Queen*. Analoghe udienze la regina concede di tanto in tanto ai più alti gradi dell'Esercito o ad altri supremi dignitari dello Stato e della Chiesa. Ma qual è precisamente la loro funzione?

Con tipico pragmatismo anglosassone, il Regno Unito non ha una Costituzione scritta, del genere che viene definito «rigido». Dispone di un insieme di leggi del Parlamento e di editti reali che disegnano il campo entro il quale le diverse istituzioni agiscono adattandosi alle situazioni. Così l'indicazione più precisa di ciò che la sovrana può fare viene dal libro di un giornalista del diciannovesimo secolo, Walter Bagehot, che cercò di spiegare come funziona *The English Constitution*. Nella sua interpretazione, divenuta vangelo della democrazia inglese dai tempi di Vittoria a oggi, la regina «ha il diritto di essere consultata, di consigliare, di avvertire».

La lettura di Bagehot fu tra le prime a essere suggerite dal mentore dell'adolescente Elisabetta a Eton, sir Henry Marten. E si può immaginare che la sovrana concordi pienamente con le sue prescrizioni, come hanno fatto i suoi immediati predecessori. Tanto Giorgio V che Giorgio VI hanno usato vigorosamente i tre diritti loro riconosciuti, il primo – più interventista – generoso di «avvertimenti» su tutto con i suoi premier, il secondo determinato a «essere consultato» da Churchill sui dettagli di ogni operazione bellica.

Rispetto a loro il ruolo di Elisabetta è più difficile da calibrare. Molto più accentuati i sommovimenti sociali, più rumorose le critiche, più forti le contestazioni. La regina ha dovuto imparare soprattutto a essere cauta. In primo luogo proprio nel rapporto con i suoi premier. Nessuno ha mai potuto capire che cosa pensasse di ognuno di essi. Appare evidente che trovasse alcuni di maggior gradimento, il laburista Harold Wilson in testa, e altri meno simpatici, Margaret Thatcher in fondo. Ma al di là dei molti pettegolezzi e di qualche concreto indizio, è impossibile andare. E quanto alle riservatissime udienze, si può solo fissare qualche punto di carattere generale.

In primo luogo, per generale ammissione di politici e alti burocrati (i mitici *civil servants*) che hanno lavorato con lei, Sua Maestà ha una memoria formidabile e molto precisa. La intrigano i retroscena politici. Ricorda nel dettaglio i precedenti, e avanzando negli anni somiglia sempre più a un archivio vivente al quale i premier più giovani possono attingere. È appena il caso di ricordare che il suo primo capo di governo fu Churchill, che esordì nella vita pubblica sotto la regina Vittoria, e l'ultimo – e dodicesimo – è David Cameron. E sulla lunghezza delle udienze si può notare che tendono a durare tanto più a lungo quanto più il premier fatica a tenere insieme il suo Gabinetto: gli incontri con Wilson si allungavano sempre più, quelli con Blair in confronto erano molto più brevi. Per oltre sei decadi Elisabetta ha ricevuto nel suo studio le confidenze degli undici uomini e l'unica donna che hanno guidato la Gran Bretagna da metà Novecento a oggi. Ma sempre sotto il suo sguardo vigile.

Lo storico David Cannadine paragona il rapporto tra sovrana e primo ministro con quello tra presidente di consiglio d'amministrazione e amministratore delegato, «e la separazione delle funzioni è di fatto un'idea piuttosto buona». Nel 1953 Churchill cercò di spiegare bene la differenza: «Una grande battaglia è perduta: il Parlamento rovescia il governo. Una grande battaglia è vinta: le folle acclamano la regina». Quello che lo statista voleva dire è che i detentori effettivi del potere – il premier con la sua maggioranza parlamentare – vanno e vengono con gli alti e bassi delle elezioni, mentre la sovrana resta stabile alla testa dello Stato. Non ha nessun potere di governo ma una sorta di potere negativo. Dal momento che lei è lì, nessun primo ministro può essere il numero uno.

Tony Blair è quello che ci è andato più vicino, con uno stile di governo molto più simile a quello di un presidente americano che a un premier britannico. Ma se mai ha davvero coltivato il sogno di diventare «presidente Blair» (e la tragedia di Diana sembrò offrirgliene il destro), la semplice presenza della regina rappresenta di per sé un ostacolo, come osserva Robert Gascoyne-Cecil, settimo marchese di Salisbury ed ex leader dei conservatori alla Camera dei Lord: «Lei occupa spazio, e regolari procedure devono essere seguite. Lei rende più difficile una dittatura, più difficile un colpo militare, più difficile governare per decreto».

Ma esercita anche, com'è ovvio, un'influenza positiva. Lo fa attraverso l'esempio personale: la dedizione al dovere, lo stimolo ai migliori comportamenti civici, la ricompensa dei meriti per mezzo delle onorificenze (sebbene sia dai tempi di Vittoria che l'annuale «lista degli onori» è stilata dal governo, e il monarca si limita a firmarla). Insomma, per dirla con le parole di Blair – peraltro convintamente monarchico –, Elisabetta è «un simbolo di unità in un mondo di insicurezza [...] semplicemente il meglio della britannicità». L'ammirazione dell'inventore del New Labour riecheggia sessant'anni dopo quella del vecchio Churchill per la giovane donna di cui si trovò a guidare i primi passi sulla scena.

In realtà fu solo la morte improvvisa di Giorgio VI a far incrociare l'autunno del patriarca con la primavera della regina. I vari boss del partito conservatore erano ormai stufi del loro premier quasi ottantenne, e stando alle confidenze della Queen Mother al futuro inquilino di Downing Street sir Anthony Eden, il re aveva ormai preso la decisione di convincere Churchill a ritirarsi. La morte bloccò il piano. E per quanto sinceramente rattristato, il «vecchio elefante» sfruttò l'opportunità che il nuovo regno gli offriva per restare a galla. Sarebbe rimasto al suo posto, si capisce, fino all'incoronazione, che venne convenientemente fissata sedici mesi dopo. Che fretta c'era, dopotutto? Chi poteva dubitare che la fresca regina avesse bisogno per qualche tempo della guida sicura della sua affettuosa mano nonnesca? In verità all'inizio tra i due sembrò stabilirsi una relazione simile a quella tra la giovanissima Vittoria e l'anziano lord Melbourne. Anche Churchill mostrava una senile infatuazione per la giovane e bella sovrana, e lei ne riconosceva abilità e stellare esperienza, seppur lamentandosi ogni tanto che lui non la stesse ad ascoltare.

Il 23 giugno 1953, tre settimane dopo l'incoronazione, il settantottenne Churchill soffrì quello che apparve subito come un devastante ictus cerebrale. Quel giorno il primo ministro ospitava a pranzo a Downing Street il collega italiano Alcide De Gasperi. Al brindisi era stato brillante come sempre, scherzando sulla precedente e più ostile visita compiuta sull'isola da un altro statista romano, un certo Giulio Cesare. Al caffè gli ospiti presero a dirigersi verso il salotto, ma lui stranamente rimase immobile al suo posto, e poi all'improvviso scivolò dalla sedia. Il solo che si accorse che qualcosa non andava fu il genero, Christopher Soames, deputato conservatore. Allertò i collaboratori, e in qualche modo si riuscì a trascinare il premier fino alla camera da letto. Ma il suo medico di fiducia era fuori Londra e arrivò solo l'indomani, quando Churchill si era già rimesso in piedi presiedendo perfino una riunione di Gabinetto, pallido come un cencio. Solo la sera seguente lo trasportarono nella sua magione di campagna, Chartwell, nel Kent, e lì le sue condizioni peggiorarono rapidamente. Perse totalmente il controllo dclla parte sinistra del corpo e la memoria, fatto per lui particolarmente straziante. Le speranze di recupero sembravano nulle.

La cosa più straordinaria è che con il suo primo ministro semiparalizzato, quasi incapace di parlare, confinato a letto in campagna, la Gran Bretagna rimase quell'estate interamente all'oscuro dell'accaduto. È qualcosa di impensabile nell'Inghilterra di oggi ma in quella di sessant'anni fa a Churchill bastò convocare a Chartwell i «baroni della stampa» – Camrose, Beaverbrook e Bracken, padroni di *Telegraph*, *Express* e *Financial Times* – per ottenerne l'impegno al più assoluto silenzio, in nome del supremo interesse del Paese. La regina naturalmente ne fu informata e scrisse di suo pugno allo statista di sperare «che il colpo non fosse troppo serio e che potesse riprendersi in brevissimo tempo». In realtà era serio, e all'inizio di agosto lui stesso informò Elisabetta dell'intenzione di ritirarsi.

Ma a metà del mese già tornava a presiedere, sia pure con difficoltà, un consiglio di Gabinetto e il 12 settembre ricomparve in pubblico con la regina alla corsa di St Leger all'ippodromo di Doncaster. A ottobre addirittura fece il suo gran ritorno alla tribuna del congresso tory a Margate con un discorso che al solito trascinò la platea. Con la sua forza di volontà il vecchio leone aveva battuto pure la malattia, e di ritiro non si parlò più sino all'aprile 1955, quando infine cedette il posto al successore Anthony Eden, vicepremier e ministro degli Esteri. Ma già durante la malattia Elisabetta aveva dato ordine di allestire per Churchill un funerale di Stato, riconoscendo il debito del Paese verso il più grande leader inglese in tempo di guerra. Quando il momento arrivò, nel 1965, la stessa regina prese parte alle esequie: onore tributato dopo di lui soltanto all'unica donna primo ministro, Margaret Thatcher, scomparsa nell'aprile 2013.

L'ammirazione peraltro non cancellava il senso critico di Sua Maestà. Quando qualcuno le disse che doveva essere stato meraviglioso avere sir Winston come suo primo capo del governo, lei rispose: «Nient'affatto. L'ho trovato molto ostinato». Schietta, ma probabilmente anche un po' ingenerosa. Lui, certo del suo ascendente, la adorava. Alle udienze si presentava sempre in abito formale, la redingote a coda del *morning coat* e cilindro nero, e sembrava che gli incontri si facessero sempre più lunghi. Lui ha raccontato che si chiacchierava di cavalli, di polo, e se veniva fuori che qualcuno o qualcosa aveva irritato la regina il premier esprimeva subito indignazione.

Il suo medico, lord Moran, riporta la chiacchierata che ebbe con lui nel febbraio 1952, subito dopo l'ascesa di Elisabetta al trono: «La storia d'Inghilterra, il suo romanzo e le sue mutevoli fortune, per Winston si incarnano nella Casa Reale. Ha guardato una nuova foto della regina. Lei era in bianco, con lunghi guanti bianchi, sorridente e radiosa. 'Bella', ha mormorato, 'È una gattina. Ho paura che possano chiederle troppo. Sta andando così bene'». Era in estasi, e lo fu doppiamente quando nel giugno 1954 la sua bella sovrana lo insignì dell'Ordine della Giarrettiera. Lei raddoppiò la generosità al momento della rinuncia all'incarico: assieme al principe Filippo (che pure lo odiava, per la faccenda del nome della dinastia) prese parte al ricevimento d'addio a Downing Street, un onore che Elisabetta avrebbe concesso solo un'altra volta, nel 1976, quando fu il beniamino Wilson a lasciare il posto.

Churchill è incomparabilmente il più grande nella categoria dei premier-«vecchi elefanti» che comprende anche i suoi due immediati successori Anthony Eden e Harold Macmillan: tutti uomini molto più anziani della regina, grandi personalità che avevano ricoperto ruoli decisivi in tempo di guerra e non potevano sottrarsi a un atteggiamento semipaterno verso la giovanissima Elisabetta. Eden sembrò portare a Palazzo un soffio d' aria nuova, se non altro perché era divorziato e la sua nomina segnalava la fine del bando sociale che aveva provocato perfino la reale abdicazione. Ma è anche il responsabile della disastrosa spedizione di Suez, ultimo conato imperiale anglofrancese condotto peraltro all'insaputa del principale alleato, gli Stati Uniti. Ma anche della regina?

Qui, per gli storici, si colloca uno dei maggiori gialli del regno di Elisabetta. Lo storico Robert Lacey, che riceveva le sue informazioni direttamente da lord Mountbatten, ha scritto che la sovrana «sembrò ad amici e parenti genuinamente sorpresa da ciò che era stato condotto in suo nome nell'ottobre e novembre 1956. [...] O lei partecipò all'inganno strategico del resto del mondo – inclusi gli Stati Uniti – oppure anche lei fu ingannata, come chiunque altro». Eden, malato di cancro, reagì dando del «rimbambito» e «bugiardo congenito» a Mountbatten. E scrisse a Lacey che la regina «comprese molto bene ciò che stavamo facendo».

Di certo, ci sono punti non chiari. Mountbatten, che non era d'accordo con la spedizione contro l'Egitto, cercò di dimettersi dall'incarico di Primo Lord del Mare, ma il responsabile politico dell'Ammiragliato, lord Hailsham, gli ordinò di restare. Di questo la regina fu sicuramente informata, e la circostanza convalida la tesi che lei fosse al corrente del complotto di Eden, o almeno consapevole che qualcosa di strano stava avvenendo. Quando a gennaio il premier, seriamente ammalato, andò a Sandringham per annunciarle l'intenzione di dimettersi, non fu trattato freddamente, ma anzi accolto con espressioni di simpatia e rammarico, e ricompensato con l'investitura a conte. Non è il comportamento di un sovrano offeso per essere stato ingannato.

Quale che sia la verità, l'esperienza servì a rafforzare la naturale cautela di Elisabetta. Messa a dura prova in quegli anni anche dalla consuetudine dei conservatori di non eleggere – come i laburisti – il proprio leader ma di farlo «emergere» dalla consultazione dei «Grandi» del partito e dei capigruppo della maggioranza. Poiché la scelta del primo ministro è formalmente una prerogativa del monarca, questo meccanismo – meno vincolante di un'elezione – lasciava alla regina più margine di manovra, ma la caricava anche di maggiore responsabilità. Quando Eden diede forfait, pubblico e giornali consideravano come candidato naturale alla premiership l'ex Cancelliere dello Scacchiere Rab Butler, che era stato anche il vice di Eden. Colto, innovativo, incarnava quell'idea di «merito» che era ancora ben lontana dal farsi strada nell'establishment britannico. E infatti la cricca aristocratica che tirava i fili del partito fece «emergere» invece Harold Macmillan.

Voce e presenza di un nobile pre-guerra mondiale, Macmillan era un autentico *stiff upper lip*, sposato, non casualmente, alla discendente della maggiore famiglia di latifondisti titolati: lady Dorothy era la figlia del duca del Devonshire, e sebbene il povero Macmillan fosse perfino costretto ad allevare come suoi figli i frutti degli adulteri della moglie, non c'è dubbio che le dovesse in parte anche il suo successo politico. Chi fu a condurre il sondaggio decisivo per la successione a Eden, se non l'amico marchese di Salisbury? Come leader dei Tory alla Camera dei Lord chiamò a uno a uno i membri del Gabinetto chiedendo con la sua «erre» blesa: «Ha*v*old o *V*ab?» Fu naturalmente Ha*v*old, e al povero Butler toccò di perdere la gara anche sei anni dopo, quando la malattia – e gli scandali del suo governo, *in primis* quello Profumo – costrinsero Macmillan a passare la mano.

Ma stavolta la regina fece di peggio, rendendosi corresponsabile di una vera e propria scorrettezza costituzionale. Macmillan è stato certamente un primo ministro che ha giocato un ruolo cruciale nel lungo regno di Elisabetta. La sua lunga permanenza nell'incarico – dal

’57 al ’63 – è coincisa con i «venti del cambiamento» che scuotevano il vecchio assetto internazionale e il ruolo che la Gran Bretagna era abituata a giocare. Adesso bisognava presentarsi cappello in mano agli Stati Uniti per mantenere al Paese un minimo di capacità nucleare. Lottare con le unghie e coi denti per tenere unito il Commonwealth, dal quale se n’era appena andato il Sudafrica. Pregare gli europei di aprire la loro Comunità Economica anche a Londra dopo l’umiliante «no» pronunciato dal generale de Gaulle. Gestire il declino dell’industria britannica, l’impennata dell’inflazione, il tracollo della bilancia dei pagamenti. In pubblico il premier era bravissimo a impersonare «l’ultimo vittoriano», l’imperturbabile gentiluomo in tweed e bombetta abituato a gestire un impero. Ma in privato le notizie che portava ogni settimana alla regina erano tutt’altro che trionfali, e anche con lui le udienze tendevano ad allungarsi.

Non che pure per Elisabetta fossero rose e fiori. L’entusiasmo post incoronazione per la «nuova Età Elisabettiana» era bell’e evaporato, e anche la nave dei reali sembrava sul punto di fracassarsi contro gli scogli della modernità. Macmillan non era in grado di offrire alcun aiuto da questo punto di vista. Il solo che avvertisse d’istinto la necessità di un cambiamento era Filippo, ma bastò a renderlo antipatico al primo ministro: il duca non perdeva occasione di sostenere le ragioni del libero mercato, della concorrenza, dell’imprenditoria, e per tutta risposta Macmillan lo sospettò di simpatie sinistrorse. La verità è che il premier adulava la regina, anche se non rinunciava a farle la lezioncina come un vecchio zio e ogni tanto la annoiava: cementata dal tempo, la relazione si fece stretta e vantaggiosa per l’uomo politico. Tanto più quando, travolto dalle difficoltà e dagli scandali, nell’ottobre ’63 decise che era tempo di andarsene. L’occasione, colta al balzo, gli fu offerta dall’operazione necessaria per un tumore benigno alla prostata.

Di degni candidati alla successione stavolta ce n’erano parecchi, ma ancora una volta Rab Butler appariva il favorito. Purtroppo non dal premier dimissionario. Il suo candidato era il semisconosciuto lord Home, nobile proprietario terriero scozzese. D’accordo con il segretario privato della regina, Macmillan fece in modo che Elisabetta gli facesse visita presso il King Edward VII Hospital, dov’era ricoverato, per rassegnare direttamente nelle sue mani le dimissioni e offrirle consiglio per il successore. E il consiglio, letto alla sovrana dal suo giaciglio di malato, era di convocare Home a Buckingham Palace per incaricarlo di formare il nuovo governo. Era chiaramente un colpo di mano per stampare sul suo preferito il sigillo della reale approvazione prima che il partito conservatore potesse esprimersi. Una parte dei ministri era pronta a ribellarsi ma Rab Butler, pur vedendosi di nuovo derubato della vittoria, non volle spaccare il partito. Home rinunciò all'ermellino di lord per entrare ai Comuni come sir Alec Douglas-Home e diventò premier.

La regina, dissero i suoi sostenitori, si era limitata a seguire il consiglio del primo ministro come da dettato costituzionale. Ma il problema è che Macmillan non era più capo del governo quando la spinse a scegliere la sua pedina, e dunque lei non aveva alcun obbligo di stare a sentirlo. Da un lato era forse ancora troppo giovane per non prestare ascolto a uomini della stessa età del padre. Dall'altro, come ha rivelato il suo biografo Pimlott, «quando ricevette il consiglio di chiamare Alec lei pensò: Grazie a Dio. Alec le piaceva, era un vecchio amico. Parlavano di cani e di andare a caccia insieme. Erano tutti e due proprietari terrieri scozzesi, lo stesso genere di persona, come vecchi compagni di scuola». Per i conservatori fu un terribile errore, che contribuì l'anno dopo a far vincere le elezioni al laburista Wilson. E anche a far emergere tra i Tory una nuova generazione di leader che attaccò frontalmente Macmillan: lui, che sarà poi nominato dalla regina conte di Stockton (fu l'ultima creazione di un Pari ereditario), e il suo «cerchio magico» di *Old Etonians*, vecchi compagni di studi a Eton, incarnavano ormai agli occhi dell'opinione pubblica quanto di ammuffito e corrotto c'era nella vita britannica.

La tempesta si placò presto, ma con essa finì anche per Elisabetta l'età dell'innocenza. Tutta la faccenda fu l'esempio finale, scrive Andrew Marr, «di una regina ancora relativamente giovane usata dai suoi politici piuttosto che protetta da loro». D'ora innanzi anche i conservatori avrebbero eletto il leader in aperta competizione elettorale. E una nuova leva di politici più attenti alla propria reputazione, e a quella della Corona, avrebbe preso il posto dei «vecchi elefanti». Anche Elisabetta si sarebbe fatta più scaltra.

Ghigliottina a mezzo posta

Quando a Douglas-Home fu permesso di tornare alle sue sole vere passioni, ossia la pesca del salmone e la caccia ai galli cedroni nella brughiera scozzese, a Londra gli anni Sessanta arrivarono infine anche nei palazzi della politica. Parve un gran segno dei tempi, quasi un brivido di rivoluzione, che il nuovo primo ministro Harold Wilson, storico dirigente laburista, rifiutasse di presentarsi all'udienza settimanale con la giacca da pinguino e perfino di baciare l'augusta mano della sovrana. Al più, alquanto stranamente, Wilson indossava formali pantaloni a righe da tight sotto una normalissima giacchetta nera a due bottoni. Ma tutto il mondo sapeva che lui era un convinto monarchico.

Non che non ci fossero i repubblicani nel Labour dei primi Sessanta. Anzi. Uno dei più noti tra loro, il ministro e diarista Richard Crossman, notava acidamente che il suo premier «è devoto alla regina ed è molto orgoglioso che lei apprezzi le sue visite alla reggia». Perfino lo staff di Wilson osservava che dopo gli incontri del martedì lui era abitualmente «euforico», e più di qualche collaboratore temeva che la sovrana gli avesse fatto cambiare idea su qualche argomento. Lui appariva troppo infatuato. Ma più tardi spiegò che amava le udienze perché erano il solo momento in cui poteva avere una conversazione seria al riparo da indiscrezioni con qualcuno che non voleva rubargli il lavoro.

Elisabetta intanto aveva affinato la sua tecnica, che veniva descritta come socratica, nel senso della maieutica: non esprimeva opinioni ma con una serie di domande insistenti e precise induceva l'interlocutore a riflettere di nuovo e meglio sugli argomenti della settimana. Non c'è dubbio che apprezzasse Wilson e avesse con lui un ottimo rapporto, come con nessun altro premier. Quando lui si dimise, la regina gli donò una foto che li ritraeva insieme sotto la pioggia, e lui la conservò religiosamente per il resto della vita.

Ma i loro colloqui tutto erano tranne che romantici. Degli anni Sessanta noi oggi tendiamo a ricordare la rivoluzione dei costumi, la rivolta sociale, il vento di liberazione prodotto dall'arrivo sulla scena della giovane generazione. E di tutto questo Londra portava i segni maggiormente visibili. Ma ai vertici delle società occidentali il sentimento prevalente era la paura: dalla crisi di Cuba in avanti, lo slittamento verso una spaventosa guerra termonucleare con l'Unione Sovietica sembrava inarrestabile, e proprio il primo anno di Wilson nell' incarico squadernò davanti agli occhi di Elisabetta la possibilità che il suo regno diventasse un buco nero di fumanti rovine radioattive. Sin dai tempi di Churchill la sovrana era stata un'attenta lettrice delle informative riservatissime dei servizi segreti sulla guerra fredda in corso: suo era il cosiddetto *Red Book, copy number one*, la copia numero uno di tutta l'intelligence raccolta sull'Urss.

Adesso il governo la mise anche a parte, almeno per sommi capi, del *War Book*, i piani d'emergenza in caso di attacco nucleare sulla Gran Bretagna, con l'indicazione dei vari stadi di allarme: *Orange* significava attacco nemico entro un'ora o poco più, *State Scarlet* entro pochi minuti. I membri-chiave del governo avrebbero trovato riparo in un bunker antiatomico segreto poco fuori dalla città di Bath (di cui, si scoprì, i russi erano perfettamente a conoscenza...) mentre la regina sarebbe stata imbarcata immediatamente sul *Britannia*. Il panfilo sarebbe diventato il suo rifugio galleggiante, spostandosi nottetempo tra i laghetti salati della costa nordoccidentale della Scozia.

La guerra per fortuna non scoppiò, ma Elisabetta si trovò a fronteggiare l'inattesa esplosione di ostilità di una parte crescente del Paese. Non solo l'adorante adulazione di vent'anni prima si era dissolta ma per la prima volta, nel 1972, all'università di Stirling una regina sorpresa e disorientata si ritrovò lei stessa oggetto di una dura contestazione di studenti che la accolsero a fischi e pugni chiusi. Era qualcosa che Giorgio VI non aveva mai dovuto sperimentare. E c'era di peggio. Sotto l'influenza dei sindacati filocomunisti e delle frazioni più estremiste del partito, le correnti repubblicane si fecero in quegli anni molto più forti e insidiose pure tra i laburisti, resuscitando i sentimenti antimonarchici che avevano segnato la nascita del movimento socialista. Naturalmente il saldo attaccamento alla monarchia della stragrande maggioranza degli elettori del Labour, nonché dei suoi parlamentari, annullava qualsiasi minaccia. Ma Elisabetta aveva di che essere grata a Wilson per esserle così devoto. Un altro leader meno simpatetico probabilmente non avrebbe rovesciato il trono ma avrebbe potuto cogliere l'occasione per ridurre fino all'irrilevanza la presenza della Casa Reale. Come abbiamo visto, la regina firma le leggi, ma è il Parlamento che le vota. E se per assurdo il Parlamento votasse la sua abolizione, la regina dovrebbe firmarla.

Qualcuno del resto a quell'epoca provò a farla sparire almeno dai francobolli. E non era un personaggio di poco conto. Tony Benn, scomparso da pochi anni, è sempre stato il patriarca della sinistra laburista. E un feroce avversario del principio ereditario. Quando Harold Wilson vinse le sue prime elezioni (sarebbe tornato al potere per il biennio 1974-76), Benn aveva già rinunciato al titolo famigliare di visconte Wedgwood-Benn. Dopo la vittoria laburista, aveva dovuto pronunciare il giuramento d'ammissione al Privy Council, il pletorico Consiglio privato del monarca divenuto un organo costituzionale: ne uscì furente. «Quindi sfilammo davanti alla regina l'uno dopo l'altro, inginocchiandoci e prendendo la sua mano e baciandola, e alla fine chinando il capo. Io feci l'inchino più minuscolo mai visto... Lasciai il palazzo ribollendo d'indignazione, poiché avvertivo che questo era un tentativo di imporre una magia tribale e lealtà personale su gente che ha un autentico dovere solo verso i propri elettori». Consapevole del sostegno popolare alla monarchia, Benn aveva deciso di far avanzare il repubblicanesimo nell'isola a passi piccoli ma altamente simbolici, come quelli che espose con molto successo all'Unione degli Studenti di Oxford: «Niente giacca da sera per i ministri laburisti invitati a Buckingham Palace, mini-car per gli impegni ufficiali e francobolli senza più la testa della regina». Quest'ultima idea, in particolare, appariva molto popolare nei comizi. Così, appena nominato ministro delle Poste e telecomunicazioni nel primo Gabinetto Wilson, il «sinistro» Benn si mise all'opera.

A differenza dei francobolli del resto del mondo, quelli britannici non riportano da nessuna parte il nome del Paese emittente. C'è solo la testa della regina, di profilo: basta e avanza (e, tra l'altro, è la ragione per cui lei non cambia pettinatura da più di sessant'anni). Il problema di Benn era di farla cadere con il suo consenso. E astutamente intravide uno spiraglio per la manovra che aveva in mente. Nel 1965 scoccava il venticinquesimo anniversario della Battaglia d'Inghilterra, l'epico scontro della Raf con l'aviazione nazista che bombardava l'isola. Il ministro commissionò al celebre artista David Gentleman sei bozzetti per altrettanti francobolli, di cui cinque senza la cotonata testa reale. Il 10 marzo 1965, con i disegni in borsa, Benn si presentò a Sua Maestà, convinto di metterla nel sacco: come avrebbe potuto la regina dire di no a soggetti filatelici altamente patriottici, anche a costo di subire la sua «decapitazione»?

E infatti Elisabetta non disse di no. Semplicemente non disse nulla. Per quaranta minuti il ministro mostrò, esaltò, perorò, e la regina lì ad ascoltarlo con un leggero sorriso o aggrottando la fronte o lasciando trapelare un certo imbarazzo ma sempre guardinga, senza mai pronunciare un sì o un no. Benn uscì dall'udienza convinto che Sua Maestà non avrebbe trovato il coraggio di opporsi alla sua ghigliottina. Non sapeva che il segretario privato della sovrana si era già lavorato Wilson, e la rivoluzione filatelica del «visconte rosso» finì silenziosamente a impolverarsi sugli scaffali del ministero. Si capisce che la questione, apparentemente di scarso rilievo, fosse invece cruciale per la proprietaria della testa: una volta rimossa dai francobolli, la sua immagine avrebbe potuto benissimo essere cancellata anche dalle monete e dagli uffici pubblici. E che cosa sarebbe rimasto dell'iconografia della monarchia?

Quando Benn lasciò l'incarico, la regina si disse sicura che gli sarebbero mancati i suoi francobolli. Lui invece la ringraziò per essere stata così incoraggiante: «Lei mi fece un sorriso piuttosto perplesso, e io mi inchinai e uscii camminando all'indietro». Molti anni dopo, quando l'ex «sinistro» aveva ormai acquisito lo status di patriarca laburista, alla sovrana fu proposto di invitarlo a Palazzo. Lei ci pensò un attimo: «No. Non gli piacciamo».

Il lealismo del primo ministro, così apprezzato da Elisabetta, non lo era altrettanto nei settori apertamente reazionari dell'establishment. Non è chiaro che cosa Wilson (e tanto più la regina) sapesse dei complotti orditi a suo danno dalla destra ultramonarchica con la complicità di servizi deviati. Il primo a farne menzione è stato un agente del controspionaggio: Peter Wright ha ammesso di aver lavorato con altri «colleghi» infedeli a un rovesciamento del governo Wilson. Secondo il suo racconto, i congiurati dell'MI5 incontrarono nientemeno che lo zio Dickie, invitandolo a mettersi alla testa di un governo di salvezza nazionale. Quando qualcuno mise in evidenza che si trattava di alto tradimento, il presunto caudillo reale batté rapidamente in ritirata e il piano evaporò. Per essere però riproposto quando Wilson tornò al potere, tra il '74 e il '76. E a lanciare le accuse stavolta è addirittura la Bbc.

Secondo un documentario trasmesso nel 2006 dalla stimatissima emittente pubblica, la congiura antigovernativa ruotava attorno a importanti figure militari di estrema destra che avrebbero formato milizie clandestine (sul modello dell'italiana Gladio) per contrastare una presunta minaccia congiunta di sindacati e Unione Sovietica. Per la Gran Bretagna erano certamente tempi di torbidi: scioperi selvaggi, disoccupazione crescente, inflazione alle stelle. E per i congiurati né il Labour né il suo premier erano affidabili; anzi, Wilson era sospettato di essere un agente sovietico o quanto meno un simpatizzante comunista. A rovesciarlo, secondo il piano, avrebbero dovuto essere milizie paramilitari e reparti ribelli dell'Esercito, con l'aiuto di una parte del controspionaggio. A capo dei golpisti appare nuovamente designato il conte Mountbatten di Burma. Ma lui lo sapeva? Sì, afferma la Bbc. E ciò che è ancora più allarmante, non era il solo della famiglia reale ad appoggiare il progettato colpo di Stato.

La storia ufficiale dell'MI5, pubblicata nel 2009, lascia intendere che un complotto contro Harold Wilson effettivamente c'è stato, ma avrebbe coinvolto solo un ridottissimo numero di agenti insoddisfatti con simpatie di estrema destra. Anche l'indagine segreta condotta nel '96 da lord Hunt concluse che si trattava solo di poche spie scontente del governo laburista per ragioni personali. Nessuno è più bravo degli inglesi nello sminuire la portata di ciò a cui non si vuole dare importanza. Si chiama *understatement*, e torna molto utile anche – o soprattutto – in politica.

Ma in fin dei conti il problema maggiore per i reali in quegli anni Settanta era un altro: la sensazione che la famiglia fosse sempre più fuori dal mondo moderno. Era impossibile associare la regina e i suoi più stretti famigliari con le mode, i fermenti e le culture del ventennio '60-'70. Il loro passatempo preferito era andare a caccia o a passeggio per valli e monti scozzesi. Amavano vestire formalmente o tradizionalmente, per cui se non indossavano un blazer portavano quel kilt che la prima volta aveva fatto tanto ridere il principe Filippo, prima di diventarne abituale indossatore. Si trovavano molto più a loro agio con cani, cavalli, fantini e militari che non con attori, rockettari e intellettuali. E la regina, che da giovane si era messa a ridere di nascosto quando T.S. Eliot aveva iniziato a declamare *The Waste Land* a Buckingham Palace, non aveva cambiato di molto la sua diffidenza verso la letteratura alta.

Questo non vuol dire che la monarchia avesse perso la sua presa su una parte maggioritaria del Paese. Al contrario sembrava – e sembra a tutt'oggi – funzionare quella che viene chiamata «sindrome della Gold Cup di Cheltenham». In quel famoso incontro di ippica, come in generale in tutti gli ippodromi inglesi, c'è un'evidente sintonia sociale e di comportamenti tra gli scommettitori della *working class* e i loro omologhi dell'aristocrazia, gli uni e gli altri impegnati nelle stesse selvagge bevute, sebbene di differenti alcolici, e tutti parimenti dediti a una colorita esuberanza di vestiario. La borghesia cittadina e intellettuale non ama i cavalli e nemmeno la regina. A partire dalla fine degli anni Settanta era ormai chiaro che la monarchia rappresentava una larghissima fetta di *middle class* e classi lavoratrici, il tipo di sudditi tradizionalisti, benpensanti e patriottici che erano ancora la maggioranza nella nazione. Ma la famiglia reale aveva perso il contatto con le nuove forze sociali, buone o cattive, che stavano rimodellando il Paese. E la sovrana faticava a capire, o giustificare, la protagonista politica di quella stagione: Margaret Thatcher.

Il suo atteggiamento verso la «Lady di ferro» conferma che per chi siede sul trono i politici, di destra o di sinistra, sono alla fin fine tutti uguali. Molti, soprattutto dopo l'inusitata durezza mostrata da *Maggie* nella battaglia contro i minatori, si sono chiesti se la sovrana non dissentisse profondamente dai princìpi della rivoluzione thatcheriana. Non fu forse Elisabetta a confidare a una delle sue lady che l'atteggiamento di Mrs Thatcher aveva poco del pacifico san Francesco che aveva citato al momento dell'insediamento? Quanto meno sembrava esserci scarsa simpatia reciproca. Quando le due signore si presentarono a una cerimonia indossando lo stesso abito, la segretaria della premier scrisse a quella della regina suggerendo per il futuro di concordare la tenuta delle due. La risposta del Palazzo fu una staffilata in piena faccia: «Sua Maestà non si cura di ciò che indossano le altre donne».

Non era una questione di moda, ovviamente. La migliore spiegazione dei sentimenti di Elisabetta verso la sua unica premier donna l'ha fornita l'ex segretario lord Charteris allo storico Peter Hennessy: «Si potrebbe dire che la regina preferisce una sorta di politica del consenso piuttosto che della polarizzazione, e sospetto che questo sia vero, sebbene davvero qui non possa parlare per conoscenza diretta [evidentemente fingeva, *N.d.A.*]. Ma se uno si trova nella posizione della regina, se è il titolare, il capo simbolico del Paese, è chiaro che meno litigi ci sono nel Paese e più conveniente è per lui, meglio si sente». Quando però nell'86 il *Sunday Times* del repubblicano Murdoch riportò, attribuendolo a fonti autorizzate del Palazzo, che Sua Maestà giudicava Mrs Thatcher indifferente, conflittuale e socialmente divisiva, la risposta fu secca: il presunto autore delle rivelazioni, il segretario reale per la stampa Michael Shea, fu subito licenziato. La regina non avrebbe mai potuto dire niente del genere, secondo i veterani della Corte, «perché lo considererebbe completamente incostituzionale».

La convivenza delle due donne ai vertici delle istituzioni britanniche fu comunque tutt'altro che facile, per ragioni di carattere e di sostanza. «Maggie» era autoritaria, e nelle udienze settimanali dava l'impressione di fare la lezioncina alla sovrana. Elisabetta preferiva avere a che fare con gli uomini – come erano stati tutti i suoi consiglieri – e non amava dividere la scena con altre femmine alfa. Ciononostante la premier era una devota monarchica e ammirava sinceramente il senso del dovere della regina, mentre quest'ultima aveva sempre rispettato le scelte dell'elettorato. Insomma, cercarono di collaborare ma ci furono parecchie tempeste.

Si può presumere che Sua Maestà abbia approvato la posizione della signora primo ministro sulle Falkland, mentre è certo che il punto più basso dei rapporti si raggiunse quando nel 1983 gli americani invasero l'isoletta caraibica di Grenada, parte del Commonwealth britannico, senza nemmeno degnarsi di informare Londra. Una regina furiosa impose a Mrs Thatcher di interrompere immediatamente una seduta d'emergenza del Gabinetto per presentarsi a Palazzo e spiegare l'accaduto.

Ancora sul Commonwealth ci furono altre serie frizioni, causate dall'atteggiamento della premier verso il Sudafrica razzista. La sua contrarietà a aderire alle sanzioni contro Pretoria, adottate a maggioranza schiacciante, provocò nell'85 una serissima frattura al vertice dei capi di governo del Commonwealth, presieduto da Elisabetta. Come conseguenza i Giochi comunitari dell'anno successivo scontarono il massiccio boicottaggio dei Paesi africani, rischiando il fallimento. Elisabetta, impegnata come pochi a favorire buoni rapporti interrazziali sull'isola e nelle ex colonie, era a momenti alterni angosciata e furibonda. A questi seri contrasti politici facevano da sfondo, aggravandoli, le differenze di stile e di mentalità.

Mrs Thatcher rifiutava di lasciare la sala alla fine del pranzo con il resto delle signore, come invece faceva la regina, ligia alla tradizione vittoriana. Le consuete visite annuali della premier a Balmoral dovettero essere una specie di tortura per entrambe. La statista era tutt'altro che il tipo campagnolo a suo agio sulle montagne scozzesi, e quando una volta chiesero alla sovrana se la sua ospite si sarebbe unita alla compagnia per una passeggiata tra i boschi, lei rispose: «Penso che scoprirete che Mrs Thatcher cammina solo sulla strada». Il vero supplizio, però, erano i famosi picnic in cui la regina e Filippo – come ha osservato un ospite – «giocano a fare la gente normale». Il duca prepara il barbecue, arrostendo ottima carne ma abitualmente al sangue. Mrs Thatcher odiava la carne al sangue. Ma odiava soprattutto vedere Sua Maestà sparecchiare: dopotutto, era la sua sovrana o no? Così continuava a saltare in piedi per dare una mano. Alla fine Elisabetta sibilò: «Qualcuno può dire a quella donna di stare seduta?» Non è dato sapere se apprezzò le due paia di guanti di gomma che la premier le regalò perché almeno non lavasse i piatti a mani nude.

Si può dire, in due parole, che non si prendevano. La «figlia del droghiere», come la chiamavano i suoi amici, aveva un forte senso dell'autorità e della deferenza, e cercava solo di aiutare. La regina non poteva evitare di essere irritata dai suoi comportamenti. Come, per esempio, all'annuale ricevimento per il corpo diplomatico, una cerimonia che si protraeva ogni volta per due ore e passa. In una di queste occasioni *the Iron Lady* di ferro ne mostrò ben poco: si sentì mancare e dovette sedersi. L'anno dopo, la scena si ripeté. E quel cuoricino della regina, fisicamente resistente come un montanaro scozzese, mentre tagliava la folla come un piroscafo diede un'occhiata alla sua premier ed esclamò: «Oh, guarda! Si è accasciata di nuovo». Eppure le due impararono a capirsi, e alla fine anche ad apprezzarsi, stando al commento di un veterano di Corte: «La regina ha sempre compreso il punto di vista di Margaret Thatcher. Capiva che lei era necessaria». Non mancò alla festa dei suoi settant'anni e nemmeno degli ottanta, e la creò Pari del Regno come baronessa di Kesteven. Nonostante le polemiche ne onorò anche la memoria, come abbiamo visto, partecipando al suo funerale di Stato.

Pare che il famoso picnic a Balmoral sia stato fonte di così tante incomprensioni con gli ultimi premier che la sovrana avrebbe forse fatto bene ad abolirlo. L'ultimo dei grandi politici del regno di Elisabetta, Tony Blair, ne ha fatto nelle sue memorie una descrizione tra l'incredulo e il ridicolo. Ovviaramente trovò la grigliata di Filippo ai limiti del surreale: «Perfino questo è governato dalle convenzioni e dalle tradizioni. I reali cuociono e servono gli ospiti. Poi lavano i piatti e rigovernano. Non sto scherzando. S'infilano i guanti e affondano le mani nel lavello. Tu sei lì che hai mangiato, la regina ti chiede se hai finito, impila i piatti l'uno sopra l'altro e va dritta al lavandino».

Se Blair ha poco apprezzato il lato country della famiglia reale, si può star certi che almeno un membro della «Ditta» di lui non apprezzava niente. Quando qualcuno ha chiesto al duca di Edimburgo se si sentiva un modernizzatore, lui ha risposto seccamente: «No davvero. Certo non per il piacere di modernizzare, come qualche dannato blairiano, non per il piacere di pasticciare con le cose».

Che i Windsor non amassero il «nuovismo» del premier appariva evidente nelle grandi e nelle piccole cose. Ricordo la grande festa allo scoccare del Duemila sotto la colossale e inutile Cupola voluta dal «faraone» Blair sulla penisola di Greenwich. A mezzanotte tutti sulle gradinate si presero per mano in un ideale girotondo. E il primo ministro con la moglie, seduti accanto alla coppia reale, provarono a fare altrettanto.

Ci fu un attimo di esitazione, poi Elisabetta cedette e strinse le mani con evidente malavoglia, giusto il tempo minimo necessario. Blair se ne accorse e annotò: «Non so cosa ne pensasse il principe Filippo, ma immagino che non sia pubblicabile. Sospetto che Sua Maestà avrebbe usato un linguaggio diverso, ma con gli stessi sentimenti». In effetti il duca di Edimburgo puntò il dito verso gli acrobati che volteggiavano sotto la cuspide del Millennium Dome e osservò che non c'era rete di sicurezza. Il primo ministro confessa di aver avuto la visione di un ginnasta che precipitava addosso a loro ammazzando la sovrana: «Potevo già vedere i titoli: 'La regina uccisa da un trapezista al Dome'... 'Blair ammette: non tutto è andato secondo i piani'...»

Insomma, era chiaro che Elisabetta non riteneva la partecipazione all'«onda» del pubblico un giochino confacente alla sua dignità. Sebbene dodici anni dopo non si sia sentita affatto lesa dall'apparizione come *Bond Girl* accanto a Daniel Craig: ma è vero che in quel caso ha dato una simile prova di *sense of humour* da sembrare quasi uno spot pubblicitario della famosa *britishness*, o britannicità.

Memorabili anche un paio di «lezioncine» impartite dalla regina ad alcuni ministri blairiani. In un'udienza ormai entrata nella leggenda, la responsabile della Cooperazione internazionale Claire Short lasciò acceso il telefono, che ovviamente cominciò a trillare. «Risponda, cara», le intimò Elisabetta. «Potrebbe essere qualcuno importante.» Al vicepremier John Prescott, fiero dei suoi sentimenti antimonarchici, riservò uno scherzetto lievemente sadico. In un incontro pubblico, lui le si avvicinò per parlarle e lei di proposito abbassò la voce in un bisbiglio, costringendolo a piegarsi in avanti per sentire: a tutti sembrò che si fosse inchinato al suo monarca.

I dissensi con Blair avevano del resto argomenti seri. A Sua Maestà non piaceva lo stile presidenziale di primo ministro e consorte. Non piaceva che sua moglie Cherie si rifiutasse di farle l'inchino o di indossare il cappello alle cerimonie religiose ufficiali. Non piaceva che il sorridente Tony, dopo aver vinto le elezioni, riunisse il governo prima ancora di rendere omaggio alla regina. Ed Elisabetta una volta fu costretta a ricordargli che il premier non ha il potere di sciogliere il Parlamento ma deve andare dal sovrano a chiedere il permesso di farlo. Nonostante ciò, il fascinoso Blair cominciò a mostrare pure lui di gradire sempre più le udienze settimanali, fino al punto che i collaboratori più stretti scherzavano sulla sua «infatuazione». Secondo un osservatore, la regina «ha uno charme fenomenale, e penso che lo charme abbia funzionato». Ma questo non risparmiò al premier un gelido rimprovero quando, causa i molti impegni, mancò di farsi vedere in tempo a una riunione del Commonwealth, creatura prediletta di Sua Maestà. Il leader laburista rimase così scosso dal rabbuffo che annotò: «Quando vuole, la regina sa essere una donna formidabile». E di memoria lunga.

Non sembra aver mai perdonato a Blair il titolo di *People's Princess*, principessa del popolo, che lui inventò per Diana. Né l'aiuto che il primo ministro diede alla monarchia nei giorni della peggiore crisi del regno di Elisabetta. Fu lui a suggerire alla regina l'appello televisivo, lui a far issare la Union Jack a mezz'asta su Buckingham Palace placando la rabbia della folla davanti all'apparente indifferenza reale. È un debito di gratitudine che Sua Maestà appare riluttante a riconoscere. Anzi, come spesso accade e non solo ai reali, il ricordo dell'aiuto in qualche modo «subìto» nel momento di difficoltà sembra suscitare piuttosto risentimento. Sta di fatto che mentre tutti gli altri ex premier viventi erano presenti a Westminster Abbey, Blair e il suo successore laburista Brown furono gli unici a non essere invitati alle nozze di William e Kate nell'aprile 2011. Evidentemente, a giudizio di Elisabetta, anche loro si erano meritati il «trattamento Benn». A Blair, oltretutto, i Windsor addebitavano la colpa del disarmo del panfilo *Britannia*, sebbene la decisione fosse stata presa dal precedente governo di John Major. Ma è vero che il New Labour si era opposto a ogni idea di regalarne uno nuovo alla sovrana, e questo ci porta diritto alla spinosa questione delle finanze reali.

Chi è la più ricca del reame?

Una volta lo specchio delle brame avrebbe risposto senza esitazione: «Sei tu, mia regina». Ma per Elisabetta II il tempo delle favole è finito da un pezzo, anche in banca. Alla fine della guerra rappresentava la più desiderabile ereditiera del pianeta. Poche altre donne sulla Terra potevano vantare la sua ricchezza, e certo nessun'altra nel Regno Unito. Da allora il mondo – soprattutto quello del denaro – è cambiato enormemente, e l'apparizione dei supermiliardari globali ha spinto Sua Maestà molto più in basso nella classifica dei ricchi. Questo, naturalmente, se si opera la difficile distinzione tra le fortune che appartengono alla Corona e quelle che sono proprietà personali della sovrana. L'intreccio spesso inestricabile tra i due conti in banca ha generato negli anni molte incomprensioni e difficoltà politiche.

Il fronte d'attacco ideale per gli avversari della monarchia è d'altronde il suo costo. In un Paese imbibito fino all'osso di memorie e di retorica reale, il solo argomento che possa risultare premiante per i repubblicani è che i Windsor sono un lusso ormai insopportabile. Gli inglesi, si sa, stanno attenti ai soldi. Ma conti alla mano, è stato proprio il giornale del business – il *Financial Times* – a dimostrare che al costo di poco più di mezza sterlina per suddito la famiglia reale assicura alla «UK Inc.» entrate per svariati miliardi. Insomma, un affare. Ma questo non attenua le polemiche, e nemmeno la curiosità sull'effettivo ammontare della ricchezza della regina.

Alla fine degli anni Sessanta non era solo il fascino della monarchia ad appannarsi, ma anche lo stato delle sue finanze. Ad attrarre l'attenzione del pubblico sulla delicata faccenda non fu altri che il principe Filippo. In un'intervista rilasciata il 9 novembre 1969 a una televisione americana lamentò che la «Ditta» sarebbe «finita in rosso» l'anno seguente a causa dell'inadeguatezza dell'appannaggio ricevuto dallo Stato, la cosiddetta *Civil List*: «Dovremo traslocare in una casa più piccola e smettere di giocare a polo», dichiarò sarcastico alla Nbc. Non fu una mossa particolarmente felice. I sudditi, sino a quel momento abbastanza indifferenti al tema, cominciarono a farsi domande, non tutte benevole verso i reali. Lo squadrone aereo per i viaggi di Sua Maestà era pagato con le 475.000 sterline di appannaggio? No, il costo di 700.000 sterline (nel 1970) era sostenuto dal ministero della Difesa. E lo stesso valeva per il *royal yacht*. Forse la regina pagava attingendo alla *Civil List* per i servizi telefonici e postali? No, le relative 52.000 sterline erano a bilancio del Post Office. Erano le Ferrovie Britanniche a mantenere il *royal train* (36.000 sterline nel '70, 850.000 nel '90, 1 milione nel 2010). Ed era il ministero per l'Ambiente a pagare per la manutenzione dei palazzi, e ancora... Alla fine venne fuori che mantenere la monarchia costava agli inglesi 3 milioni e mezzo di sterline (moltiplicate per 10 al valore di oggi) piuttosto che le 475.000 dell'appannaggio ufficiale.

E non basta. La regina godeva non solo del privilegio di guidare senza patente ma anche di quello, assai più rilevante, di non pagare tasse. A differenza di tutti i predecessori fino a Giorgio V: ma il nonno, così come il padre, avevano preso parte almeno alle spese per i viaggi di Stato e contribuito ognuno con 100.000 sterline agli sforzi bellici dei due conflitti mondiali. Lei invece niente imposte, di nessun genere: né di successione né sul reddito. E nemmeno sulle rendite del ducato di Lancaster. Un momento: il ducato di Lancaster? E cos'è? La stragrande maggioranza degli inglesi non lo sapeva. Non sapeva che il sovrano, in quanto anche discendente diretto dei duchi di Lancaster, con la corona eredita pure l'enorme patrimonio del ducato, 25.000 ettari di terra di cui la particella più importante si trova proprio nel cuore di Londra: è l'area lungo lo Strand su cui sorge l'hotel *Savoy*. Alla fine degli anni Sessanta produceva un reddito annuo di 250.000 sterline (equivalenti ai 3 milioni e mezzo che genera oggi): anche questo esentasse.

Filippo, insomma, aveva suscitato un vespaio. Quando una richiesta ufficiale di aumento dell'appannaggio giunse in Parlamento, fu giudicata «la più insensibile e sfrontata mai presentata in duecento anni». Harold Wilson, allora a capo del governo, tentò di arginare la tempesta mediatica affidando l'intera faccenda a una commissione parlamentare, ma solo dopo la tornata elettorale del 1970. Di fatto le elezioni le perse, a favore del conservatore Edward Heath, ma si ritrovò a giocare il ruolo di principale difensore della Corona nella commissione che aveva proposto da premier e che ora era presieduta dal nuovo Cancelliere conservatore Tony Barber.

Il problema, apparve chiaro, era l'inflazione che aveva letteralmente galoppato da quando l'ammontare dell'appannaggio reale era stato fissato nel 1952, al momento dell'ascesa al trono di Elisabetta. A pesare erano soprattutto gli stipendi del personale, gonfiati oltre misura da una vigorosa azione dei sindacati. Per capirci, se dal 1953 l'inflazione su scala nazionale era cresciuta del 126 per cento, all'interno della reggia aveva raggiunto il 200 per cento. L'aumento non solo aveva reso insufficienti i fondi destinati al mantenimento della monarchia ma aveva anche eroso le riserve di bilancio, che sino ad allora avevano consentito di coprire i deficit di gestione. Qualcosa dunque andava fatto. Ma era difficile avanzare proposte digeribili per l'opinione pubblica se non si sollevava finalmente la coltre di mistero sulla ricchezza privata della regina. In un momento economicamente difficile, non era il caso che anche lei se ne facesse parzialmente carico, visti tutti i suoi palazzi e terreni e gioielli e capolavori d'arte? Dopotutto, Elisabetta appariva regolarmente in cima alle liste dei superricchi pubblicate dai giornali.

Il calcolo era presto fatto. Bastava contabilizzare in termini monetari le proprietà storiche della Corona e... *voilà*, veniva fuori la cifra *monstre* di 100 milioni di sterline, all'epoca una somma veramente favolosa. Ma quanto di questo colossale tesoro fosse in realtà suo era molto più difficile da valutare. Certo che Elisabetta vive in una reggia sfarzosa, ma questa appartiene all'istituzione monarchica, non a lei. Così come lei non può certo vendere i mobili o i quadri o gli stessi palazzi e investire il capitale in qualcos'altro. Suoi sarebbero anche, secondo uno statuto del 1324, gli storioni, le balene, i delfini e pure tutti i cigni nelle acque del Regno Unito, ma resta improbabile che possa «disporne». Di conseguenza, quanto sarebbe «suo»? E quanto tassabile? In realtà – sostenne l'ex cortigiano Jock Colville, adesso diventato pezzo grosso di Coutts, i banchieri della regina – la stima più accurata della sua fortuna personale poteva aggirarsi attorno ai 12 milioni di sterline (più o meno 120 attuali). Un bel gruzzolo, non c'è che dire, ma non la caverna di Alì Babà.

Elisabetta d'altronde, lungi dall'essere una spendacciona, è sempre stata notoriamente di gusti poco esigenti. Il suo unico lusso sono i cavalli, che in verità possono anche costituire un saggio investimento. Per il resto, viaggia per lavoro e non certo per divertimento, dispone di un vasto guardaroba ma solo per esigenze di Stato e ama semplice cibo britannico piuttosto che leccornìe forestiere. Come aperitivo preferisce gin e Dubonnet allo champagne, e diventa addirittura sparagnina nella gestione domestica. Nel pieno del dibattito pubblico sull'aumento della sua «paga», il *Daily Mail* trovò giusto lodare il solido senso di economia di Sua Maestà: «Un esempio della sua parsimonia è l'elettricità. Lei fa regolarmente il giro del Palazzo per accertarsi che le luci siano spente». E si può aggiungere che a Windsor sopra gli interruttori c'è spesso una targhetta che ricorda al personale di spegnere quando si lascia una stanza.

Sfortunatamente questo genere di economie mancò di fare impressione sul Parlamento. Il deputato laburista Douglas Houghton suggerì semplicemente che la Casa Reale diventasse un dipartimento governativo, responsabile di fronte ai Comuni. Altre idee di radicale riforma della spesa includevano il taglio secco di ogni indennità pagata ai membri di minor rilievo della famiglia reale: per la principessa Margaret bastava e avanzava che fosse alloggiata gratis a Clarence House, mentre il cugino duca di Gloucester era così lontano dal trono che non c'era bisogno di dargli più nemmeno una sterlina.

Il «partito della Corte» ribatté che l'appannaggio ai reali «minori» (cioè in basso nell'ordine di successione) non era un banale onorario per lo svolgimento dei loro doveri pubblici. Era soprattutto il riconoscimento che la loro nascita li collocava nella posizione di non poter semplicemente, come tutti i comuni mortali, cercarsi un lavoro. Questo li avrebbe esposti all'accusa di lucrare vantaggi grazie al loro status, come in effetti accadde alla fine degli anni Novanta con l'attività televisiva del principe Edoardo o il lavoro di Pr della consorte Sophie. Meno dignitosa ancora si rivelò negli anni successivi l'esperienza dei *Royals for hire*, i reali cugini «in affitto» come i Kent o l'ex nuora Sarah Ferguson, che partecipavano a pagamento a serate mondane o eventi di promozione: la tariffa a cavallo di secolo si aggirava sulle 2.000 sterline. Per il momento, comunque, le proposte dei radicali antimonarchici furono bocciate, e con l'aiuto determinante del laburista Wilson il reddito statale della regina raddoppiò, da 475.000 sterline a 980.000 l'anno.

Contemporaneamente, però, si stabilì che la *Civil List* sarebbe stata rivista e votata annualmente dal Parlamento, verificando voce per voce la destinazione dei fondi. E questo non solo avrebbe costretto la regina a giustificare ogni sua spesa ma l'avrebbe esposta ogni anno ad articoli ostili sui «soldi ai reali». Come accadde puntualmente quando Elisabetta garantì una «paghetta» annua di 20.000 sterline all'ultimogenito appena uscito dall'università. O l'aumento da 5.000 a 127.000 sterline annue alla sorella Margaret «per far fronte alle spese necessarie ad assolvere ai suoi impegni pubblici». La principessa in particolare, col suo stile di vita da sfrenato jet set, i party scollacciati ai Caraibi, la girandola di amanti, era il bersaglio ideale per i moralisti antimonarchici. «In nome del cielo perché», tuonava ai Comuni il deputato Willie Hamilton, «perché stiamo dando tutti questi soldi a questa costosa mantenuta per fare quello che fa?»

La situazione cambiò, e l'amministrazione reale riguadagnò una certa indipendenza finanziaria, quando Mrs Thatcher annunciò nel '90 che l'appannaggio di Sua Maestà sarebbe stato fissato a 7 milioni e 900.000 sterline l'anno costanti fino al 2001. E poiché il tasso d'inflazione stavolta si rivelò molto più basso del previsto, fu la regina a guadagnarci: tanto che alla fine restituì qualche milioncino. Ma la svolta per le finanze reali è arrivata nel 2010. Il governo tory-liberal di David Cameron ha offerto al Palazzo di sostituire dal 2013 l'appannaggio con una bella fetta – il 15 per cento – dei profitti generati dal Crown Estate, ovvero il gigantesco patrimonio reale passato allo Stato da re Giorgio III nel 1760.

L'elenco di queste proprietà è pressoché infinito. Si va dai negozi di Regent Street a Londra ai club per gentlemen su Pall Mall, dai supermercati Tesco agli shopping center in ogni angolo d'Inghilterra, dalla centrale elettrica sulle scozzesi isole Orcadi alle pale a vento lungo la costa inglese, dai ristoranti al golf club di Blackheath, dal reale ippodromo di Ascot alla distilleria del celebrato whisky Glenlivet in Scozia. Sono tutti beni della Corona ma come istituzione pubblica, dunque non personalmente della regina. Il valore complessivo di questi *asset* assommava nel 2015 a 11 miliardi e mezzo di sterline, che hanno prodotto profitti per 280 milioni di sterline (circa 400 milioni di euro). A Sua Maestà è andato il pattuito 15 per cento, pari nel 2015 a oltre 40 milioni di sterline. Lordi. Eh sì, perché intanto Elisabetta ha cominciato a pagare le tasse.

La decisione è arrivata al culmine dell'*annus horribilis*, quel 1992 che vide la fine del matrimonio di Carlo e Diana e l'incendio del castello di Windsor. Il Parlamento, con l'appoggio plebiscitario dell'opinione pubblica, fece capire subito che non avrebbe dato un penny dei 60 milioni di sterline necessari per la ricostruzione. Se proprio ci teneva, Elisabetta doveva fare da sola. Lei forse si sentì tradita dai sudditi ma fece tesoro della lezione. Pagò di tasca sua il restauro coi proventi dell'apertura al pubblico di Buckingham Palace due mesi in estate. E si ricordò anche del messaggio che il Paese le mandava insistente tramite stampa. Nel febbraio 1991 il *Mail on Sunday* aveva pubblicato un sondaggio dai risultati inequivocabili: «La Gran Bretagna è ancora innamorata della monarchia», ma il 70 per cento degli intervistati pensava che la regina dovesse pagare le tasse.

Come sempre, lei si è adeguata. Nel 1866 Bagehot aveva scritto che la Corona viene pagata non per esercitare funzioni specifiche ma «per conservare la fedeltà del bracciante del Somerset»: in altri termini, per assicurare attraverso il vincolo personale e sentimentale con il sovrano l'attaccamento alle istituzioni di una plebe troppo ignorante per comprenderle. Ma centocinquant'anni dopo è piuttosto raro trovare un bracciante da qualche parte in Inghilterra. I tempi cambiano, in fondo, e la regina con loro. Nel febbraio 1993 il primo ministro John Major informò dettagliatamente il Parlamento sulle imposte che Sua Maestà e il principe di Galles avevano accettato di pagare. Carlo versa il dovuto sui profitti della colossale tenuta del ducato di Cornovaglia, e la mamma su tutta la sua ricchezza privata, dalle rendite del ducato di Lancaster agli allevamenti di cavalli al *capital gain* sul suo cospicuo portafogli azionario.

Solo su un punto Elisabetta è stata irremovibile. Si è rifiutata, nel modo più assoluto, di assoggettarsi anche alla tassa di successione. E ai collaboratori che in nome del gradimento dei sudditi suggerivano di accettare magari un'aliquota ridotta, rispose adirata: «Pensate davvero per un solo minuto che io possa essere d'accordo sulla morte della monarchia in seguito a migliaia di tagli? Io sono qui per conservare la monarchia. La gente non capisce che questo è il mio dovere nella vita? Non ho la benché minima intenzione di albergare alcun pensiero di abbandonare quel dovere, per niente e nessuno al mondo».

A Major toccò il difficile compito di giustificare il privilegio di fronte ai Comuni: «Qualsiasi altra soluzione avrebbe presentato il rischio di affettare come un salame le proprietà delle monarchia a causa della tassazione attraverso le generazioni, così cambiando la natura dell'istituzione in un modo che ben pochi in questo Paese vorrebbero vedere». In qualche modo, una linea di separazione fu tracciata tra vita privata e pubblica di Sua Maestà, e relative ricchezze.

Ah sì, giusto, resta ancora da chiarire quanto «vale» lei personalmente. E l'esercizio appare piuttosto complicato. Stabilito che i gioielli della Corona non sono suoi ma semplicemente li custodisce per la nazione; che lo stesso si può dire della sua inestimabile collezione d'arte, libri, francobolli e tutto il resto; che anche le regge non sono di sua proprietà ma degli inglesi; che gli immobili nel suo portafoglio sono «solo» Sandringham con i suoi 8.000 ettari di fertile terra e il disneyano castello di Balmoral con 20.000 ettari di boschi, brughiera e fattorie; che buona parte del patrimonio mobiliare è costituita di titoli in Borsa con il loro tipico altalenare: tenuto conto di tutto questo si stima che Elisabetta abbia in cassaforte un «tesoretto» di almeno 300 milioni di sterline, 420 in euro. Meno della metà del patrimonio di Paul McCartney, ma lei dopotutto non è mica una cantante pop.

PARTE QUARTA

Famiglia

Pene d'amor perdute

GALEOTTO fu il fiocchetto di lanugine. Ma anche diabolico come una mela avvelenata, perché fu sufficiente a spezzare l'incantesimo con una velocità che nessuno avrebbe potuto immaginare: addirittura entro pochi minuti dall'incoronazione della nuova regina. Mentre il corteo reale lasciava l'abbazia di Westminster alla fine della cerimonia, il 2 giugno 1953, la principessa Margaret allungò giocosamente la mano per spazzare via il laniccio dall'uniforme del bell'aviatore capitano Peter Townsend, eroe della Battaglia d'Inghilterra, a lungo scudiero di Giorgio VI e da poco responsabile della piccola Corte della Regina Madre Elizabeth. Nel compiere il gesto la mano della ventitreenne principessa indugiò un tantino più del dovuto. Le dita guantate di bianco sfiorarono la fila di medaglie sul petto sinistro di Townsend con una civetteria che non sfuggì all'occhio della cronista Audrey Whiting. E la love story della sorella di Sua Maestà finì nel tritacarne mediatico, proiettando immediatamente sul nuovo regno i vecchi spettri del divorzio e dello scandalo che avevano generato l'abdicazione.

Con il senno di poi, fu un presagio istantaneo delle furiose tormente famigliari di quarant'anni dopo. Oggi, con i protagonisti scomparsi da tempo, solo i lettori con i capelli bianchi ricorderanno il clamore suscitato dall'amore proibito di Margaret: proibito soltanto dalla convenzione, di lì a poco travolta, che faceva di un divorziato/a un coniuge inaccettabile per un reale. La storia divampò per un paio d'anni su tutti i media, spinse l'intera Inghilterra a schierarsi pro o contro come ai tempi di Wallis Simpson e provocò non poco imbarazzo a Elisabetta, affezionata alla sorella ma incapace per carattere e formazione di andare oltre le convenzioni. Al di là dei destini personali degli sfortunati innamorati, l'intera storia sembrò indicare da subito il rischio che l'idea di incarnare una «famiglia esemplare» faceva correre alla monarchia.

Eppure questa nozione sembrava così centrale nella mistica del trono che l' arcivescovo di Canterbury l'aveva perfino posta alla base del sermone per l'incoronazione. Diminuita del suo potere temporale, la Corona – disse il primate anglicano – aveva ora l'opportunità di esercitare un potere spirituale di gran lunga più elevato, «il potere di ispirare, di unire in virtù del carattere personale del Sovrano, delle sue personali convinzioni, del suo personale esempio». Preparata dalla sua educazione e fede cristiana, la regina avrebbe potuto esercitare questo potere quasi religioso per sostenere «i pilastri di una vera società», che includevano naturalmente «fedeltà domestica» e «famiglie unite». Né l'una né le altre si affacciano mai nell'*affaire* Townsend, che preannuncia i tempi in cui le virtù domestiche sembreranno un miraggio impossibile per i Windsor più giovani. E diventerà inevitabile che a partire dalla fine degli anni Settanta siano le vicende della sua famiglia – figli, fidanzate, nuore – a definire più di ogni altra cosa per i sudditi il regno di Elisabetta.

Margaret aveva incontrato per la prima volta Peter Townsend nel febbraio 1944, quando aveva appena tredici anni: la stessa età in cui la sorella maggiore si era innamorata di Filippo. L'affascinante capitano arrivava a Buckingham come scudiero del re dopo essere stato uno degli eroi dello scontro aereo con la Luftwaffe nei cieli d'Inghilterra, tra il '40 e il '41. L'idea del resto era proprio questa: affiancare al sovrano in tempo di guerra un aiutante che si fosse guadagnato il posto non semplicemente perché «ben nato» ma solo in virtù del suo valore. E Townsend era stato un asso della Battaglia d'Inghilterra. Aveva guidato squadriglie d'attacco di Hurricane e Spitfire, era stato abbattuto due volte e in più aveva l'aspetto di un divo del cinema: «Sembrava Jean-Louis Barrault», ricorda il futuro conservatore della Pinacoteca reale sir Oliver Millar. Si capisce che al suo arrivo le due principesse adolescenti fossero nascoste in attesa per gettargli un'occhiata. E la reazione scherzosa di Elisabetta, secondo leggende di Palazzo, fu significativa: «Che sfortuna, è sposato». Non sapeva quanto profetico fosse il suo disappunto.

Sebbene non di origini aristocratiche, il bel capitano vantava tuttavia un'estrazione sociale di tutto rispetto. Veniva da un'eccellente *public school*, suo nonno era stato un generale dell'Esercito imperiale in India, e suo padre *Deputy High Commissioner*, vice alto commissario in Birmania. Il suo charme si trasmise istantaneamente dalle figlie al padre e, arrivato per un turno di tre mesi, Townsend restò invece dieci anni accanto a Giorgio VI. Il re, che condivideva con lui tanto la balbuzie quanto l'amore per la Raf, trovava la sensibilità del giovane aiutante benefica come una medicina negli anni in cui la sua malattia si aggravava. Secondo molti osservatori, lo trattava come il figlio che non aveva avuto, e anche la regina finì con l'appoggiarsi molto a lui. In breve, fu rapidamente cooptato in seno alla famiglia.

Ma il prezzo che dovette pagare per il favore reale fu la dissoluzione della *propria* famiglia, frutto peraltro di un tipico matrimonio di guerra. L'attraente moglie Rosemary non aveva nessuna intenzione di dar prova di spirito di sacrificio e dedizione alla causa reale, accettando di starsene sola a casa con i due figli piccoli mentre il marito passava le serate giocando a canasta con la sua famiglia adottiva. Soprattutto dopo le nozze di Elisabetta, ricorda ancora Millar, lo scudiero sembrò in qualche modo cooptato per prendere il posto della figlia maggiore nello stretto gruppetto di «Noi Quattro». Così, mentre lui saliva i gradini della gerarchia di Corte, la moglie cercava distrazioni fuori dal matrimonio.

Quando Townsend fu nominato *Deputy Master of the Household*, la pressione si fece insopportabile. Lui doveva essere a disposizione della famiglia del re a qualsiasi ora di qualsiasi giorno. Un cortigiano ricorda il compleanno di un figlio nel cottage concesso dal re al capitano nel parco di Windsor. Sul più bello il telefono squillò e, sebbene lui non fosse di servizio, si precipitò ad accompagnare Margaret in una cavalcata. Il divorzio non poteva tardare. Arrivò poco dopo la morte di Giorgio VI, e la moglie se ne prese tutta la responsabilità come colpevole di adulterio con John de Lázló, figlio di Philip, il pittore dei ritratti della buona società. Townsend si ritrovò libero e bisognoso di consolazione esattamente nello stesso momento in cui anche Margaret appariva angosciata e afflitta. Dopo la scomparsa del re, ha confessato negli anni Novanta a Ben Pimlott, «c'era l'orribile sensazione di trovarsi in un buco nero».

Il comune sentimento di perdita e dolore portò i due più vicini, ma molti cortigiani hanno giurato di averli notati flirtare già fin dal 1947. Ma fu solo nel 1953, pochi mesi prima dell'incoronazione, che la relazione ebbe inizio. Un giorno la coppia si ritrovò da sola a Windsor, con il resto della famiglia lontano a Londra. Townsend decise di aprire il suo cuore alla principessa. Lei lo stette ad ascoltare senza aprire bocca, ha raccontato il capitano, «mentre io le spiegavo, con molta calma, i miei sentimenti. Poi lei disse semplicemente:

'Questo è esattamente quello che sento anch'io'». Margaret si confidò con la sorella quasi immediatamente, e la risposta iniziale apparve incoraggiante. Addirittura la regina invitò la coppia quella stessa sera a cena a Buckingham Palace per parlarle del futuro con lei e Filippo. Townsend più tardi ha ricordato un'atmosfera di informale sostegno, sebbene nessuno si nascondesse – e soprattutto il duca con il suo abituale stile puntuto – le difficoltà da affrontare. Ma Elisabetta era come sempre assai più guardinga, e all'ufficiale innamorato venne in mente che «la regina, dietro tutta la sua calda benevolenza, deve aver nutrito non poca ansia per l'inquietante circostanza dell'amore di sua sorella per me».

Qualunque illusione Townsend si fosse fatta, fu incenerita dalla reazione del suo boss a Palazzo, il solito Tommy Lascelles che abbiamo già incontrato nel ruolo di onnipotente segretario privato prima di Giorgio VI e poi della figlia. «*You must be either mad or bad*», devi essere o pazzo o malvagio, fu la sentenza dell'intrigante cortigiano che immediatamente suggerì alla regina di allontanare l'ufficiale dal suo lavoro a Clarence House (dove viveva anche Margaret) e trasferirlo in qualche remota guarnigione oltreoceano. Elisabetta rifiutò di dimostrarsi un cuore di pietra. Invece rimosse Townsend dall'amministrazione di Clarence House ma solo per farne uno dei suoi scudieri. Fu un gesto affettuoso e da sorella, accompagnato da una sola raccomandazione: con la prospettiva dell'incoronazione di lì a pochi mesi, la coppia era pregata di mantenere segreta la relazione per un altro anno. Dopotutto, Elisabetta e Filippo avevano dovuto aspettare molto di più.

Il gesto sventato di Margaret il giorno dell'incoronazione distrusse l'accordo. Ventiquattr'ore dopo i quotidiani americani raccontavano della «tenera mano» che confermava le illazioni in circolazione già da qualche tempo. La stampa inglese, invece, ancora abituata all'autocensura che si era imposta ai tempi dell'abdicazione vent'anni prima, rimase in tombale silenzio. Ma solo per undici giorni. Poi la muta di Fleet Street si scatenò, e com'era immaginabile il perbenismo prevalente fece il resto: non poteva essere vero che la sorella della regina si fosse innamorata di un divorziato! (Sebbene fosse lui ad aver subìto il torto...)

La notizia arrivò alle orecchie di Churchill nella sua casa di campagna a Chartwell. E la sua reazione fu sorprendentemente favorevole. All'arcigno Lascelles, che lo aveva raggiunto per un consiglio di guerra, dichiarò romantico che «al vero amore dev'essere sempre permesso di scorrere libero». Dopotutto, nel 1936 lui era tra quelli schierati a favore di Edoardo VIII e Mrs Simpson, ma proprio questo consentì all'ascoltatissima moglie Clementine di ricordargli quanto avesse sbagliato allora a valutare gli umori popolari, e quanto ciò fosse stato politicamente dannoso. L'argomento «contro» aveva una sua validità: per quale ragione re Edoardo era stato fatto soffrire, e degradato a duca di Windsor, se invece adesso si consentiva a sua nipote di sposare un divorziato?

Come nel 1936, anche stavolta l'esilio fu la soluzione, sebbene soltanto temporaneo. Townsend fu spedito come attaché aereo all'ambasciata britannica di Bruxelles, e Margaret fu pregata di rinviare la sua decisione sino all'agosto 1955, al compimento dei venticinque anni. A quell'età non sarebbe stata più soggetta al Royal Marriages Act, la settecentesca norma che impone il consenso alle nozze dei famigliari da parte della regina, cioè del suo primo ministro. Era una soluzione dura ma che lasciava uno spiraglio al lieto fine. Anche perché in questo caso il divorziato non era donna e americana ma un affascinante ed eroico ufficiale inglese. Così stavolta i giornali stabilirono che l'opinione pubblica era a favore delle nozze. Il 13 luglio 1953 il filolaburista *Mirror* uscì addirittura con una scheda da plebiscito in prima pagina, che ben settantamila britannici si affrettarono a riempire. Che fosse o no un record mondiale, come sosteneva il tabloid, dei lettori che si disturbarono a rispondere 67.907 votarono in favore delle nozze e solo 2.235 contro.

Fino a quel momento l'altezzosa e frivola principessa non aveva trovato molto favore presso il pubblico. Era rimasta famosa la frase che aveva pronunciato a una cena: «Io sono unica. Sono la figlia di un re e la sorella della regina». Questa unicità dipingeva però anche l'identità incerta della principessa, mai capace di definirsi in positivo in base a suoi precisi interessi e comportamenti. L'infelicità che l'accompagnò tutta la vita sembra derivare in primo luogo da questa insicurezza cronica. Era nata in una situazione di straordinario privilegio ma non aveva saputo adoperarlo per realizzare altro che una vita di piaceri nello stile dei vecchi Hannover. Uno che se ne intendeva come Chips

Channon, compagno di spassi del giovane Edoardo VIII, la incontrò a un ballo a Windsor nel 1949 e annotò: «C'è già un profumo di Maria Antonietta attorno a lei». Appena diciannovenne, l'attraente principessa amante del divertimento dominava, con la sua passione per il ballo e la vita *bohémienne*, quello che a Londra chiamavano il *Princess Margaret set*. Quando la governante Crawford criticò le ore piccole, la regina Elizabeth liquidò le obiezioni con il classico: «Si è giovani una volta sola, Crawfie. E noi vogliamo che si diverta». Viziata dai genitori e protetta dalla sorella maggiore, Margaret diventò un'adulta viziata e capricciosa, abituata a vedere il mondo ai suoi piedi.

Stavolta però, mentre il momento della decisione si avvicinava, la sua storia d'amore le procurò una popolarità inaspettata. Come accadde con Diana parecchi decenni dopo, così anche la vulnerabilità manifestata dalla sorella della regina la rese cara alla gente comune. A metà degli anni Cinquanta c'era ormai un'Inghilterra stufa dei riti bigotti e ipocriti imposti dall'establishment. A questa Inghilterra Margaret appariva come un'eroina romantica, una giovane donna sola impegnata in una lotta titanica per la sua personale felicità, e al diavolo tutta la mistica del dovere incarnata dalla regina. La stampa decise di cavalcare quest'ondata di ribellione e, quando finalmente arrivò il 21 agosto 1955, e con il venticinquesimo compleanno anche la libertà di sposare Townsend, proruppe in una specie di ruggito liberatorio: «Forza Margaret!» titolò il *Mirror*, «Per favore, deciditi». Ma lei se ne restava a Balmoral, con la sorella e il resto della famiglia, mentre Townsend, rientrato a Londra da Bruxelles, cercava riparo dalla stampa nelle case degli amici, spostandosi da una all'altra ogni sera. Nel frattempo tutto era cambiato, e in particolare l'atteggiamento della regina.

Dalla benevola comprensione, Elisabetta era passata al manifesto fastidio. Manifesto, ma non espresso: con la sorella si guardava perfino dal toccare l'argomento. Quando Margaret a inizio ottobre si decise a tornare a Londra per vedere l'amante, non una parola era stata detta, e il saluto tra le due si limitò a un secco «*Goodbye*». Ma quel silenzio significava solo una cosa: la sovrana si era persuasa che l'unico comportamento corretto per la sorella sarebbe stato di rinunciare a Townsend. Non trovava però il coraggio di imporglielo. Nelle parole di un amico, «lei ha un tale istintivo senso del dovere che non riesce a capire perché gli altri – e in particolare la sua stessa famiglia – non facciano semplicemente la cosa giusta».

Opinione e atteggiamento della Queen Mum, che divideva Clarence House con la figlia minore, erano praticamente gli stessi. Ma la scaltra signora, adesso cinquantacinquenne, non se li tenne per sé: li esternò all'amico marchese di Salisbury, che guarda caso era uno degli uomini più potenti del nuovo governo Eden. E alla riunione di Gabinetto del 20 ottobre 1955 Salisbury fece un intervento decisivo. Se la principessa avesse insistito a voler sposare un divorziato, lui si sarebbe dimesso dal governo piuttosto che adeguarsi al sovvertimento degli insegnamenti della Chiesa. Solo a una condizione sarebbe rimasto al suo posto: un formale atto di rinuncia che privasse Margaret e i suoi eredi non solo dei diritti di successione ma anche di quelli più immediati e sostanziali all'appannaggio reale.

Il premier (lui stesso un divorziato) non condivideva, ma non voleva spaccare il Gabinetto. Inoltre, la sorella della regina riceveva dalla Civil List 6.000 sterline l'anno, più tutti gli annessi privilegi, e in caso di matrimonio la cifra sarebbe salita a 15.000: come giustificare questa pioggia di denaro dei contribuenti sulla nuova Mrs Townsend, la moglie di un capitano dell'aviazione divorziato e con due figli a carico? Era una battaglia che per Eden non valeva la pena combattere, così informò Sua Maestà che il prezzo del matrimonio era un atto di rinuncia, ed Elisabetta si affrettò a passare la cattiva notizia alla sorella. Lei ci pensò su quattro giorni, poi prese carta e penna e con l'aiuto dello stesso Townsend scrisse il comunicato diffuso alla stampa il 31 ottobre.

Sono poche righe gonfie di amarezza e ipocrisia: «Ho deciso di non sposare il Capitano di Gruppo Peter Townsend. A condizione di rinunciare ai miei diritti di successione, mi sarebbe stato possibile contrarre un matrimonio civile. Ma, consapevole dell'insegnamento della Chiesa secondo cui il matrimonio cristiano è indissolubile e conscia dei miei doveri verso il Commonwealth, sono risoluta a porre queste considerazioni innanzi a ogni altra». Quando lei stessa andò a dargli la notizia nel palazzo di Lambeth, l'arcivescovo di Canterbury non trovò di meglio che esclamare: «Che magnifica persona è lo Spirito Santo!» Non sapeva che nel caso specifico aveva preso le fattezze del marchese di Salisbury. La verità, naturalmente, è che tanto nel 1955 come nel 1936 la gerarchia ecclesiastica non aveva alcun titolo a intervenire, e in entrambi i casi la decisione era stata politica. Quanto a Margaret, semplicemente si era ritratta inorridita dinanzi alla visione – come avrebbe scritto il biografo Kenneth Rose – della «vita in un cottage con il salario di un capitano».

Forse le saranno tornate alla mente le parole della ex principessa Patricia di Connaught, nipote della regina Vittoria, che aveva dovuto rinunciare al suo status di Altezza Reale per sposare un coraggioso ma sconosciuto ufficiale di Marina, il capitano Alexander Ramsay. Dopo cinquantacinque anni trascorsi felicemente, ma nella più totale oscurità, lady Patricia Ramsay confidò: «Lasciatemelo dire, sulla base dell'amara esperienza. Non è una buona idea rinunciare a essere una principessa». Che Margaret se ne sia ricordata o meno, sta di fatto che lei era stata educata a essere nient'altro che questo. Senza i privilegi che avevano segnato tutta la sua esistenza, si sarebbe sentita miserabile. E al momento di decidere si rese conto che sposare Townsend avrebbe comportato non solo la rinuncia al suo stile di vita e al suo status, ma perfino alla sua identità. O almeno all'unica che riuscisse a concepire. Del resto lo stesso Townsend era di una principessa che s'era innamorato, e non voleva scambiarla con una casalinga mogliettina di soldato.

L'opinione pubblica rimase benevola, scambiando la rinuncia per una prova di sottomissione e docilità, insomma un altro esempio di sacrificio sull'altare del dovere secondo le migliori consuetudini della famiglia reale. Si trattava di un favore che Margaret avrebbe perso un decennio dopo a causa del suo stile di vita edonistico, senza mai più riguadagnarlo: dopotutto, almeno l'apparenza del sacrificio è il tributo che i reali debbono alla gente in cambio dei loro privilegi. Difficile aspettarselo dalla disillusa principessa che passò i decenni successivi in un'ininterrotta vacanza. E purtroppo per lei e per la monarchia, l'affare Townsend segnò l'inizio dell'era moderna per quanto riguarda i rapporti dei media con i reali.

Sino ad allora la stampa aveva accettato di lasciarsi imbavagliare su ogni scandalo a Corte, a partire dal maggiore di tutti, l'amore adulterino tra Edoardo VIII e Wallis Simpson. D'altro canto, re Giorgio VI, la moglie Queen Elizabeth e la stessa Elisabetta da principessa non avevano mai offerto ai reporter altro materiale se non quello buono per le agiografie. Adesso invece le traversie amorose di Margaret mettevano il pubblico in condizione di sbirciare nelle vite private dei Windsor, di prendere posizione, di criticare, perfino di votare pro o contro le loro intenzioni matrimoniali. Proprio mentre la fine dell'«era della deferenza» si portava via il rispetto scontato per ogni genere di autorità, gli inglesi scoprivano che anche la suprema istituzione poteva essere analizzata e criticata. E, trattandosi di una «famiglia», inevitabilmente anche sul terreno della vita privata dei suoi membri, che si trovò all'improvviso mutata in proprietà pubblica.

Margaret sarebbe stata tra i primi a farne le spese, come dimostra già la reazione ambivalente al suo matrimonio nel 1960. Dalle sue frequentazioni *bohémiennes* emerse infine sulla scena Antony Armstrong-Jones. La sua apparizione è descritta con toni da *vaudeville* da Harold Macmillan. All'epoca premier, arrivò a Sandringham per l'udienza settimanale e fu accolto – come racconta lui stesso – dallo zio della sovrana, il corpulento duca di Gloucester, con una comica espressione di angoscia: «Grazie al cielo è arrivato, primo ministro. La regina è in un terribile stato: c'è un tipo di nome Jones nella sala del biliardo che vuole sposare sua sorella, e il principe Filippo in libreria che vuole cambiare il nome di famiglia in Mountbatten». Che il marito continuasse a darle il tormento sulla questione del nome non c'è dubbio, ma è improbabile che Elisabetta abbia accolto la domanda di matrimonio di Tony con nient'altro che sollievo. Il fotografo senza pedigree, e costretto – poverino – a lavorare per vivere, offriva finalmente una soluzione al «problema Margaret», ancora nubile e scapestrata a trent'anni. E bastava questo, oltre al suo personale charme da «artista», a renderlo simpatico alla sovrana. Anche se non ai suoi aristocratici con la puzza sotto il naso.

I diari di Harold Nicolson offrono un interessante spaccato del mugugno della vecchia guardia nobiliare: «Ho pranzato con gli Esher [...]. C'è molta disapprovazione per il fatto che la principessa Margaret vuole un matrimonio reale. Loro pensano che dovrebbe sposarsi tranquillamente nella cappella di St George e passare la luna di miele a Balmoral. Non gradiscono che il *Britannia* debba essere usato per Mr Armstrong-Jones. All'*upper class* non piace la principessa Margaret, che giudicano una donna volgare. [...] Tommy [Lascelles, *N.d.A.*] viene a farmi visita [...]. Deplora l'intera faccenda, specialmente lo yacht.

Lui dice che il ragazzo Jones ha condotto una vita molto variegata e qualche volta scatenata, e il pericolo di scandali e calunnie non è mai lontano». C'è una sola cosa che incredibilmente sembra consolare Nicolson, marito della famosa lesbica Vita Sackville-West e lui stesso coinvolto in parecchi amori omosessuali: «Almeno Mr Jones non è *homo*, che è raro di questi tempi».

Mr Jones era tutt'altro che omosessuale, come i tabloid avrebbero di lì a non molto confermato raccontando il rapido crollo del matrimonio. Ma per il momento, quali che fossero i suoi precedenti e le sue amanti, la stampa decise che non si poteva macchiare di scandalo un altro sogno d'amore di Margaret, e optò dunque per il lieto fine, una specie di Cenerentola al rovescio: il fotografo squattrinato che conquista il cuore tormentato della bella principessa. C'era pure la carrozza delle fiabe, il *Glass Coach* usato per le spose reali dei precedenti cinquant'anni, che in una luminosa mattina di maggio condusse la coppia a Westminster Abbey per un «sì» tra diademi e alte uniformi, Margaret in abito bianco di serica organza accompagnata all'altare dal cognato Filippo, l'uomo di casa. L'unico a brontolare fu il Parlamento, riluttante a spendere 60.000 sterline (un milione di oggi) per il viaggio di nozze sul panfilo *Britannia*. Ma quando la Regina Madre si offrì di pagarle di tasca sua, cavallerescamente il governo Macmillan si fece avanti per saldare il conto.

Così non solo Margaret ebbe un matrimonio reale, ma il suo fu pure il primo a essere trasmesso in diretta tv, e si guadagnò più spettatori dell'incoronazione. Per la prima volta pompa e splendore non furono più riservati ai grandi eventi di Stato ma, a maggior gloria reale, diventarono la sfarzosa cornice istituzionale e teletrasmessa di romantiche storie d'amore. Peccato che di amore romantico se ne trovasse poco in casa dei Windsor.

E anche in casa degli Snowdon, se è per questo. Il fotografo Tony Armstrong-Jones era stato creato lord e I conte di Snowdon ma questo non aveva cambiato la sua attitudine al vagabondaggio erotico. Né quella di sua moglie. Con sorprendente rapidità perfino per gente viziata dal privilegio, il matrimonio più televisivo degli anni Sessanta era già finito ben prima che si concludesse il decennio. Tony era più discreto nelle sue avventure, Margaret invece si concedeva ai suoi piaceri con una noncuranza degna dell'*ancien régime*. Senza tener conto che la stampa nel frattempo aveva dichiarato i reali selvaggina di caccia, buona ad aumentare la tiratura e battere la concorrenza.

Nel febbraio del '76 un giornalista di Murdoch travestito da turista sbarcò sull'isoletta caraibica di Mustique, dove la principessa passava la sua ininterrotta vacanza con Roddy Llewellyn, un uomo diciassette anni più giovane di lei. La relazione durava già da tre anni e la foto dei due – lui biondo a petto nudo – pubblicata sul tabloid *News of the World* la rese solo di dominio pubblico. Lo scandalo che Elisabetta aveva a lungo temuto era arrivato con il fragore di uno sparo. Per la prima volta in vita sua la regina inviò un ordine a sua sorella. Le intimò di volare immediatamente indietro a Londra e di lasciare il povero Roddy sull'isola. Dal tono di voce la principessa capì che non c'era da discutere. Salì sull'aereo da sola.

Poche settimane dopo, il 19 marzo 1976, il Palazzo annunciava che Margaret e il marito lord Snowdon stavano per separarsi legalmente. Due anni dopo sarebbe seguito il divorzio: il primo di un famigliare del sovrano nella Casa di Windsor. Il resto della vita di Margaret in questo libro non interessa. Innumerevoli party, amanti, sigarette, alcol, e voci di orge sulle candide sabbie di Mustique, suggerite pure da foto indiscrete. Un'istantanea mostra la principessa che usa il gonnellino del suo prendisole per coprire le nudità dei due uomini accanto (il più giovane è Roddy). Una spirale autodistruttiva la porterà alla tomba ad appena settantun anni, qualche mese prima della madre ultracentenaria. Ma niente come la sua vita, almeno nell'epoca ante-Diana, illustra la difficoltà di far poggiare la monarchia sul friabile terreno della «famiglia esemplare».

Chi porta la gonna in casa Windsor

Per cominciare, appare difficile perfino catalogare Elisabetta come una «madre esemplare». Per carità, inappuntabile come figura modello: per virtù coniugale, senso del dovere, sensibilità e attenzione ai bisogni degli altri. Ma di quel legame speciale che ogni donna normalmente prova per i figli – tenerezza, cura, bisogno fisico di averli vicini –, forse solo gli ultimi due nati hanno potuto beneficiare. Colpisce che in circolazione non ci siano dipinti che ritraggono Elisabetta orgogliosamente circondata dalla figliolanza, come si usava nelle corti settecentesche. Al massimo la vediamo in qualche foto con un reale infante sdraiato su una coperta da picnic o seminascosto nella carrozzina, oltre alle usuali immagini della famiglia in posa nelle occasioni ufficiali, dai battesimi ai matrimoni. Sarà un caso, una moda, una ritrosia frutto della modernità questa penuria iconografica di Elisabetta con famiglia? Una mancanza di tempo, un'overdose di impegni di Stato? O anche questo un riflesso dello scarso istinto materno della regina?

Sin dal momento in cui nacque Carlo, il 14 novembre 1948, Elisabetta fu sin troppo felice di avere qualcun altro che si occupasse di lui. E lo stesso quando arrivò Anna due anni dopo. Né da principessa né da regina ha mai cambiato un pannolino dei suoi bambini o si è inzuppata facendo loro il bagnetto. Esattamente come accadeva con i suoi antenati, e come lei stessa è stata abituata da infante, i piccoli le venivano portati in salotto lindi e lustri all'ora stabilita e rigidamente fissata tra un impegno istituzionale e l'altro. Quando uno dei suoi premier le chiese di spostare l'udienza del martedì a sera avanzata lei acconsentì prontamente, perché le rendeva più facile salutare i bimbi prima che le *nannies* li portassero a letto. Nell'ora, o mezz'ora, che poteva dedicare loro, se li teneva vicini a chiacchierare mentre la governante la aggiornava sui loro progressi. I bambini erano solo una piccola parte della sua vita. E sebbene non sia vero che li ami più di loro, è però dimostrabile che abbia dedicato più tempo alla cura dei diletti corgi che a quella della prole. Non a caso i ragazzi, una volta cresciuti, dicevano scherzando che era difficile per loro vedere la madre da sola, e impossibile vederla senza i cani attorno.

Come parecchi genitori «distratti» in gioventù, quando i figli furono adulti anche Elisabetta «confessò» un certo rammarico: «Sono arrivata sul trono quando ero molto giovane, e non ho mai avuto l'opportunità di allevare i miei figli. La Corona li ha separati da me. È qualcosa che ho rimpianto tutta la vita, e sono decisa a evitare che Carlo si trovi nella stessa posizione. Voglio che sia un padre per i suoi figli, proprio perché non mi è stato concesso di essere una madre per i miei». Diceva la verità, ma solo in parte. I primi due eredi arrivarono quand'era ancora principessa, e la nascita del terzogenito Andrea nel 1960, e di Edoardo quattro anni dopo, coincide con una stagione di minori impegni per lei. Ciononostante, fu ben felice di lasciare che come in passato di loro si occupassero governanti e cameriere. Se l'istinto di madre è scarso, quello di nonna non appare più forte. Quando chiesero alla principessa Anna se in sua assenza lasciasse i due figli alla regina, lei scoppiò a ridere: «Lasciare i bambini con mia madre, scherziamo?! Questa è proprio l'ultima cosa che vorrebbe».

Nel bene e nel male, la vita famigliare di Elisabetta è stata plasmata dall'uomo che le è stato accanto per più di sessant'anni. Per lei la promessa d'obbedienza coniugale pronunciata al momento del matrimonio non era solo una formula ma una convinzione profonda. E, si potrebbe immaginare, anche una soluzione per tenere in equilibrio un'unione altrimenti assai sbilanciata. Se lei, e lei sola, poteva essere a capo della «famiglia» del Commonwealth, a suo marito andava almeno riconosciuta l'autorità assoluta di capo della famiglia vera, quella naturale.

Per un carattere orgoglioso e sensibile come quello di Filippo, accomodarsi in un ruolo per così dire «domestico» – per quanto comportasse l'educazione dell'erede al trono e la gestione di due enormi aziende agricole come Sandringham e Balmoral – non era un esercizio facile. La «fuga» sul *Britannia* nel 1956 aveva già mostrato alla regina il rischio che qualcosa si spezzasse nel rapporto con il marito. Perciò al suo ritorno in Europa da quella avventura lo accolse con una sorpresa che sapeva avrebbe soddisfatto la sua vanità. Con l'approvazione del governo, annunciò che Filippo – che non era più «principe di Grecia» dopo essere stato naturalizzato come suddito britannico – avrebbe d'ora in poi portato «insegne e dignità di un principe del Regno Unito». Naturalmente questa coccola comportava un prezzo. Il nuovo principe avrebbe smesso di frequentare ambienti chiacchierati come il famigerato Club del Giovedì. E avrebbe ceduto al desiderio della moglie di avere altri figli.

Lui personalmente non ne era affatto ansioso. Gli pareva che avendo prodotto l'erede al trono, e con Anna anche *the spare* – il ricambio – di cui era particolarmente innamorato, non fosse necessario allargare la famiglia. «L'ultima cosa di cui il mondo ha bisogno sono altre bocche reali da sfamare», gli piaceva ripetere. D'altro canto la coppia sembrava aver inaugurato quello che Robert Lacey chiama «un matrimonio navale» giacché, dopo la semestrale circumnavigazione del globo nel '56, il duca agli inizi del '59 ripartì un'altra volta sul *Britannia* con la benedizione della moglie. Ritornò in patria il 30 aprile 1959, e presto Elisabetta II si ritrovò incinta. Il terzogenito Andrea nacque il 19 febbraio 1960.

Delle voci, o leggende metropolitane, circa la sua vera paternità ci siamo già occupati. Ma mentre l'attribuzione del suo concepimento al vecchio amico Porchy, ovvero lord Porchester, sembra basarsi in gran parte sulla somiglianza fisica, le pagine della ufficialissima *Court Circular* e i resoconti dei giornali di quel periodo mostrano che il duca e la moglie si separavano raramente subito dopo il suo ritorno a casa, giusto nove mesi e diciannove giorni prima del parto di Andrea. Non solo, ma anche durante la gravidanza si ritrovarono vicini come forse non era più accaduto dai giorni dell'incoronazione. Al bimbo venne dato il nome del padre di Filippo e per salutare il suo arrivo Elisabetta progettò il gesto di riconciliazione che sapeva più gradito al marito. Voleva risolvere il problema famigliare che aveva avvelenato l'inizio del suo regno: quello del nome.

Aveva bisogno dell'approvazione del governo, e saggiamente al premier Macmillan la presentò come una sua idea personale, di cui il marito era totalmente all'oscuro. La regina chiese al Gabinetto di acconsentire a un compromesso. Il primo ministro incaricò della cosa il suo vice Rab Butler e il Lord Cancelliere Kilmuir. Butler riferì che Sua Maestà «ci aveva messo tutto il cuore» su un cambiamento per il bene di Filippo, e raccontò che era addirittura ridotta «in lacrime». Alla fine, dopo qualche discussione tra cortigiani e ministri, venne fuori una soluzione. Re e regine, principi e principesse destinati al trono di fatto non usano il cognome. Questo serve soltanto ai congiunti che non sono in diretta linea di successione al trono. Così, riassunse Macmillan, «il nome della Casata, Famiglia e Dinastia sarà Windsor – mentre il nome di ogni nipote 'de-regalizzato' della regina e del principe Filippo sarà 'Mountbatten-Windsor'».

Sembrava una specie di uovo di Colombo, ma finì presto in frittata. Tredici anni dopo, al momento delle nozze, la principessa Anna seguì i suggerimenti di zio Dickie e del fratello Carlo e firmò il registro matrimoniale come «Mountbatten-Windsor». Lo stesso fece in seguito il fratello Edoardo, e anche i figli di Carlo hanno adottato il medesimo stile. Alla fine, in modo alquanto obliquo, i Battenberg-Mountbatten hanno realizzato il loro sogno: nati da un'unione morganatica che li escludeva dalla successione al trono del piccolo ducato tedesco di Assia-Darmstadt, si ritrovano assisi su un trono enormemente più importante. La casata prodotta da un'unione d'amore deve all'amore anche il suo colossale avanzamento.

Filippo tendeva a scordarlo, ma ogni tanto la sua arroganza ha incrociato una lingua non legata dall'adulazione di Corte. A un ammiraglio della Marina brasiliana pesantemente decorato nonostante le rare battaglie della sua flotta, una volta chiese: «Su quale lago si è guadagnato tutte quelle medaglie?» E l'altro, pronto: «Non in un letto matrimoniale». E il suo sguardo percorse significativamente la pari infilata di ciondoli sul petto del duca.

Questo era l'uomo che nei primi anni di vita il principe Carlo aveva imparato a adorare, nonostante la stretta disciplina a cui lui lo sottoponeva. Ma è probabile che trovasse molto più semplice e affettivamente soddisfacente rivolgersi a lui che alla madre. La relazione del primogenito con la regina non ha nulla della tradizionale, spesso violenta, ostilità tra monarca ed erede che segna l'intera storia inglese sino a Novecento inoltrato. Tuttavia, anche il loro rapporto è stato definito «malsano» perché dal bambino tutti, Filippo incluso, si aspettavano che si rivolgesse a Elisabetta come alla regina più che alla mamma. Alla sua nascita lei aveva insistito per allattarlo, ma dopo poche settimane l'aveva consegnato alla *nanny* Helen Lightbody, e secondo la migliore consuetudine reale aveva ordinato che le portassero il piccolo due volte al giorno, per un'ora dopo la colazione del mattino e un'altra mezz'ora la sera attorno alle sei. Carlo non aveva altre occasioni di vedere i suoi genitori.

Nonostante la difficoltà di formare un vero legame affettivo, per tutta la vita il principe ha mostrato loro il più profondo rispetto, particolarmente verso la madre. Sembrava credere che rispondendo senza riserve alle sue richieste e ai suoi desideri avrebbe sempre evitato il suo biasimo. Da qui un comportamento che lo portava a evitare ogni discussione con lei, a non essere mai critico nei suoi confronti e ad accettare tutto quello che diceva. Questa docilità verso la matriarca avrebbe mandato Diana su tutte le furie e avrebbe provocato aspri litigi. Alla principessa non sfuggiva che il marito si adeguava alle idee materne anche quando la pensava in modo diametralmente opposto.

Non si può dire che Elisabetta mancasse di tenerezza verso il ragazzo che intuiva introverso, timido, riflessivo. Vedeva che il rigore dell'educazione impartitagli dal marito non giovava ma, ogni qualvolta lei cercava di difenderlo, il duca la zittiva senza tanti complimenti. Dopotutto, era lui a occuparsi dei figli mentre lei trascorreva il suo tempo tra *red boxes* e primi ministri. È vero anche che, a differenza di un'altra diffusa leggenda metropolitana, la regina ammira il figlio, le sue idee e la sua determinazione, che l'età adulta ha finalmente portato alla luce. Tuttavia Carlo è molto più intellettuale di mammà, e gran parte dei suoi interessi li ha mutuati dal padre. Sono tutti e due acquarellisti di talento. Entrambi sono avidi lettori e appassionati ai grandi temi filosofici. Il figlio, in più, conosce e ama la musica e l'opera, e non poche istituzioni musicali inglesi godono del suo alto patrocinio. Sono entrambi anche uomini d'azione: esperti marinai, comandanti di navi militari, piloti d'aereo ed elicotteri, e inoltre giocatori di polo, cacciatori, pescatori. Su un punto sono inconciliabilmente diversi: Filippo è un donnaiolo convinto e impenitente; Carlo ha attraversato anche lui quella fase, ma riluttante.

Nonostante tutte le somiglianze, i rapporti tra i due non sono mai stati calorosi. E non solo perché il duca ha costretto l'erede a trascorrere gli anni dell'infanzia e adolescenza in scuole in cui veniva preso in giro e brutalizzato, dalle elementari alla Cheam School al college a Gordonstoun (dove anche Filippo aveva studiato). I pochi che li conoscono entrambi si sono fatti l'idea che il principesco esule greco abbia sempre provato un profondo, semiinconscio risentimento verso il figlio: per il fatto stesso che un giorno sarebbe diventato re, e come tale accettato, rispettato, onorato e adulato come mai sarebbe successo a lui. Che il bullismo paterno nei suoi confronti nascesse dalla gelosia può essere una pura suggestione psicanalitica, ma che abbia comunque avuto un disastroso impatto sulla vita di Carlo appare indubbio. Quanto al principe di Galles, la venerazione verso il padre si è infranta alla scoperta della sua lunga relazione con la cugina Alexandra di Kent. A dispetto del suo atteggiamento distante, Elisabetta è sempre stata adorata e rispettata dal primogenito, e il tradimento del padre gli è parso un'umiliazione intollerabile. Il risultato è stato che non gli ha più parlato per mesi, e ha perso gran parte del rispetto che aveva per lui.

Se come marito appare alquanto discutibile, Filippo ha comunque cercato di essere un buon padre, o quel che riteneva tale. Una volta al mese o giù di lì, prendeva Carlo e Anna in macchina con sé per un weekend che trascorrevano assieme, solo loro, di solito a Sandringham. In seguito, anche Andrea e Edoardo si sarebbero uniti alla compagnia. Non Elisabetta, perché quei fine settimana erano riservati al duca con i figli. Prevaleva l'attività all'aria aperta, dalle passeggiate alle cavalcate, oppure si andava a caccia o si guardava un film o si facevano giochi da tavolo. Ma soprattutto si parlava. Volevano essere occasioni per discutere di problemi comuni, anche se generalmente finivano con un predicozzo del capofamiglia. L'idea era buona, perché Filippo aveva concepito questi weekend come momenti di svago e di evasione dal rigido cerimoniale di Buckingham, due o tre giorni in cui i suoi figli potessero vivere come ragazzi qualunque. Il problema è che finivano con l'essere lo sfogatoio delle sue tensioni, e invece di ascoltare esigeva dalla prole assoluta attenzione e obbedienza.

L'appuntamento rimase inalterato fino a quando Carlo e Anna non furono ben dentro i loro vent'anni. A quel punto ne avevano abbastanza. Ma resta sorprendente che abbiano aspettato tanto per dirlo. Fedele alla pedagogia della sua adolescenza a Gordonstoun, Filippo martellava i ragazzi perché apprezzassero i privilegi di cui godevano e cercassero di mostrare quanto valevano. E non erano soltanto prediche. Seguivano misure concrete che suscitavano spesso risentimento. Nei suoi giorni da giovane scapolo, per esempio, Carlo aveva l'abitudine di portarsi dietro a Sandringham, un paio di volte l'anno, una dozzina di amici per un po' di goliardica gozzoviglia. Di solito era un weekend di caccia a settembre o gennaio, e alla giornata nei boschi seguivano cene rumorose con abbondanti libagioni.

Per la serie «come guastare una festa», nei primi anni Settanta Filippo decise che il figlio dovesse sostenere il costo di tali festini e ordinò a Carlo di pagare alle tariffe correnti (stabilite da lui) le battute di caccia nella tenuta. Non era ovviamente qualcosa che l'erede al trono potesse dire agli amici, e il risultato fu che in quegli anni il figlio della regina versò abitualmente un paio di migliaia di sterline nei forzieri di Sandringham per poter cacciare... a casa sua! L'idea che aveva spinto il duca alla bizzarra iniziativa era in sé giusta, e cioè far capire ai figli che niente veniva gratis. Ma Carlo alla fine cancellò i suoi *shooting parties*, offeso dal fatto di dover pagare per quello che considerava non a torto un suo privilegio di nascita.

La sola che non dovesse sperimentare le asprezze di Filippo era Anna, come spesso accade alla classica cocca di papà. In primo luogo gli somigliava moltissimo come carattere. Era una ragazza di fegato, diretta, con un solido approccio alla vita che il duca ammirava moltissimo. In pubblico poteva mostrarsi brusca con lui, e testarda in privato, ma il padre rideva e la perdonava nell'uno e nell'altro caso. Semmai a cercare di mettere le briglie a questa figlia piuttosto ribelle era Elisabetta, che trovava in lei un atteggiamento molto più di sfida di quanto mai avesse dimostrato Carlo. A Benenden, la scuola per ragazze nel Kent dove i reali genitori la spedirono, la principessina poteva essere arrogante e offensiva con gli insegnanti, ma seppe anche farsi un gruppo di buone amiche. Sportiva, vigorosa, come il padre non aveva peli sulla lingua ed era difficile farle cambiare opinione. A sedici anni si guadagnò l'incarico di «capitano» della sua camerata, e poi di *housemother*, ruolo che implicava anche delle responsabilità.

Il padre seppe aiutarla soprattutto in quella difficile stagione dell'adolescenza in cui una ragazza si sente impacciata e manca di autostima. Lei si vedeva brutta, naso grosso, occhi vicini, e decisamente sovrappeso. Aveva dei bei capelli lunghi, spessi, che lei però si tirava giù sulla fronte come una cortina contro un mondo poco amichevole. Al punto che la madre la prendeva in giro dicendo che la facevano «somigliare a un cane da pastore», uno *sheepdog* coi riccioli fin sugli occhi. In quegli anni fu il padre a offrirle sostegno, lui a inculcarle il convincimento che personalità e carattere contano molto di più dell'aspetto di una persona. Magari non è vero, ma nel caso della principessa funzionò. Anche perché Filippo mise astutamente in moto le sue conoscenze. Parlò con i suoi amici di polo che avessero ragazzi della stessa età della figlia, e il risultato fu che Anna fu sommersa di inviti a eventi d'ogni tipo, dai balli alle cene, dai picnic ai weekend in campagna. Dalla crisalide spuntò la farfalla decisa a godersi gli anni della gioventù, e lo fece così bene che in quegli anni di liberazione sessuale riuscì a portarsi a letto anche il corteggiatissimo fidanzato della ragazza di cui suo fratello era innamorato cotto. Lei si vendicò andando a letto con Carlo. Lei naturalmente era Camilla. Così il cerchio si chiude, e si torna ai dolori di quel Werther - grazie al cielo più fortunato – che è il principe di Galles.

Amleto ora abita a Caernarvon

NELL'estate del 1969, a ventun anni, Carlo aveva ormai esaurito la maggior parte della pesante preparazione che suo padre aveva stabilito per lui. Aveva concluso da «prefetto» dei ragazzi i suoi duri anni nella scuola paterna di Gordonstoun, si era fatto le ossa anche di più (ma divertendosi) in un istituto in pieno deserto australiano, aveva frequentato i corsi della Raf per pilotare jet, e si era iscritto all'università. A Cambridge stava completando gli studi di storia, e un erede al trono regolarmente laureato era una cosa mai vista nella storia della monarchia, raramente incrociata da tipi intellettuali. Lo stadio successivo sarebbe stato l'ingresso in Marina, ma prima bisognava che fosse finalmente introdotto al suo ruolo pubblico di principe di Galles. Per farlo fu deciso di allestire una cerimonia che non avrebbe potuto esemplificare meglio la distanza tra la monarchia britannica e lo spirito dei tempi. Con il '68 che aveva appena bussato alle porte, il Palazzo optò per un'investitura pubblica in pieno stile medievale ma con un'aggiunta sostanziale: la copertura televisiva. Dopotutto, la tv aveva fatto miracoli con l'incoronazione e il matrimonio di Margaret. Perché non riprovarci?

E fu proprio al marito – ormai quasi ex – della sorella che Elisabetta stavolta chiese di allestire la coreografia dell'evento. Armstrong-Jones era stato un fotografo di successo e nessuno dubitava della sua vena artistica. Lui non fece che riprendere l'unico precedente in materia, nel 1911: era stato lo scaltro politico David Lloyd George a «inventarsi» l'investitura del principe di Galles – il futuro Edoardo VIII – nella spettacolare cornice del castello di Caernarvon e a trasformare la cerimonia in uno spettacolo ad alto tasso patriottico. L'idea era ovviamente di ripetere il trucchetto per rilanciare la popolarità della monarchia. Il castello semidiroccato fu largamente restaurato, schermi giganti vennero eretti dovunque e fu pure realizzata la più grande copertura in perspex al mondo, in modo da consentire a tutti la piena vista del giovane cavaliere.

Per il neolord Snowdon non fu un'impresa facile, perché l'altro responsabile dell'evento, in quanto Earl Marshal, era il solito duca di Norfolk, ovvero un bastione delle tradizioni e del conservatorismo. Ma gli anni Sessanta erano in piena fioritura e l'ex fotografo ebbe la meglio nell'imporre a uso televisivo un carnevale di colori e suoni, un incredibile pot-pourri di Galles finto antico e ipermoderno, sebbene pure questo in larga parte fasullo. Lo show però funzionò, e l'immutata passione isolana per tutto ciò che è reale attirò l'incredibile folla di 250.000 persone per le stradine della piccola città. Ma il successo che contava davvero fu quello televisivo: lo spettacolo del giovane, sensibile principe Carlo che in ginocchio davanti alla madre ripeteva il suo giuramento di fedeltà a lei come regina in inglese e in gallese (appena studiato), colpì l'immaginazione e le emozioni in tutto il mondo. Come sintetizzò entusiasticamente sul *Times* Philip Howard, «ci sono stati orgogliosi cortei pavoneschi, frequenti squilli di fanfare d'argento, ringhi di tromba, abbondanza di dragoni rossi [il mitico animale del Galles, *N.d.A.*] [...] inni, arpe, araldica, cori che cantavano motivi popolari, esplosioni di ottoni, pletore di druidi e bardi, leoni rampanti, capre del reggimento... È stato il più grande spettacolo televisivo della storia, un carnevale tale da attrarre turisti nel Galles per anni».

E così fu, sebbene non nella misura in cui speravano i «pubblicitari» della monarchia. Perché perfino il piccolo e quieto Galles cominciava a sperimentare i fermenti nazionalistici che altrove, dall'Irlanda alla Scozia, già facevano presagire una forza centrifuga capace di spezzare l'unità del Regno. Si svolsero manifestazioni antiinglesi, qualche pacco bomba venne lasciato in uffici postali, un ordigno rudimentale esplose uccidendo i due uomini che lo preparavano, e persino tra la massa di persone che assisteva all'investitura di Carlo ci furono cori di disapprovazione e lanci d'uova. Insomma, il sentimento popolare era cambiato rispetto all'entusiasmo senza freni che aveva accolto le precedenti visite di Elisabetta in Galles, e qualche frangia estrema di nazionalisti non mancò di minacciare l'erede al trono. Perciò sembrò tanto più coraggiosa la sua decisione di procedere comunque con il tour, già pianificato, del suo principato. La settimana in giro per il Galles fu per lui un vero e proprio rito d'iniziazione nella pratica di «lavorarsi la folla». Passò l'esame a pieni voti. Era diffuso il timore che la visita si rivelasse un flop, e invece fu un successo grazie all'energia e al fascino personale del ventunenne principe. La gente lo acclamava ovunque.

Per Carlo era il primo assaggio di pubblica approvazione indirizzata direttamente a lui, e tornò a Windsor ansioso di condividere con la famiglia la gioia di questo risultato. Peccato che a casa nessuno stesse ad aspettarlo. Padre e sorella se n'erano già andati a letto, e la madre era bloccata a Buckingham Palace da un raffreddore. Il suo primo successo nel business di famiglia scivolò via come se i famigliari lo stimassero un'ovvietà. Era la cultura della Casa di Windsor: considerare il dovere e il suo applaudito adempimento qualcosa di scontato. Non era nello stile della dinastia dai tempi di Giorgio V crogiolarsi nel calore delle acclamazioni. Ed era una garanzia contro il rischio del culto della personalità. Questa era una debolezza alla quale rischiava di indulgere semmai zio David, il fuggitivo re Edoardo, e dunque tanto più da vituperare. Insomma, tutto quello che Carlo ricavò dalla sua giovanile «impresa» fu il solito «*well done*», ben fatto, di cui mamma Elisabetta era notoriamente parca. E dal padre nemmeno quello, giacché col suo muto e ruvido linguaggio da ufficiale di Marina Filippo aveva semplicemente voluto intimargli di non montarsi la testa. Carlo, che era portato a vedere insulti anche laddove non c'erano, scambiò l'atteggiamento dei genitori per disapprovazione.

Fu in quel momento che nacque la relazione speciale che avrebbe legato il principe a lord Mountbatten per tutto il decennio successivo. Uno o due giorni dopo il ritorno dal Galles, Carlo ricevette da zio Dickie un'entusiastica lettera che suonava come un vero e proprio: «Missione compiuta». Nello stile lievemente pomposo da vecchio ammiraglio, ecco finalmente qualcuno che gli diceva quel che voleva disperatamente sentire: «I rapporti confidenziali sugli ufficiali di Marina vengono riassunti per numeri [...] decisamente scarso 2 o 3, molto buono 7 o 8... La tua prestazione da quando sei andato in

Galles sotto copertura della Flotta secondo me vale 9». La risposta parimenti calorosa di Carlo diede il via a una fitta corrispondenza che a sua volta generò un forte rapporto affettivo. I due personaggi, del resto, si somigliavano, entrambi in qualche misura disponibili e naïfs, confusamente creativi e guardati come «diversi» da famigliari alquanto stolidi. Si scoprirono infine anime gemelle, e il distante prozio che inviava sospirate biciclette ai tempi delle elementari a Cheam si trasformò nel nonno che Carlo non aveva avuto. Diventò la persona più influente nella sua vita. E il vecchio Mountbatten da parte sua fu felice di trovare finalmente nel principe il figlio attento e plasmabile che Filippo non aveva mai voluto essere.

Le «lezioni» di zio Dickie non risparmiavano nessun aspetto della vita dell'erede, ma per un giovane della sua età erano ovviamente di speciale interesse in fatto di sesso, amore e scelta di una moglie. Questioni cruciali per chiunque, ma in modo particolare nella vita di un principe destinato al trono e il cui primo dovere, com'è noto, è proprio quello di produrre un erede. Sull'argomento Mountbatten aveva le idee che ci si possono aspettare da un uomo del suo tempo, sebbene gli anni Sessanta fossero già alle spalle e l'Occidente risuonasse del grido di battaglia del femminismo. Il suggerimento di zio Dickie era in breve quello di un vecchio «maschio sciovinista»: «Un uomo deve spassarsela quanto più può prima di sistemarsi. Ma come moglie deve scegliere una ragazza adatta e di carattere dolce prima che questa incontri qualcun altro di cui innamorarsi». Esattamente il contrario di quel che era stata la sua «selvaggia» Edwina dalla polimorfa sessualità. Ma per la Corona ci voleva una vergine.

Se Carlo avesse vissuto più a contatto con gli ambienti universitari, che pure frequentava a Cambridge, avrebbe probabilmente liquidato con un'alzata di spalle i suggerimenti dell'anziano mentore. Ma in realtà la rivoluzione generazionale di quegli anni, con il suo radicale cambiamento del costume, lo aveva appena sfiorato e lui l'aveva guardata da lontano, incuriosito ma costretto anche dal ruolo a starne lontano: ve lo immaginate l'erede al trono in un'assemblea studentesca sessantottina? Sta di fatto che le sue idee sulle relazioni tra i sessi erano in parte confuse e in parte antiquate, e sull'argomento la guida parentale era clamorosamente assente. Il contrario di quanto uno si aspetterebbe da quella che si propone come «famiglia modello».

La spiegazione si intuisce forse nel racconto di un cortigiano. «Uno vede Carlo ridere e rilassarsi coi genitori, all'apparenza del tutto a suo agio con loro. E in quei momenti penseresti che non ci siano problemi. Ma, di fatto, loro non hanno una relazione in cui è possibile un dialogo su questioni personali.» È una diagnosi spaventosa della incomunicabilità «bergmaniana» nei rapporti famigliari tra i Windsor. La madre regina si trincerava dietro la riservatezza, in parte per istinto in parte per non interferire in una sfera che aveva ceduto al marito decenni prima. Assorbita dalle cure dello Stato, aveva subappaltato a Filippo gran parte dell'impegno di occuparsi dell'erede. Carlo era intimidito dai benintenzionati ma ruvidi tentativi del padre di fornire un consiglio utile e incoraggiante: ogni volta che Filippo ci provava il risultato equivaleva piuttosto a un'ulteriore picconata alla già scarsa autostima del figlio.

Il circolo vizioso di cui tutti e tre sono rimasti prigionieri a vita si intuisce perfino dietro il saluto autoironico rivolto dal principe ai genitori al compimento dei sessant'anni: temo, ha detto, che ormai a questo punto dovrete «*put up with me*», ovvero rassegnarvi a me, prendermi per quello che valgo. In quella circostanza è stata Elisabetta a rispondergli, per dirgli finalmente in pubblico quanto fosse orgogliosa di lui e dei suoi successi.

La regina, in realtà, è sempre stata consapevole della gelosia del consorte verso il figlio. Se ne rendeva conto quando Carlo era ancora un bambino, e Filippo raramente gli manifestava affetto o lo lodava per quel che faceva. Al contrario, lo sminuiva o lo metteva in ridicolo, negandogli l'incoraggiamento e l'approvazione che il ragazzo disperatamente cercava da lui. E Lilibet era anche consapevole che se qualcuno mostrava delle attenzioni nei confronti del figlio, Filippo immediatamente prendeva a criticarlo. Le appariva chiaro che questo comportamento rischiava di aprire crepe insanabili in famiglia, ma al tempo stesso sperava che la militaresca durezza del marito aiutasse Carlo a crescere con la forza e la determinazione necessarie a far sopravvivere la monarchia anche negli anni Duemila. Una madre distante, sì, ma non disinteressata.

Gli insegnanti, gli amici, i colleghi, gli ufficiali più anziani del principe raccontano che la regina ha voluto essere costantemente informata di come Carlo se la cavasse nella vita, e se si godeva la sua giovinezza. Un amico appassionato di polo si spinge a dipingerla come una *mother hen*, una mamma-chioccia, sempre in ansia per le più pericolose tra le attività sportive o militari praticate dal figlio. «Si preoccupava per lui, al punto da chiedere se i suoi pony erano sicuri e veloci. Se la sua abilità di pilota era adeguata o se era saggio permettergli di guidare un certo elicottero o un particolare aereo. Si preoccupava perfino quando Carlo andava a sciare, e odiava l'idea che si lanciasse con il paracadute. Ma non ha mai voluto impedirgli di fare qualsiasi cosa. E ho sempre notato che ogni volta che la regina mi faceva queste domande, Filippo non si trovava mai nei paraggi.»

Preoccupata, ma evidentemente intimorita dal marito, Elisabetta non fece nulla per evitare che negli anni Settanta tra padre e figlio si consumasse una vera rottura dei rapporti. Era il tempo in cui Carlo sembrava trovarsi più a suo agio in un ruolo pubblico, imparava a tenere discorsi, insomma si ritagliava un suo profilo preciso nella dinastia. E proprio mentre lui acquisiva una peculiare fisionomia agli occhi dei futuri sudditi, che cominciavano a conoscerlo e rispettarlo, Filippo smise di chiamarlo al telefono. Peggio ancora, stando ai pettegolezzi di Corte, si rifiutò anche di rispondere alle sue telefonate. Su ordine del principe consorte, i collaboratori ridussero al minimo e allo strettamente indispensabile i contatti con lo staff dell'erede al trono, che lui si sforzava deliberatamente di ignorare se si trovavano nella stessa stanza. Solo in pubblico venivano salvate le apparenze, e in particolare in occasione del Giubileo d'Argento nel 1977: nelle immagini di quell'evento Elisabetta è sempre circondata dalla sua apparentemente affettuosa famiglia ma non esiste in pratica una sola foto che mostri Filippo e il figlio assieme. Negli scatti di gruppo Carlo sembra allegro, sorridente, rilassato, ma in quegli anni si sentiva in realtà solo e infelice come un moderno Amleto.

Gli amici del principe sostengono che lui non abbia mai capito perché il duca gli abbia voltato le spalle in quel modo. Affermano inoltre che lui abbia cercato di parlargli, di chiedergli una spiegazione, ma senza risultato. L'altro si limitava a ignorarlo. A un certo punto il giovane si decise a domandare alla madre se avesse fatto qualcosa per irritare il genitore, ma Elisabetta si limitò a una scrollata di spalle: «Sai com'è fatto. Gli passerà presto». Non tanto presto, sembra. Ancora una volta Carlo chiese consiglio a zio Dickie. E il vecchio, a quanto pare, non esitò a indicare nella gelosia paterna la vera ragione della rottura: lui sarebbe comunque diventato re, mentre al padre non era mai stata data la chance di avere successo in una carriera. Anche Elisabetta si rivolse al saggio parente, perché tentasse di spingere Filippo a cambiare atteggiamento: «Io ho cercato di parlargli di questa faccenda, ma lui non vuole ascoltarmi».

Non volle ascoltare nemmeno lo zio, a cui doveva in gran parte la sua fortuna. Gli rispose in malo modo come già aveva fatto coi precedenti rimbrotti: «Non sono affari tuoi. Pensa ai fatti tuoi e tieni il naso fuori dai miei affari di famiglia». Il risultato fu che il loro rapporto, già danneggiato, finì col deragliare quasi completamente. Quando Mountbatten fu assassinato dall'Ira, i due quasi non si parlavano più. La morte orribile di zio Dickie nell'agosto 1979 fu invece una spaventosa tragedia personale per quello che lui ormai chiamava «nipote adottivo»: «La vita non sarà *mai più* la stessa ora che lui se n'è andato», scrisse Carlo. Giudicato vanesio, scaltro, incorreggibile, ma anche intelligente e devoto alla monarchia, Mountbatten era stato di fatto una delle figure più influenti sui destini della dinastia nel ventesimo secolo. Carlo era solo l'ultimo della famiglia a subire il suo fascino, ma i suoi genitori non ne erano stati immuni più di lui, e anche nella maturità valutavano la sua esperienza assai più di quanto volessero ammettere.

Allo storico Pimlott un alto dignitario descrisse così questa straordinaria relazione: «Mountbatten cercava sempre di organizzare la gente, e certe volte era davvero difficile tenerlo a bada. La posizione della regina era che lui era il suo zio Dickie e lei era molto, molto affezionata a lui, ma certe volte avrebbe voluto che stesse zitto. Una volta si lasciò scappare: 'Io dico sempre sì, sì, sì a Dickie, ma non lo ascolto'». Ma tanto lei quanto il marito avevano apprezzato il modo in cui il vecchio ammiraglio aveva surrogato la loro mancata guida dell'erede in materie così delicate – anche politicamente – come l'amore e il sesso. Anche perché, in materia, calcoli e speranze dell'uno e degli altri coincidevano. Se Mountbatten suggeriva a Carlo di ramazzare quante più ragazze poteva in attesa di sposare una fanciulla illibata e di dolce carattere, è perché ne teneva giusto una in serbo per lui: la nipotina Amanda Knatchbull, figlia di lord e lady Brabourne (Patricia Mountbatten). E a Elisabetta e Filippo andava benissimo.

Ma era a lei che non andava bene il trono. Carlo le piaceva e avevano molti interessi in comune, ma era l'ultima di una lunga serie di aristocratiche candidate tutt'altro che attratte dalla Corona. Alla soglia dei trent'anni, e disperando di trovare la vergine ideale, il principe decise di trarre il massimo dall'antica convenzione *bedded-can't-be-wedded*, ovvero «quelle che ti porti a letto non sono da sposare», e visto che non trovava nessuna da sposare si dedicò soprattutto a quelle da portare a letto. Scoprì molto piacevolmente quanto volentieri la gente, e specie le giovani donne, si lasciassero sedurre dal fascino della regalità: prese a cambiare partner di una notte al ritmo di una pop star. A tal punto da allarmare i genitori e meritarsi le rampogne dell'amato zio Dickie, che poco prima della morte lo rimproverò una volta di più per «essersi messo sulla brutta china che distrusse la vita di tuo zio David [Edoardo VIII, *N.d.A.*] e condusse alla sua disgraziata abdicazione e all'inutile vita che ne seguì».

Fu proprio la tragica fine di Mountbatten a risospingere Carlo tra le braccia di Camilla. Era stata passione tra i due dall'estate del '72 all'inizio del '73 ma la regola di *bedded-can't-be-wedded* aveva allora impedito a Carlo di riconoscere quello che dichiarò vent'anni dopo nella famosa intervista a Jonathan Dimbleby: che «perse il suo cuore per lei quasi all'istante». Sette anni dopo Camilla era sposata con Andrew Parker Bowles, ufficiale delle Guardie reali, ma nonostante i due figli il matrimonio di fatto era già naufragato. La disperazione di Carlo trovò conforto nella solitudine di Camilla e l'*affaire* divenne presto di dominio pubblico. La regina ne fu avvertita con modalità da romanzo settecentesco: «*Ma'am*», le disse un intermediario, «il principe di Galles ha una relazione con la moglie di un confratello ufficiale, e al Reggimento non piace affatto». Come sempre nelle situazioni sgradite, Sua Maestà abbassò lo sguardo e non disse niente.

Per quanto scontenta potesse essere, certo non immaginava che da lì avrebbe preso il via la storia che più di ogni altra avrebbe attirato l'attenzione del mondo sui Windsor nei successivi vent'anni. È sconcertante – e alla regina dev'essere apparso sconfortante – che le crisi più gravi dei suoi sessant'anni di regno non siano state di ordine politico o costituzionale ma invece il prodotto di scabrosi problemi personali all'interno della famiglia. La sua vita inappuntabile, segnata da dedizione al dovere e dignità, ha finito con l'essere oscurata dalle vicende fin troppo umane dei suoi figli. Nel nostro mondo adulteri, separazioni e divorzi rappresentano la quotidianità: un terzo dei matrimoni in Gran Bretagna finisce con un divorzio, e che a tre figli della regina su quattro sia successa la stessa cosa non sconvolge nessuno. Tranne lei. Per lei, allevata dalla nonna Mary secondo la rigida morale cristiana dell'epoca vittoriana, i «peccati della carne» dei suoi parenti più stretti equivalevano anche a un tradimento nei propri confronti.

Furono particolarmente duri i mesi del 1992, l'anno scandito dalle infedeltà incrociate di Andrea e Sarah, dalla loro separazione e soprattutto dalla separazione di Carlo e Diana. Deve essere stata una delle rare occasioni in cui perfino Elisabetta ha ceduto allo sconforto. Almeno a quanto racconta la dama di compagnia che ricevette la sua confidenza: «Un giorno ne avevo proprio abbastanza; me ne andai a letto, mi sdraiai e piansi. Non sapevo neppure per chi fossero le lacrime: me stessa, i miei figli o l'orribile situazione. Quei mesi furono i peggiori della mia vita. A volte, quando pensavo a come tutto era finito male per i miei figli, le lacrime mi salivano agli occhi e dovevo ritirarmi. Era orrendo».

Anche perché il nemico Murdoch, da australiano repubblicano qual era, aveva ordinato ai suoi giornali di affondare il coltello nella piaga. La corazzata *Sun* aprì il fuoco, dando lezioni di morale. Titoli tipo «La colpa è di come li hai educati, *Ma'am*» erano seguiti da editoriali di questo genere: «La regina deve prendersi un po' della colpa per la rottura dei matrimoni reali. La sua relazione con i figli ha fatto loro mancare l'affetto e li ha lasciati incapaci di costruire dei legami affettivi. Giovani così finiscono spesso per divorziare». Se fosse vero, metà dell'Inghilterra sarebbe da biasimare quanto la regina, ma come chiunque al suo posto anche lei si sarà chiesta dove e che cosa era andato storto nell'educazione dei figli. E qualche sospetto sul responsabile lo coltivava da tempo.

Giovani Windsor, cuori randagi

L'incidente che convinse Elisabetta a prestare maggiore interesse alla vita dei figli riguarda Edoardo, venuto al mondo nel 1964. Come accade spesso agli ultimi nati, la regina lo considerava il suo eterno bambino, con i conseguenti problemi personali che si possono immaginare. Filippo, al contrario, trattava tutti i suoi figli come se fossero adulti, il più piccolo incluso. Per un bambino che aveva la stessa timida, introversa natura di Carlo è facile intuire l'effetto devastante di questi comportamenti a corrente alternata. Elisabetta aveva nei suoi confronti sentimenti molto più materni che verso il resto della prole, sollecitata anche dalla tenerezza di un bimbo sempre sorridente e affettuoso con tutti. Immune al sentimentalismo, il padre era invece determinato a farne un uomo esattamente come aveva fatto con Carlo. Ovvero duro lavoro e disciplina militare, e tanti saluti alla psicologia.

Perciò anche Edoardo seguì l'ormai abituale trafila dei fratelli maggiori e fu spedito nella detestata Gordonstoun. Se il padre non avesse giudicato un carattere debole e introverso un doppio peccato capitale, forse avrebbe capito che all'erede si confaceva maggiormente una delle tradizionali *public school*: anche Eton o Winchester o Harrow sanno essere severe ma meno spartane della «prigione» scozzese che sottoponeva i suoi allievi a docce gelate e corse mattutine in calzoncini e canottiera. Edoardo comunque sopravvisse a Gordonstoun, ma ignorava – poveretto – che futuro gli stesse preparando il padre.

Filippo aveva reputato un grande onore essere invitato ad assumere l'incarico di Capitano Generale Onorario dei Royal Marines, l'unità d'attacco d'élite considerata tra le più dure e rispettate delle forze armate britanniche. Dal momento che per un principe del sangue non ci possono essere molte altre carriere all'infuori di quella militare, al duca sembrò una buona idea che, coi due figli maggiori entrambi in Marina, il minore potesse invece arruolarsi nei Royal Marines. Nessuno meno di Edoardo poteva considerarsi adatto alla durezza di questa vita. Forse sarebbe andata bene a un tipo tosto e sicuro di sé come suo padre, ma certo non a un giovanotto ventitreenne timido e alquanto debole. Il ragazzo aveva dato buona prova di sé nei tre anni di università a Cambridge, ed era chiaro che opera, teatro, balletto, danza erano il pane per i suoi denti. Questa era la carriera che gli interessava, e non una vita nelle forze armate.

Un simile pensiero nemmeno sfiorò la testa di Filippo e nell'ottobre 1986 l'angosciato «aspirante marine» cominciò il suo addestramento semestrale presso il quartier generale del corpo. A Natale era già spezzato, e confessò ai fratelli di trovare il corso «troppo duro e rigoroso», la disciplina «troppo severa» e l'intera faccenda noiosa e goliardica. Trovò perfino il coraggio di dire al padre che lui non c'entrava niente coi marines e non pensava affatto a far carriera nel corpo. Di nuovo il duca mostrò di non sentire, dicendosi convinto che una volta superato l'addestramento sarebbe stato felice dell'esperienza e non l'avrebbe nemmeno trovata «così brutta». Stavolta però Elisabetta non fece lo struzzo come al solito. Si era resa conto della seria depressione del figlio e temeva che Filippo non riuscisse a capirne i sentimenti. Decise di parlargli dell'infelicità del ragazzo ma si trovò di fronte un muro: «Sono assolutamente determinato a fargli finire il corso», fu la testarda risposta. «Ne farà un uomo. Ha bisogno di essere un po' temprato.» Al guerriero controvoglia non rimase che riprendere la valigia.

Un mese dopo, nel gennaio 1987, Edoardo lasciò i marines. Aveva provato a completare l'addestramento, che perfino gli istruttori del corpo giudicano «dannatamente duro». L'aveva fatto soprattutto per dimostrare al padre che era un vero uomo e non una «scamorza», ma la sfida era davvero impari per lui, troppo pesante la fatica fisica e ancora peggio quella mentale. La reazione del duca fu in puro stile Filippo. Quando il principe tornò a casa fu accolto da urla e improperi, i più gentili dei quali erano «codardo» e «disertore», «traditore» della famiglia. La scenata andò avanti per tre ore, con il padre che dava in escandescenze e il figlio che cercava inutilmente di spiegarsi. Per la prima volta, però, Elisabetta non si limitò a guardare dal bordo ring ma incrociò i guantoni con il marito. Era veramente arrabbiata con lui, per la sua incapacità di ascoltare e comprendere, e tra i due scoppiò una lite di inusitata violenza, che il personale non mancò di registrare.

«Non avevo mai sentito prima la regina alzare la voce in quel modo», ha raccontato un testimone al biografo Nicholas Davies. «Non l'avevo mai sentita sfidare così il marito. Lo accusò di essere responsabile della decisione di Edoardo di lasciare, perché lui non si era mai disturbato a cercare di capire i suoi figli. Fu un autentico uno-due.» E la replica, la settimana dopo, avvenne addirittura in pubblico. Decisa a far assaggiare al duca un po' delle umiliazioni che di solito lui infliggeva ai figli, aspettò un'uscita a caccia per accusarlo di fronte a tutti di averla male organizzata, di aver gestito male i cani e di essere «ignorante»: visto che era lui il responsabile della battuta, era tutta colpa sua se la giornata era stata un fallimento. Furioso per essersi sentito dare pubblicamente dell'incompetente, pare che il duca abbia reagito con espressioni da portuale all'indirizzo della regale consorte. Lei non si degnò di replicargli. Lo piantò lì su due piedi, lasciandolo a sfogare la rabbia in mezzo al fango. Ma la penosa vicenda di Edoardo, e il dramma che ne seguì, costrinse forse per la prima volta la regina a interrogarsi sulla saggezza della sua decisione di lasciare carta bianca sui figli a un uomo di vedute così limitate.

Naturalmente non ha alcun senso collegare le infelicità adolescenziali o i cattivi rapporti con i genitori con la propensione all'infedeltà coniugale. Se ci fosse bisogno di prove, basta guardare alle vicende sentimentali dei meno problematici dei quattro figli: Anna e Andrea, entrambi dotati di caratteri estroversi più simili al padre, non hanno mai mostrato risentimenti verso i genitori. Non per questo i loro matrimoni hanno fatto una fine migliore. Sul fronte dei divorzi Anna va considerata addirittura un'apripista reale, e l'attitudine di Andrea verso l'altro sesso è ben chiarita dal nomignolo *Randy Andy*, Andreuccio il libidinoso.

In realtà Andrea e Edoardo hanno goduto di cure materne molto più di quanto i fratelli maggiori abbiano mai sperimentato. Quando i due figli più piccoli, ancora sotto i dieci anni, correvano e si inseguivano in bicicletta lungo i corridoi di Buckingham Palace, sul finire degli anni Sessanta, Elisabetta confidò a un amico: «Cielo, che divertimento avere di nuovo bambini per casa!»

Di tutta la prole, Andrea è quello che caratterialmente somiglia di più al padre, a dispetto dell'inconsistente gossip di Palazzo che lo vuole figlio di lord Porchester. Come Filippo è aggressivo, forte, ostinato, e come lui non lesina il suo fascino verso l'altro sesso. La differenza è che tanto il primo è sempre stato discreto quanto il secondo esibizionista: le donne per Andrea erano semplicemente un'altra tacca sulla cintura. Lo attraevano quelle sfrontate, sexy, con apparente inclinazione alla lussuria. Il tipo come l'attrice Koo Stark. Il principe ne era così cotto che pensava di andare a vivere con lei, e magari anche sposarla, sebbene non fosse evidentemente una candidata adatta per la Casa di Windsor. La ragazza era piacevole, simpatica e intelligente, ma Filippo intervenne come suo solito per richiamare il figlio all'ordine. Quando i giornali rivelarono che la ragazza era anche apparsa in alcuni filmini pornosoft la relazione finì all'istante. Ma Andrea continuò a correre la cavallina come aveva fatto il padre una generazione prima.

L'attitudine da insaziabile donnaiolo era un aspetto della sua straripante arroganza. Perfino nell'ambiente tosto di una scuola come Gordonstoun lo avevano soprannominato *The Great I Am*, Il Grande che sono, per via della sua presunzione. Particolarmente fastidioso e aggressivo risultava il suo comportamento verso le ragazze. Sembrava pensare che, come principe del Regno, tutte dovessero cadergli tra le braccia a prescindere da come le trattava. E riusciva a essere veramente pestifero. Pacche sul sedere a giovani donne appena incontrate, mani sulle cosce sotto il tavolo da pranzo, pizzicatine «amichevoli» alle natiche, tastate ai seni e via molestando, con la pretesa però che fosse tutto considerato uno scherzo. Una delle *girls* che frequentava il suo gruppetto ha raccontato: «Andrea diventava davvero imbarazzante alle feste. Pensava di avere diritti su tutte le ragazze del gruppo, di brancicarle, corteggiarle e anche baciarle. Se pensava di avere qualche chance, proponeva di andare subito a letto. Era orribile».

Il Club del Giovedì tanto gradito a paparino non c'era più, ma il duca di York poteva contare su altri spassosi appuntamenti. Uno di questi era in un club chiamato *School Dinners*: i clienti di questi speciali «pranzi scolastici» venivano «puniti» da attraenti camerierine in divisa nera con grembiulino bianco e calze nere. Come ci si può aspettare, i vestiti erano a filo inguine, mostrando molto di quello che c'era sotto, e non solo le giarrettiere nere. I clienti naturalmente erano tutti maschi, e quando «si comportavano male» le severe cameriere li facevano chinare in avanti e li frustavano sulle natiche. Lo *spanking*, ovvero le sculacciate, è com'è noto un piacere apprezzato da molti gentiluomini isolani. Pare che risulti gradito anche ad Andrea.

Non è sicuro però che l'abbia apprezzato quando gliel'hanno impartito – e non per farlo contento – i colleghi ufficiali a bordo della portaerei *Invincible* in rotta verso le Falkland nella primavera dell'82, per la guerra con gli argentini. Andrea, che pilotava un elicottero Sea King, si dava tali e tante arie, pur essendo appena un tenentino di ventidue anni, che il resto dell'equipaggio decise di dargli una lezione. Con un pretesto un gruppetto di colleghi ufficiali lo convocò in un angolo del ponte, e lì lo pestarono a sangue. A quanto sembra, il trattamento tornò utile per migliorare il carattere del principe, e soprattutto il suo senso di cameratismo. Lui comunque non è il tipo che serba rancore. Anche con la moglie: una volta divorziati, lui e la «rossa» Sarah Ferguson sembrano aver dimenticato i reciproci torti e sono tornati i migliori amici al mondo.

Come molte donne con scarso senso materno, Elisabetta sembra invece trovarsi più a suo agio nella condizione di nonna (e al momento anche svariate volte bisnonna). Peter Phillips, figlio di Anna, è stato il primo nipote ed è stato a lungo anche il favorito. Non ha alcun titolo reale, giacché il padre lo aveva sempre rifiutato, ma quando aveva appena tre o quattro anni la regina amava prenderlo per mano e portarlo a spasso lungo i corridoi della reggia, indicandogli i nomi degli antenati ritratti alle pareti. Era capace di intrattenerlo sulle varie connessioni parentali, anche se ovviamente il bambino non ci capiva niente ed era solo contento di andare a spasso tenendo la mano della nonna. Davanti alla scenetta, Anna, che è sempre stata molto esplicita sui limiti di Elisabetta come mamma, commentò: «La prima volta che li ho visti insieme non potevo credere ai miei occhi. Ecco lì mia madre con il mio bambino che si comportava come se davvero si stesse divertendo con Peter. Non l'ho mai vista stare più di un minuto con qualsiasi bambino».

L'affetto e la stima reciproca tra le due donne dei Windsor sono tuttavia evidenti. E hanno aiutato Anna in molti passaggi della sua tempestosa vita sentimentale. In realtà lei è quella cresciuta più libera tra tutti i fratelli. Non ha dovuto sopportare la pressione che il padre esercitava sui maschi. Anzi, era la sua prediletta, forse perché – dice chi la conosce bene – lei aveva più istinti da *macho* di qualsiasi dei tre fratelli. Certo dal padre ha ereditato la schiettezza al limite della brutalità e il fegato. Di questo ha dato ampia prova nel tentato sequestro di cui fu vittima nel marzo 1974. Era in macchina su Pall Mall, di ritorno a Buckingham da una prima cinematografica di beneficenza. Il rapitore aprì il fuoco ferendo tre uomini, incluso l'autista e il poliziotto di scorta. Quindi ingiunse alla principessa di scendere dall'auto. «*Not bloody likely*» – più o meno «fottiti» – fu la risposta di lei mentre schizzava fuori come un lampo dalla portiera opposta. L'intervento dei passanti bloccò l'aspirante rapitore, che intendeva chiedere – disse – un riscatto di 3 milioni per finanziare il Servizio Sanitario Nazionale. E non era ancora arrivata Mrs Thatcher...

Secondo molti l'intelligenza di Anna, insieme a semplicità e *sense of humour*, ne avrebbero fatto un'ottima erede al trono. Essendo il posto già occupato, lei è diventata un'eccelsa cavallerizza, una vera intenditrice di cavalli. E cavalieri. La timidezza adolescenziale lasciò presto il posto a una sanissima attitudine verso il sesso. Aveva già conosciuto parecchi giovani uomini prima di incontrare il futuro marito Mark Phillips e invaghirsene. Tra i suoi amori giovanili figurano il famoso asso di Formula Uno Jackie Stewart e il giocatore di polo Sandy Harper. È proprio quest'ultimo ad aver messo in giro le indiscrezioni sulle sue mutandine: mai il tipo pizzi e trine o il genere sexy ma alti slip di cotone bianco senza fronzoli, proprio quelli classici da studentessa non frivola.

A dispetto della scarsa prova di cavalleria, la principessa avrebbe volentieri sposato Sandy ma lui non aveva intenzione di farsi coinvolgere dalla famiglia reale e la storia finì. Non senza che si fossero prima dati al divertimento, come ricorda Louis Brown, lo scomparso proprietario di un night club di moda in quegli anni, il *Valbonne*, nel West End londinese. Si sedevano sempre a un tavolino nell'angolo più buio del locale e si abbandonavano «agli abbracci più appassionati per gran parte della notte, mentre mangiavano e sentivano musica fino alle ore piccole. Per la principessa era l'occasione di sciogliersi i suoi lunghi capelli».

Fuori Sandy, dentro Mark. Elisabetta e Filippo furono estremamente sorpresi quando la figlia presentò loro l'uomo che dichiarava di voler sposare, il capitano Mark Phillips. Non proveniva dal solito ambiente aristocratico, non aveva un'aria arrogante ma molto quieta e riflessiva, e sembrava chiaro chi tra i due sarebbe stato il partner dominante. I reali genitori non si opposero ma Filippo dichiarava a chiunque volesse starlo a sentire che il futuro genero era noioso e insipido. Impressione in verità avallata dallo stesso Mark alla sua prima apparizione televisiva accanto alla principessa al tempo del fidanzamento. A stento riuscì a mettere assieme poche parole, lasciando tutto il campo alla promessa sposa. Da allora la famiglia reale prese a chiamarlo Mark *Fog*, nebbia, malignando sulla sua intelligenza. Al contrario, la Queen Mum era assolutamente convinta che la nipote avesse trovato l'uomo giusto, al punto da immaginare che il *love match* fosse piuttosto il frutto di una selezione al computer. Come vedremo, si sbagliava.

L'attrazione sbocciò dal comune amore per i cavalli e sfociò nel matrimonio nel novembre 1973, lei a ventitré anni e lui a venticinque. Due anni prima Anna era diventata la beniamina del pubblico inglese, oltre a guadagnarsi l'ammirazione dei suoi genitori, con la vittoria al campionato europeo di equitazione. Il capitano Phillips era stato membro del team olimpico britannico a Monaco '72 per la stessa specialità. I cavalli erano la loro vita e Mark non ne voleva un'altra. Soprattutto non all'interno della famiglia reale. Rifiutò il titolo che Elisabetta voleva graziosamente concedergli: in questo modo non avrebbe dovuto assolvere a nessuna funzione pubblica, e la coppia si trasferì felicemente a Gatcombe Park, la villa nel Gloucestershire che la regina aveva offerto ad Anna come dono di nozze. Anche la principessa era felice che i figli potessero crescere senza titoli, come semplici *commoners* lontanamente imparentati ai reali, e liberi quindi dai doveri che li avrebbero altrimenti gravati.

L'idillio durò poco più di un lustro. Dopo la nascita del primo figlio Peter, già nel 1978 la coppia entrò in crisi. La principessa si innamorò della sua guardia del corpo, il sergente di polizia Peter Cross, un bel trentenne alto, biondo (tendente alla calvizie) e dagli occhi azzurri. Seguirono due anni di un *affaire* appassionato. Mark lo scoprì e per il matrimonio fu l'inizio della fine. Il marito tradito informò dei suoi sospetti il comandante Michael Trestrail, guardia del corpo di Sua Maestà, e responsabile della Royal Protection Squad. Trestrail ordinò un'indagine e fece mettere sotto controllo i telefoni di Gatcombe Park. Anna era ancora sesta in linea di successione al trono, quindi la regina doveva essere informata.

Quando Elisabetta ebbe conferma che la relazione adulterina era in pieno svolgimento, ordinò che il sergente Cross fosse immediatamente allontanato dalla villa dei Phillips e da ogni altro compito reale. Tanta durezza ha una spiegazione. Era il 1980, appena due anni dopo il divorzio della sorella Margaret, e la regina temeva che la figlia ostinata volesse compiere lo stesso passo fatale. Era terrorizzata all'idea di un'altra rottura coniugale e di un altro scandalo pronto ad abbattersi sulla famiglia. Cross fu convocato a Scotland Yard mentre la principesca amante era all'estero in missione. Il vicecommissario Gibson gli contestò di aver tenuto «una condotta non confacente allo standard atteso dagli agenti di guardia alla famiglia reale», e in più di aver bevuto in servizio. Questo era un mero pretesto. Per far capire a Cross che i superiori sapevano della sua *liaison*, Gibson aggiunse: «Ci sono giunte voci di un comportamento troppo famigliare con la principessa». Il sergente fu subito rimosso dall'incarico e trasferito nella stazione di polizia di Croydon, uno dei sobborghi meno eleganti di Londra.

Anna tornò a casa due giorni dopo per scoprire che il suo bodyguard, e amante, non c'era più. Furiosa per il trasferimento, protestò con i vertici della polizia, che replicarono di aver agito su ordine reale. Lei non poteva farci niente. Non le rimase che sfogare la sua rabbia in una tremenda scenata al marito, accusandolo di aver messo in giro voci false. Appena un mese dopo, scoprì di essere rimasta incinta. E perse del tutto la bussola. Era molto probabile che il padre del nascituro fosse l'agente Cross e lei non sapeva cosa fare. Che cosa successe in quei mesi noi invece lo sappiamo perfettamente: secondo l'ormai consolidata consuetudine del *kiss and tell*, nell'autunno del 1985 – ovvero quattro anni dopo la nascita della figlia di Anna, la bionda Zara dagli occhi blu – il sergente Cross, in cambio di un bel malloppo, vuotò il sacco con *News of the World*, sempre di proprietà di Rupert Murdoch. Risparmiò grazie al cielo i dettagli a luci rosse, ma non mancò di rivelare ai lettori che pochi minuti dopo il parto la principessa lo aveva chiamato al telefono per dirgli che aveva dato alla luce una bella bambina.

In realtà l'allontanamento del poliziotto non aveva affatto spento la passione di Anna nei suoi confronti. Usando come messaggero d'amore un fidato collega di Cross, riuscì a organizzare una visita clandestina dell'amante nella sua casa di Gatcombe. Lo accolse in biblioteca con queste parole: «È bello vederti. Dovevo incontrarti e spiegarti prima che tu lo leggessi sui giornali. Come puoi vedere sono incinta, al quinto mese». Cross non osò chiedere se il figlio fosse suo ma lei fece segno di sì con la testa, al che l'amante fece due passi e la prese tra le braccia. Nella serie di articoli pubblicati dal giornale di Murdoch raccontò come la storia era cominciata nell'estate del 1980, come era andata avanti dopo la nascita di Zara con lunghi pomeriggi d'amore in casa di un compiacente collega poliziotto e calde romantiche notti in un cottage vuoto nella tenuta di Gatcombe. Anna era così innamorata da correre il rischio di precipitare la famiglia reale in un nuovo devastante scandalo adulterino.

Per fortuna dei Windsor, fu Cross a mettere fine alla storia nell'83, scegliendo una più tranquilla convivenza con l'infermiera di un dentista. Ma la relazione segnò anche la fine del matrimonio della principessa con Mark Phillips. I due rimasero ancora formalmente assieme per qualche anno ma quasi senza incontrarsi: tra l'aprile 1988 e quello dell'89, la trentottenne Anna e il quarantenne Mark passarono assieme e coi loro bambini appena quaranta giorni. Un po' poco perché l'unione potesse funzionare. Lui era sempre in giro con i suoi cavalli e lei aveva ripreso a pieno regime i suoi impegni pubblici.

Per anni la stampa l'aveva criticata come una dei «fannulloni reali» che si intascavano denaro pubblico fingendo di far qualcosa. Era anche la vendetta per i modi sgarbati che, imitando il padre, lei riservava ai cronisti. Dopo la nascita di Zara, Anna capì che era tempo di cambiare stile e immagine, anche per non mettere a rischio la Civil List. Aveva accettato di diventare presidente di Save the Children, la celebre organizzazione britannica di assistenza all'infanzia bisognosa. E bisogna dire che da allora ha fatto un eccellente lavoro, visitando le aree di carestia in molti Paesi poveri e aiutando concretamente gli operatori in prima linea contro la fame. Ha macinato decine di migliaia di chilometri, ha raccolto milioni di fondi e si è guadagnata la stima generale. I soldi dei contribuenti se li è guadagnati addirittura battendo un primato: è stata la prima reale a toccare la quota di cinquecento impegni pubblici in un anno, e l'ha perfino aumentata sino a seicento. L'ammirazione dell'augusta mamma è arrivata sotto forma di un titolo eccezionale: nel 1987 Elisabetta l'ha creata *Princess Royal*, principessa reale, e questo lascia aperta la possibilità che in qualsiasi momento in futuro la regina possa conferire titoli anche ai suoi due figli Peter e Zara.

Il titolo ha portato poca o nessuna differenza nello stile di vita di Anna. Lei è sempre stata la più informale dei Windsor e la sua vita a Gatcombe molto semplice e priva di ostentazione. La sua casa somiglia piuttosto a una qualsiasi fattoria, con le galline che zampettano qua e là, i cani ospiti fissi in cucina, i salotti adibiti a deposito di stivali infangati, giacche di campagna, impermeabili inzaccherati. Ma la nomina a principessa reale ha comportato una sostanziale differenza nel codice di precedenze che regola i rapporti in una Corte così formale come quella dei Windsor: quel titolo ha fatto di Anna la seconda lady d'Inghilterra dopo la regina, consentendole di sopravanzare anche Diana come principessa di Galles. E, visti i rapporti tra le due donne, per la figlia della sovrana dev'essere stata – per meschina che appaia – una non piccola soddisfazione: in pubblico le due mantenevano le forme ma non si sopportavano, e Anna giudicava la cognata «un'odiosa *parvenue*» che Carlo non avrebbe mai dovuto sposare. Su quest'ultimo punto si può facilmente convenire.

Nello stesso anno in cui riceveva dalla mamma il gradito regalo, la principessa ricambiava con un annuncio non troppo gradito. C'era un nuovo uomo nella sua vita: un giovane ufficiale di Marina cinque anni più giovane di lei, il comandante Timothy Laurence, peraltro noto a Sua Maestà come suo scudiero sin dal 1986. Elisabetta non se ne sarà stupita, già conoscendo per esperienza l'irresistibile attrazione che gli scudieri reali possono esercitare sulle donne: lo era anche, ricorderete, l'innamorato sfortunato di Margaret, il capitano Townsend. Arrivando più di trent'anni dopo, a Tim Laurence è andata molto meglio.

La prima reazione della regina alla comunicazione di Anna, che era ancora sposata con Mark Phillips, è stata la solita: fa' quello che ti pare ma niente divorzio. E la storia sarebbe forse continuata sotto questo regale mantello di ipocrisia se nell'aprile 1989 quattro lettere rubate alla principessa non fossero state consegnate al solito *Sun* targato Murdoch. Le missive le erano state indirizzate nell'arco di diciotto mesi ed erano state sottratte dalla cartella che lei portava con sé o lasciava a Buckingham Palace. Trattandosi di materiale rubato, il direttore del *Sun* non ebbe altra scelta che restituire le lettere impegnandosi a non divulgarne i contenuti. Ma non senza aver prima fatto delle fotocopie. Quando il giornale si rese conto che le lettere erano autentiche, e l'autore il reale scudiero Timothy Laurence, giudicarono la storia di interesse pubblico e spararono tutto in prima pagina. Più che giornalismo investigativo, giornalismo refurtivo.

Ma l'effetto naturalmente fu quello sperato. E tanto temuto dalla regina quanto, sotto sotto, auspicato dalla figlia. Elisabetta aveva sperato che Anna continuasse la sua quieta relazione con il nuovo amore restando comunque sposata con Mark Phillips. Lei invece non vedeva l'ora di portare alla luce del sole il nuovo legame e il suo bel comandante. Non che la sovrana avesse niente contro Laurence. Al contrario, lo trovava un uomo molto piacevole, che aveva assolto impeccabilmente ai suoi doveri e aveva anche mostrato notevoli qualità di tatto e amicizia verso diversi membri della famiglia. Da questo punto di vista, le risultava di gran lunga meglio accetto del genero Phillips. Il problema di Elisabetta era un altro: quale impatto avrebbe avuto sul pubblico un divorzio nella sua famiglia stretta.

Quarant'anni prima aveva dovuto confortare Margaret per la rinuncia al suo scudiero divorziato. Poi l'aborrita parola – divorzio – aveva lambito la famiglia quando il cugino lord Harewood ci era passato, e alla fine anche Margaret aveva avuto il suo. Ma il caso di Anna era diverso: la separazione dal primo marito per risposare subito il comandante Laurence sarebbe stata un fatto storico, la prima volta dai tempi di Enrico VIII – nel Cinquecento – che qualcuno così vicino al trono contraeva un nuovo matrimonio dopo il divorzio. Per quanto in suo potere, Elisabetta era decisa a scongiurarlo. Ma Anna era notoriamente ostinata. Quattro mesi dopo l'affare delle lettere, nell'agosto 1989, un comunicato di Buckingham Palace annunciava la separazione legale della principessa e del capitano Mark Phillips. Seguì un silenzioso divorzio, ma Sua Maestà impose la sordina anche agli innamorati. Per fortuna Laurence era la discrezione fatta persona, capace di sottrarsi per mesi ai periscopi dei reporter. La storia però andava avanti, e finalmente nella primavera del '92 la regina diede il suo beneplacito a renderla pubblica. Le foto mostrano una Anna molto felice nel vortice delle danze con il suo Tim al Royal Caledonian Ball.

Il nuovo matrimonio fu celebrato nel dicembre 1992, a conclusione dell'*annus horribilis.* Elisabetta aveva dovuto subire l'affronto delle due nuore Diana e Sarah, che qualche mese prima avevano lasciato i mariti, e subito dopo il dolore dell'incendio di Windsor. Non è sicuro che le seconde nozze della figlia siano arrivate come un conforto. Furono un affare in tono minore, lontane anni luce dallo splendore teatrale del primo matrimonio teletrasmesso sotto le volte di Westminster Abbey. Stavolta il Sì fu pronunciato nella spoglia chiesetta scozzese di Crathie, vicino a Balmoral, davanti a una trentina di presenti. Anna in verità avrebbe voluto una cerimonia ancora più intima, senza paparazzi e televisioni, nella cappella privata del castello reale. Elisabetta però non voleva dare l'impressione che la famiglia si vergognasse di tutta la faccenda, e alla fine il nudo tempio presbiteriano di Crathie fu la soluzione di compromesso. Utile anche ad aggirare spinose questioni di politica ecclesiastica.

La Chiesa di Scozia, che non ha gerarchia episcopale, aveva in effetti adottato da anni un approccio più liberale sul matrimonio dei divorziati, lasciando la decisione ai singoli ministri. Al contrario la Chiesa d'Inghilterra, di cui la regina è Supremo Governatore in Terra, continuava a mantenere in tema un orientamento rigido. Se Anna si fosse sposata in qualsiasi tempio inglese, questo avrebbe voluto dire che Elisabetta approvava il divorzio. L'alternativa era una cerimonia civile, ma il Royal Marriages Act del 1772 la proibisce esplicitamente al figlio di un sovrano. E una legge di epoca vittoriana impedisce a qualsiasi membro della famiglia reale di contrarre matrimonio in un ufficio di stato civile in Inghilterra e Galles. I divieti furono peraltro tranquillamente ignorati quando Carlo sposò Camilla, nell'aprile 2005, nel piccolo municipio di Windsor.

Il precedente stabilito con le seconde nozze di Anna ebbe però il suo peso. Quando Elisabetta, e le principali autorità ecclesiastiche, le consentirono sapevano bene che anche Carlo e Andrea erano ormai separati, e che prima o poi avrebbero voluto magari risposarsi. La caparbietà sentimentale della principessa reale ebbe così un doppio effetto: costrinse la famiglia a cambiare attitudine verso il tabù del divorzio e offrì all'erede al trono un precedente per risolvere finalmente la sua questione «non negoziabile», Camilla. I venti minuti nella chiesetta di Crathie, il più semplice e breve matrimonio reale dei tempi moderni, servirono alla monarchia molto più della sfarzosa cerimonia di vent'anni prima nell'abbazia di Westminster, tra millecinquecento invitati e le telecamere di tutto il mondo. Stavolta gli sposi, subito dopo il Sì, s'infilarono nella loro Range Rover con dietro i figli di Anna e filarono verso il rapido e ridotto ricevimento nuziale a Craigowan

Lodge, nella tenuta di Balmoral. C'erano ovviamente tutti gli stretti parenti reali, con due sole notevoli eccezioni: la principessa Diana e Sarah duchessa di York. Poco prima, quell'anno, erano scappate dai loro matrimoni dorati come da una prigione. Ma c'è un prezzo da pagare quando ci si fa nemica una regina.

Una strega a corte (e pure tedesca)

Delle tre donne che hanno provocato i peggiori incubi di Elisabetta negli anni Ottanta e Novanta, solo una è rimasta all'interno della famiglia e conserva il suo ambito titolo di Altezza Reale. La più famosa ha lasciato questo mondo in un tumulto planetario di commozione e indignazione e la terza, forse la più scandalosa di tutte, si è ritirata dietro le quinte resa più saggia dall'età. Tutte e tre hanno passato una buona parte di quei due decenni fatali andando a letto con uomini che non erano i loro principeschi mariti. E i cortigiani, che le detestavano, le hanno accomunate sotto lo stesso *sobriquet*: *the Three Witches of Windsor*, le tre streghe di Windsor.

Naturalmente né Marie-Christine von Reibniz, moglie del principe Michael di Kent, né lady Diana Spencer né Sarah Ferguson duchessa di York avevano il naso a uncino, verruche sulla guancia o peli sulla bazza. Com'è noto, sono state tutte e tre fra le donne più affascinanti del loro tempo ma l'epiteto indicava, secondo i nemici, la «malvagità» celata sotto la bellezza esteriore. Questa cattiveria si riduceva sostanzialmente alla caratteristica che le accomunava: tutte e tre erano insofferenti della claustrofobica atmosfera di Corte, rivendicavano la loro libertà di donne e pensavano di conquistarla per la via breve dell'adulterio. Per gli orripilati perbenisti di Buckingham Palace, tanto equivaleva all'alto tradimento, con l'aggravante della stregoneria.

Marie-Christine di Kent, moglie del principe Michael, cugino primo della regina, essendo la meno importante delle tre è stata certamente la meno dannosa dal punto di vista dell'establishment. Lei è stata comunque la prima ad allontanarsi dalla retta via. Non che i suoi denigratori abbiano mai pensato che potesse restarci a lungo. All'estero molto meno nota, in Inghilterra gode da decenni di legioni di antipatizzanti. Anche perché, agli occhi dei tabloid xenofobi, ha un difetto gravissimo: è straniera, e per di più di origine tedesca. Inoltre è certamente bella (ancora oggi, con qualche «aiutino»), ha una fastidiosa vena di altezzosità e manifesta una vocazione insopprimibile alle prime file che le ha guadagnato il nomignolo di *Pushy*, più che ambiziosa, assillante. Sarà, ma chi la incontra (mi è capitato più volte) trova una donna non solo affascinante ma simpatica, appassionata di personaggi storici al punto da scriverne con un certo successo, e disponibile più della media dell'entourage reale. Che ovviamente la detesta.

È nata baronessa von Reibniz in Cecoslovacchia, nel gennaio 1945, da un padre che fu ufficiale delle Ss durante la guerra mondiale. Terminato il conflitto, i genitori si separarono. La madre coi due figli se ne andò in Australia nel 1949, il padre emigrò invece in Africa. *Down Under* mammà si risposò con un nobile polacco, che aveva il titolo di conte ma non il becco di un quattrino. Per sbarcare il lunario la nobildonna lavorava come parrucchiera a Waverley, un sobborgo popolare di Sydney. In una recente intervista a *Tatler* Marie-Christine si vanta di discendere niente meno che da san Luigi IX di Francia, da Caterina de' Medici e dal duca di Borgogna, ma il suo passato prossimo appare molto più modesto. «Il pensiero che la guerra l'abbia derubata della vita a cui sentiva di avere diritto come nobile proprietaria terriera non lascia mai la sua mente», ha scritto il suo biografo Barry Everingham. «Gran parte del tempo ha vissuto in un mondo fantastico.» Ma era molto concreta, invece, la determinazione con cui Marie-Christine cominciò una diuturna lotta per arrivare ai piani alti della ricchezza, e soprattutto restarci.

Era alta, bruna, molto bella di viso e con una personalità forte e spumeggiante. Entrò presto nel giro della *jeunesse dorée* di Sydney, ma aveva bisogno di soldi per gli abiti e i gioielli. Non bastava certo il lavoro che si era trovata in un'agenzia pubblicitaria. Così a vent'anni incontrò Ted Albert, figlio di una ricca e importante famiglia australiana, e decise che era esattamente quello che voleva come marito. Sfortunatamente, a dispetto dei suoi titoli nobiliari, i genitori del giovane non la ritenevano alla loro altezza, e minacciarono di diseredare il figlio se non la piantava. Fuori di sé per la rabbia e l'umiliazione, Marie-Christine lasciò la meravigliosa baia di Sydney e prese un piroscafo per Londra. L'idea generale era di fare un buon matrimonio in Europa.

L'obiettivo richiese alcuni aggiustamenti per diventare più accettabile in società. Tinse i capelli di biondo, eliminò dal suo inglese il «volgare» accento australiano adottando una più sofisticata sfumatura mitteleuropea e si mise a studiare design al Victoria and Albert Museum. Per mantenersi tornò a lavorare in un'agenzia pubblicitaria, la Charles Baker, e a ventidue anni aveva già un'agendina assai affollata di corteggiatori ricchi e attraenti. Su un volo per l'Austria, dove l'aspettava una battuta di caccia al cinghiale, incontrò il banchiere inglese Tom Trowbridge: un bell'uomo e parlava tedesco. Un anno dopo erano sposati. E proprio al matrimonio stabilì il suo primo contatto con la famiglia reale: tra gli amici invitati alle nozze da Trowbridge c'era anche il principe William di Gloucester, cugino di Elisabetta, che era all'epoca uno scapolo ventinovenne. Diventò subito uno dei visitatori più frequenti della casa dei novelli sposi, nel quartiere-bene di Chelsea.

Qualche tempo dopo fu lui a invitarli per un weekend festaiolo nel suo castello di campagna, Barnwell Manor, nel Northamptonshire. Tra gli altri ospiti c'era il cugino principe Michael di Kent (figlio minore di George duca di Kent e di Marina di Grecia), anche lui scapolo e ventottenne. Una signora testimone della festa ricorda velenosa: «Alla fine del weekend Marie-Christine aveva tutti e due i principi che mangiavano dalla sua mano. Flirtava con loro in modo indecente, e loro con lei. Lei adorava la faccenda». Di ritorno a Londra i due principi e la coppia Trowbridge divennero un quartetto inseparabile, con Marie-Christine la sola donna tra di loro. Si presentavano assieme alle cene, alle feste, agli eventi sociali, ai fine settimana nelle magioni di campagna. E Mrs Trowbridge non si stancava mai, secondo i pettegoli, di flirtare con William di Gloucester. Purtroppo c'era una tragedia in agguato. Un anno dopo il principe morì pilotando un aereo superleggero nell'annuale gara aeronautica Goodyear.

Nel 1973 Tom Trowbridge accettò un lavoro in Bahrain e per un certo tempo la seducente consorte lo seguì nel caldo del Medio Oriente. Ma presto ne ebbe abbastanza. Piantò il marito nelle sabbie del Golfo, mettendo di fatto la parola fine al matrimonio dopo appena due anni, e tornò a Londra per rituffarsi nella vita dell'alta società. Strinse rapporti sempre più stretti con la famiglia reale e soprattutto con il principe Michael. Lui è quel tipo, noto soprattutto per le sue apparizioni sul balcone di Buckingham Palace col resto dei reali parenti, che somiglia come una goccia d'acqua allo zar Nicola II, con il quale in effetti condivide parecchi antenati (parla anche bene il russo e ha visitato spessissimo il Paese). A metà degli anni Settanta era ancora un simpatico scapolo che aveva passato gran parte dei suoi anni lontano dalla fastosa scena reale.

Ai riflettori preferiva di gran lunga la quieta vita di ufficiale in uno dei più antichi reggimenti britannici, il Royal Scots Grey. La sua esistenza era così riservata che pochi sapevano che era primo cugino della regina (e fratello minore dell'appariscente principessa Alexandra di Kent). Dal momento che non era il primogenito dei duchi di Kent non era costretto all'abituale routine di impegni pubblici e poteva dedicarsi soprattutto allo sport che amava di più, il bob. Nei rapporti con le donne era abbastanza timido e non erano note fidanzate. Fino all'apparizione di Marie-Christine. Lei descrive così la nascita della loro relazione: «Per un lungo periodo Michael e io piangevamo l'uno sulla spalla dell'altra. Per un anno lo vidi semplicemente come un amico. Poi, arrivati al 1975, mi accorsi di essere innamorata di lui. Adesso sono felice che abbiamo goduto di quel tempo, perché l'amicizia è qualcosa che non si perde mai – e quando uno è in difficoltà, è l'amicizia che conta».

I due diventarono amanti e lei era ansiosa di mostrarlo in pubblico. Lui d'altra parte era innamorato, e felice di esibire come compagna una giovane donna bella e sexy. Finalmente nel 1977 i Trowbridge divorziarono, e fu subito chiaro che tanto Marie-Christine quanto Michael non vedevano l'ora di sposarsi. E qui cominciarono i mal di capo per la regina. Oltre che, naturalmente, per i promessi sposi. La fidanzata presentava due grossi nei: era cattolica ed era divorziata.

La combinazione dei due fattori, oltre a un passato considerato dubbio, la rendeva del tutto indigesta a Elisabetta. Dopotutto, per lei il divorzio era ancora tabù, mentre restava convinta che la famiglia reale dovesse sempre mostrarsi d'esempio. È vero che il cugino Michael era solo sedicesimo in linea di successione al trono, ciononostante Sua Maestà considerava proprio un pessimo esempio il suo eventuale matrimonio con la divorziata signora Trowbridge. Nei primi mesi del 1978 i più alti collaboratori della regina esortarono il principe a trovarsi una sposa con un passato meno colorito e più conveniente dal punto di vista della famiglia reale, dal momento che la sovrana cugina era pure capo della Chiesa d'Inghilterra e Difensore della Fede: come poteva approvare le nozze con una divorziata cattolico-romana?

Marie-Christine aggirò l'ostacolo brillantemente. Riscoprì le sue radici cattoliche. È vero che si era sposata in una chiesa anglicana, ma adesso chiese l'annullamento alla gerarchia del Vaticano. Lo ottenne in men che non si dica. Poté così riprendere il suo nome da ragazza, baronessa von Reibniz, nuovamente libera di sposare chi voleva. L'ostilità dei reali nei suoi confronti si era in verità tutt'altro che sopita, e perfino quel modello di moralità che era la principessa Margaret si sentì in diritto di ergersi a giudice della sua «ipocrisia». Con gli amici stretti non usava giri di parole: «So qual è il gioco di quella donna. Lei si rigira Michael attorno al dito. Li ho visti insieme ed è osceno il modo in cui si comporta con lui». Non male, l'indignazione della protagonista dei sex-party sulla candida spiaggia di Mustique... Del resto, incalzava la principessa, cos'altro ci si poteva aspettare da quella *upstart*, una *parvenue*? Nella definizione si può annusare tutto lo snobismo dei Windsor.

Di fronte alla diffusa inimicizia a Corte (Margaret non le rivolse mai la parola) Marie-Christine si appellò ai buoni uffici di quel grande sensale di matrimoni reali che era lord Mountbatten. Il vecchio zio Dickie riuscì a strappare un sì a Elisabetta a patto che Michael rinunciasse ai suoi diritti di successione al trono. Lui fu ben felice di farlo e finalmente i due si sposarono – sia pure civilmente – nel municipio di Vienna. La neoprincipessa divenne presto famosa per le sue arie da gran dama («troppo grande per noi», commentò sarcastica Elisabetta). I giornali si deliziavano di storie al riguardo: fece scendere dalle scale due tappezziere che stavano fissando una tenda solo perché potessero farle l'inchino al suo ingresso nella stanza; pretendeva lo stesso omaggio dal personale ogni volta che la incrociavano; insisteva perché anche i vecchi amici la chiamassero Altezza Reale...

Purtroppo Marie-Christine ci mise poco a comprendere che alla grandezza dello status corrispondevano forzieri desolatamente vuoti. E cominciò a darsi da fare per risolvere i problemi finanziari. Spinse il marito a lasciare l'esercito e lo «reinventò» come uomo d'affari, nel senso di vendere il suo prestigioso nome a qualsiasi impresa volesse inserirlo nel consiglio d'amministrazione. Visto lo scarso successo, lanciò la moda dei *Royals for Hire*: per una cifra oscillante dalle 1.000 alle 10.000 sterline, lei e Michael accettavano inviti a qualsiasi evento sociale. La regina ribolliva d'indignazione ma non poteva dir niente, visto che si rifiutava (giustamente) di inserirli nella Civil List. Non mancò però di generosità, provvedendo la coppia di un sontuoso appartamento *grace and favour* nella reggia di Kensington. Ci sono rimasti gratis fino a pochi anni fa, quando l'esplosione della versione londinese di Affittopoli (troppe case di lusso a zero sterline ai soliti privilegiati) ha costretto Elisabetta a una revisione generale degli affitti. Anche i Kent sono stati messi di fronte all'alternativa: o pagare 120.000 sterline l'anno o andarsene. Pagano, ma sono stati costretti a vendere (per quasi 6 milioni di sterline) la loro villa di campagna a Nether Lypiatt, nel Gloucestershire.

Ma questa è storia di oggi. In mezzo c'è la dura lotta di Marie-Christine per la vita di agi che ha sempre sognato. Per riuscirci, giura chi la conosce, non si è fermata davanti a niente. Per anni ha continuato a offrire i suoi servigi, e quelli del marito, a chiunque volesse pagarli per aprire – in qualità di figure della famiglia reale – fiere di ogni tipo, *garden parties*, feste e club. Inizialmente lo facevano senza ricevere denaro, nella speranza che un aumento di popolarità convincesse Elisabetta a inserirli nella Civil List. Dal momento che questo non avveniva, e il conto in banca evaporava, bisognò cambiare metodo. In un momento di particolare difficoltà Marie-Christine si lasciò scappare in pubblico, sventatamente: «Andrei ovunque per un pasto gratis». L'infelice battuta, se voleva essere tale, arrivò all'orecchio di una regina disgustata, che già ce l'aveva con lei per aver dichiarato in un'intervista tv che i reali corgi «dovrebbero essere abbattuti».

Forse per gratitudine verso la memoria di lord Mountbatten, quando lui fu assassinato nel 1979 i Kent assunsero al loro servizio il suo ex segretario John Barratt, perché organizzasse la loro agenda e i loro impegni pubblici. Non fu una buona idea. Appena è stato libero di farlo, ha fornito di *Princess Michael* – secondo l'uso inglese di indicare le mogli con il nome del marito – il ritratto devastante di una scroccona: «Ricordo che in un'occasione lei inaugurò un negozio di una nota azienda elettrica, e pochi giorni dopo a casa arrivò un furgoncino con dieci televisori che aveva chiesto come regalo. Erano per le stanze dei domestici. Quella donna era senza vergogna». E fosse solo per questo. I maligni di Corte la accusano di aver allacciato relazioni con alcuni tra gli uomini più ricchi del mondo, sparendo con loro nei weekend, in viaggi, vacanze e perfino fugaci appuntamenti pomeridiani. Nelle parole di un amico della famiglia reale, «non si può sfuggire al fatto che si comportava più o meno come una sgualdrina».

Una serie di foto sul *Daily Mail* documentava nel 2005 la vacanza romantica di quattro giorni a Venezia in compagnia del tycoon russo Mikhail Kravchenko, di vent'anni più giovane di lei. Lui, titolare di un impero dell'arredamento, voleva che lei gli «firmasse» una linea di poltrone e sofà per i nuovi ricchi moscoviti. Nonostante le affettuosità veneziane – suite al *Cipriani* e mano nella mano in gondola come due giapponesi – non se ne fece nulla, perché lei chiedeva troppo. Una vera *liaison dangereuse:* sette anni dopo, nel maggio 2012, Kravchenko finì ucciso a revolverate per strada a Mosca. Gli assassini, ovviamente, mai presi. Mafia o politica? Di certo era buon amico dell'oligarca anti-Putin Boris Berezovskij, trovato anche lui misteriosamente impiccato nella sua villa nel Surrey. E Berezovskij era pure un amico più che generoso dei Kent: tra il 2002 e il 2008 passò segretamente 320.000 sterline al cosiddetto *pauper prince*, il principe povero.

I cronisti mondani londinesi sono in grado di snocciolare un fitto elenco di amanti di Marie-Christine: da un principe saudita al senatore americano John Warner (ex marito di Liz Taylor). La relazione più pericolosa, come potenziale scandalo per i Windsor, fu comunque quella con il milionario americano Ward Hunt, che incontrò in Texas a un evento di raccolta fondi per l'English National Opera. Diventarono amanti un anno dopo, e pur di incontrarlo Princess Michael correva serissimi rischi. Elisabetta, che naturalmente era a conoscenza di tutte le sue infedeltà, debitamente riportate al suo segretario privato dall'omologo della principessa, decise che era troppo e che la reale adultera andava riportata all'ordine. Ancora una volta, il problema non era il peccato ma il fatto di renderlo pubblico.

La trappola fu fatta scattare in occasione di una visita londinese di Ward Hunt. Un vicedirettore di *News of the World*, Stuart Kuttner, fu contattato da una «fonte» reale e informato della relazione. Gli fu anche annunciato l'arrivo a Londra di Hunt il 24 giugno 1985: avrebbe passato un paio di giorni in città con Marie-Christine di Kent nell'appartamento prestato da un'amica, e poi sarebbero andati assieme nella casa di campagna di un'altra amica. Nel giorno stabilito lei arrivò all'appuntamento malamente travestita con una parrucca rossa e un sacchetto di generi alimentari. Non sapeva di essere nel mirino dei fotografi del tabloid, che non la persero di vista nemmeno per un istante della sua «scappatella», immortalando lei e l'amante ogni volta che mettevano il naso fuori di casa.

Un paio di giorni dopo che si erano trasferiti in campagna, la principessa ricevette una misteriosa telefonata. Qualcuno la avvertiva che *News of the World* aveva foto e dettagli della sua relazione con Ward Hunt e avrebbe sbattuto tutto in prima pagina il giorno dopo. Lei ne fu distrutta ma reagì con la prontezza di uno 007. Affittò subito un elicottero per far trasportare l'amante all'aeroporto di Manchester, in modo che prendesse il primo aereo per New York. E una volta che lui fu sparito, si diede malata e andò dritta in una clinica dove si nascose finché la buriana non fu passata.

Incredibilmente il matrimonio è sopravvissuto fino ai giorni nostri, sebbene molti a Corte – inclusa forse la regina – si aspettassero che dopo lo scandalo Hunt Marie-Christine avrebbe fatto le valigie trasferendosi in America. Tanto più che, come rivelavano le intercettazioni telefoniche dei due, il milionario texano era seriamente innamorato e intenzionato a sposarla. Ma lei avrebbe perduto il titolo di Altezza Reale, a cui tiene moltissimo, e probabilmente anche i figli. E l'amante non era poi così ricco. Negli anni successivi la principessa non ha dato segni di maggiore fedeltà coniugale, ma di maggiore discrezione certamente sì. Questo le ha guadagnato la riammissione (sporadica) alla presenza dell'augusta «cugina» e i Kent hanno continuato brillantemente fino a oggi la loro recita matrimoniale. Per campare da principi, hanno incrementato le loro apparizioni a pagamento ovunque glielo chiedano. Dopotutto, è la loro unica fonte di reddito.

La ribellione delle nuore

I FAN di Diana si rivolterebbero alla sola idea di assimilare a una strega la loro dolce, bella, sofferente principessa, la magica protagonista di quel matrimonio da favola nel luglio 1981 che la collocò subito nei cuori della nazione. Eppure, delle «tre streghe di Windsor» che i cortigiani di Buckingham avrebbero volentieri mandato al rogo, lei fu di gran lunga la più minacciosa per i destini della famiglia reale. Sarah «la rossa», la duchessa di York dalla chioma fiammeggiante che le veniva avvicinata nella trimurti infernale, non ne condivideva nemmeno da lontano il potenziale politico, e aveva dunque più possibilità di farla franca pur essendo molto più impudente. Occupiamoci di lei per prima.

La fine del suo matrimonio con il figlio Andrea colse la regina in qualche modo di sorpresa. In una telefonata alla consuocera Susan Barrantes in Argentina, Elisabetta dichiarò con rammarico che «avevo tante speranze per Andrea e Sarah [...] credevo che fossero tagliati l'uno per l'altra. Sarah sembrava ideale per lui. Pensavo che ne avrebbe fatto un uomo». È allarmante la frequenza con cui questa espressione ricorre a proposito dei figli nelle conversazioni della regina o del consorte. In entrambi rende palese il timore, o il riconoscimento, che i maschi di casa sono diventati degli adulti in qualche modo incompleti. Ed è come se, ammettendo il fallimento dei loro sforzi, i reali genitori ne affidassero il «perfezionamento» alle cure amorevoli delle compagne di vita prescelte. Forse avrebbe funzionato, se fossero state quelle giuste.

Come osserva Elisabetta, all'inizio sembrava che Sarah Ferguson, figlia di un capitano delle *Life Guards* con una forte inclinazione alla *débauche*, fosse perfetta per Andrea. A dispetto di tutte le arie, il duca di York ha un carattere debole che nasconde sotto l'arroganza. Le ragazze che incontrava erano solitamente troppo intimidite dal suo status per dargli il trattamento che meritava. *Fergie*, come tutti la chiamavano, non lo era affatto. A una cena, quando lui cercò di costringerla a ingurgitare tre profiterole pur sapendo che era a dieta, lei si voltò e gli appioppò un ceffone in pieno viso, davanti a tutti. Ci fu un momento di sbalordito silenzio, poi gli amici esplosero in un'acclamazione. In quel momento Andrea realizzò che cosa pensavano di lui anche gli intimi, e nello stesso momento si innamorò di quella ragazza che sapeva come metterlo a posto.

Sin dall'inizio del matrimonio, celebrato il 23 luglio 1986, Sarah prese la cloche dei comandi. La sua personalità era di gran lunga più forte di quella dell'eroico maritino combattente alle Falkland. Fu lei a scegliere il posto per la casa dei loro sogni, Sunninghill, ai bordi di Windsor Park. Fu lei a selezionare l'arredo e i colori delle pareti, a indicare mobili, tappeti, servizi da tavolo e posate. Sempre lei a decidere sulle auto, le vacanze, gli ospiti, il personale, il tipo di cibo. Insomma in casa, e anche fuori, il *macho* era lei. Secondo sua madre Susan, «la debolezza del principe Andrea è la ragione per cui il matrimonio è fallito. Ho paura che sia senza midollo e manchi di personalità. Lui è un ragazzo di bell'aspetto e dal cuore d'oro, al punto da restare senza soldi per aiutare qualcun altro. Ma non ha un briciolo di carattere, assolutamente zero. Se ce l'avesse, forse il matrimonio non si sarebbe rotto».

La verità è che la giovane Sarah era una puledra ben difficile da imbrigliare, se è questo che sua madre intende suggerire. E lei stessa, oggi che sono passati venticinque anni, è disposta a riconoscere di aver sbagliato molto. In realtà il suo matrimonio era partito come meglio non si potrebbe. Fergie era in pratica cresciuta coi rampolli reali, visto che il padre Ron era stato perfino manager di polo del principe Filippo, e lei conosceva bene le regole dell'etichetta e il protocollo di Corte. Andrea era assolutamente pazzo di lei, e in una famiglia in cui il parere di mammà conta eccome, Sarah poteva contare sulla forte simpatia della suocera, che apprezzava la sua freschezza e vitalità. Lei e il duca avevano accolto con sollievo l'annuncio di Andrea di volerla sposare: speravano che una ragazza così forte avrebbe rimesso in riga il figlio tendente un po' troppo alla bisboccia.

Fu presto evidente a tutti che Elisabetta e Fergie andavano molto d'accordo. Alla sovrana piaceva la natura esuberante della nuora, che riusciva a tirare fuori il lato più amichevole e rilassato della personalità della sovrana. A parte la differenza di età, le due donne avevano molto in comune: amavano entrambe la vita di campagna, le cavalcate, le lunghe passeggiate, il polo. E condividevano anche lo stesso gusto in fatto di abiti. Li volevano comodi, più che alla moda. Quello che Elisabetta ignorava era l'astuzia di Fergie, e ancora più i suoi notevoli appetiti sessuali che tendeva a soddisfare senza troppi scrupoli morali. C'erano già stati numerosi amanti prima di Andrea, e presto – a dispetto dei voti nuziali – ce ne sarebbero stati altri.

A mettere il rapporto coniugale sul piano inclinato contribuì l'atteggiamento della stampa, che sin dall'inizio prese la duchessa di York in evidente antipatia. Erano gli anni in cui Diana era idolatrata: la sua magrezza, il suo stile, la sua eleganza, la sua timidezza e ritrosia. Insomma, l'esatto contrario di Sarah, che di conseguenza venne precipitata agli inferi. I giornali criticavano tutto ciò che potevano: la sua figura matronale, i suoi capelli, i suoi abiti, le sue vacanze, la sua allegria, la scarsità dei suoi impegni pubblici, che sembravano troppo pochi per le 300.000 sterline l'anno versate agli York dalla Civil List. Per i tabloid era una scroccona, presto soprannominata *Freebie Fergie*, Fergie a scrocco, o anche *Duchess Doolittle*, la duchessa fa-poco. Tutto ciò che lei e il marito toccavano o facevano veniva immediatamente tacciato di cattivo gusto. E quando si fecero fotografare nella casa che avevano contribuito a disegnare, i tabloid battezzarono il posto *SouthYork*, perché somigliava al pacchiano ranch della soap tv *Dallas*, Southfork.

Elisabetta riconobbe gli errori della coppia con la stampa e cercò di avvertirli. Ma Sarah «la Rossa» era ormai una pentola a pressione pronta a scoppiare. Lei, che a causa della figura robusta si era sempre sentita poco sicura di sé, poteva vedere adesso che effetto faceva sugli uomini – anche giovani e attraenti – il titolo Altezza Reale. E decise di trarne vantaggio. Andrea era spesso per mare come ufficiale di Marina, e lei non era il tipo da aspettare in castità.

Poco tempo dopo aver dato alla luce la secondogenita Eugenie, agli inizi del 1990, Fergie invitò a Londra un giovanotto atletico e affascinante che aveva conosciuto l'anno prima a Houston, Steve Wyatt, figlio di un'ereditiera dei grandi magazzini e figliastro di un magnate petrolifero. A Londra gli fece trovare un'accoglienza esaltante: cene a Buckingham Palace, inviti nelle magioni più prestigiose, banchetti a Windsor Castle. Presentò anche il «nuovo amico» al marito e all'apparenza filavano tutti d'amore e d'accordo. Nel 1990 Sarah portò con sé le figlie in vacanza in Marocco. Anche Wyatt la seguì di lì a poco. Andrea non sospettava niente, ma i due erano amanti.

Il marito non sapeva, ma la Royal Protection Squad sì, e di conseguenza presto anche la regina. Ogni appuntamento segreto, ogni fugace incontro amoroso veniva annotato dai poliziotti e finiva sul tavolo di sir Robert Fellowes, segretario privato di Sua Maestà (oltre che cognato di Diana). Il suo terrore, come quello di Elisabetta, era il solito: lo scandalo, e l'impatto sulla monarchia nel momento in cui anche antiche lealtà sembravano vacillare. Fellowes cominciò a tempestare Fergie per indurla a un comportamento più responsabile, ma senza successo, anzi. Non solo lei ignorò gli avvertimenti comportandosi come se lo scandalo non le importasse, ma prese a lamentare l'invadenza della Corte e degli alti dignitari nella sua vita privata. Si sentiva seguita, controllata, i telefoni intercettati, la posta spiata, e tutto con l'accorta regia del Palazzo. Finché in un'intervista a *Tatler*, nell'estate del '91, dichiarò di sentirsi «posseduta e controllata» dalla famiglia reale.

L'epilogo si avvicinava sempre più velocemente. Costretta a rinunciare a Wyatt, ignorata da Andrea finalmente accortosi della tresca, Sarah si consolò con un altro texano amico del primo, Johnny Bryan. Inizialmente presentato in giro come il suo consulente finanziario, presto i servizi segreti e Fellowes seppero che era in realtà l'amante di ricambio. A questo punto il segretario della regina, stufo della nuova Messalina, ordinò ai servizi un rapporto sulla duchessa di York. Venne fuori di tutto: dalle relazioni prematrimoniali ai molti amanti di passaggio che aveva avuto mentre Andrea era in missione. Il rapporto descriveva crudamente il suo appetito sessuale come «quasi insaziabile».

Erano i mesi in cui Diana aveva già sollevato con la sovrana il tema della separazione da Carlo. Fergie era a conoscenza dell'infelicità coniugale dell'amica ed entrambe erano decise a porre fine a un matrimonio in cui si sentivano ingabbiate. Ma la duchessa di York sapeva che riguadagnare la libertà era molto più facile per lei, sposata al quarto in linea di successione, che non per la moglie dell'erede al trono. Decise di giocare d'anticipo, e nel febbraio 1992 chiese un colloquio a Elisabetta: «Ho qualcosa di orribile da confessare. Non ne posso più. Tutti a Palazzo sono contro di me, e questo ha rovinato il mio matrimonio». La regina provò a sostenere che non era così, che gli alti dignitari prendevano ordini da lei, e certamente un matrimonio spezzato in famiglia era l'ultima cosa che lei voleva. Quando però il figlio le comunicò che anche per lui l'unione era finita, dovette rassegnarsi e accettare che Fergie ottenesse una separazione legale, ma solo a condizioni vantaggiose per la Casa di Windsor.

La regina, già costretta a confrontarsi con la fine del matrimonio dei Galles, trovò lo stress una volta tanto insopportabile anche per lei. Fu in quei mesi che confessò a una dama di compagnia che si chiudeva a piangere in camera da letto, per il fallimento che sembrava sommergere le vite dei suoi figli e i suoi sogni dinastici. Ma le lacrime non le impedivano di pensare lucidamente all'interesse della dinastia. Decise che la separazione di Sarah avrebbe dovuto essere una lezione per Diana, farle toccare con mano che cosa avrebbe perduto se anche lei avesse insistito su quella strada. L'avvocato personale di Sua Maestà, sir Matthew Farrer, informò direttamente Fergie dei termini della separazione: avrebbe conservato il titolo di duchessa di York ma doveva lasciare subito il tetto coniugale, non sarebbe mai più stata inclusa in nessuna riunione famigliare, non avrebbe mai più rappresentato la regina in alcun evento né i reali in alcuna organizzazione di beneficenza. Economicamente le era riservata una certa generosità, ma per il resto veniva ridotta alla condizione di paria.

Apparve evidente poche settimane dopo, all'annuale settimana delle corse ad Ascot. L'anno prima la duchessa di York aveva sfilato in carrozza aperta con gli altri reali nella tradizionale parata d'apertura. Adesso, in quel giugno 1992, il pubblico televisivo vide Sarah e le due figlie che osservavano da lontano, seminascoste tra gli alberi, il passaggio della regina e del suo corteo. Diana, a bordo di un cocchio, se ne avvide, sorrise e salutò con la mano l'amica e le bambine. Per riprovevole che appaia il comportamento di Fergie, su un punto tuttavia lei aveva ragione: a Palazzo la detestavano. «È volgare, volgare, volgare», ripeté lord Charteris alla rivista *The Spectator*. E qualcuno, o più di qualcuno, voleva liberarsi di lei, anche se non è detto che questo piano coincidesse con la volontà della regina.

Due episodi indicano con chiarezza l'intervento di certe «manine». Il primo è del febbraio 1992, e appare decisivo nello spingere Buckingham Palace ad annunciare la separazione degli York il 20 marzo successivo. «Casualmente», mesi dopo che Steve Wyatt aveva lasciato il suo appartamento a Londra, un domestico che faceva le pulizie trovò in cima al guardaroba una busta piena di fotografie molto compromettenti. Mostravano l'americano in vacanza in Marocco assieme a Fergie e le due figlie bambine, Beatrice ed Eugenie. Erano la prova dell'adulterio e finirono ovviamente sulle prime di tutti i tabloid. Ma provavano anche dell'altro: l'ex spia dell'MI5 Peter Wright, che aveva abbandonato il servizio nel decennio precedente ed era scappato in Australia, diceva la verità quando accusava i servizi segreti di interferire nella vita delle istituzioni, derubando e spiando la Londra che conta senza alcun riguardo per la legge. E lo stesso si può dire del secondo episodio, ormai celeberrimo.

Nell'agosto '92, da un'assolata villa di Saint-Tropez, arrivarono le famose foto di Johnny Bryan che succhiava l'alluce di una Fergie in topless, con le principessine – quattro e due anni – a pochi metri in piscina. Giustamente i giornali francesi titolarono divertiti: «I seni di Fergie scuotono il palazzo reale». Ma come mai il fotografo Daniel Angeli, che realizzò oltre un milione e mezzo di dollari dal colpo, riuscì a scattare quelle foto a breve distanza? In altre parole, come riuscì a penetrare all'interno della villa e nascondersi da qualche parte vicino alla piscina? E perché le guardie del corpo delle principessine, come documentano un paio di foto, se la spassano in acqua in costume da bagno anziché montare vestiti la vigilanza? E chi l'aveva informato dell'arrivo di Fergie con amante al seguito nella villa in Costa Azzurra?

Una traccia la fornisce ancora John Barratt, l'ex segretario di Mountbatten trasformatosi in «gola profonda» di Buckingham Palace. «L'establishment si convinse che la duchessa di York sarebbe diventata un pericolo per la famiglia, e persuase la regina che era necessario cacciarla così che non potesse gettare ulteriore discredito sui Windsor. E fu messa fuori». Con l'aiuto decisivo dei servizi, che fecero la soffiata al fotografo. E l'approvazione di qualcuno molto in alto a Palazzo? Probabile. Non sarebbe del resto la prima volta che un alto dignitario passa notizie ai cronisti per mettere in imbarazzo un membro della famiglia reale.

La presenza malsana di servizi «deviati» si avverte quasi sfacciatamente nell'altra vicenda coniugale che presentava ricadute istituzionali molto più inquietanti. Della vita – e della morte – di Diana si sa tutto, incalcolabile il numero dei volumi scritti su di lei. Ma qui ci interessa un aspetto particolare della sua storia, quello dei suoi rapporti con la suocera. Se è vero che dalla fine degli anni Settanta in poi il regno di Elisabetta è largamente dominato dalle vicende dei suoi figli e famigliari, nessuno ha esercitato un'influenza pari a quella della principessa di Galles.

Fuga dal palazzo di Zenda

Retrospettivamente, sembra facile osservare che, al contrario di Andrea e Sarah, nessuna coppia poteva apparire più improbabile – anche alla regina – di quella formata dall'erede al trono e da lady Diana Spencer. Il divorzio acrimonioso dei genitori aveva danneggiato l'infanzia della giovane aristocratica in modo irreparabile. Abbandonata a sei anni dalla madre, la bambina felice, sorridente, socievole era diventata un'adolescente depressa, priva di autostima, a un tempo timida e ostinata. La tristezza di quegli anni la trasformò in una giovane avida di divertimenti, felice sulle piste da ballo e nei night club: presto trovò noioso il marito che preferiva invece una tranquilla serata a casa accanto al fuoco e un libro sotto gli occhi.

Qualche dubbio le sarà venuto perfino in viaggio di nozze. Nelle lettere scritte a casa durante la luna di miele sul panfilo *Britannia*, Carlo, deliziato, fornisce la *sua* descrizione del paradiso: lui che legge all'ombra un volume del suo guru personale, il sudafricano Laurens van der Post (ma lo sapeva che il suo mistico preferito aveva messo incinta una ragazzina di quattordici anni?) e Diana che si gode il sole e in mancanza d'altro ciarla con l'equipaggio. La distanza tra i due appare subito siderale. Lui ama la campagna, la cura del suo giardino, le lunghe passeggiate. Lei detesta la quiete campagnola, sentendosi viva solo in una frenetica attività sociale, pranzi e feste e danze e pettegolezzi ai tavoli dei prediletti ristoranti italiani, il *San Lorenzo* a Kensington o *La Famiglia* a Chelsea. Per dirla con Nigel Blundell, che ha seguito tutta la discesa agli inferi di questo matrimonio, «lei era la Principessa Pop, lui il Principe Filosofo». Abbondano i racconti di lei che si muove a passo di danza per i saloni di Kensington Palace con le cuffie incollate alle orecchie. O della sua ossessione compulsiva per lo shopping che manda fuori dai gangheri il marito attento ai soldi.

La madre Frances aveva piantato il marito conte Spencer e i quattro figli perché – spiegò – si sentiva soffocare nell'isolata esistenza della tenuta nel Norfolk. E come lei Diana si sentiva mancare l'aria a Kensington Palace, incatenata dalle regole, dalla disciplina, dal senso del dovere imposto dal matrimonio con il principe di Galles. Nella sua ansia di liberarsi da quelle costrizioni, Lady Di a poco a poco trasformò radicalmente l'immagine che si era formata del marito: dal «principe meraviglioso» e senza macchia che si era dipinta nell'innamoramento adolescenziale Carlo diventò il ranocchio della favola, un estraneo, un uomo ordinario con piaceri, opinioni e interessi del tutto diversi dai suoi. E questo purtroppo era drammaticamente vero.

La principale differenza tra i due coniugi era proprio il livello di istruzione, a cominciare dai *curricula* scolastici. Il principe aveva frequentato una buona scuola elementare e un'ottima (sebbene rigida) *public school* come Gordonstoun, da cui era uscito con eccellenti voti. I tre anni a Cambridge avevano prodotto una laurea non altrettanto brillante ma i suoi docenti erano convinti che senza gli impegni reali avrebbe ottenuto un diploma di prima classe. All'opposto Diana aveva frequentato buone scuole dai sei ai diciassette anni ma i suoi risultati scolastici erano praticamente nulli, un'uniforme marea di insufficienze. La circostanza la imbarazzava molto e per nasconderlo ricorreva all'autoironia sulla sua mancanza di *brainpower*, di intelligenza.

In realtà anche questo schermo di autodifesa aveva un'origine precisa nei primi tempi del rapporto con Carlo. Lui era già un uomo maturo che aveva passato la trentina, lei un'ingenua ragazzona diciottenne che arrossiva se la prendevano in giro. E lui lo faceva spesso, scherzando sul fatto che non era mai riuscita a superare un esame e dicendole, giocosamente, che era poco intelligente. La ragazza che era Diana rideva a questi commenti, tanto più che Carlo la confortava aggiungendo che non importava se non aveva superato gli esami, tanto lui la amava lo stesso.

Scherzi e battute irritavano però la principessa quando il matrimonio cominciò ad andare male. Non tollerava più che il marito la prendesse in giro, e ancor meno che lo facessero, imitandolo, gli altri maschi della famiglia reale, il principe Filippo, Andrea, e pure l'ultimogenito Edoardo, più giovane di lei. Questi scherzi la rendevano ancora più timida e imbarazzata, e la lasciavano spesso in lacrime. Accadeva lo stesso quando cominciò a tenere discorsi in pubblico. Le ci vollero quattro anni per trovare il coraggio di tentare la prima volta, e inevitabilmente i risultati iniziali furono deludenti: arrossiva mentre parlava, faticava a completare le frasi, si mangiava le parole anche quando leggeva un discorsetto di due minuti dal foglio che stringeva in mano. Con suo grande scorno, Carlo e Andrea erano bravissimi a imitarla e lei era costretta a ridere cercando di nascondere l'umiliazione.

Si confidò però con Sarah Ferguson, all'epoca sua buona amica: «È una cosa che mi fa desiderare di accartocciarmi e morire. Odio fare discorsi perché so cosa diranno tutti loro dopo. Perfino la regina mi guarda in modo strano dopo che ho fatto un discorso, e questo mi snerva». Il matrimonio da favola, com'è noto, trasformò dalla sera alla mattina questa giovane impacciata e timida, di poche letture ma intelligenza istintiva, di antica famiglia ma carattere umile, nella prima megastar globale. Perfino l'austero arcivescovo di Canterbury cominciò la sua predica nuziale con le parole: «Qui c'è il materiale di cui sono fatte le favole». Istantaneamente il mondo si innamorò della principessa delle fiabe. L'ondata di una popolarità che non si vedeva dal 1953 fece credere a Elisabetta che il suo trono fosse piantato su un terreno solido e sicuro. Undici anni dopo, ironia della storia, la fine di quello stesso matrimonio trascinò la monarchia nella crisi più seria dai giorni dell'abdicazione, sollevando dubbi persino sulla stabilità della Corona dopo la fine del regno di Elisabetta.

Fa impressione, col senno di poi, che in quei giorni di trionfo nessuno si sia chiesto quale effetto l'adorazione planetaria avrebbe potuto produrre su una giovane donna così palesemente impreparata per il ruolo. Ma nessuno pensò di aiutare l'inesperta Diana a dare una prospettiva diversa alla sua vita. Né il marito né i reali suoceri. E nemmeno il potente cognato, sir Robert Fellowes, che era a capo della segreteria della regina. Nel giro di un paio d'anni Diana si convinse – a ragione – di possedere il potere di incantare i media e la gente, e avrebbe presto scoperto di poter esercitare questo talento a suo esclusivo vantaggio. Non ci volle molto perché lei, abituata a uno stile di vita libero e informale, dentro il palazzo si sentisse soffocare, sottoposta da un lato a regole ferree e dall'altro all'incessante attenzione del pubblico. Le due gravidanze aggravarono il problema: si sentiva grossa e brutta, così evitava di apparire in pubblico segregandosi a Kensington Palace, a volte per settimane intere.

Questo groviglio di frustrazioni si scaricò su Carlo. Da lui cercava l'amore che non aveva avuto da bambina e ragazza, chiedeva conforto, rassicurazione, una conferma di quel che valeva. Probabilmente per qualunque uomo sarebbe stato difficile rispondere a una richiesta affettiva così ingente. Ma certo il principe di Galles era il meno adatto. Il valore principale che la sua famiglia gli aveva trasmesso era il senso del dovere, e la sua prima lealtà era alla Corona. Le liti cominciarono presto dopo il matrimonio. Nella reggia di Kensington spesso il personale sentiva Diana all'inizio supplicare il marito: «Per piacere non lasciarmi. Ti prego, ti prego, amore, non lasciarmi. Non ce la faccio senza di te». Poi la voce, dinanzi alle ragioni di lui, saliva inevitabilmente di tono, fino a esplodere in un urlo stridulo: «Lo capisci che ho dannatamente bisogno di te qui? Hai mai considerato me e i miei bisogni?» Finiva con lui che se andava scosso e mogio, e lei in lacrime nelle sue stanze.

Nemmeno la nascita di William, il 21 giugno 1982, migliorò le cose, anzi. Diana si sentiva in trappola e rifiutava i suoi doveri reali. A novembre, nell'annuale ricorrenza in onore dei caduti della Grande Guerra, pregò il marito di risparmiarle la cerimonia alla Royal Albert Hall. Preferiva restare a casa con il bambino e voleva che lui rimanesse con loro. La discussione si trasformò presto in litigio, con toni così violenti da essere uditi dal personale di servizio. Carlo sembrava sbalordito dal repentino cambiamento d'umore di Diana, continuava a ripeterle che era suo dovere presenziare alla celebrazione, e il dovere veniva sempre prima di tutto. Lei *doveva* capirlo. Alla fine lui andò da solo alla Royal Albert Hall, farfugliando qualche scusa per l'assenza della moglie. Che però, cinque minuti dopo, faceva da sola il suo ingresso in sala. A convincerla erano stati i consiglieri di Palazzo, ma troppo tardi. Al pubblico sembrò evidente che il principe di Galles non avesse idea di cosa facesse la consorte.

Diana (non diversamente da Sarah Ferguson) si convinse che i collaboratori del marito fossero contro di lei. Erano in buona parte vecchi amici del principe, come Oliver Everett, o fidati collaboratori della Casa Reale per tradizione famigliare, come Edward Adeane, figlio dell'ex segretario privato di Elisabetta e pronipote del vecchio lord Stamfordham, che era stato il principale consigliere di Edoardo VII e Giorgio V. Diana chiese e ottenne dal marito, in nome della pace famigliare, la testa di entrambi. Furioso, Adeane se ne andò prevedendo seri problemi per il matrimonio e lamentando che il principe consentisse alla moglie di esercitare simile influenza e potere.

Non bastò comunque a placare la principessa, perché la sua angoscia si aggravò clinicamente dopo la nascita dei due figli. Il ginecologo reale George Pinker, che l'assisteva, sembrò non rendersi conto che la sua paziente soffriva seriamente di depressione post-natale e aveva bisogno di uno psicologo o uno psichiatra, o almeno di un dietologo per aiutarla a superare i suoi disordini alimentari. Che qualcosa non andasse glielo si leggeva in faccia. La stessa Elisabetta se ne accorse, e pochi mesi dopo la nascita di William un giorno le chiese: «Ti senti bene? Sembri un po' smunta». Diana fece un mezzo sorriso e disse che si sentiva stanca. La regina pensò che fosse l'effetto dell'allattamento del neonato e non andò oltre. Non si trattava di disinteresse verso la nuora. Quello era il tasso d'attenzione di cui avevano potuto godere anche i suoi figli. La sovrana aveva già troppo da fare con le cure dello Stato.

Dopo la nascita di Harry nel 1984 la depressione post-partum fu anche peggiore. In una spirale diabolica, la principessa che temeva di perdere l'amore del marito non faceva che aumentare la sua domanda di ascolto e di affetto, alimentando una pressione alla fine insostenibile per Carlo. Che era stanco delle scenate improvvise, dei pianti per qualunque sciocchezza, dell'inesauribile richiesta di attenzione. Le suggerì di consultare un medico ma lei rispose che «non c'è niente che non vada in me. Sto perfettamente bene. Sei tu che sei cambiato». Era il 1985, e il principe ignorava che la moglie soffrisse di anoressia nervosa. A questa seguì la bulimia, parimenti ignorata.

La disperata richiesta di aiuto di Diana trovò purtroppo un marito che in puro stile Windsor era incapace di mostrare un po' di calore, di comprensione, perfino di gentilezza. Da piccolo era cresciuto con genitori che mostravano la stessa indifferenza verso i suoi problemi e le sue debolezze, e ora ne imitava la reazione: scrollava le spalle e se ne usciva di casa lasciando la moglie a disperarsi con la sola compagnia dei due bambini. Più lei diventava imprevedibile e irragionevole, più Carlo sentiva di aver fatto tutto quanto era in suo potere per aiutarla a adattarsi alla nuova vita reale. Non c'era altro che potesse offrire.

Da punti di vista opposti, il fallimento era sotto gli occhi di entrambi. Agli inizi del 1986 Diana considerava finito il suo rapporto con Carlo. Gli strillava contro a ogni occasione, si rifiutava di seguirlo nelle cerimonie pubbliche, e soprattutto questo per lui equivaleva a una diserzione sul campo. La considerava un'imperdonabile manifestazione di egoismo da parte della moglie. Lei trovò conforto negli oroscopi dell'astrologa Penny Thornton, che le predisse un meraviglioso futuro. Lui nelle braccia di Camilla.

Non fu una decisione così diretta. Per sfuggire alle sfuriate di Diana, il principe cercava di stare il più lontano possibile da Kensington Palace. Se ne andava in Scozia a pesca di salmone o a cacciare il cervo. Oppure si rifugiava nella sua bella casa di Highgrove per curare l'amato giardino e rilassarsi in santa pace. Quand'era lì invitava spesso la sola donna che sembrava capace di capirlo e che, guarda caso, abitava ad appena quindici minuti dalla sua tenuta. Quella donna era naturalmente Camilla Parker Bowles, e non ci volle molto prima che entrambi riconoscessero *veteris vestigia flammae*, per dirla col poeta, i segni dell'antica fiamma: erano stati amanti già due volte, nel '73 e nel '79, ma stavolta non si sarebbero più lasciati. Camilla diventava per Carlo «non negoziabile».

Sette anni prima il principe era stato tentato di rinunciare al trono per sposarla, ma era stata lei, donna di buon senso, a dissuaderlo. Lei a ricordargli il consiglio di zio Dickie: divertiti, e poi sposa una giovane vergine. E così proprio nell'orto della casa di campagna di Camilla, tra le file dei cavoli, Carlo aveva chiesto a Diana di diventare sua moglie. Ma il sacrificio della sua personale felicità al dovere verso la Corona non aveva funzionato. E adesso sentiva il diritto di non rinunciarvi più.

Agli inizi del 1987, anche per l'erede al trono il matrimonio era di fatto chiuso. Amore e passione evaporati, non si poneva nemmeno più il problema di riconquistare la moglie o di aiutarla ad affrontare le sue difficoltà. Accettò semplicemente la situazione, convinto che altrettanto avrebbe fatto lei. Gli sembrava che la consorte avesse rifiutato il suo amore e che si divertisse un mondo con i suoi giovani amici maschi. Se le cose stavano così, allora ognuno per la sua strada, ovviamente salvando le apparenze del matrimonio per dovere istituzionale. Carlo era sicuro che anche Diana si sarebbe rassegnata. Dopotutto, pensava, lei era troppo attaccata ai vantaggi del suo status come principessa di Galles, e ancor più ai due figli, per mettere tutto in gioco. Il presente avrebbe continuato ad assicurarle amici, servitori, conti in banca e privilegi reali. E il futuro addirittura la prospettiva di essere incoronata regina d'Inghilterra.

Questo calcolo conferma che Carlo non aveva mai capito sua moglie. Lei fu emotivamente devastata dall'abbandono e, come Shakespeare aveva già capito, «l'inferno non conosce furia pari a una donna respinta». Sospettando la tresca con Camilla, che Carlo le aveva sempre presentato solo come l'amica più fedele, un giorno del gennaio 1987 Diana si mise in macchina e piombò inattesa a Highgrove, verso le otto e mezzo del mattino, con la guardia del corpo nella sua auto. Lei stessa raccontò l'episodio a un'amica: «Mentre entravamo vidi una macchina che si allontanava veloce da un'altra uscita. Era Camilla. Andai dritta da Carlo che stava facendo colazione. Gli chiesi se Camilla era stata lì, e lui, guardando da un'altra parte, mi chiese perché lo volevo sapere. Ci vidi rosso e mi precipitai su per le scale nella camera da letto, la mia camera da letto, e il letto era sfatto. Era chiaro che ci avevano dormito due persone quella notte. Tornai giù e gli chiesi di nuovo se Camilla era stata lì. Non rispose. In quel momento seppi per certo che aveva una relazione».

Diana perse il controllo, lo insultò dicendogli che era «*shit*» (m...) ad avere un *affaire* con una vecchia amica, e che trattava anche lei da *shit* lasciandola «a Londra coi bambini mentre lui se ne andava a scopare a Highgrove». Ma la verità, confessa, è che era distrutta e in lacrime. «Non sapevo che fare. Tutte le mie peggiori paure erano confermate. Sapevo che non mi amava più. Sapevo che amava qualcun altro. Era orribile, orribile.» Fu, disse poi in un pranzo con le amiche più strette, «il peggior momento della mia vita. Mi sembrava che la vita fosse finita e, peggio di tutto, non sapevo cosa fare o a chi rivolgermi».

Dal punto di vista di Elisabetta non era meno «orribile». Cominciava a sua insaputa il periodo più brutto del suo lungo regno. Tutti gli sforzi che aveva fatto per mantenere intatto il prestigio della monarchia, per offrire al Paese una famiglia reale esempio di moralità e dedizione all'interesse collettivo, minacciavano di essere spazzati via da quella che divenne presto famosa come «la guerra dei Galles». Diana seguì il consiglio che le diede la madre: lascia che Carlo faccia la vita che vuole e tu fai la tua, goditi i tuoi amici e, ovviamente, i tuoi figli. Nel giro di poco tempo la timida Lady Di sparì dalla scena lasciando il posto a una regina del jet set, e per di più astuta manipolatrice della stampa. Non c'era evento sociale a cui non partecipasse, e alle vecchie amiche come l'ereditiera Kate Menzies e Anne Beckwith-Smith rese chiaro il suo desiderio di far festa anche con il gruppo di affascinanti giovani uomini che erano stati sue vecchie fiamme, come il maggiore David Waterhouse della Brigata delle Guardie e il banchiere della City Philip Dunne. Alla lista degli uomini che l'attraevano fisicamente lei stessa aggiunse il maggiore James Hewitt, che le aveva insegnato ad andare a cavallo. Lui a tempo debito avrebbe venduto ai tabloid la sua storia per un paio di milioni di sterline.

La successione di feste, cene, cocktail, cinema, teatro, notti a ballare diventò così vorticosa che il segretario privato sir John Riddell chiese a Carlo di intervenire sulla moglie, per evitare le modifiche a capriccio di un'agenda ufficiale fissata da mesi. Come era prevedibile, lei gli rispose a muso duro: «È la mia vita, e come te io farò quello che mi va di fare». Al segretario non restò che andarsene, e Diana continuò nella sua vita scatenata. Non c'era ballo in cui non flirtasse spudoratamente. E non si fermava lì. Ebbe relazioni con una dozzina di uomini, inclusi Dunne, Waterhouse e Hewitt, e non si curava che il marito lo sapesse. Cercava però di essere cauta di fronte alla stampa perché non voleva che anche Elisabetta ne fosse messa al corrente. Nella sua naïveté immaginava che le sue guardie del corpo dovessero rispondere soltanto a lei. Ignorava che ogni sua avventura notturna finiva nel mattinale trasmesso dai suoi «angeli custodi» a chi di dovere, e da qui recapitato direttamente sulla scrivania di Sua Maestà.

Diana temeva Elisabetta. Sapeva che il potere della monarchia era nelle mani della suocera, che non esitava a usarlo per proteggerne reputazione e futuro. Sapeva che non bisognava provocarne la collera, nemmeno per gioco, come dimostra un episodio di qualche anno prima a Balmoral. Una sera l'intera famiglia era riunita per cena nel salone del castello, aspettando che scendesse la sovrana. Uno dei passatempi tipici dei Windsor è di farsi una buona risata imitando tic e difetti degli altri. Era un gioco in cui Diana riusciva bene, e quella sera cominciò a parodiare Elisabetta, adottando la stessa vocina acuta e patetica che le aveva prestato il pupazzo della regina nel famoso show tv *Spitting Image*, Immagine Sputata, una satira feroce della famiglia reale.

Era una vera e propria infrazione alla ben nota regola della «Ditta» che vieta a chiunque di canzonare Sua Maestà. Nemmeno gli sguatteri di cucina della reggia, nel sotterraneo più remoto, oserebbero prendersi una simile libertà, consapevoli di rischiare il licenziamento su due piedi. Diana dava le spalle alla scala e non si accorse dell'arrivo della suocera se non quando una cappa di gelido silenzio era già scesa sulla sala. Si voltò e fu incenerita con uno sguardo. Come al solito arrossì violentemente e tentò di scusarsi: «Stavo solo scherzando». Elisabetta non si degnò di replicare ma non le rivolse la parola per l'intera serata.

Preoccupata di non incorrere nell'ira della suocera, Diana si rese conto che aveva prima bisogno di recuperare il sostegno popolare vanificato dalle leggerezze degli ultimi mesi. Sino ad allora aveva assicurato il suo patrocinio a un numero ristretto di organizzazioni benefiche: era tempo di allargare il ventaglio ed essere molto più presente sui media. Sapeva di avere successo nel rapporto con la gente. Era una dote istintiva, la capacità di far sentire agli altri una simpatia sincera, un interesse autentico per la loro vita. Era qualcosa che i Windsor non avrebbero mai imparato nemmeno andando a lezione tutta la vita. E l'operazione-simpatia ebbe pieno successo, particolarmente quando la principessa accettò di rappresentare organizzazioni filantropiche da cui gli altri reali si tenevano alla larga, tipo quella per i malati di Aids. Lei non aveva paura di toccarli, di abbracciarli, di mostrarsi sinceramente amica.

Secondo i cinici era solo ricerca di pubblicità sulle disgrazie altrui, e certo la sua bellezza ed eleganza stridevano con i drammi umani su cui si chinava. Qualcuno la battezzò «Madre Teresa con un diadema» ma la verità è che lei lavorava duro per le sue buone cause. La gente in prima linea lo sapeva e contava su di lei. Alla fine degli anni Ottanta si era assunta il patrocinio di più di 110 organizzazioni benefiche ma i suoi fan, o piuttosto i suoi adoratori, non potevano nemmeno sospettare che l'immagine da santino celasse una vita privata scatenata, una carriera di seduttrice decisa a recuperare il tempo perduto e assolutamente indifferente allo scandalo suscitato nella sua stessa cerchia.

Si era liberata della sua timidezza, dei suoi disordini alimentari, aveva preso coscienza dei suoi poteri di seduzione, che rafforzava con una cura maniacale per il corpo, e li usava sfacciatamente. Se un uomo le piaceva, lo rendeva manifesto di fronte a tutti, passandogli le mani tra i capelli o muovendosi con lui nel ballo come se stesse piuttosto facendo l'amore. Philip Dunne e David Waterhouse furono tra i suoi partner preferiti.

A questo punto era pronta a colpire. Nell'autunno del 1990 Carlo telefonò alla madre chiedendo di vederla. Accadeva molto raramente che lui volesse parlarle a quattr'occhi ed Elisabetta ebbe subito il presentimento che si trattasse di Diana. Lei del resto sapeva già da anni che figlio e nuora vivevano vite separate ma aveva pregato ardentemente – la domenica in chiesa, la sera prima di andare a letto – che il matrimonio potesse essere ancora salvato. Sapeva anche di poter contare su Carlo e sul suo senso del dovere: lui non avrebbe mai chiesto una separazione, nemmeno se la sola vista della moglie gli fosse diventata insopportabile. Con questo stato d'animo accolse l'erede all'ora del tè nel suo bel salotto affacciato sui giardini di Buckingham.

I rapporti tra madre e figlio, com'è noto, sono sempre stati piuttosto formali e improntati al massimo rispetto da parte di lui. È stato educato a mostrare deferenza verso la donna che in privato chiama *Mama*, e anche in quella circostanza appariva alquanto imbarazzato. La regina sedeva in un angolo del sofà circondata da tre dei suoi corgi e lui si accomodò dalla parte opposta. Dopo che la cameriera ebbe servito il tè, lasciò cadere la bomba: Diana domandava la separazione. Quasi incredula, la regina chiese: «Sicuro?» «Sì, è quello che dice di volere, e sembra molto determinata», rispose Carlo. «Ma si rende conto che tu e lei non potete divorziare?» Il figlio replicò che glielo aveva spiegato centinaia di volte. Non sapendo cos'altro fare, Elisabetta lo congedò dichiarando la faccenda «molto, molto seria»: aveva bisogno di rifletterci prima di ulteriori discussioni.

In realtà voleva esaminare tutte le implicazioni con figure di primo piano dell'establishment, dal primo ministro al Lord Cancelliere, dalla gerarchia ecclesiastica ai costituzionalisti e all'avvocato generale dello Stato. E soprattutto voleva parlare con Diana. La principessa fu convocata a Palazzo. E lei ci andò pronta al confronto con la suocera. Elisabetta aveva sempre trovato difficile parlare con Diana se non di cose superficiali. Una volta aveva commentato: «Sembra che i soli argomenti di conversazione con lei siano i vestiti o il tempo». Un'altra volta era stata anche più dura: «Non è che non abbia cervello nella sua bella testolina, ma certamente si comporta come se non ne avesse. Io le provo tutte per parlare con lei, per tirarla fuori dal suo guscio, ma proprio non riesco a farla rilassare e parlare con me come faccio con Anna o con Sarah».

Una sovrana con la sua esperienza non aveva tardato a scorgere egoismo e determinazione dietro l'apparente timidezza e nervosismo della nuora. Ne aveva visto la trasformazione da teenager impacciata e incerta in una giovane donna che non si fermava davanti a niente per raggiungere la sua meta. Aveva anche assistito allarmata, ma senza intervenire, alle capricciose ingiunzioni che costringevano Carlo a obbedire al suo volere per evitare guai. Ma probabilmente non si aspettava che Diana tenesse testa anche a lei. Voleva la separazione – spiegò – perché non era più la moglie di Carlo e sentiva che era meglio se le cose venivano messe in chiaro. Elisabetta le ricordò che non c'era alcuna possibilità che lei e il marito divorziassero, e anche sulla separazione doveva chiedere il parere dei costituzionalisti. Le ricordò le sue responsabilità come moglie del principe di Galles, il suo dovere di considerare la successione al trono e il ruolo che avrebbe giocato come regina d'Inghilterra.

Diana annuiva ma non cambiò idea. Se ne andò con l'impegno di Elisabetta a rifletterci su, ma in cuor suo era convinta che la sovrana non avrebbe mai permesso la separazione. Per le stesse ragioni per cui lei la voleva: per mostrare al mondo che la vita con il principe di Galles era insopportabile, per causargli il massimo imbarazzo possibile e per godere anche lei di una vita indipendente del tutto separata da quella di un coniuge ormai detestato e disprezzato. Diana sapeva che avrebbe dovuto lottare, ma era consapevole di avere dalla sua un alleato eccezionale: il popolo britannico. La gente la adorava, non c'era reale che potesse competere con lei in popolarità, nemmeno la regina stessa o Carlo. Un sondaggio Gallup del 1991 confermava che era lei la più amata del reame, con il 22 per cento dei voti, quasi il doppio del 1988. Carlo, che era stato primo, scivolava invece al secondo posto assieme alla sorella Anna con il 15 per cento dei consensi. Terza la novantenne Queen Mum con il 14 per cento, e buon'ultima la regina con solo il 12 per cento.

Elisabetta ne fu profondamente disturbata. Trovava quasi offensivo che una *parvenue* come Diana, che con il suo comportamento da *cocotte* minacciava solo problemi, fosse diventata la beniamina dei sudditi. Di questi numeri certamente si ricordò quando infine giunse la deflagrazione. Con il suo intimo amico – e forse amante – James Gilbey (famiglia del gin), la principessa aveva orchestrato la pubblicazione del libro di Andrew Morton: *Diana. Her True Story*. Il volume uscì nel maggio 1992, ma lei ne fu inferocita perché, oltre a riportare storie del tutto inventate come quella dei tentativi di suicidio, lasciava chiaramente intendere che dietro l'autore c'era lei. Ma c'era qualcuno anche più furioso, ed era Elisabetta.

La regina era sicura che la nuora avesse aiutato Morton nella stesura del libro, che raffigurava la sua vita a Corte come un inferno. Non era affatto vero, secondo Elisabetta, così come non corrispondevano al vero le storie sul tentato suicidio. I tre medici reali in forza a Buckingham Palace le assicurarono di non averne mai saputo nulla, sebbene fossero a conoscenza di tentativi di Diana di ferirsi quand'era arrabbiata o depressa. La mattina in cui il *Sunday Times* pubblicò i primi estratti del libro la principessa andò al castello di Windsor per scusarsi personalmente con la regina, ammettendo solo in parte le sue responsabilità. Il dado ormai era tratto.

Tre mesi dopo l'uscita del volume, Camilla Parker Bowles fu invitata assieme al marito brigadier generale Andrew Parker Bowles, notoriamente *cuckold* – cornuto –, al torneo di polo sponsorizzato dalla Dunhill sul terreno di Windsor Park. Come di consueto, la Dunhill aveva trasmesso a Buckingham Palace la lista degli invitati perché Sua Maestà decidesse chi accettare nel Royal Enclosure, il recinto reale. Sia gli altri ospiti sia i media scoprirono elettrizzati che a sedere tra i privilegiati quel giorno c'era anche Camilla, la donna nota al mondo come amante del principe di Galles e indicata da Diana come sua nemica giurata. Fotografi e cameramen si scatenarono, ma non avevano ancora visto il meglio.

Sotto gli sguardi di tutto il mondo, la regina agitò educatamente la mano all'indirizzo di Camilla. E non contenta, all'intervallo del tè, fece venire Mrs Parker Bowles per scambiare due chiacchiere davanti agli allibiti presenti. Non c'era bisogno di essere *royal watcher* per comprendere che quei gesti equivalevano a una pubblica dichiarazione. Sua Maestà aveva dato la sua tacita approvazione alla relazione dell'erede al trono con Camilla. E aveva lanciato a Diana non solo un affronto ma un chiaro avvertimento del trattamento che poteva aspettarsi se non stava in riga.

Nei pochi mesi successivi gli avvenimenti precipitarono verso l'epilogo inevitabile. E apparve evidente che nella «guerra dei Galles» si erano inseriti poteri oscuri e deviati. Nell'agosto 1992 il *Sun* fece esplodere il cosiddetto «Dianagate», pubblicando le trascrizioni delle telefonate di due anni prima tra la principessa e il suo intimo James Gilbey. Molti dei contenuti erano esplicitamente sessuali e convinsero il pubblico che forse il fallimento del matrimonio non era tutta colpa di Carlo: se lui se l'intendeva con Camilla, anche la moglie sembrava avere una relazione con qualcun altro. Ma la famiglia reale ne usciva come una *dynasty* da soap opera ed Elisabetta si convinse che non c'era più tempo da perdere.

In quella drammatica estate del '92 confidò le sue angosce a una dama di compagnia. «Ho avuto incubi e tante di quelle notti insonni preoccupandomi per Carlo e Diana, sapendo che una rottura del loro matrimonio causerebbe un grande danno. Continuavo a ricordare le conseguenze che l'abdicazione ebbe sulla famiglia, e specialmente su mio padre che si trovò sulla breccia. La gente non si rende conto della tensione e del logorio che ognuno di noi dovette sopportare a quel tempo. Non si deve lasciare che una cosa simile si ripeta.»

Nell'autunno del 1992 intensificò i contatti con il primo ministro John Major, il primate anglicano George Carey, la Regina Madre e i maggiori esperti della non-scritta Costituzione britannica. Alla fine cercò un'ultima volta di rimettere assieme i cocci di un matrimonio di facciata. Carlo si disse completamente disponibile in nome della salvezza della Casa di Windsor. Diana rispose scuotendo la testa e dichiarando che in tutta coscienza lei non poteva continuare quel matrimonio, e chiedeva il permesso di separarsi. Elisabetta non aveva altra scelta. Il 9 dicembre 1992 il premier Major annunciava ai Comuni che il principe e la principessa di Galles avevano deciso amichevolmente di dividersi dopo undici anni di matrimonio. Non ci sarebbe stata nessuna implicazione di carattere costituzionale e Diana a suo tempo sarebbe stata ancora incoronata regina. Il resto è storia, molto diversa da quella che l'Inghilterra intera immaginava ventiquattro anni fa.

Elisabetta seguì in tv l'annuncio di Major, e subito dopo si fece portare una tazza di tè del suo preferito Earl Grey. Era determinata a scaricare sulle spalle di Diana la maggiore responsabilità per questa crisi della monarchia. La principessa aveva violato l'impegno preso davanti al mondo – di rimanere una moglie «finché morte non ci separi» – e anche a quattr'occhi al momento del fidanzamento. La regina non aveva dubbi che il dovere della nuora era di restare sposata, e non l'avrebbe mai potuta perdonare per quello che le appariva un tradimento, un'incredibile manifestazione di irresponsabilità.

Fino al tragico epilogo sotto il tunnel dell'Alma, il conflitto tra Diana e i Windsor avrebbe riservato ancora molti colpi di scena. Il primo, a distanza di poche settimane, fu la pubblicazione dei *Camilla-tapes*, le imbarazzanti conversazioni a luci rosse («vorrei essere un tampax...») che si erano svolte tre anni prima al telefono tra Carlo e l'amante. Anche stavolta gli spioni dell'MI5 giurarono di non saperne niente ma le intercettazioni sono di tale qualità che solo esperte «manine» possono averle realizzate. Il risultato comunque fu di ristabilire la bilancia delle responsabilità a favore di Diana. Ma soprattutto di aumentare le preoccupazioni di Elisabetta. Le appariva chiaro che la monarchia era sotto attacco su molti differenti fronti, alcuni avvolti da ombre inquietanti, e che le nuore reali – «le streghe» – portavano le maggiori responsabilità. Ma con il consueto realismo politico non si oppose a un estremo tentativo di compromesso con la più pericolosa ribelle.

Il piano aveva addirittura un nome, «Progetto Zenda». E occupò buona parte dell'estate 1993. L'aveva concepito un gruppetto di cortigiani tra i più vicini alla regina, con l'obiettivo di spingere i Galles a ricominciare almeno a parlarsi. La speranza era che «un'operazione di salvataggio» del matrimonio reale fosse ancora possibile. Sir Gordon Reece, influentissimo consigliere politico di Elisabetta, si assunse il compito di avvicinare personalmente la principessa di Galles, designata nel piano dei «congiurati» con un nome in codice: Flavia, come l'eroina del popolare romanzo di Anthony Hope *Il prigioniero di*

Zenda. Flavia, in effetti, le somigliava in tutto – bellezza, intelligenza, grazia – e anche per la circostanza di essere amata da tutti tranne che dall'unica persona per la quale spasimava: suo marito, il re.

Stavolta la reazione di Diana, forse spaventata dalle conseguenze della separazione, all'approccio di sir Gordon fu entusiastica. Dichiarò di desiderare una riconciliazione per il bene della regina, dei suoi figli e dell'intero Paese. E anche – secondo l'illustre interlocutore – per il suo stesso bene. In ogni caso, la sua più cara amica del momento, Lucia Flecha de Lima, conferma che Lady Di era disposta a riprendersi il marito anche a dispetto della recente umiliazione del «Camillagate» e che le amiche la sostenevano in questa scelta. Ma ovviamente poneva una sola condizione: che Carlo giurasse di non rivedere mai più l'amante.

Il principe come al solito appariva titubante. Il «Progetto Zenda» prevedeva di riportare insieme i due coniugi in modo molto *soft*, cominciando magari con la riapparizione comune in qualche cerimonia pubblica selezionata con cura. Poi sarebbe seguito un weekend in famiglia e, nella proiezione più ottimistica, Carlo sarebbe stato incoraggiato a passare un paio di notti a Kensington Palace, naturalmente in una camera da letto separata. Ma il lento riavvicinamento era osteggiato con pari passione da un altro gruppo di fedeli servitori della Corona, convinti che Diana avesse già fatto troppi danni alla monarchia. Meglio rendere irreversibile la separazione ed evitare il rischio di nuove lacerazioni. Carlo ondeggiava. La madre premeva. E finalmente stavolta lui trovò la forza di dire di no. Il fatto è che non aveva mai provato per Diana ciò che lei, almeno da ragazza, aveva sentito per lui. La sua passione stava altrove, e non voleva più nasconderla. Alla fine anche i sondaggi gli diedero ragione: dopo la separazione, tre quarti degli inglesi pensavano che con o senza Diana dovesse comunque salire al trono dopo la madre. Se e quando accadrà, si può stare certi che al suo fianco siederà la regina Camilla.

INTERMEZZO A CORTE

Cani, cavalli e abiti pastello

Quando Thelma Evans aveva nove anni il suo cane fu investito da una macchina. Il proprietario dell'auto, che era il duca di York e sarebbe diventato re Giorgio VI, fu enormemente dispiaciuto dell'accaduto ma certo nemmeno lui immaginava che l'episodio sarebbe stato all'origine di una dinastia destinata a crescere e rafforzarsi in parallelo con i Windsor: quella dei corgi reali. Non c'è al mondo altro capo di Stato o leader politico o spirituale la cui immagine si sia talmente intrecciata con quella dei suoi animali domestici. Per questo, quando a febbraio 2015 Sua Maestà ha fatto sapere che non adotterà più nessun altro cucciolo dei suoi bassi e grassi cagnetti gallesi, la notizia ha fatto scalpore ed è finita sui giornali di tutto il mondo. È come se un campanello d'allarme fosse squillato ricordando al pianeta che anche Elisabetta, dopotutto, è mortale. Non ne vuole più perché alla sua età il rischio di inciampare in un cucciolo potrebbe rivelarsi fatale, e soprattutto perché non vuole lasciarli privi del suo affetto il giorno in cui, inevitabilmente, se ne andrà.

In mezzo alla costante tensione del suo ruolo, i due piaceri che l'hanno sempre enormemente rilassata e divertita hanno a che fare con creature a quattro zampe. I cani e i cavalli. Questi ultimi sono a un tempo una passione e un business, anche se quasi sempre in perdita. I corgi invece sono un'altra cosa: «Fanno parte della famiglia», ha dichiarato la sovrana, e nessuno può dubitarne a giudicare dalle coccole di cui li circonda e che raramente ha riservato ai figli. Come membri quadrupedi della dinastia anche loro naturalmente devono presentare un pedigree impeccabile, e per questo a partire dagli anni Cinquanta la regina ha personalmente curato un programma di allevamento di corgi nella tenuta di Windsor. I cuccioli vengono da allora regolarmente registrati con il nome del castello ma la sovrana non ha mai voluto che prendessero parte a mostre o concorsi canini. *Noblesse oblige.*

Della sua legione di ringhiosi «famigliari» ne sono rimasti solo due, Holly e Willow (Agrifoglio e Salice), nati una dozzina di anni fa. Poiché la vita media di queste bestiole si aggira tra i dodici e i tredici anni, a inizio 2015 la nipote Beatrice (figlia di Andrea e Fergie) aveva offerto alla nonna due cagnetti nati il settembre precedente, in modo da preparare l'avvento di una nuova generazione. È stato a quel punto che Elisabetta ha deciso di mettere la parola fine a una storia d'amore nata nel remoto 1933. E qui bisogna tornare a Thelma Evans e alla sua passione canina. Il padre di Elisabetta fu così addolorato della perdita causata alla bambina che scrisse ai genitori offrendosi di regalare alla famiglia un altro cane. Loro lo ringraziarono ma, poiché «il dolore della piccola per la morte dell'animale era stato così grande», ritennero più saggio declinare e non prenderne un altro. Quando lo dissero alla figlia, lei non si diede per vinta. All'insaputa di tutti, scrisse personalmente al duca dichiarandosi felicissima di accettare la sua offerta di un nuovo cane. La risposta richiese un certo esercizio di diplomazia: Sua Altezza Reale sarebbe stato altrettanto felice di mantenere la sua offerta ma pensava che entrambi dovessero rispettare la volontà dei genitori.

La passione di Thelma per i cani non era solo un capriccio infantile. Crescendo diventò una delle più grandi allevatrici di Gran Bretagna. Contribuì a fondare la Welsh Corgi League, e fu così abile da fare del maschio da monta dell'allevamento, Red Dragon, un'autentica star. Uno dei suoi cuccioli fu venduto al visconte di Weymouth, i cui figli giocavano con le bambine del duca di York, Elisabetta e Margaret. Anche loro ne volevano uno. E finalmente nel 1933 il principe Bertie e Thelma Evans si incontrarono faccia a faccia. Lei era stata convocata nella residenza dei duchi a Piccadilly per mostrare alcuni cuccioli corgi alla famiglia, che ne scelse uno dal pelo rosso castano intenso. Lo chiamarono Dookie e diventò il capostipite dei «Windsor corgi».

Thelma tacque al futuro re del loro primo sfortunato incontro, che raccontò solo dopo la morte del sovrano. Ma i suoi cani acquisirono rapidamente uno status divistico, beneficiando della propaganda monarchica che aveva trovato nelle principessine la sua arma migliore. Nel 1936, l'anno fatale dell'abdicazione di Edoardo VIII, uscì il libro che avrebbe consacrato i corgi nell'iconografia reale: *Our Princesses and Their Dogs* era un volume per bambini ricco di illustrazioni e con un testo assolutamente sdolcinato sulla «famiglia molto umana» composta dagli York con le loro due figlie. Le foto li ritraggono a spasso per i giardini di Windsor assieme ai loro cani, giacché nel frattempo Thelma gli aveva fatto avere anche una femmina chiamata Jane. Era un'immagine di serenità domestica che giungeva con un tempismo sospetto. Il volume apparve in libreria giusto qualche giorno prima che Edoardo VIII annunciasse l'abdicazione per correre dietro a una divorziata, e l'esaltazione dei compagni canini delle adorate principesse tornava molto utile a rassicurare gli inglesi, assai più gli adulti che i bambini, delle virtù famigliari del nuovo re Giorgio VI. Questo, almeno, non era uno «sciupafemmine» sedotto da una peccatrice.

Da allora i corgi hanno continuato a svolgere con scrupolo il loro lavoro al servizio della propaganda reale. Quando compaiono attorno a Sua Maestà contribuiscono sempre a dare un tocco più umano alla sua figura severa. La sovrana si fa riprendere con i cuccioli sdraiati accanto a lei sui divani o che le scodinzolano dietro nelle lunghe passeggiate quotidiane. Sono arrivati perfino a recitare assieme a James Bond. Nello sketch ideato per la cerimonia d'apertura delle Olimpiadi di Londra sono proprio i corgi a fare strada a Daniel Craig dentro Buckingham Palace fino allo studio della regina. E a Natale ormai è una montagna di corgi di peluche ad accogliere i visitatori nel negozio di souvenir della reggia. Coccolati ma riconoscenti, i cagnetti gallesi: è il loro modo di contribuire al gravoso bilancio reale.

Alla regina offrono anche un espediente facile per rompere il ghiaccio con gli estranei, quando non azzannano gli ospiti che gli risultano antipatici (è accaduto più volte). Ma soprattutto con la loro costante presenza offrono un po' di calore a una donna che, nella sua posizione eccelsa, deve sentire ogni tanto il brivido gelido della solitudine. Con i suoi corgi Elisabetta può finalmente avere un rapporto non viziato dalla consapevolezza delle gerarchie e del rango, dalla deferenza o dall'interesse. Li cura, dà loro da mangiare personalmente (d'accordo, con l'aiuto di qualche valletto...), li porta a spasso, se li tiene ai piedi nello studio quando lavora. Probabilmente nessun altro essere vivente passa tanto tempo vicino a lei. Nel corso degli anni Dookie e Jane hanno dato vita a una muta che è diventata un branco. Lui morì all'inizio della guerra, lei nel '44 investita dall'auto di un dipendente a Windsor, ma fu subito rimpiazzata per il diciottesimo compleanno di Elisabetta da un nuovo cucciolo di appena due mesi. Era stata registrata come Hickathrift Pippa ma venne subito ribattezzata Sue, e infine Susan. Lei è stata probabilmente quella più amata dalla regina.

Susan e Lilibet diventarono presto inseparabili. La cagnetta è stata l'unica testimone della sua luna di miele. Nel '47, nascosta sotto le coperte della carrozza reale, la corgi impicciona seguì la padroncina e Filippo nel loro viaggio di nozze in Scozia. Diventò presto così popolare che l'anno dopo, quando la principessa mise al mondo Carlo, la sezione del *Mirror* riservata ai bambini chiese ai suoi lettori di offrire consiglio a Elisabetta su come evitare che Susan s'ingelosisse del bambino. Quando morì, a Sandringham nel 1959, Sua Maestà ordinò che venisse seppellita nel cimitero degli animali creato dall'antenata Vittoria, e abbozzò personalmente uno schizzo della lapide che voleva dedicarle: SUSAN / SCOMPARSA IL 26 GENNAIO 1959 / PER 15 ANNI FEDELE COMPAGNA DELLA REGINA.

L'ascesa al trono di Elisabetta segnò il momento di massimo splendore per questi cani da pastore dal muso volpino e dal corpo alquanto tozzo. Diventarono alla moda, e di conseguenza una delle razze britanniche più popolari, con un forte aumento del numero di esemplari. Capricci delle tendenze: oggi che la monarchia «si porta» di meno anche la popolazione di corgi britannici è crollata, e dal 2006 il tasso di nascite si è dimezzato. O forse soprattutto perché – si rammarica un allevatore – adesso «è visto come un cane da persone anziane»... Sono lontani gli anni d'oro in cui l'immagine della sovrana sortiva l'effetto opposto, e il suo battaglione di corgi cresceva a vista d'occhio. Nell'agosto 1981, quando Elisabetta atterrò ad Aberdeen per il suo abituale soggiorno estivo a Balmoral, i giornali riferirono che era seguita da un branco di tredici corgi. E tre anni dopo, nella sola estate dell'84, a Windsor arrivarono ben due cucciolate.

Erano così tanti che ogni tanto scoppiava qualche tafferuglio. Soprattutto fra la truppa della sovrana e quella della Queen Mum.

Nel 1989 uno dei cani di quest'ultima, Ranger, guidò il gruppetto di corgi che assalirono e uccisero un esemplare della regina. Due anni dopo la zuffa si ripeté, e quando Elisabetta tentò di intervenire si buscò un morso alla mano sinistra che richiese tre punti di sutura. Stessa sorte per l'autista della Regina Madre che cercò di separare i litiganti. Un morso profondo e iniezione antitetanica (la rabbia non c'è in Inghilterra).

Alla morte della mamma, la domenica di Pasqua del 2002, Elisabetta decise di adottare i suoi corgi. Ma la fusione dei due branchi non fu affatto facile. Uno dei cani si chiamava Monty, da Monty Roberts, il cowboy californiano che assiste la monarca in materia di cavalli, e certe volte anche nell'addestramento dei cani. Monty – il cane – era un tipo difficile, e il suggerimento di Monty – l'uomo – fu di non prestargli attenzione quando faceva il prepotente. «Quando lui si comportava male», ha raccontato Roberts al giornalista Michael Joseph Gross, «lei lo rimproverava rapidamente, quindi si allontanava e rimaneva a guardarlo, in attesa che lui facesse qualcosa di buono. Lui lo faceva, e allora la regina lo accarezzava.»

Con i suoi adorati cavalli Elisabetta forse si rilassa di meno, vista l'eccitazione delle corse quando ha un purosangue in gara, ma non c'è dubbio che la visita alle stalle o una buona cavalcata siano tra i piaceri maggiori della sua vita. Ha cominciato ad amare il *Turf* – la pista degli ippodromi – sin dai primi incontri negli anni di guerra, e quando nel '45 ripresero le sue regolari presenze annuali ad Ascot la passione aveva già scavato un nido nel suo cuore. Finché ha potuto, una galoppata mattutina è stata per decenni uno dei piaceri a cui la sovrana si è abbandonata con maggiore trasporto.

Ovviamente, lei non ha mai preso parte a una gara, ma pochi conoscevano la tradizione che inaugurò nel 1954: durante la settimana delle corse ad Ascot, di solito la terza di giugno, al mattino presto lei arrivava a cavallo sulla pista e la percorreva tutta al galoppo, in compagnia degli ospiti arrivati a Windsor per l'evento. Questo le permetteva talvolta di aggiungere alla conoscenza del cavallo in gara anche la personale esperienza del terreno. Anche se, pur essendo proprietaria e allevatrice di purosangue, lei non scommette mai.

Non è sicuro che dalla sua pluriennale attività di scuderia abbia ricavato altrettanto piacere quanto da una buona cavalcata, ma di certo è competente come pochi, e nemmeno l'età avanzata la tiene lontana dalle stalle. Il suo primo cavallo, ricorderete, fu un dono di nozze dell'Aga Khan nel 1947. Ma solo due anni dopo, nel '49, Elisabetta mosse il primo passo verso un serio coinvolgimento. Lei e la madre Elizabeth, che nutriva lo stesso desiderio di cimentarsi con le corse, furono persuase ad acquistare in società uno *steeplechaser*, ovvero un cavallo per le corse a ostacoli, di nome Monaveen. Aveva solide raccomandazioni e raccolse anche qualche successo iniziale, ma la povera bestia morì durante una corsa. La madre rimase una devota adepta delle gare a ostacoli, mentre la principessa cambiò preferenze, abbandonò le «barriere» e passò al galoppo. Solo dopo la morte della Queen Mum accettò di occuparsi anche dei suoi «saltatori».

All'inizio i suoi fantini portavano i colori che lei aveva scelto: scarlatto con cerchi porpora sulle maniche e berretto nero. Poi, quando salì al trono, dovette abbandonarli perché aveva ereditato anche i colori reali adottati per la prima volta dal principe reggente agli inizi dell'Ottocento: casacca porpora con nastro d'oro e maniche scarlatte. Berretto sempre nero ma con una frangia dorata. Dalla fine degli anni Quaranta Elisabetta cominciò a frequentare regolarmente gli ippodromi. E dal momento che il marito non sembrava partecipe del suo entusiasmo, il suo compagno più frequente sul *Turf* divenne il vecchio amico di gioventù Henry lord Porchester, il famoso Porchy che abbiamo già incontrato come sospetto amante di Sua Maestà. Ma mentre questa funzione resta molto dubbia, fuori discussione è la sua influenza sulla regina come profondo conoscitore del mondo equino e dell'ippica. Tanto che nel 1969 Sua Maestà lo nominò *Racing Manager* delle scuderie reali, un incarico che lui conservò anche quando successe al padre come settimo conte di Carnarvon.

Porchy non ebbe molto successo nel suo lavoro, perché i purosangue di Elisabetta hanno sempre vinto abbastanza poco, ma in compenso aveva accesso illimitato alla regina. Si sentivano molto frequentemente, anche ogni giorno, e le sue chiamate venivano passate immediatamente dal centralino reale. Con il suo aiuto (lord Porchester è stato anche presidente dell'ente britannico per l'incremento delle razze equine) la regina è diventata una vera esperta del mondo ippico. Con lui ha girato le più importanti fiere del cavallo in America e altrove, e ha affinato occhio e memoria. È noto che la sovrana ha una formidabile capacità mnemonica, e con la stessa facilità con cui tiene a mente le proposte di legge governative ricorda caratteristiche e pedigree dei cavalli che le interessano. Con gli anni ha accumulato una conoscenza della materia veramente formidabile e conosce gli incroci delle linee di sangue equine con la stessa precisione di quelle dinastiche.

Nel suo studio conserva un libro che molti proprietari le invidiano: è una precisa registrazione del pedigree di molte migliaia di cavalli. Anche sulla base di queste note lei decide quali stalloni e fattrici si dovranno accoppiare, e a inizio stagione sceglie le corse in cui ognuno dei suoi purosangue sotto allenamento dovrà competere. L'aggiornamento costante dei dati è una sua cura personale, e probabilmente anche una di quelle da cui ricava maggior piacere. È una tecnica che applica anche all'allevamento di cani da caccia ospitato a Sandringham. Selezionare i migliori esemplari, decidere gli incroci, studiarne le migliori caratteristiche per l'impiego ottimale richiede tempo e pazienza. Oltre a parecchia metodicità. Si può supporre che questa attività regali a Elisabetta delle pause rilassanti in mezzo a giornate abitualmente stradense di impegni.

Si calcola che il suo allevamento costi alla regina ogni anno una piccola fortuna, non meno di mezzo milione di sterline. Nonostante i soldi e la passione, lo studio delle genealogie e la cura negli accoppiamenti, non è però ancora riuscita a portare al trionfo un suo purosangue in una delle gare che contano. Soprattutto continua a sfuggirle la vittoria nel Derby di Epsom, la più classica di tutte le corse, mentre l'impresa riuscì al bisnonno Edoardo VII. È escluso che lei si arrenda finché avrà forza e fiato. Come ha detto una volta a uno dei suoi ospiti ad Ascot, «come essere umano, uno [la regina parla sempre di sé in forma impersonale, *N.d.A.*] ha sempre speranza. E forse ha sempre l'istinto dell'azzardo, l'aspettativa che il suo cavallo sarà migliore di quello del vicino, ecco perché uno continua».

Nel 1984, mentre visitava con il solito Porchy l'annuale fiera equina del Kentucky – una delle più importanti al mondo –, rimase affascinata da un programma computerizzato di selezione genetica, installato al Corporate Center di Lexington. Restò a lungo a seguire sullo schermo l'analisi delle linee di sangue di stalloni e fattrici per determinare l'accoppiamento perfetto, in grado di produrre il fuoriclasse per i grandi trofei. Da allora continua a tenere alcune delle sue cavalle nel Kentucky, alla Lane's End Farm di William Farish III. E ovviamente continua a sperare.

Elisabetta è una donna di routine e applica questa sua attitudine anche al mondo del cavallo, che è scandito dai ritmi di accoppiamento, nascita, svezzamento, addestramento e corsa. Perciò di solito lei visita stalloni e fattrici nell'allevamento di Sandringham nelle prime sei settimane di ogni anno, quando comincia la stagione degli amori, e poi di nuovo ad aprile e luglio, per vedere i puledri risultanti dai precedenti accoppiamenti. Metodicamente, fotografa le fattrici e i loro nati per aggiornare i suoi dossier. All'inizio della primavera e poi di nuovo all'arrivo dell'autunno non manca di ispezionare i suoi puledrini sotto l'anno a Polhampton, nel bucolico Hampshire, dove negli anni Sessanta ha acquistato un altro complesso di stalle. E appena possibile, in primavera ed estate, corre a studiare l'addestramento del suo branco di giovani purosangue nel Wiltshire e Berkshire.

L'allevamento a Sandringham è un pittoresco complesso ottocentesco di mattoni rossi, con le stalle di arenaria marrone sormontate da comignoli e cupole. I box delle fattrici sono ampi abbastanza da poterle ospitare assieme ai puledri neonati, ma ogni stallone vive davvero come un re in box considerevolmente più ampi, con pareti piastrellate, alte finestre, magnifico soffitto di legno e raggi infrarossi per tenerlo all'asciutto. A disposizione degli stalloni ci sono quattro *paddock* (i recinti da equitazione) di un ettaro l'uno, chiusi da siepi e muri di mattoni, accanto a giardini e fontane. Un vero e proprio paradiso equino.

L'affare molto più terra terra dell'accoppiamento avviene nell'apposito *covering shed* (letteralmente il «capanno della monta»), un posto alquanto cavernoso con un pavimento di sabbia. I consiglieri danno i loro suggerimenti circa gli accoppiamenti a loro avviso ideali, ma qui dentro Elisabetta non è più un monarca costituzionale bensì un sovrano assoluto. In poche parole, decide lei. Lei meglio di chiunque altro conosce le caratteristiche di velocità, forza o coraggio di ogni singolo animale. E ha un occhio che non si inganna. Fu lei ad accorgersi, e ormai fa parte della sua leggenda, che una stalla aveva confuso i due puledrini Doutelle e Agreement, nonostante in precedenza li avesse visti soltanto una volta.

Se qualcuno pensa che lo spettacolo della monta spinga la regina ad allontanarsi pudicamente, si sbaglia di grosso. Elisabetta, che in altri contesti sa essere compassata e formale come nessun altro, qui torna alla sua autentica essenza di lady di campagna, abituata anche agli spettacoli più cruenti o scabrosi della natura. Resta lì a seguire tutta la procedura con i manager e i ragazzi di stalla, con la sola precauzione – richiesta dalla normativa sulla sicurezza – di osservare la monta da una piattaforma elevata. Come ha chiosato il suo manager Michael Oswald, «lei è molto prosaica. Sa come funziona». Una volta che il concepimento è stato confermato dall'ecografia, la sovrana segue gli undici mesi di gestazione e ogni tanto anche il momento del parto, che di solito avviene di notte. Se non c'è, il personale si affretta a mandarle una foto del puledro, al quale a volte dà il nome anche prima della nascita.

Tra i suoi cavalli può capitare che Elisabetta debba dar prova dello stesso coraggio fisico che ha mostrato in tutte le occasioni rischiose della sua vita. Una volta a Polhampton accompagnò Porchester, un giovane di stalla, l'addestratore Ian Balding e la moglie Emma a esaminare da vicino in un campo sei puledri in procinto di essere domati. Improvvisamente i cavalli innervositi presero a galoppare in circolo impennandosi e scalciando. Mentre tutti schizzavano verso il cancello in cerca di salvezza, solo Balding e la regina rimasero immobili dove si trovavano. Sapevano che se non si fossero mossi i puledri non li avrebbero attaccati e alla fine si sarebbero calmati. «Oh, è stato spaventoso», si limitò a commentare Sua Maestà. «Lei era del tutto imperturbata», racconta ammirato Balding. E il cowboy Monty Roberts, noto nel giro come *the Horse Whisperer* – l'uomo che sussurra ai cavalli – ne fa questo ritratto: «Ha l'abilità di diventare più calma di fronte ai problemi piuttosto che lasciare che si scatenino l'adrenalina e il panico».

C'è un solo momento in cui Elisabetta si lascia andare, cancellando autocontrollo e inibizioni che di solito la frenano in pubblico. Ed è quando entra nel suo box ad Ascot per godersi le corse. Sono due o tre ore filate in cui può finalmente dimenticare tutto il resto, dalle preoccupazioni famigliari agli affari di Stato. Di solito, ha rivelato uno dei suoi segretari al manager Oswald, questo «ha un buon effetto terapeutico». Quando ha in gara un favorito salta su e giù come una ragazzina, gridando e facendo smorfie. Ma l'occhio dell'esperto le fa «leggere» la gara in un modo che parecchi giornalisti del settore le invidiano. Le basta vedere il modo in cui il cavallo poggia la zampa, drizza o abbassa le orecchie, scarta o accelera. Purtroppo per lei, comunque, non viene mai meno alla regola di non piazzare scommesse. Dopo la quarta corsa, invita sempre gli ospiti del Royal Box a prendere il tè nella sua saletta privata. Siede per un po', fa conversazione, ma scatta in piedi allo *start* della corsa successiva, per non perderne neppure un istante.

L'avanzare dell'età, e un po' di ingrata artrosi al ginocchio, le impedisce ora di continuare lei stessa a cavalcare, come ha fatto molto bene per tutta la vita. Quando si trovava nelle sue case di campagna, era il modo in cui cominciava ogni mattina, che piovesse o splendesse il sole. Per una donna costantemente seguita da un poliziotto e un valletto, la possibilità di galoppare da sola attraverso la campagna doveva rappresentare una sensazione inebriante di libertà. Anche dalle norme di sicurezza imposte per legge ai comuni mortali. Tra i suoi privilegi infatti, oltre a quello di guidare senza patente, c'è anche quello di cavalcare senza il cappello rigido. Soprattutto quand'era giovane, e amava correre come il vento, amici e parenti rabbrividivano per l'imprudenza o la temerarietà. Una volta Ian Balding decise che era il caso di parlarle e se ne assunse il compito. Mentre attraversavano a cavallo il parco di Windsor provò a redarguirla: «Penso proprio che sia ridicolo che Lei più di chiunque altro non indossi un elmetto antiurto», azzardò. Risposta secca: «Non l'ho mai fatto, e tu non devi avere i capelli sempre in ordine come me». Più che vanità, l'esigenza di essere sempre impeccabile per i suoi impegni.

È lo stesso principio pratico che guida il guardaroba di Sua Maestà. Lei non ha mai dimenticato la lezione appresa quand'era ancora principessa e si accingeva a visitare il Galles. Una donna le scrisse che quel giorno si sarebbe trovata in un dato posto – in cima a una collinetta a Barmouth, nel Merionethshire – e per farsi riconoscere avrebbe agitato una tovaglia bianca. Senza che il suo entourage se ne accorgesse, Elisabetta continuò a scrutare la folla per individuare l'ammiratrice. E quando vide la tovaglia, fece fermare l'auto e si mise a parlare parecchi minuti con la sconosciuta. Lei sa quanto la gente ci tenga a vederla, e ha sempre cercato di rendersi il più visibile che poteva. Donde gli orrendi (a giudizio della critica snob) tailleur e soprabiti color pastello.

È un'immagine che non è mai cambiata nei decenni. E la ragione è evidente. Naturalmente taglio e colore degli abiti cambia con gli anni, ma solo per lei vale il motto «mai di moda, mai fuori moda». Gli elementi di base rimangono sempre gli stessi, e rispondono all'esigenza primaria di renderla visibile agli occhi del pubblico. La sovrana deve spiccare anche in mezzo a una folla in modo che quelli accorsi ad acclamarla o anche semplicemente a vederla, non se ne vadano via delusi. Dev'essere una macchia di colore uniforme, che consenta di riconoscerla senza dubbio anche da lontano, e di solito si tratta di sfumature pastello come rosa, celeste, giallo canarino o arancio, abito e cappello *ton sur ton*. Secondo una classifica di *Vogue*, il blu è il prediletto, il beige invece detestato.

È stata la nonna regina Mary a inaugurare la pratica dell'abbigliamento pastello. Perciò Elisabetta è la terza generazione di donne Windsor a adeguarsi all'usanza dettata dal buon senso. È facile notare che quando Sua Maestà si presenta a cerimonie con altre lady reali, ognuna è vestita in un colore diverso in modo che la folla possa distinguerle anche da lontano. Una cura particolare è anche posta alle circostanze che possano giustificare una tonalità piuttosto che un'altra. Nella visita storica del 2011 nella Repubblica d'Irlanda, per esempio, nei momenti clou Sua Maestà sfoggiava abiti e cappelli nelle diverse sfumature del verde trifoglio, il colore nazionale irlandese.

Nessuno tra i viventi ha mai visto la regina in pubblico se non vestita formalmente, sempre con accessori che nessuna signora usa più in Occidente dagli anni Settanta: cappello e guanti. Nelle cerimonie in sua presenza nessuna lady britannica si presenterebbe senza cappello, a meno di voler di proposito arrecarle un affronto. Si sospetta che fosse questa la ragione per cui Cherie Blair si presentava costantemente a capo scoperto, anche in chiesa. Eppure anche la regina non ama i cappelli: «Mi fanno sembrare una pecora», confessò al biografo Pimlott. Ma la sua preoccupazione è di non essere mai vestita in maniera meno formale o elegante delle persone che incontra nelle visite ufficiali. Quanto ai guanti – nell'ultimo viaggio in Australia, nel 2000, se ne portò dietro cinquanta paia –, la spiegazione è meramente igienica e profilattica. Stringe ogni volta centinaia di mani, senza un minimo di protezione sarebbero certamente massacrate. Che è poi la ragione per cui, come ho sperimentato, quando porge la mano si limita di solito a offrire due dita, cercando di salvaguardare quello più piccolo. Naturalmente niente anelli alla mano destra, e alla sinistra solo quello di fidanzamento e la fede, con l'orologio in platino e oro giallo donatole dalla Francia fissato sul guanto al polso sinistro.

Le gonne della regina devono evidentemente essere cucite con cura particolare per evitare il famoso «effetto Marilyn», ovvero che volino in aria con un soffio di vento. Si sussurra che gli orli siano imbottiti di sottili piombini in grado di tenerle ferme anche in un uragano. Pure i cappelli devono tener conto del requisito principale della visibilità: la tesa non può mai essere tanto larga da coprirle il volto. Il risultato è che, pur cambiandone centinaia, sembrano sempre gli stessi. Mentre effettivamente sempre la stessa è l'acconciatura dei capelli, che non cambia dagli anni Sessanta. Sino ad allora portava una scriminatura di lato, che le dava un aspetto più libero e da ragazza. Quando ha raggiunto i quarant'anni il taglio è diventato quello che esibisce anche adesso, cinquant'anni dopo: il profilo cotonato che, stampato sulle banconote o sui francobolli, è diventato così famigliare ai sudditi. Questa icona è a tal punto parte dell'immagine britannica che cambiarla sarebbe come ridisegnare la bandiera.

Sua Maestà, com'è noto, è economa. Questo vuol dire anche che cappelli, scarpe, borse sono concepiti come intercambiabili, in modo da poter essere indossati ripetutamente. Le scarpe devono avere il tacco alto (anche adesso che non è più giovanissima) per compensare la modesta statura. Ma considerato tutto il tempo che passa in piedi, è necessario che siano anche comode. In ogni caso, lei non dimentica i due fondamentali consigli che le diede nonna Mary, grande esperta del mestiere: approfitta di una toilette pulita ogni volta che ne trovi una e siediti appena ne hai l'occasione. Certe volte, se ha la possibilità di infilare i piedi sotto un tavolo coperto, può anche contravvenire all'etichetta liberandosi per un po' delle calzature.

La celebre borsetta, che ha sempre suscitato la più vasta curiosità, è ben lungi dal contenere i codici atomici come la valigetta di un presidente americano. Dentro, come per tutte le signore, ci sono un fazzolettino di batista, lo specchietto e il rossetto in stick. Inoltre, lei ci tiene un gancio per fermarla ai bordi del tavolo, i portafortuna dono dei figli, qualche foto cara come quella di Andrea appena tornato dalla guerra nelle Falkland, mentine per gli amati cagnetti e un paio di cruciverba. La borsa è anche utilissima a Elisabetta per mettere le mani da qualche parte, anziché tenerle appese lungo il corpo, e per mandare messaggi in codice alla servitù: se la mette a terra, vuol dire che trova noiosa la persona che ha accanto. Quando è in visita ufficiale, c'è sempre un'altra piccola borsa che la segue, solitamente affidata alla dama di compagnia. Dentro c'è tutto ciò che occorre per un'emergenza: guanti di ricambio, calze di ricambio, pasticca d'orzo per schiarirsi la gola. Dal momento che deve sembrare sempre immacolata, lei o lo staff devono essere in grado di effettuare interventi urgenti. Una volta Carlo bambino l'accompagnò in auto a una cerimonia ufficiale e riuscì ad appiccicarle una caramella mezza succhiata al dito di un guanto pochi istanti prima che lei facesse la sua apparizione. Un paio di guanti puliti comparve subito d'incanto a rimpiazzare quelli sporchi. Del resto la regina ne ha letteralmente migliaia di paia, che possono essere lavati all'infinito e all'occorrenza anche tinti di un altro colore.

Gli anni Ottanta, che segnarono il trionfo modaiolo di Diana, furono per converso di grande sofferenza per Elisabetta. I giornali si innamorarono compattamente della nuova icona della moda e cominciarono a burlarsi dello stile antiquato della suocera. Da un giorno all'altro la signora che era stata il termine di paragone per la maggior parte delle sue suddite fu trattata come un pezzo da museo, il suo abbigliamento ridicolizzato. Questo è un rischio che ovviamente non corre con Camilla. E anche Kate ha fatto chiaramente capire che non intende ripercorrere le orme di Lady Di come musa dei grandi *couturiers*. Fedele allo stile della sua generazione, alterna capi di sartoria e abbigliamento dei grandi magazzini senza alcun complesso. La regina non teme più di essere offuscata. Ma non può evitare di dare l'impressione che i suoi abiti siano tutti uguali. E questo impedisce al pubblico di apprezzare lo studio che precede ogni sua apparizione.

Niente è lasciato al caso o all'improvvisazione del momento. Ciò che indossa è il risultato di una meticolosa preparazione effettuata con largo anticipo. La visita-tipo – e ancora fino a pochi anni fa ne faceva almeno trenta all'anno in diversi angoli del regno – richiede mesi di pianificazione. Per il Giubileo d'Argento del 1977, la scelta degli abiti che avrebbe indossato nei giri in patria e nelle varie cerimonie cominciò addirittura due anni prima, nel '75. Ma perfino un incontro di pochi minuti è accuratamente coreografato: se deve ricevere l'ufficiale comandante di una certa unità dell'esercito, si può star sicuri che sul petto avrà una spilla con le insegne del reggimento.

A Palazzo una vasta stanza con specchi e guardaroba è adibita a sartoria personale di Sua Maestà, costantemente presidiata da una dipendente. E, secondo uno dei biografi reali, «è un tributo alla cura con cui i suoi abiti vengono programmati che questa donna, la più fotografata al mondo, non sia mai stata vista tirarsi su una spallina, sistemarsi un orlo, riordinarsi i capelli, giocherellare con una spilla o trattenere il cappello». Mi dispiace dover segnalare un'eccezione, di cui sono stato testimone diretto. Purtroppo non c'era nessuno ad accorgersi che l'orlo della sua gonna era scucito quando salì in Campidoglio nella visita a Roma dell'autunno 2000.

Di certo anche nelle spese per l'abbigliamento la regina conferma di essere economa. Il guardaroba viene costantemente rimpolpato con abiti nuovi ma questo non vuol dire che quelli vecchi vengano buttati. È assolutamente indifferente all'ilare attenzione con cui i tabloid contano quante volte ha rimesso lo stesso abito: lei sa che gli snob ne ridono, ma la gente semplice lo apprezza. Così un tailleur usato per una visita all'estero può essere riciclato per un tour in Galles, un'udienza, una colazione informale.

Avrete notato che dal reale guardaroba mancano i pantaloni. L'iconografia ce la tramanda con quelli della divisa nella sua breve stagione di meccanico militare, ma in seguito il pensiero di Elisabetta con addosso, che so, un tailleur-pantalone è parso rasentare il reato di lesa maestà. Una sola volta è stata brevemente intravista indossare i calzoni, mentre si imbarcava per una crociera lungo le coste scozzesi nell'estate del 2010. Molti sudditi ne restarono veramente sbalorditi. Ci sono cose che non mette mai e altre che non *smette* mai: i tre fili di perle che porta sempre attorno al collo. Quando si trova nei Paesi caldi, in una macchina scoperta, deve stare attenta che il sole non lasci il segno della collana sul collo. E nella circostanza si produce in uno dei suoi esercizi di abilità. Con una mano saluta la folla e con l'altra cerca di tenere le perle distanti dalla pelle.

Si ha l'impressione – non infondata, credo – che indossi i vestiti per le sue apparizioni pubbliche come una divisa, o forse una corazza. Nelle rare occasioni in cui permette agli estranei, o a un obiettivo fotografico, di vederla nell'intimità della sua vita privata, è chiaro che il suo guardaroba preferito è quello tipico di una lady di campagna. Gonne di tweed e di lana, golfini di cachemire, abiti di cotone, solo la biancheria deve essere sempre di seta, realizzata a mano da Rigby & Peller. All'aperto, basta un foulard in testa, e tutto l'armamentario per cavalcare o passeggiare anche nel freddo e sotto la pioggia. Anche Elisabetta non rifugge dagli acquisti nei grandi magazzini, affidando alle sue sarte gli eventuali ritocchi necessari. Per le più note aziende inglesi di abbigliamento *country* – Daks, Burberry, Barbour – lei è una formidabile (e innocente) testimonial ogni volta che un teleobiettivo la inquadra a spasso coi suoi bracchi da caccia per la brughiera scozzese, o con i corgi nella campagna di Sandringham.

Il suo affezionato cowboy Roberts si rammarica che la sovrana non voglia più avere cani giovani per timore di doverli abbandonare. «È una cosa che mi preoccupa», dice, «perché voglio che creda nella sua esistenza fino a quando non ci sarà più. È troppo importante per il mondo, per cominciare a ritirarsi. Per me, la regina non può morire.» I suoi corgi hanno perso, nel febbraio 2105, la moglie del guardacaccia di Windsor che badava a loro, Nancy Fenwick. Secondo il protocollo reale Elisabetta non prende parte ai funerali dei dipendenti, ma in questo caso ha fatto un'eccezione e si è presentata in compagnia di Andrea. Era stata Nancy a occuparsi dell'ultima cucciolata di Windsor corgi nati dalla femmina Linnet il 9 luglio 2003: tutti e otto chiamati con nomi comuni di piante britanniche, come gli ultimi due sopravvissuti, Agrifoglio e Salice. C'era anche *Larch*, Larice, una conifera che può vivere fino a duecentocinquant'anni. Sono in molti a sperare che la regina le somigli.

PARTE QUINTA

Magia

La Fata Turchina è un telecomando

INDISCUSSO come un articolo di fede, per quasi un secolo, la famiglia reale ha fatto suo il precetto severamente impartito da Walter Bagehot. Soprattutto, aveva raccomandato il massimo esegeta della Costituzione non scritta, «la nostra monarchia deve essere riverita, e se si comincia a frugarci dentro non si può riverirla. Al momento in cui c'è una commissione parlamentare sulla Regina, il fascino della monarchia sarà svanito. Il suo mistero è la sua vita. Non dobbiamo permettere che la luce del sole spazzi via la magia». Ottimo consiglio per la stagione della luce a gas e della Belle Époque. Ma la raccomandazione non poteva mostrarsi più fallace per il ventesimo secolo e l'era dei media di massa.

La monarchia di Bagehot era ancora quella di Vittoria e del figlio Edoardo VII. Ma fu soprattutto quest'ultimo, spinto ai margini della vita politica nazionale dalla scarsa stima della madre e del premier lord Salisbury, a spostare il trono verso il ruolo cerimoniale che avrebbe sostenuto la sua posizione e quella dei suoi discendenti. Non c'era futuro nel Novecento per i monarchi desiderosi di conservare un'influenza politica, ma la pompa e lo sfarzo del cerimoniale avrebbero aiutato la Corona britannica a collocarsi al centro della vita nazionale. Edoardo era l'uomo giusto per questa operazione. «Aveva un curioso potere di visualizzare una parata», annota lord Esher, che ai suoi ordini era stato l'impresario delle colossali celebrazioni per il Giubileo di Diamante di Queen Victoria.

Esher diventò il braccio operativo del vasto restyling reale che gli storici moderni hanno battezzato «l'invenzione della tradizione». La vecchia regina vedova aveva fatto calare una cappa di cupezza sull'intero regno isolandosi in gramaglie negli angoli più remoti dell'isola. L'ambizione del suo esuberante erede era invece di riportare la monarchia in tutta la sua gloria nel cuore della nazione: cioè nella sua capitale, e in particolare a Buckingham Palace. Bertie regalò agli inglesi il palazzo di Osborne, sull'isola di Wight, teatro dell'autoreclusione della madre, e spalancò le porte della reggia ai migliori designer del tempo. Gli arredi cupi e pesanti dell'epoca vittoriana lasciarono il posto a un trionfo di ori, cristalli, specchiere veneziane, velluti rossi e giganteschi lampadari, volute barocche e cherubini, nelle tonalità cromatiche imperiali del bianco, oro e cremisi.

Prima dell'apertura al pubblico di Buckingham Palace, la migliore idea della reggia si poteva avere entrando nei saloni del *Ritz Hotel* dall'altra parte di Green Park, che ha conservato lo stile sgargiante dell'epoca, comune peraltro ai tanti teatri costruiti o restaurati in quegli anni. Velluto cremisi, lampadari scintillanti, balaustre e dorature: più che come luoghi di spettacolo ambivano a presentarsi come palazzi, non casualmente intitolati Her Majesty's, Queen's Theatre, Victoria Palace, Prince of Wales, e di Theatre Royal ce n'erano addirittura due. Come osserva Robert Lacey, «l'intero centro di Londra stava diventando una specie di palcoscenico» per il miglior spettacolo in città: la monarchia e il suo splendore imperiale.

Anticipando di parecchi decenni l'intuizione di Woody Allen sull'importanza del mostrarsi, per Edoardo VII essere re significava soprattutto apparire tale. Basso e grasso com'era, dava l'idea di dimagrire visibilmente appena indossava le *full regalia*. «Non era mai stanco di mettersi e togliersi uniformi», ha lasciato scritto Wilfred Scawen Blunt, il poeta con cui il sovrano divise l'affetto di una delle più celebri cortigiane del tempo, Catherine Walters, «e di ricevere principi e ambasciatori, e di inaugurare musei e ospedali, e di presenziare a mostre bovine e parate militari e sfilate di ogni tipo.» Lo spettacolo in cui la sua influenza si manifesta appieno ancora oggi è lo State Opening of Parliament, l'apertura ufficiale del Parlamento, che Edoardo ripristinò in tutta la sua gloria dopo gli anni di abbandono materni.

Dal momento che come monarca costituzionale non poteva decidere i contenuti del Discorso del Re, ne stabilì quanto meno la cornice, con gli araldi in gorgiera e cotta d'armi, il Gentiluomo della Mazza Nera (il *Black Rod*) che bussa alla porta dei Comuni e quello dei Bastoni d'Oro (il *Gold Sticks*) che cammina all'indietro come un gambero davanti al sovrano. Anche il mezzo per trasportare Sua Maestà a Westminster fu reso adeguato alla circostanza. Edoardo ordinò di tirare fuori dalla rimessa la carrozza dorata di Stato usata da Giorgio III nel 1762, la fece restaurare, in parte ridisegnare, e su quel cocchio da favola raggiungeva il Parlamento tra ali di folla festante lungo il Mall, nel frattempo allargato per renderlo un grande viale da parata.

Il culmine della visione coreografica edoardiana della monarchia doveva essere naturalmente la sua incoronazione, ma fu sfortunato. Per la gran festa erano arrivate a Londra quasi tutte le teste coronate del tempo (ancora tante), ma giusto alla vigilia della cerimonia Edoardo fu colto da un attacco di appendicite e dovette essere operato. Quando si ristabilì e raggiunse l'abbazia di Westminster sei settimane dopo, il 9 agosto 1902, la maggior parte degli ospiti stranieri di riguardo erano ormai partiti, però lo spettacolo fu ugualmente senza pari: una sfarzosa festa per gli occhi. Il re si era occupato di tutto, dalla coniazione delle medaglie commemorative al disegno delle nuove uniformi dei cocchieri, di cui si millantava un'origine medievale.

La sua incoronazione fu il modello di tutte quelle dei suoi discendenti. E perfino l'inno nazionale di riserva si deve all'intuito musicale di questo genio dello show business applicato alla monarchia. Aveva sentito da qualche parte la prima delle marce *Pomp and Circumstance* (Fasto Cerimoniale) composte da Edward Elgar. La fece completare con versi adeguati da un insegnante di Eton, A.C. Benson, e divenne *Land of Hope and Glory* eseguita per la prima volta proprio nel 1902 come parte della *Coronation Ode* per Edoardo VII.

Cinquant'anni dopo il bisnonno, Elisabetta salì al trono in contemporanea con l'avvento della televisione e della stampa popolare. All'inizio né lei né i suoi consiglieri compresero la portata di questa rivoluzione. Certo, il ruolo cerimoniale della Corona era ormai consolidato, così come il suo compito di fornitore primario di spettacoli sfarzosi e parate riccamente coreografate. Ma nessuno a Palazzo immaginava che si potesse andare oltre, sollevare insomma il velo di assoluta discrezione che schermava la vita del sovrano da quella dei sudditi e manteneva intatta nel «mistero» la magia della monarchia. Fermi a Bagehot, i dignitari di Corte faticavano a capire che nei tempi moderni il metodo affinché il trucco magico riuscisse era esattamente l'opposto di quello suggerito dal grande giornalista ottocentesco. Non solo bisognava lasciare passare la luce del giorno, ma se si voleva ipnotizzare il pubblico con la prestidigitazione monarchica occorreva spalancare la scena alle luci al quarzo. Alla televisione.

La sola idea di una concessione tanto «volgare» nel momento

fondativo di un regno – l'incoronazione – fece inorridire l'intero establishment. E per la verità anche la regina. La storia di come si giunse alla decisione opposta vale la pena di essere raccontata. Nell'eccitazione febbrile che accompagnava i ben sedici mesi di preparazione dell'evento, l'unico dissenso si registrava nella discussione su chi dovesse riprendere la cerimonia. Un punto fermo era stato messo, grazie alla pressione del Commonwealth. La storica giornata sarebbe stata filmata a colori da quattro compagnie cinematografiche britanniche, che assieme avrebbero raggiunto un'audience planetaria di 350 milioni di cinespettatori. In aggiunta la copertura radio avrebbe garantito undici milioni di ascoltatori in patria e altre centinaia di milioni in giro per il mondo. A confronto, la sparuta minoranza del milione e mezzo di proprietari di apparecchi televisivi nell'intero Regno Unito – tanti erano nel '53 – appariva irrilevante (per tacere della cattiva qualità delle tremolanti immagini in bianco e nero sugli schermi da 9 pollici, 23 centimetri). In breve, era la conclusione della vecchia guardia del Palazzo, anche i telespettatori avrebbero potuto godersi lo spettacolo al cinema il giorno dopo.

Non avevano fatto i conti con la Bbc. La British Broadcasting Corporation, che era impegnata in una battaglia perdente contro la nascita della televisione commerciale, intravide subito nel Coronation Day un'occasione da non perdere, anzi la migliore per mostrare le proprie potenzialità. Come la monarchia, la statura della Bbc era cresciuta durante la guerra. Come la monarchia, la grande emittente pubblica aveva aiutato la nazione e il Commonwealth ad affrontare uniti i giorni più bui. E adesso che sembrava d'essere all'alba di un secondo rinascimento, la Bbc richiedeva il privilegio di raccontare con le sue telecamere il sorgere del nuovo astro monarchico. Peccato che pure «l'astro» – leggi Elisabetta – giudicasse la *telly* insopportabilmente *common*, vale a dire ordinaria.

Questo era, del resto, il punto di vista dell'intero Palazzo. «Il sentimento prevalente», ha raccontato Mike Parker, allora segretario privato del principe Filippo, «era che la televisione fosse all'incirca lo stesso della *gutter press*, la stampa scandalistica.» L'arcivescovo di Canterbury era disgustato al solo nominarla: «La televisione è una forma d'intrattenimento prodotta per le masse che è potenzialmente uno dei più grandi pericoli per il mondo».

Nessuno di questi snob aveva fatto i conti con ciò che la Bbc era diventata. La guerra aveva trasformato l'emittente in uno dei pilastri dell'establishment, per di più beniamino della nazione. In larga misura questo era dovuto all'azione del suo primo direttore generale, lord Reith, un monarchico appassionato, che aveva fatto della Bbc una voce potente, autorevole, pulita, persuasiva senza essere arrogante. Il direttore generale dell'epoca era della stessa pasta di Reith, ma con più sfumature. Il tenente generale sir Ian Jacob era stato un assistente del Gabinetto di guerra e la sua lealtà monarchica era fuori discussione, ma il suo patriottismo aveva orizzonti più vasti di quello di Corte, e aveva saputo coinvolgere voci radicali come scrittori e intellettuali della statura di George Orwell e J.B. Priestley. Al momento dell'incoronazione, la sua Bbc non solo sentiva di avere speciali diritti ma nutriva anche torreggianti ambizioni culturali e morali. I suoi servizi radiofonici (un'eccellenza ancora oggi) intendevano – nelle parole di Reith – guidare gli ascoltatori «dal buono al meglio, attraverso la curiosità, la piacevolezza e una crescita della consapevolezza». Non si potrebbe esprimere meglio la funzione didattica della tv negli anni Cinquanta.

Ai tradizionalisti, a Corte e nel governo, non sembrarono argomenti convincenti. Per loro la televisione restava un mezzo volgare, e non bisognava permetterne l'accesso sotto le volte di Westminster Abbey. La reazione mal si conciliava con la circostanza che la tv aveva già trasmesso il funerale di Giorgio VI nel febbraio 1952, e anzi l'evento aveva contribuito a innescare la prima massiccia vendita di apparecchi televisivi. Ma la verità è che la regina per prima era fortemente contraria alla trasmissione tv del suo grande momento cerimoniale. E sino a oggi la narrazione ufficiale fa di tutto per nascondere il fatto che proprio lei decise inizialmente di bandire le telecamere dall'abbazia. Non si trattava solo di snobismo o di incomprensione delle straordinarie potenzialità del mezzo nell'interesse della Corona. Il fatto è che Elisabetta era timida, e temeva che una sua eventuale gaffe fosse trasmessa dal vivo a milioni di spettatori senza la possibilità di censura o taglio offerta dal cinema.

Era, insomma, una questione di dignità. A cui si aggiungeva la convinzione che alcuni aspetti della cerimonia erano strettamente privati, e tali dovevano rimanere: il momento della Santa Comunione, per esempio, e ancor più l'unzione con il sacro crisma che le imponeva di scoprire la parte superiore del torace. In termini generali, le sembrava che consentire alle telecamere di riprendere eventi sacri (e per lei certamente lo erano) equivalesse a cedere a quella volgarizzazione della monarchia alla quale lei e il marito erano decisi a resistere. Come si vede, erano ancora fermi ai precetti ottocenteschi di Bagehot.

Agli inizi dell'estate 1952, sebbene ancora informalmente, la decisione di vietare la televisione era stata comunque già presa. Il Gabinetto Churchill la condivideva pienamente, anche in base – si legge nelle minute della riunione – «all'importanza di evitare a Sua Maestà un non necessario aggravio di fatica». Uno che non era affatto d'accordo era Martin Charteris, che come futuro segretario privato della regina sarebbe diventato la figura chiave della sua comunicazione di massa. «Era straordinario», avrebbe ricordato sarcastico, «come tutti questi anziani gentiluomini nutrissero fantasie Arturiane [nel senso del cavalleresco re Artù, *N.d.A.*] verso questa fragile e delicata giovane donna.»

Stranamente, anche il giovane ed energico marito Filippo sembrava condividere quelle preoccupazioni circa il benessere della consorte. In qualità di presidente del comitato organizzatore dell'incoronazione, spettava a lui l'ultima parola. E quando visitò l'abbazia, per verificare il calore delle lampade usate per le riprese cinematografiche, la sua raccomandazione fu esplicita: «Sono sicuro che voi ricorderete che ognuno qui sarà sotto le luci per qualche ora». «Capimmo perfettamente quel che voleva dire», ricorda Brian Barker, alto dirigente del ministero dei Lavori pubblici che era al suo fianco.

L'annuncio ufficiale tuttavia arrivò solo il 20 ottobre 1952: la tv sarebbe stata esclusa dalla cerimonia. Le telecamere avrebbero potuto coprire solo la processione lungo la navata all'esterno del massiccio divisorio che la separava dal coro, prima e dopo il servizio religioso. Il grido di protesta fu generale e immediato. «Una decisione sbagliata e reazionaria», titolò indignato il *Daily Express* il giorno dopo. «Veramente sbalorditiva», incalzò il *Daily Mirror*. Tutti i giornali riportavano la notizia in prima, e gli editoriali erano unanimi nel condannarla.

L'*Express* sembrava il più informato, visto che in un memorandum riservato per l'editore lord Beaverbrook il direttore Pickering aveva indicato nella stessa regina «la principale opponente della televisione». Ma non era ancora tempo di criticare pubblicamente la sovrana e il giornale si attenne alla linea generale, biasimando piuttosto i cortigiani: «Se i suoi consiglieri non sono in grado di comprendere quale comunione tra monarca e popolo la televisione può evocare», suggeriva l'editoriale, «non resta altro che sia la Regina a intercedere e cancellare una sciocca decisione». Era precisamente il rovesciamento della tesi di Bagehot sulla magia del «mistero» attorno al trono. E l'establishment non era poi tanto sciocco da non capire la lezione impartita, per di più, dai tabloid.

L'indignazione convogliata dai giornali ebbe immediati effetti politici, come sarebbe sempre accaduto negli anni seguenti di fronte a eventi chiave per la monarchia: l'incendio di Windsor, la morte di Diana, i contratti pubblicitari lucrati dalla nuora Sophie di Wessex, moglie di Edoardo. In tutti questi casi la reazione della stampa impose alla Corte un cambio di direzione, e la prima volta che accadde fu proprio per la copertura tv dell'incoronazione. La questione fu subito portata all'attenzione dei Comuni, e quando il premier Churchill prese la parola per rispondere alle interrogazioni fu chiaro che la marcia indietro era stata già decisa. Ci furono molte chiacchiere sulle presunte difficoltà tecniche, ma di fatto si trattava solo di fissare i termini di un compromesso accettabile per la regina.

Alla fine si decise che le telecamere sarebbero rimaste escluse dai due momenti sacri della comunione e dell'unzione, e non avrebbero mai trasmesso primi piani di Sua Maestà. Ma la televisione sarebbe stata sul posto e avrebbe coperto dal vivo qualsiasi altro aspetto della cerimonia. La cancellazione dell'iniziale divieto fu lealmente presentata come una scelta fatta personalmente dalla sovrana, e Churchill, con il suo abituale atteggiamento di cavalier servente, si prestò a coprire il gioco: «È la sua incoronazione, lei sola deve decidere». Ma quel che davvero lei pensava della tv si capisce chiaramente dal suo rifiuto alla richiesta della Bbc di teletrasmettere il suo primo discorso natalizio. Il 25 dicembre 1952 i fedeli abbonati tv dovettero accontentarsi di ascoltare la regina come alla radio, mentre gli schermi tremolanti mostravano una sua foto.

L'incoronazione invece fu un'autentica epifania. La televisione ne fece – come osserva Andrew Marr, orgoglioso *anchor* della Bbc –

«la prima di cui la gente fu veramente testimone; perfino in epoca sassone quella era stata più una speranza che una realtà concreta». Una volta ottenuto il via libera, la «zietta Beeb» dispiegò tutti i suoi potenti mezzi, pianificando la più grande diretta mai vista sino a quel momento. Mise in campo lo sbalorditivo numero di ventuno telecamere, di cui cinque all'interno dell'abbazia di Westminster, e disseminò il tragitto di novantacinque postazioni giornalistiche, in buona parte per soddisfare i diversi pubblici stranieri. Se Churchill temeva soprattutto che la cerimonia fosse presentata «come se fosse uno spettacolo teatrale», questo in realtà fu precisamente ciò che avvenne.

Si studiò attentamente il film dell'incoronazione di Giorgio VI nel 1937 e si notò che l'arrivo del sovrano veniva oscurato da un pesante baldacchino. Di conseguenza si stabilì che stavolta il baldacchino sarebbe stato trasparente, e una telecamera fu posizionata in modo che potesse filmare attraverso il vetro. Quando Elisabetta fece infine la sua apparizione nell'abbazia per le prove dal vivo, i cameramen scoprirono con orrore che il gesto con cui l'arcivescovo abbassava la corona sul capo della regina finiva col nasconderne il viso proprio nel momento clou della giornata. Sua Grazia dovette ripetere il movimento finché non trovò l'angolo giusto per non «impallare» le camere. E ancora esigenze di scena produssero un'importante alterazione liturgica. Sin dai tempi della Riforma i vescovi officianti assieme al primate anglicano avevano sempre celebrato a capo scoperto. Ma in tv tutte quelle venerande calvizie venivano male, e dunque dalla regia fu imposto ai prelati di coprirle con le mitrie.

La contaminazione più evidente con lo show business riguardò tuttavia la sfilata per le strade del centro. Ci si rese conto che il previsto corteo di carrozze mostrava una grave carenza di vetture dignitose. E a chi rivolgersi, se non a un magnate dell'industria cinematografica britannica come Alexander Korda? Lui fu più che felice di fornire cinque *broughams* (carrozze chiuse) e due landò (con copertura retraibile a mantice) usati come accessori di scena per i suoi film. Come accade usualmente al cinema, non tutto ciò che appare corrisponde a ciò che si vuol far credere. Fu anche il caso dei mantelli dei Pari che secondo la regola avrebbero dovuto essere bordati di ermellino. Visti i tempi duri, il cerimoniale autorizzò l'uso del coniglio al posto del mammifero più pregiato. E pensando alla chilometrica durata della cerimonia, a lord e lady fu pure concesso di nascondere qualche sandwich nelle cuffiette di velluto delle loro coroncine. In seguito Churchill si attribuì il merito di aver posto il veto all'idea di far pagare i panini 16 scellini a testa a ognuno dei tremila invitati, e anche di essersi assicurato che per la folla sparpagliata tutt'attorno nei parchi reali fossero disponibili bevande alcoliche.

La notte prima dell'incoronazione, mentre una folla festante richiamava la regina e la famiglia sul balcone di Buckingham non meno di sei volte, tre bombardieri Canberra Pr3 della Raf facevano la spola sopra l'Atlantico a un intervallo regolare di due ore. Con la diretta tv transatlantica lontana ancora sei anni, la missione di quegli aerei era cruciale: trasportavano filmati tv e pizze cinematografiche per il pubblico americano e canadese. L'avevano battezzata *Operation Pony Express* e i bombardieri avevano sostituito i loro ordigni con laboratori aerei per lo sviluppo di foto e film. Quando atterravano a Goose Bay, nell'estremo Nord-Est canadese del Labrador, dei caccia Mustang raccoglievano la staffetta del materiale per portarlo fino agli Stati Uniti. I Cf-100 canadesi invece trasportavano il girato specifico per l'ex *dominion* fino in Québec. L'americana Nbc, con la Cbs una delle due grandi reti statunitensi, tentò di giocare d'anticipo sulla rivale affittando privatamente un Canberra per farlo volare diretto su Boston, ma l'aereo dovette fare dietrofront per problemi al motore. La Nbc fu fortunata a trovare un passaggio sull'ultimo volo in partenza da Londra.

La sera dell'incoronazione le due reti si sfidarono a colpi di «Speciale Incoronazione». Sulla Cbs Edward R. Murrow condusse un programma di un'ora e mezzo sul grande spettacolo di Londra, e lo stesso fecero i rivali. Non uno solo dei vari milioni di apparecchi tv del Nordamerica, per un pubblico di quasi cento milioni di persone, mancò di seguire la sfavillante storia che arrivava dall'ex madrepatria. L'incoronazione di Elisabetta II fu la trasmissione tv più vista dell'anno. I Windsor non lo sapevano ancora, ma erano entrati nell'era della magia televisiva. Niente più zucche da trasformare in cocchi ma un semplice telecomando.

L'ultimo ceffone dell'Impero

Lo schiaffo a lord Altrincham non ha nella storia inglese la stessa risonanza del lamento di Enrico II a proposito del vescovo Thomas Becket: «Nessuno dunque che mi liberi di questo prete invadente?» E per fortuna non ha avuto nemmeno gli stessi effetti nefasti sulla vittima designata. Ma fece un bel po' di rumore, quando la mattina del 6 agosto 1957 un tale Mr B.K. Burbage appioppò il ceffone sulla guancia ben rasata di lord Altrincham che usciva dall'edificio della neonata Independent Television News, gridandogli: «Prendi questo, dalla Lega dei Lealisti dell'Impero!» Mr Burbage ricevette una multa di 20 scellini per l'agguato ma il magistrato capo metropolitano espresse piena simpatia per il condannato: «Il 95 per cento della popolazione di questo Paese è disgustato e offeso da ciò che [Altrincham, *N.d.A.*] ha scritto».

Qual era, dunque, la colpa irredimibile del nobile schiaffeggiato? L'Inghilterra monarchica lo condannava senza processo per vilipendio alla regina. E tutto questo per un articolo scritto invece da pensoso e appassionato sostenitore della monarchia. John Grigg aveva ereditato il titolo di lord Altrincham dal padre, sir Edward, che era stato un fedele servitore della Corona ai tempi di Edoardo VIII (gli aveva pure scritto qualche discorso) e aveva ricevuto in premio l'ammissione tra i Pari del Regno. Il figlio apparteneva all'ultima generazione del partito conservatore, quella che non ne poteva più degli intrighi dei vari Eden, Macmillan e compagnia bella. Questi nuovi Tory si battevano per un partito più meritocratico e meno classista (mancavano ancora più di vent'anni alla Thatcher...), e immaginavano che anche la monarchia avesse bisogno della stessa cura.

Sin dalla successione della giovane regina nel 1952, Altrincham era apparso allarmato dall'ipocrisia generalizzata del culto della «Nuova Età Elisabettiana». Anche episodi apparentemente secondari mostravano invece che poco o nulla era cambiato nell'atteggiamento castale dell'establishment. Già al momento dell'incoronazione il giovane Pari aveva scritto per la sua piccola rivista *National and English Review* una denuncia del carattere totalmente non rappresentativo della congregazione riunita nella navata di Westminster Abbey. A ogni singolo lord, anche il più oscuro, era stato riservato un posto, ma meno di cento erano le sedie previste per i 625 membri del Parlamento, che avevano dovuto estrarre a sorte il loro diritto di presenziare alla cerimonia. La monarchia nuovo stile – sosteneva Altrincham – con i suoi legami con il Commonwealth, avrebbe dovuto riflettersi in una composizione del pubblico molto più democratica. Per esempio, aggiungeva con impressionante lungimiranza, avrebbe dovuto esserci una sezione multietnica riservata ai rappresentati dei molti regni alla cui testa, pure, Elisabetta veniva incoronata.

Il suo appello allora era stato ignorato, così Altrincham tornò alla carica quattro anni dopo, quando i tempi sembravano più maturi. Nell'intervallo trascorso da quella memorabile cerimonia, che era parsa così densa di promesse, l'entusiasmo era già evaporato e la generazione di *Ricorda con rabbia* ribolliva di insofferenza e insoddisfazione. «La Nuova Età Elisabettiana si avvia a essere un flop?» ammiccava il filolaburista *Mirror* in un'inchiesta in tre parti del settembre 1956. «La cerchia attorno al trono è più aristocratica, insulare, gretta e più che mai – non c'è parola più adatta – con la puzza sotto il naso.»

All'epoca, con oltre quattro milioni e seicentomila copie quotidiane attraverso tutti gli anni Cinquanta, il *Mirror* era il più importante tabloid britannico. Orgogliosamente di sinistra (sotto la testata compariva il motto FORWARD WITH THE PEOPLE, Avanti con il popolo), conosceva però benissimo il valore editoriale delle storie reali. Non a caso il giorno dell'incoronazione aveva fatto il boom con sette milioni di copie, il numero più alto mai venduto da un giornale in Inghilterra. L'attacco alla Corte aveva dunque un risvolto allarmante. Nelle parole del giovane romanziere Keith Waterhouse, «la Regina, il Duca e la Principessa [Margaret, *N.d.A.*] sono al centro di un Circolo Reale che è *out of date and out of touch*», insomma, fuori dal tempo e fuori dal mondo.

Quasi un anno prima, era stata un'altra voce da sinistra, l'autorevole *New Statesman*, ad aprire il fuoco. Aveva ospitato sulle sue pagine un articolo molto poco rispettoso del frizzante Malcolm Muggeridge, allora direttore dello storico *magazine* satirico *Punch*. Nel pieno della contrastata vicenda d'amore di Margaret, Muggeridge scriveva che un crescente numero di persone sentiva che «un'altra foto della famiglia reale sarebbe più di quanto possono sopportare [...]. La Regina Madre, la *nanny* Lightbody, il Capitano di Gruppo Townsend, l'intero show è completamente fuori controllo». Nonostante Muggeridge fosse una celebrità (piuttosto rugosa), questo attacco non suscitò l'attenzione e l'indignazione che riscosse nel '57 quando l'articolo uscì lievemente rimaneggiato su un periodico americano, poco prima della visita di Elisabetta e consorte negli Stati Uniti.

Anche qui il tema era quello di una Corte che rifiutava di ammodernarsi. Attorno ai reali, secondo Muggeridge, c'era un'orribile aristocrazia roccaforte di conservatorismo. Peggio ancora ne uscivano i media britannici, di cui criticava un monarchismo sciropposo e costantemente prostrato. Fin qui Elisabetta c'entrava poco ma l'interrogativo del titolo la chiamava in ballo direttamente: c'era davvero bisogno di una regina? Era quello che occorreva ai tabloid per scatenarsi e far montare coma una schiuma la rabbia popolare, proprio mentre anche lord Altrincham usciva con un fascicolo speciale della sua rivista interamente dedicato alla monarchia.

Le posizioni dei due critici erano completamente differenti. Muggeridge rifletteva uno stagionato repubblicanesimo, sempre minoritario, mentre il lord conservatore voleva solo rendere la monarchia meno antiquata, più adeguata ai tempi nuovi. Il numero monografico della *English Review* raccoglieva i contributi dell'onnipresente Dermot Morrah, il notissimo corrispondente reale del *Times*, del deputato Tory riformista Humphry Berkeley e del giornalista B.A. Young. Berkeley esaminava dettagliatamente il problema delle finanze reali e del ruolo del segretario privato. Young faceva il conto degli impegni reali tra maggio e luglio, il periodo più impegnato dell'anno, per concludere che una trentina di apparizioni o giù di lì in novanta giorni erano «difficilmente un programma da spezzare la schiena» per una «Ditta» che aveva come principale ragione sociale quella di apparire in pubblico. Insomma, critiche anche severe ma niente di incendiario.

Fu l'articolo dello stesso Altrincham a dar fuoco alle polveri. L'attacco del pezzo era in linea con la tradizionale deferenza verso Elisabetta II: le critiche erano dirette ai suoi *tweedy advisors*, i consiglieri in tweed, come dire pigri signorotti. Ma presto la cortesia di convenienza veniva abbandonata e al centro del mirino compariva chiaramente la regina. Altrincham giudicava i suoi discorsi «compassati sermoncini» e il suo stile oratorio un vero «mal di collo». L'impressione generale che davano era quella di «una scolara saputella, capitano di una squadra di hockey, capoclasse e candidato alla cresima». L'ironia era tagliente ma, a guardare bene, sembrava diretta più ai testi che si chiedeva a Elisabetta di leggere che non alla persona della regina. Lo stesso autore, che nel '63 abbandonò il titolo nobiliare per chiamarsi semplicemente John Grigg, ha sempre respinto l'idea di essere un antimonarchico: «Sarebbe come dire che un critico d'arte è anti-arte. Io amo la monarchia. La monarchia costituzionale è la più grande invenzione britannica».

Ma ai tabloid le dichiarazioni di lealismo fecero poco effetto. Abituati ad annusare il sangue, e a vendere più copie quando lo facevano sentire al lettore, lanciarono una forsennata campagna contro il giovane lord modernizzatore. Riportarono con orrore le sue dichiarazioni più pungenti controbilanciate, ovviamente, dai ponderati giudizi di vecchi aristocratici che lo chiamavano «canaglia» e si rammaricavano per l'abolizione dell'usuale supplizio capitale di un traditore: impiccato, sviscerato e squartato.

Ad Altrincham e Muggeridge andò decisamente meglio che nel Medioevo, ma furono insultati, minacciati, messi alla gogna, e in qualche caso – come testimonia lo schiaffo appioppato al primo da Mr Burbage, ex militare in congedo – anche aggrediti. La cosa appare sbalorditiva nel Paese che si gloriava di essere la culla della libertà di parola e del diritto di critica, peraltro costituzionalmente garantito. Ma evidentemente criticare la regina era inammissibile. Eppure l'Inghilterra stava cambiando, e alla fine erano le reazioni dei monarchici esagitati ad apparire folkloristiche. Perfino dentro il Palazzo c'erano cortigiani in grado di capire la parte di verità in quello che Altrincham scriveva. Dopo due giorni di burrasca e di insulti il giovane Pari fu contattato attraverso un amico comune per aderire a un incontro privato con Martin Charteris, all'epoca assistente segretario di Sua Maestà. Lo stesso Charteris che molti anni dopo, in un incontro politico a Eton, gli disse: «Lei ha reso un grande servizio alla monarchia e sono felice di annunciarlo pubblicamente».

Uno dei principali target del lord riformatore era il ballo delle debuttanti, arcaico e ridicolo rimasuglio della Belle Époque edoardiana. Sarebbe stato il caso – sosteneva Altrincham – di mandarlo in soffitta già alla fine della guerra. In verità nemmeno Elisabetta e suo marito amavano affatto questo rituale, che trovavano stucchevole. Non era certo divertente starsene impalati sul trono a veder sfilare decine di ragazze che eseguivano la riverenza alla citazione del loro nome, il più delle volte doppio. Perciò sembra vero che la regina avesse già deciso di liberarsi di questa ridicola cerimonia, ma certo non voleva dare l'impressione di farlo per rispondere alle critiche di Altrincham. Di fatto a causa sua, ha sostenuto un vecchio cortigiano, «ritardammo di un anno la cancellazione della festa di presentazione delle debuttanti» (abolita nel '58).

Questo può essere vero, ma non significa che Elisabetta avesse assorbito la formidabile lezione che avrebbe dovuto trarre dalla sua incoronazione in diretta tv. La comunicazione di massa, con le sue regole, la sua necessità di trasparenza e di dettagli, continuava a sembrarle volgare e non adeguata alla sovrumana dignità della monarchia. E la cosa peggiore era che il suo atteggiamento verso le critiche dei modernisti e le esigenze dell'informazione era evidentemente riflesso nell'atteggiamento dell'addetto stampa di Buckingham Palace, il comandante Richard Colville, cugino di quel Jock Colville che era stato segretario di Elisabetta ancora principessa. Colville si identificava pienamente nella vecchia scuola di cortigiani ereditata dal regno precedente e non faceva nemmeno lo sforzo di nascondere il suo disprezzo per i giornalisti. In teoria era addetto alla stampa ma in realtà – ironizzava Martin Charteris – «era un segretario antistampa».

Il suo stile di lavoro si addiceva perfettamente all'ufficiale di Marina che era stato. Arrivava presto in ufficio, sbrigava con sistematica efficienza le pratiche che trovava sulla scrivania, e quando erano esaurite si rimetteva la bombetta e se ne andava a casa. Non importava che fossero appena le tre del pomeriggio. Per quel giorno le pubbliche relazioni erano concluse, avrebbero aspettato il giorno dopo. «Le domande dei giornalisti», ricorda il biografo reale Kenneth Rose, «venivano accolte al meglio con circospetta cortesia, talvolta con impaziente disdegno, mai di buon umore.» Anche il suo aspetto corrispondeva ai suoi sentimenti: teneva gli angoli della bocca perennemente piegati verso il basso, in una smorfia che a Palazzo, dietro le sue spalle, gli aveva guadagnato il nomignolo sfottente di *Sunshine*. Allegria.

Il guaio è che nessuno dubitava che il suo comportamento riflettesse con precisione i desideri dei suoi datori di lavoro coronati.

Perfino Cecil Beaton, il fotografo reale che da grande artista qual era si considerava parecchie spanne al di sopra di qualsiasi comune reporter, si sentiva guardato con sufficienza. Colville era, dice, come «lo zio cattivo di una pantomima [...] che tratta così duramente tutti noi che siamo in qualche modo collegati con la stampa». Alla fine qualche bello spirito tra i cronisti esasperati coniò per lui il miglior soprannome: *the Abominable No-Man*, l'abominevole uomo del no. Con un tipo di questa fatta al timone, la navicella della monarchia correva seri rischi di andare a infrangersi sugli scogli dell'opinione pubblica.

Se ne ebbe un assaggio quando l'antico valletto di Filippo ai tempi della sua squattrinata giovinezza, John Dean, imitò l'ex governante reale Crawfie e pubblicò un libro di memorie sul principe. Colville chiese l'intervento del Press Council, l'organo di controllo sulla stampa, con l'argomento che «la Regina ha ragione di aspettarsi che la sua famiglia goda in casa della stessa privacy garantita a tutte le altre famiglie». Ma fu un segno dei tempi che stavolta perfino il solitamente ossequioso e obbediente cerbero della stampa trovasse la forza di bocciare la richiesta censura. La vita di persone pubbliche, e specialmente reali, è sempre stata oggetto di naturale curiosità, decretò il Press Council: «è una delle conseguenze della fama o importanza o del sincero affetto nazionale. Perciò qualsiasi cosa che riguardi la Corona è di pubblico interesse e rilevanza».

Il viaggio americano programmato nell'autunno di quel 1957 segnò il vero spartiacque nel rapporto di Elisabetta con il mezzo di comunicazione che più di ogni altro avrebbe cambiato e definito il suo regno, ovvero la tv. Ma non fu affatto un passaggio facile. Per la regina era la prima visita di Stato nel Nordamerica, e l'interesse era enorme. Ma il comandante Colville era sempre Colville, e all'inizio il trattamento riservato ai reporter fu anche peggiore del solito. L'«orda» di duemila cronisti e cameramen al seguito venne tenuta ancora più lontana rispetto alla usuale distanza dai protagonisti degli eventi.

Il viaggio americano segnò anche l'esordio pubblico di una definizione della monarchia che sarebbe stata presto abusata: *the royal soap opera*, la soap opera reale. A coniarla fu Malcolm Muggeridge nell'articolo che abbiamo citato poco sopra, e apparve poi nella versione americana sul settimanale *Saturday Evening Post*. La tesi di fondo era che una società materialistica, avendo smarrito il contatto con la religione, se n'era inventata una sostitutiva nella monarchia. L'indignazione dei fanatici del trono costò a Muggeridge le sue abituali apparizioni nei programmi della Bbc. Ma l'aria era cambiata, anche i dirigenti della tv pubblica si resero conto dell'insostenibilità della censura e tornarono a invitare il giornalista in trasmissione. Troppo tardi: se l'era già accaparrato la neonata concorrente commerciale Itv.

Quando la visita reale si spostò in Canada trovò un mondo ben diverso dall'abituale ossequio, per non dire servilismo, che caratterizzava ancora i media inglesi. Si pensava che il clima molto amichevole del *dominion* offrisse un'occasione ideale per quello che ai più ancora appariva un rischio: la prima trasmissione tv in assoluto di Elisabetta II. Il locale producer, Michael Hind-Smith, non mostrava alcun segno di deferente timore verso la sovrana e anzi, conoscendone la timidezza, propose di metterla a suo agio «creando un'atmosfera estremamente informale». L'aggettivo suonò quasi come una parolaccia alle orecchie di Colville. Il comandante intervenne a ricordare seccamente che Elisabetta era «la Sovrana e come tale deve essere trattata».

Hind-Smith non lo stette nemmeno a sentire. Lui voleva produrre una trasmissione in cui «la Regina sarà vista e sentita come una donna con normali sentimenti umani». Colville replicò ignorandolo e cercando di interferire nell'allestimento del programma. Hind-Smith chiuse la partita buttandolo fuori dallo studio, scortato dal direttore del piano. Quindi riprese a «lavorarsi» la regina, di cui del resto era coetaneo. E così la vedeva, come una donna dei tempi d'oggi che aveva bisogno di aiuto e incoraggiamento per affrontare un'esperienza per lei del tutto nuova. Elisabetta e il marito sentirono di potersi fidare, anche perché di fronte avevano un uomo di televisione cresciuto alla Bbc e proveniente da una delle grandi *public schools* inglesi, Winchester.

Certo, non nascosero la sorpresa quando il producer osò addirittura correggere il modo in cui lei si rivolgeva al pubblico: probabilmente, fece notare, Sua Maestà aveva sentimenti di diversa intensità a riguardo dei bambini canadesi e della valuta del Canada – due argomenti piuttosto diversi del discorso che stava leggendo –, e dunque sarebbe forse stato meglio se avesse cercato di adottare toni di voce differenti passando dall'uno all'altro tema. Funzionò, e l'apparizione alla tv canadese fu unanimemente giudicata un successo. Anche dai tabloid in patria, che si chiesero con manifesta irritazione perché la regina volesse invece privare i suoi sudditi isolani di questo piacere. Così a Natale del '57 Elisabetta dovette finalmente acconsentire a trasmettere in televisione, per la prima volta, il suo messaggio augurale.

Nonostante la sapiente guida del miglior telecronista sportivo della Bbc, Peter Dimmock, la sovrana mostrò di vivere l'esperienza come un'ordalia. L'obiettivo di far sembrare la regina «naturale» era, com'è ovvio, molto più difficile da realizzare in tv che alla radio. Una parte del problema risiedeva anche nel fatto che doveva pronunciare parole all'apparenza sue ma in realtà scritte per lei da qualcun altro. Secondo i ricordi di un alto funzionario televisivo, «la bozza finale fu stesa, di fatto, dal principe Filippo. Ed è la cosa più difficile al mondo dare un messaggio personale che in effetti personale non è».

A complicare l'impresa ci si mise anche la profonda e schietta rettitudine del carattere di Elisabetta. Il teleprompter, ovvero l'italianissimo «gobbo», aveva finalmente fatto la sua apparizione negli studi tv ma la regina ne rifiutò recisamente l'assistenza. All'epoca (oggi ha cambiato idea) le sarebbe parso di recitare, e questo ai suoi occhi rasentava la disonestà verso gli spettatori. Lo staff della Bbc fu informato che «Sua Maestà era molto contraria all'artificialità». Se doveva leggere, non le sembrava corretto dare l'impressione di non farlo. Per lei il modo giusto e diretto di tenere il suo discorso era di non nascondere al pubblico il fascio di fogli da cui leggeva. E così fu fatto: il suo primo Natale in tv fu in sostanza una ripresa in camera di lei che teneva il suo abituale radiomessaggio.

Il compromesso tradiva ovviamente tutte le sue preoccupazioni e incertezze, e il risultato fu una performance tutt'altro che rilassata. Nelle prove ripetute più volte l'esperto Dimmock lavorò duro per ottenere che chiudesse l'apparizione con un bel sorriso. Raccontano i testimoni che Filippo gli venne in soccorso piazzandosi dietro la telecamera per fare smorfie divertenti al momento opportuno. Ogni volta riuscì a ottenere al massimo uno di quei sorrisetti insipidi che sanno tanto di circostanza. Precisamente quello che suggellò la performance in diretta. Solo dopo che la telecamera si fu spenta Elisabetta proruppe in uno dei suoi smaglianti sorrisi naturali.

Comunque sia, funzionò. E i recenti dibattiti sul necessario ammodernamento della monarchia giocarono certamente una parte. Il diarista Harold Nicolson annotò che la regina se l'era cavata «con un vigore sconosciuto nei giorni pre-Altrincham». Le critiche, insomma, erano tornate utili. E le rilevazioni d'ascolto lo confermarono ampiamente. La novità di vedere Sua Maestà adempiere all'annuale rito augurale dal vivo in tv, anziché sentirla alla radio, unì la nazione il pomeriggio di Natale: la diretta alle tre del pomeriggio fu vista da sedici milioni e mezzo di persone. Per capirci, in termini italiani, una volta e mezzo il pubblico di Sanremo.

Sono passati sessant'anni, e anche oggi Elisabetta – ormai a suo agio se ripresa in tv negli eventi pubblici – non sembra però tanto sciolta quando deve guardare direttamente in camera verso la sua audience, come ogni Natale. Per fortuna non c'è più il fascio di fogli né il microfono radio, e il «gobbo» ha smesso di sembrarle un trucco disonesto. Ma il sorriso fatica a venirle spontaneo mentre, con l'età, è diventata molto più distesa e sorridente negli incontri con la folla. Non è mutato il suo tono di voce naturalmente acuto e lievemente nasale, com'era una volta l'inglese dell'*upper class*. Ma l'accento è cambiato eccome, e in una società come quella inglese in cui la classe è segnalata anzitutto dal modo di parlare, anche questo è un segno di adattabilità della monarchia a tempi più democratici.

Una volta l'inglese perfetto, *cut-glass accent* – dall'accento cristallino –, si identificava talmente con quello di Sua Maestà da essere designato appunto come *Queen's English*. Adesso bisognerà rivedere quella definizione. Il linguista Jonathan Harrington, uno specialista della Ludwig-Maximilians Universität di Monaco, ha studiato i filmati d'archivio dei Windsor ed è stato in grado di disegnare l'evoluzione della lingua usata dalla regina nel corso di questi decenni. «I toni cristallini del passato hanno ceduto il posto a un'inflessione più popolare», ha spiegato lo studioso. E la Bbc ha aggiornato la vecchia definizione spiegando che oggi dalla bocca della sovrana esce una specie di *aristo-cockney*, ovvero una mescolanza di dizione aristocratica e inflessione dell'East Side, i quartieri più popolari di Londra. Non è la prima volta, del resto, che principi e nobili adottano lo slang del popolino: tra Sette e Ottocento, quando l'aristocrazia se la spassava tra bettole e bordelli del Covent Garden, l'abitudine generò perfino una specie di dialetto denominato *cant*.

Il cambiamento di Elisabetta non nasce ovviamente dalle stesse circostanze, ma dal sommovimento di classi e di popoli che ha terremotato la vecchia Inghilterra nei sei decenni del suo regno. I grandi ricchi non sono più duchi e marchesi latifondisti delle Midlands ma petrolieri russi, sceicchi arabi, magnati indiani: in breve, miliardari che non hanno mai visto Eton e non hanno certo affinato il loro inglese frequentando Buckingham fin da bambini. Perfino i primi ministri hanno smesso di essere selezionati solo dalle file dell'*upper class*. L'ultimo aristocratico è stato Douglas-Home, e dopo di lui per vedere a Downing Street un altro allievo di Eton si è dovuto aspettare l'avvento di David Cameron, circa cinquant'anni dopo.

Negli anni Cinquanta la scrittrice del gran mondo Nancy Mitford, figlia del barone Redesdale, lamentava ironicamente che «oggigiorno l'*upper class* si distingue solo dalla lingua, non essendo né più ricca né meglio istruita né più pulita di tutti gli altri». Non immaginava che anche quella distinzione sarebbe venuta meno. E poiché siamo inevitabilmente influenzati dal linguaggio dei nostri interlocutori, come insegnano gli psicologi, è chiaro che nemmeno Sua Maestà è riuscita a sfuggire a questa regola.

Del resto i primi a non parlare più la sua vecchia lingua sono gli stessi nipoti. William e Harry sono gli esponenti di maggior spicco di quello che viene chiamato *Estuary English*, l'inglese dell'estuario, del Tamigi ovviamente. Cioè quello che si parla in quella vasta repubblica indipendente che è diventata Londra: una megalopoli di dodici milioni di abitanti provenienti da ogni angolo del pianeta, un calderone che ha distillato un nuovo inglese più simile a una *koinè* dialettale che non alla lingua raffinata di Shakespeare o agli accenti a un tempo musicali e taglienti delle grandi *public schools*.

Se la cadenza è diventata più morbida e meno imperiosa, più «popolare», nemmeno a Natale 2015 Elisabetta è riuscita a concludere i suoi auguri con un sorriso alla telecamera. I suoi immancabili fili di perle al collo, un abito color crema dalle maniche lunghe, parlava seduta alla bella scrivania vittoriana nel suo studio a Buckingham Palace. Alle spalle un magnifico albero di Natale e accanto sullo scrittoio, alla sua sinistra, tre foto: lei e Filippo incappottati a passeggio in campagna, Carlo e Camilla il giorno delle nozze, nell'aprile 2005, e infine il nipote Wills con Kate e il pronipote George, tre re in fila per tutto il resto del secolo e forse anche oltre. Sua Maestà ha brevemente scherzato sul fatto che nell'anno in arrivo avrebbe sentito risuonare più di una volta gli auguri di *Happy Birthday* e ha concluso citando, come papa Francesco per Capodanno, il versetto di Giovanni: «La luce risplende nelle tenebre e le tenebre non prevalgono». Certo non sulla Casa di Windsor, come dimostrano le foto sulla scrivania. Ed è soprattutto merito suo.

Stasera tutti a casa di Lilibet

I PRIMI anni del rapporto con la televisione non avevano posto molti problemi a Elisabetta, a parte la sua connaturata timidezza e diffidenza. La regina sapeva di poter contare sull'assoluta deferenza dei vertici della Bbc e sulla leale professionalità dei convinti monarchici addetti al *coverage* della sua augusta persona. Il primo commentatore reale, Richard Dimbleby, il telecronista dell'incoronazione, era uomo di conoscenza enciclopedica, tanto a riguardo dei Windsor che della storia costituzionale. Negli eventi di Stato, d'altro canto, non poteva esserci nulla di meno intrusivo delle telecamere fisse dell'emittente londinese, posizionate previo consenso dei dignitari di Corte. Gli stessi che avevano sempre recisamente rifiutato di farle anche lontanamente avvicinare ai momenti privati della famiglia. Perfino le riprese esterne di palazzi reali provocavano nella vecchia guardia immediati corrugamenti di fronte. E la gerarchia della Bbc era così acquiescente, pur di mantenere il legame stretto ed esclusivo con la Corte, che si guardava bene da qualunque pressione per avere un accesso più ravvicinato. Cappello in mano e scarpe lucide, conduttori e giornalisti ancora in abito formale da lavoro con camicia dal collo rigido – come si usava all'epoca – stavano rispettosi sulla porta mentre venivano formalmente annunciati.

Con l'arrivo degli anni Sessanta le cose stavano ormai cambiando. A metà decennio al governo non c'erano più i Tory, che avevano fatto dell'acritica difesa di una sovrana distante il loro cavallo di battaglia di fronte all'elettorato più conservatore e più ottusamente monarchico. I movimenti tellurici della società e della politica convinsero la regina e i suoi consiglieri che era tempo di rinfrescare l'immagine della Corona agli occhi dell'opinione pubblica. E, da quella prima fortunata trasmissione tv di un discorso natalizio, a nessuno sfuggiva più che le sorti della monarchia erano ormai intrecciate alla televisione. In entrambi i versi, per la verità. Elisabetta non era solo fonte e soggetto di programmi, ma anche un'interessata fruitrice. A lei, poco appassionata d'opera o di teatro impegnato, piacevano pantomime e commedie leggere, e la programmazione della Bbc gliene offriva in abbondanza per le serate senza impegni ufficiali. Come molti altri connazionali si godeva commedie, soap opera ed eventi sportivi. E il piccolo schermo le offriva una finestra sulla vita nazionale di cui nessuno dei suoi antenati aveva immaginato di godere.

Quand'era lei, invece, a trovarsi di fronte alle telecamere, scopriva che diventavano sempre più intrusive nei confronti suoi e della sua famiglia. E questo poneva un classico dilemma cornuto: tenerle lontane presentava il rischio di diventare irrilevanti agli occhi di un'opinione pubblica ormai nutrita e formata dalla tv; permettere che si avvicinassero evocava il rischio opposto, che la figura del monarca ne uscisse appiattita e rimpicciolita, ridotta alla statura normale di un comune essere umano, con tutti i suoi errori e difetti. E in tal caso che cosa avrebbe potuto ancora preservare l'aura di rispetto e di ossequio verso la Corona?

Ma i tempi correvano veloci e rendevano superflui i dubbi. Il primo a poter vantare un'esperienza televisiva di prima mano fu il «modernizzatore» Filippo. Nel 1966 il suo consenso fu decisivo per il disco verde al programma *The Royal Palaces of Britain*, un documentario di Kenneth Clark su sei palazzi della monarchia. Per la prima volta i sudditi erano autorizzati a sbirciare tra i muri e i giardini del castello di Windsor e delle cinque regge di Buckingham, Kensington, St James's, Hampton Court e Holyroodhouse, quest'ultima a Edimburgo. I grandi saloni da ballo, i sontuosi appartamenti, i dipinti, gli arredi, i fiori: una cascata di immagini sfarzose investì e saziò il pubblico televisivo. La Corte si sentiva al sicuro: il soggetto aveva a che fare molto più con la storia nazionale che con la cronaca spicciola dei Windsor. In più la trasmissione era in mani fidate, e per evitare che il Palazzo fosse investito da polemiche tra emittenti rivali era stata realizzata in coproduzione tra la Bbc e la concorrente Itv.

Fu un successo, ma stabilì un altro precedente. Se la diretta dell'incoronazione aveva sottratto al velo del «mistero» il momento più sacrale di un nuovo regno, adesso le telecamere sollevavano le pesanti cortine che sino ad allora avevano conservato parimenti «misteriose» le residenze reali. Quale sarebbe stato il prossimo passo? La risposta arrivò tre anni dopo, e dal punto di vista di una Corte così formale come quella di San Giacomo fu la cosa più vicina a una rivoluzione. Elisabetta decise di permettere alle telecamere di seguire lei e i suoi più stretti famigliari per un film documentario. Dopo i *Royal Palaces* arrivò la *Royal Family*, e fu ben più che un passo in avanti: un vero e proprio salto, sebbene forse nel buio, stando ai timori dei cortigiani più critici. Non erano preoccupazioni del tutto infondate.

Il progetto faceva della regina, del duca e dei loro figli i protagonisti diretti della trasmissione, seguendoli attraverso i rituali e le splendide celebrazioni che scandivano l'anno reale. Tra gli scopi dichiarati c'era quello di spiegare il significato di molte tradizioni connesse alla monarchia e di chiarire per il grande pubblico in che cosa consistesse il lavoro della sovrana. Sotto sotto, però, il programma ammiccava all'interrogativo che sapeva avrebbe veramente intrigato gli spettatori: «Ma che tipi sono questi Windsor?»

L'idea del film era venuta a lord Brabourne, il produttore cinematografico sposato con la figlia di lord Mountbatten, Patricia. E la sceneggiatura, assieme alla stesura dei testi, fu affidata a quel bello spirito di Antony Jay, creatore della sitcom satirica *Yes Minister*, una serie mitica della tv britannica. Il furbo *script* di Jay si tenne ovviamente ben lontano dalle abituali battute mordaci dell'autore, ma alleggeriva il clima solenne della Corte con un'ironia lieve e gentile. Per esempio, delle reali Rolls-Royce osservò che «nessun'altra auto al mondo può essere stata condotta così lontano, così lentamente». L'idea di lord Brabourne, ha raccontato Jay, era che «se solo la gente potesse vedere com'è davvero la famiglia reale, si sentirebbe molto, molto meglio disposta verso di loro. E così se ne venne fuori con la proposta di un film, un film della Bbc, che non facesse altro che mostrarli. Non una difesa della monarchia, ma solo una spiegazione, un suo ritratto».

Fu così che per ben settantacinque giorni durante il 1969 una troupe di otto persone, al servizio congiunto di Bbc e Itv, fu autorizzata a seguire i reali a una distanza sino ad allora impensabile. Il producer esecutivo del film fu Richard Cawston, che ricopriva l'incarico di capo della sezione documentari della tv pubblica. Alto, affabile, con un passato da ufficiale delle comunicazioni nell'esercito, nella sua carriera alla Bbc Cawston era diventato un maestro delle tecniche di ripresa audio e video, nonché di montaggio e doppiaggio. Sapeva bene che con la regina doveva essere quasi sempre «buona la prima», perché difficilmente avrebbe potuto chiederle di ripetere una scena. Ma questo, anziché risultare a detrimento del prodotto, fornì al film una patina di spontaneità e autenticità, nel migliore stile del cinema-verità. La troupe, del resto, seppe comportarsi con tale abilità e discrezione da rendersi quasi invisibile. Dopo qualche tempo i reali cominciarono quasi a scordare di essere ripresi.

A rivedere oggi il risultato di quel lavoro si avverte tutto il peso dei quasi cinquant'anni passati. Per esempio, l'inglese «popolare» della regina è ancora di là da venire. Elisabetta esibisce il più sofisticato *cut-glass accent* dell'*upper class* anni Cinquanta, e dello stesso stile antiquato sembra soffrire il suo abbigliamento. Però è vero che certe scene conservano un'insospettata freschezza: magari non tanto i barbecue famigliari a Balmoral, la cui artificialità ci è stata intanto svelata da svariati primi ministri, ma le riprese della regina alla guida dell'auto, o che chiacchiera con i suoi ragazzi o porta a spasso i cani. Le riprese misero assieme qualcosa come 43 ore di filmato, che il montaggio ridusse a un documentario di 105 minuti. Pare che al termine del lavoro la stessa Elisabetta fosse diventata qualcosa di simile a un'esperta in fatto di luci e registrazione del suono.

Più che le telecamere, in effetti, Jay racconta che fossero i microfoni a preoccupare i reali. Temevano soprattutto di poter dire qualcosa che urtasse altre persone: «In particolare, per capirci, quelli di alto rango, dignitari di altri Paesi, gente che poteva prender cappello per ciò che loro dicevano». Ma i Windsor non avevano ragione di preoccuparsi, sebbene la Bbc di quegli anni, come ricorda Jay, avesse già nel suo seno «un fortissimo elemento repubblicano». E non solo: «Eravamo antiindustria, anticapitalismo, antipubblicità, antivendite, antiprofitto, antipatriottismo, antimonarchia, antiimpero, antipolizia, antiforze armate, antibomba, antiautorità. Dite una qualsiasi delle cose che facevano il mondo un posto più libero, sicuro e prospero, e noi eravamo contro». Se anche Cawston lo era, certo non lo diede mai a vedere nel lavoro sui reali, anche perché tutti all'emittente consideravano il film un gran colpo, e lo era. Ne conseguiva – ancora nelle parole di Jay – «una sorta di deferente senso di rispetto e obbligo verso la monarchia, e non c'era nessun dubbio su chi fosse il boss dell'operazione».

Lei, il boss, la regina, nell'ora e tre quarti di filmato non solo intrattiene i suoi spettatori sulla difficile arte di regnare ma si concede pure di sorridere, e perfino ridere a piena gola come loro non l'avevano mai vista. Per i membri più giovani della famiglia si tratta di una presentazione in piena regola: Andrea, nove anni, e Edoardo, cinque, raramente erano comparsi davanti al pubblico, che ora scopriva due normalissimi, allegri ragazzini. Diedero insomma un valido contributo all'operazione-simpatia che era la cifra nascosta del film. In un Paese che per la prima volta cominciava ad averne abbastanza della monarchia e di tutto ciò che rappresentava – le caste, la rispettabilità, una sfarzosa irrilevanza –, il programma scatenò un'ondata di rinnovato interesse verso i Windsor. I numeri dell'audience hanno dell'incredibile.

Quando *Royal Family* fu trasmesso, nell'estate del 1969, diventò il documentario più visto nell'intera storia della tv britannica. Ventitré milioni di spettatori lo seguirono nella versione in bianco e nero mandata in onda dalla Bbc e altri quindici milioni quando Itv lo ripropose a colori. In totale, si calcolò che il 68 per cento dei britannici adulti si fosse incollato alla tv per non perdersi la famiglia reale. Nessuno avrebbe potuto sperare di meglio, e il duca di Edimburgo, decisivo nel promuovere «l'impresa», poteva vantarsi di aver visto lungo e giusto. Anche la regina fu deliziata dal colossale successo di audience. Su suggerimento del marito decise di devolvere l'onorario per la sua apparizione e la sua quota di diritti d'autore – la bella cifra di 60.000 sterline – alla British Academy of Film and Television Arts, che grazie anche a questi soldi poté trasferirsi nell'attuale, prestigiosa sede su Piccadilly.

I monarchici modernizzatori esultarono. Il periodico dell'intellighentsia conservatrice, *The Spectator*, salutò con entusiasmo il film e si fece gioco dell'idea che dando accesso alle telecamere la monarchia si fosse in qualche modo svalutata. «Se la visione della regina che prepara l'insalata è sospettata di dissolvere la magia della monarchia, che dire allora di questo genere di commenti: 'La Sua defunta Maestà, sebbene a volte gioviale, e, per un re, un uomo onesto, era il tipo di persona debole, ignorante, ordinaria [...] la sua mancanza di visione e pochezza d'intelletto, la sua ignoranza e pregiudizio [...]'». Era, rivelava alla fine l'articolista, nient'altro che il necrologio apparso sullo stesso *Spectator* alla morte di Guglielmo IV, l'ultimo dei debosciati Hannover.

Al contrario, davanti alla performance televisiva di Elisabetta perfino il filorepubblicano critico tv del *New Statesman* dovette chinare il capo. La regina – scrisse John Holmstrom – «che non sempre nei filmati appare particolarmente affascinante o animata, emerge come una persona calorosa, attraente e perfino molto femminile, capace di risatine di piacere materno». Secondo lui, i due creatori del film Cawston e Jay meritavano almeno un cavalierato per «aver sicuramente aggiunto uno o due decenni di vita alla monarchia britannica». Sul cavalierato non si sbagliava: qualche tempo dopo Antony Jay divenne sir e comandante del Royal Victorian Order (onorificenza nella disponibilità del monarca) «per servigi resi alla Corona». Ma quanto all'allungamento della vita del trono non aveva considerato l'estrema volatilità del consenso televisivo: sparisce con la stessa rapidità dell'inconsistente materia di cui è fatto. Come accadde anche in questo caso.

Stuart Hood, il critico dello *Spectator*, aveva colto meglio di altri che il successo del documentario era un'arma a doppio taglio. Fondamentalmente si trattava, come scrisse, «dell'apoteosi degli *home movies*» (i filmini famigliari allora tanto in voga), con lo scopo precipuo di «promuovere l'idea che ogni famiglia è come un'altra. Può lasciar presagire una mossa verso una monarchia di tipo scandinavo». Se l'ambizione di riproporsi come famiglia modello (prima dell'incombente disintegrazione degli anni Ottanta) era certamente vera, niente invece era più lontano dalla testa dei Windsor di una «monarchia in bicicletta» alla maniera dei cugini danesi o svedesi. Non a caso, appena si rese conto del rischio di equivoco, Elisabetta lasciò spirare l'anno del rilascio in tv e proibì che il documentario originale non «montato» fosse mai più mostrato.

Il fatto è che proprio mentre il Palazzo giudicava dopotutto conveniente aprire le porte alla televisione, le cronache dei giornali trovavano più gratificante spostarsi dai resoconti zuccherosi delle cerimonie ufficiali al racconto dei retroscena piccanti degli scandali reali. Il docufilm di Cawston aveva cercato di ricordare ai sudditi che cosa fanno esattamente i Windsor e che genere di persone sono. Ma il pubblico dei media di massa si sazia presto delle novità, e ne chiede altre. E i barbecue sui prati di Balmoral o una visita di Stato in Brasile sono di gran lunga meno eccitanti degli adulteri principeschi o dei divorzi reali: il tipo di storie che moltiplicarono a dismisura la tiratura dei tabloid nei decenni Settanta-Ottanta.

Agli inizi degli anni Settanta ciò che minacciava seriamente la magia della monarchia non era la volgarità della tv ma quella del comportamento della sorella della regina. La sua storia con un uomo molto più giovane, in un'epoca che non aveva ancora nemmeno coniato l'espressione *toy-boy*, provocava lazzi e frizzi dell'intero Paese. Non era certo la prima volta che un membro della famiglia reale si trovava un compagno poco presentabile, ma mai finora era stato fatto oggetto di una tale pubblica derisione. Il fallimento coniugale di Margaret, seguito da tutte le storie scabrose sul suo conto che i tabloid ormai rilanciavano senza riguardo, rappresentava una seria preoccupazione per la Corte a mano a mano che si avvicinava il Giubileo d'Argento della sovrana.

Nel 1977 si sarebbero celebrati i suoi primi venticinque anni sul trono, e sull'isola non avrebbe potuto regnare atmosfera peggiore. I sogni della «Nuova Età Elisabettiana» erano evaporati da un pezzo. L'Inghilterra era flagellata dall'inflazione, dal crollo della produzione industriale che aveva ridotto la settimana lavorativa a tre giorni, dal collasso della sterlina che nel '76 spinse addirittura il premier Jim Callaghan a chiedere un prestito, cappello in mano, al Fondo Monetario Internazionale. C'era davvero qualcuno con la voglia di festeggiare?

All'inizio sembrava proprio di no. «Apathy Hits Plans for Jubilee», l'apatia affonda i piani per il Giubileo, titolava con funerea contentezza il sinistrorso *Guardian*. In effetti molta gente non sapeva nemmeno bene cosa si celebrasse. Giorgio III nel 1809 e Vittoria nel 1887 avevano festeggiato i cinquant'anni del loro lungo regno, ma un giubileo per i venticinque anni era stato inventato solo per Giorgio V nel 1935. Allora si era rivelato un inatteso trionfo, con un mese di ricevimenti, entusiasti omaggi dei sudditi e feste di strada in tutto il Paese. C'era speranza che questo si ripetesse con Elisabetta nel '77? Il primo ministro Callaghan e il Cancelliere dello Scacchiere Denis Healey erano molto dubbiosi e fecero capire chiaramente al Palazzo che non desideravano il Silver Jubilee per ragioni sia politiche sia economiche. La Corte invece non intendeva mollare, e alla fine vinse. Il governo tentò di opporsi almeno al progettato tour della regina attraverso l'isola, e perse anche stavolta. «Avevo un piano in testa», ha rivelato anni dopo il reale segretario Charteris. «La regina doveva andare dappertutto in questo Paese, e anche in tutti i Paesi di cui era sovrana.» E fu precisamente ciò che fece.

Nella prima metà del 1977 cominciò con il tour del Pacifico e dell'Australia, visitando Samoa, Tonga, Fiji, Nuova Zelanda, Papua Nuova Guinea e Australia. A ottobre fu il turno di Canada e Indie Occidentali, dalle Bahamas a Barbados, British Virgin Islands e Antigua. In mezzo erano previste le celebrazioni nazionali, destinate a culminare nella grande parata del 7 giugno. Ed erano quelle che suscitavano maggiore apprensione. All'inizio l'attesa risposta del Paese si mostrò tiepida e lenta: una volta tanto gli scettici sembravano aver visto giusto. I giornali raccontavano di feste di strada cancellate, di autorità che negavano il loro appoggio, di scarsa domanda degli abituali souvenir regali. Perfino Elisabetta fu criticata per aver mancato di fare qualche gesto destinato a suscitare interesse, per esempio un'amnistia o il dono di boccali del Giubileo agli scolari. Ma bastò che la regina cominciasse a girare per il Paese perché il clima cambiasse.

Nel Lancashire l'accolse più gente di quanta si fosse mai vista a un evento reale. Come ha riferito una dama di compagnia, davanti all'evidente manifestazione di affetto delle folle ovunque andasse, la sovrana continuava a ripetere: «Sono semplicemente sbalordita, non avevo idea». Le cerimonie di giugno a Londra segnarono un'autentica apoteosi. Il 6 Sua Maestà salì su Snow Hill, una collina vicino a Windsor, dove – circondata da migliaia di bambini – accese un falò che fu il segnale per l'accensione di altre centinaia in tutta l'isola. Quella notte, come alla vigilia dell'incoronazione, migliaia di sudditi eccitati e allegri si accamparono lungo il Mall.

Il giorno dopo, un milione di persone – tante quante per il Coronation Day – si assieparono lungo il tragitto da Buckingham alla

City per vedere la carrozza di Stato condurre la regina e il duca alla cattedrale di St Paul. Dietro di loro cavalcava il principe di Galles nella tunica scarlatta e con l'alto colbacco nero di pelo d'orso di colonnello delle Guardie gallesi. Sei-sette file di persone premevano sulle barriere per tutto il percorso, tra canti e acclamazioni. Molti si erano appuntati sul petto la spilla con il motto della giornata: LIZ RULES OK! Liz regna, evviva!

Dopo la funzione religiosa la coppia reale andò a piedi dalla cattedrale fino a Mansion House spostandosi in mezzo a una folla estatica, soprattutto quando la regina in rosa confetto si fermava a scambiare qualche parola con gli spettatori sul tempo, il freddo o la loro provenienza. Un'impiegata sui vent'anni le disse: «Siamo venuti qui perché le vogliamo bene». Una volta tanto Elisabetta non si sforzò di mascherare l'emozione: «Lo sento, e significa tanto per me». Fu, per il *Telegraph*, «*the most successful Royal Walk ever*», la Passeggiata Reale di maggior successo di sempre. Subito dopo, nel discorso ufficiale alla Guildhall, Elisabetta rinnovò il giuramento fatto in Sudafrica al compimento dei ventun anni di spendere la vita al servizio del Paese e del Commonwealth: «Non rimpiango e non ritiro una sola parola di quell'impegno».

Alla fine del tour domestico, «letteralmente milioni di persone» – secondo il *Times* – avevano riempito le strade per vedere e acclamare la sovrana. A Buckingham Palace erano arrivate oltre cinquantamila lettere di auguri e congratulazioni. In città e villaggi erano stati organizzati party di vicinato pieni di allegria e di birra: «Il mio fegato è danneggiato irrimediabilmente, la mia linea della vita è scomparsa», scrisse allegra la romanziera Jilly Cooper, «sono stata sabotata dai party di strada ma non ho mai passato un'estate più divertente». Solamente a Londra se ne contarono oltre quattromila – e più di dodicimila in tutta l'isola –, e questa dimensione comunitaria della festa la rese molto diversa dalle celebrazioni per l'incoronazione, tutte centrate sul servizio religioso e la parata. Qui era la gente a divertirsi, forse per un bisogno di distrazione e speranza solo in parte collegato alla monarchia.

Di certo, se all'inizio di quell'anno i Windsor apparivano in crisi per l'imminente divorzio di Margaret, alla fine si ritrovarono di nuovo inaspettatamente sugli scudi. Ai primi del '78, un principe di

Galles ormai trentenne si sentì chiedere da un giornalista straniero se la crescita elettorale del socialismo in Europa occidentale ponesse minacce alla monarchia britannica. E lui poté ribattere con lieve arroganza: «Le celebrazioni dell'anno scorso del Giubileo d'Argento della regina hanno mostrato che non c'era tanta paura circa una simile possibilità». Dopo aver a lungo paventato o auspicato un flop, adesso tutti i giornali sostenitori o avversi si interrogavano sulle ragioni del successo. E stavolta non c'entrava né la televisione né il «mistero». E nemmeno «la famiglia modello» di cui in passato i Windsor andavano orgogliosi. Che cosa dunque gli inglesi trovavano così affascinante nella loro regina?

La risposta era inevitabile: lei stessa. Più o meno quel che si era detto il nonno Giorgio V di fronte alla scoperta della sua popolarità nel 1935: «Comincio a credere che davvero gli piaccio per quel che sono». Nell'epoca dell'eguaglianza, nel tempo delle masse e dei loro «uomini senza qualità», il fatto che Elisabetta mancasse di speciali talenti appariva forse una virtù per se stessa. Jean Rook, sul *Daily Express*, vide in lei «la stessa ordinata, devota, prevedibile donna magnificamente 'noiosa' che era stata quand'era un'ordinata, noiosa piccola principessa dai calzini bianchi». Pensatela come volete, fu la risposta del leale *Telegraph*, ma qualsiasi onesto repubblicano dovrebbe riconoscere che la regina è seria, coscienziosa, dignitosa, patriottica, semplice e saggia.

Il miglior omaggio, probabilmente, le venne da uno dei suoi più precoci critici, per quanto a fin di bene. John Grigg, che aveva già rinunciato al suo titolo di barone Altrincham, contestò la qualifica di noiosa. Non di questo si trattava, ma al contrario di solida, sebbene non immaginativa, regalità: «Lei appare una regina e ovviamente crede nel suo diritto di esserlo. Il suo portamento è a un tempo semplice e maestoso – nessun'attrice potrebbe mai imitarlo. Ovunque possa trovarsi nel mondo, in qualsiasi compagnia o clima, non sembra perdere mai la sua compostezza. [...] Nessun soffio di scandalo l'ha mai sfiorata. [...] Lei si comporta bene perché è una persona per bene ed è quasi impossibile immaginarla che provoca dolore a qualcuno vicino a lei solo per soddisfare un impulso egoistico». «*I serve*», Io servo, aveva giurato Elisabetta trent'anni prima, e la quasi totalità dei suoi sudditi era convinta che avesse mantenuto la parola.

Tutti coloro che la accompagnarono per l'isola in quel giro trionfale ne tornarono col forte ricordo dell'emozione popolare nel vederla e della sua gioia nel rispondere a quell'entusiasmo. Come commentò in seguito lord Charteris, «lei aveva una storia d'amore con il Paese». Quarant'anni dopo non è ancora finita.

«May She Live Forever»

TRA le centinaia di migliaia di spettatori dell'incoronazione di Edoardo VII, nel 1902, c'era anche un giovanotto australiano appena ventiduenne, di nome Keith Murdoch. Le sfarzose celebrazioni non lo impressionarono più di tanto: «È tutta una bestiale impostura», fu il lapidario giudizio di questo aspirante giornalista arrivato a Londra in cerca di lavoro. Non lo trovò e se ne tornò nella sua Melbourne dove ebbe miglior fortuna: costruì un impero di carta stampata che più tardi fu ereditato da suo figlio Rupert. Settant'anni dopo Rupert tornò sull'isola a vendicare il padre. Da tre decenni in qua i suoi tabloid, *Sun* in testa, mentre non finiscono mai di alimentare con gossip reale il Leviatano del pubblico, si stagliano sinistri come una nemesi della monarchia.

Non ci sono prove evidenti che il più grande e potente editore multimediale del mondo, lo «Squalo» come lo chiamano nemici ed estimatori, nutra simpatie repubblicane. Ma perfino la perla della sua scuderia, il *Times*, una volta baluardo dell'establishment, oggi ospita pensosi dibattiti sul futuro della Corona. Probabilmente il magnate australiano naturalizzato americano considera la Gran Bretagna solo una provincia, per quanto importante, del suo colossale impero. Sicura è però la sua indifferenza al destino dei Windsor e altrettanto certo invece il suo interesse per qualsiasi soggetto che aumenti la tiratura delle sue pubblicazioni. Di conseguenza, la sua approvazione è scontata per qualsiasi pettegolezzo di Palazzo che accresca lettori e profitti del gruppo. Come ha dimostrato lo scandalo delle intercettazioni abusive del *News of the World*, i suoi reporter-detective non hanno esitato a spiare illegalmente la Corte, e anche a corrompere il personale di Buckingham, a caccia di scoop.

Il potere di Murdoch si proiettò sulla scena britannica all'inizio degli anni Ottanta, in parallelo con la trasformazione del rapporto tra stampa popolare e monarchia. Il fidanzamento e poi le nozze di Carlo con Diana suscitarono nei giornali un'ondata di adulazione perfino imbarazzante verso i reali: ci fu chi arrivò addirittura a dipingere il principe come «bello, nonostante le orecchie a sventola, e un elegantone favoloso, affascinante oltre ogni dire, completamente padrone dell'arte reale di apparire interessato a qualsiasi cosa gli venga mostrata». Ma è un gioco pericoloso, quello di cercare l'approvazione dei media. In una concorrenza con il coltello tra i denti, sempre alla ricerca di una storia nuova, i tabloid non si curavano certo del rischio di distruggere ciò che avevano idolatrato sino a un momento prima. La fine della cosiddetta «età della deferenza» si incrocia a questo punto con l'eccezionale istinto imprenditoriale di Murdoch.

È il momento – l'inizio degli Ottanta – in cui gli appetiti della stampa popolare britannica si fanno apertamente cannibalistici. Non ci sono più scrupoli o confini da rispettare. L'addetto stampa reale che parlava con una cronista sotto vincolo di riservatezza si accorse di essere registrato clandestinamente quando un «bip» segnalò che il nastro era arrivato alla fine. Sulle prime il Palazzo cercò di resistere a queste incursioni che puntavano ormai a estrarre quante più informazioni possibili sulla vita privata di ogni membro della famiglia reale. Ma una dozzina d'anni dopo il film di Cawston su «come sono davvero i Windsor» ogni marcia indietro era impensabile. Non si poteva certo tornare alla tattica dei dinieghi del vecchio comandante Colville, e si cercò una strategia alternativa. Nella speranza di creare reciproca cooperazione, la Corte si imbarcò in una politica di ancor maggior accesso e informalità. Ma il risultato, sebbene sulle prime lusinghiero, fu di stimolare ulteriormente l'appetito di stuzzicanti storie reali. Come aveva avvertito Kenneth Rose nei giorni del Giubileo d'Argento, «più la regina si fa vedere sullo schermo, e più è sollecitata a concedere ancora un altro segmento della sua vita privata al pubblico sguardo».

Nella stagione trionfale delle nozze di Carlo e Diana, il pericolo venne chiaramente sottovalutato. Il clima di universale adorazione era tale che ogni aspetto delle vite dei due venne spietatamente, e sventatamente, vivisezionato. Ma la facoltà critica era per il momento sospesa, si udivano soltanto le lodi. E dunque era più facile farla finita con la vecchia mistica del «mistero». Anzi, sul *Times* David Wood applaudì la decisione della famiglia reale di abbandonare le prescrizioni di Bagehot attraverso «un'esposizione calcolata» delle loro vite private: si trattava di «una sbalorditiva conquista non boriosa». La principessa Anna aveva appena detto pubblicamente che la gravidanza era noiosa. Wood ne parve rapito: «Quando mai, prima, i reali hanno parlato con tanta franchezza?» Sotto un cielo dipinto di rosa dall'apparizione di Diana tutto sembrava perfetto nel regno incantato d'Inghilterra. Ma bastò il collasso del matrimonio reale per trasformare le fate in streghe. E le streghe erano i Windsor.

Per i tabloid cominciò una caccia alla storia più scabrosa, al dettaglio più pruriginoso, sempre sbattuto in prima pagina in nome del diritto del pubblico di sapere. Il dibattito su cosa era lecito pubblicare e cosa no si arricchì, con i rampolli di Elisabetta ormai adulti, di un nuovo argomento. Finché le vite dei reali erano irreprensibili – si ragionava – come quelle di Elisabetta o dei suoi genitori, era possibile difenderne la privacy restando su un superiore terreno morale. Ma una volta che non lo erano più, era molto più difficile respingere l'argomento che l'opinione pubblica aveva il diritto di sapere quello che succedeva, tanto più che con la Civil List ne pagava il conto. La regina, in quanto incarnazione della monarchia tradizionale, continuava a essere rispettata dalla stampa popolare. Ma suscitava molto meno interesse e riceveva una copertura di gran lunga inferiore rispetto alle «imprese» sessuali della nuova generazione.

Diventati «familiari» agli occhi dei sudditi, spogliati della loro dignità grazie al continuo rilancio di indiscrezioni di ogni specie, i giovani Windsor entrarono nella dieta quotidiana di pettegolezzi servita alla nazione dai tabloid. E non ne uscirono più sino alla fine rovinosa dei loro matrimoni. Anche se questo voleva dire imbarazzare i difensori della monarchia di fronte ai repubblicani e oscurare il lavoro quotidiano della regina. E non solo il suo. Le capriole sessual-sentimentali dei principi erano anche una benvenuta distrazione dai problemi della politica. Nella primavera del 1992 i problemi coniugali del duca e della duchessa di York occuparono sui giornali molto più spazio dello scioglimento del Parlamento e della battaglia elettorale tra il conservatore John Major e il laburista Neil Kinnock.

All'inizio dei fatali anni Ottanta il prestigio della Corona era ancora intatto, e anzi lo scrittore Anthony Sampson riconosceva che era aumentato sotto la presente sovrana. La monarchia restava più che mai *upper-class* e lontana dalla vita dei suoi sudditi comuni ma era pure una delle poche istituzioni del Paese non danneggiate dalla crisi economica, dalla perdita dell'Impero e dalle divisioni sociali della nazione. Tuttavia qualcuno si chiedeva se non fosse arrivato il tempo per la regina di godersi un ben meritato riposo, magari abdicando in favore del figlio e della sua fresca moglie. Questo genere di discorsi, inconcepibili prima dell'arrivo in scena di Diana, indicavano con chiarezza che nella classifica delle celebrità predilette dai tabloid la principessa aveva già rubato lo scettro alla sovrana.

Lei si atteggiava a vittima, odiava l'attenzione senza sosta di cui era oggetto, lamentava di non poter mettere il naso fuori casa senza essere fotografata. Ma non aveva nessun desiderio di isolamento o solitudine. Sapeva perfettamente che essere principessa di Galles era una carriera, oltre che un matrimonio. E trovarsi sotto i riflettori era qualcosa che le piaceva e la esaltava, così come essere acclamata da folle adoranti. Agli inizi del 1983 Harry Arnold, inviato del *Sun*, fu accusato di aver provocato con la sua invadenza la fine anticipata delle vacanze dei Galles sulle nevi del Liechtenstein. Lui rispose sinceramente indignato che Diana sembrava non apprezzare il fatto di essere la *cover girl*, «la ragazza-copertina» numero uno al mondo. In realtà si sbagliava. Lei aveva cominciato ad apprezzare pienamente la circostanza. I suoi costosi vestiti alla moda, l'acconciatura dei capelli sempre all'ultimo grido, i cappelli ricercati, la forma fisica perfetta conquistata col duro lavoro in palestra indicavano che lo status di megastar non era casuale ma ricercato. Nella guerra contro i Windsor diventò la sua arma principale.

Elisabetta non aveva nessuna speranza di batterla sul terreno del glamour e della celebrità. Continuò con l'energia e la determinazione di sempre la sua «noiosa» attività di statista, in quello che è stato probabilmente il decennio più penoso del suo lungo regno, ma agli inizi degli anni Novanta gli umoristi si divertivano sempre più spesso a paragonarla all'antenata Vittoria chiamandola come lei «la vedova di Windsor», per la sua scarsa visibilità sulla scena pubblica. La popolarità di Carlo si rafforzava mentre la sua si indeboliva. Un sondaggio mostrò che quasi metà della popolazione era favorevole a un passaggio immediato della corona all'erede, e perfino all'interno dell'establishment, a fine '91, ripresero vigore le voci che davano per imminente una sua abdicazione nel quarantesimo anniversario della successione al trono, il 6 febbraio 1992. Lei rispose a modo suo. Nel messaggio di Natale del 1991 mise in chiaro la sua speranza di servire la nazione e il Commonwealth «per qualche anno a venire». Le parole irritarono fortemente il principe di Galles, per il quale «non c'era bisogno di sottolinearlo».

Ma la misura vera e drammatica di quanto quel decennio avesse danneggiato la sua «magia» Elisabetta la ebbe nel momento della prova peggiore per il suo regno: la tragica morte di Diana. Il divorzio della principessa da Carlo era stato formalizzato solo un anno prima, nel luglio 1996. Per concederlo Lady Di pretendeva un mega-assegno di 17 milioni di sterline e la conservazione del titolo di «HRH». Aveva ottenuto i 17 milioni, prestati a Carlo dalla madre, ma perso il titolo, per la ferma opposizione di Sua Maestà. In ogni caso, dopo molti anni, i due ex coniugi ritrovavano finalmente l'opportunità di raggiungere la felicità personale. Ma Diana sembrava non avere idee molto chiare su come trovarla.

La principessa aveva già messo in chiaro la sua ambizione di essere una specie di «regina» rivale, non ufficiale, consapevole di avere dietro di sé uno sbalorditivo sostegno di stampa e di popolo. Era anche libera di sposare chi le pareva, e il marito sarebbe diventato a quel punto parente acquisito del futuro re d'Inghilterra. Lei avviò prima un'appassionata relazione con il cardiochirurgo pakistano Hasnat Khan, che fuggì spaventato davanti alle implicazioni di un legame più solido. Poi fu la volta di Dodi al-Fayed, ma la tragedia dell'Alma pose fine a tutte le illazioni sul futuro della loro storia. E sembrò invece minacciare una frattura definitiva tra i Windsor sospettati di impensabili complotti e un Paese sconvolto dalla perdita della principessa.

La Gran Bretagna sotto choc non sapeva con chi prendersela per la fine di una vita così brillante e generosa. E la rabbia si indirizzò fatalmente contro coloro che venivano ritenuti i suoi nemici in vita. Chi l'aveva privata del suo titolo reale? Chi lei stessa aveva accusato di un comportamento freddo e senza cuore? Per la verità tanto la regina quanto il marito avevano più volte cercato di salvare il matrimonio dei Galles. Lo stesso aveva fatto la Queen Mum. Non aveva importanza. In breve tempo la stessa Elisabetta diventò l'obiettivo primario della rabbia popolare. E questo era qualcosa che non era mai accaduto prima durante il suo regno, nemmeno dinanzi ai suoi peggiori errori. Tale sentimento fu probabilmente sovrastimato, era qualcosa che si esprimeva soprattutto a Londra sotto gli occhi dei media arrivati da tutto il mondo. E tuttavia questa era l'immagine che la Gran Bretagna proiettava: la «magia» della Corona era finita, e così pure – sembrava – la «love story» tra Elisabetta e il suo popolo.

In quei giorni di fine estate 1997 sembrava davvero che nelle strade piene di gente in lacrime la «regina dei cuori» fosse diventata un'antiregina. La sovrana vera intanto stava a Balmoral con suo marito a occuparsi dei figli che Diana aveva lasciato. Era domenica, quel 31 agosto, e i nonni portarono i ragazzi come al solito nella chiesetta di Crathie, con tutta la famiglia stretta che si riuniva attorno a loro. Ci furono lacrime, discorsi e passeggiate, e tutto quello che si poteva fare per tenerli lontani dai resoconti di radio e tv che li avrebbero distrutti. Per tutta la vita Elisabetta era stata criticata per non aver fatto bene il proprio mestiere di madre, oltre a quello di regina. Adesso decise di ignorare le critiche dei media che ne esigevano l'immediata presenza a Londra, in una specie di veglia di Stato non ufficiale, per concentrarsi invece sulla cura dei nipoti. A che serviva lasciare adesso la Scozia – chiese piuttosto bruscamente – per andare in una reggia chiusa dietro finestre sbarrate, quando poteva meglio occuparsi dei ragazzi? Del resto, confermano gli intimi, forse non era stata una madre molto attiva, ma come nonna cercava di far meglio.

I segnali da Londra si facevano tuttavia sempre più allarmanti. Di quei giorni Tony Blair ha lasciato scritto: «L'esplosione di dolore si stava trasformando in un movimento di massa per il cambiamento. Era un momento di suprema articolazione nazionale ed era minaccioso per la famiglia reale. Non so cosa sarebbe successo se avessero continuato come prima. Forse niente, ma nell'occhio del ciclone, imprevedibile e snervante com'era, io non potevo esserne sicuro». La tensione investì inevitabilmente i rapporti tra i Windsor. Mark Bolland, all'epoca portavoce di Carlo, fu accusato dai consiglieri della regina di diffondere la voce che era stato il principe ad allestire un appropriato funerale. Al contrario lo staff di Elisabetta dipinse l'erede al trono completamente sopraffatto dal senso di colpa, e l'onere del funerale tutto sulle spalle del segretario di Elisabetta, Robin Janvrin, con cui il predecessore lord Charteris si congratulò calorosamente. Queste ripicche tra camarille reali sembrano non cogliere che l'umore della folla rimaneva pericolosamente ribelle.

Fu Alastair Campbell, eminenza grigia di Blair e suo spin doctor per la comunicazione, ad avvertire il Palazzo: «Non so cosa vogliono questi giornalisti, ma è qualcosa che ha a che vedere con l'asta della bandiera». Sembrava una cosa da niente, ma segnalava lo scollamento tra opinione pubblica e rituali monarchici. Solo il vessillo reale, il Royal Standard con lo stemma dei Windsor, può sventolare su Buckingham Palace, e solo quando la regina è a palazzo. Mai il vessillo della sovrana può sventolare a mezz'asta, perché il trono non resta mai vuoto. La bandiera nazionale invece non veniva mai issata sulla reggia.

Al pubblico e ai giornali non importava un fico dell'etichetta. L'asta nuda della bandiera per loro simboleggiava una monarchia gelida e senza cuore. Stracciate il protocollo ammuffito, ordinò il *Sun*. A Balmoral Sua Maestà non voleva saperne. Si rifiutò nel modo più testardo di dare ascolto ai suoi consiglieri più fidati, Janvrin e Fellowes. Suo marito la spalleggiò. Ma la mattina del 4 settembre a colazione, davanti a un toast con la marmellata e ai giornali del mattino, comprese di dover capitolare. Non obbedì, ma con l'abituale prontezza dei Windsor seppe adattarsi alle mutate circostanze. Ordinò che fosse issata la bandiera nazionale e che sventolasse a mezz'asta. «La monarchia ha i suoi valori», racconta uno dei protagonisti di quella drammatica settimana, «e uno dei compiti della regina è difendere quei valori. D'altro canto, una monarchia che ignora il popolo non ha una funzione e non può sopravvivere.» Così una nuova «tradizione» venne creata, giacché da allora su Buckingham Palace, quando Elisabetta si trova lontana, c'è la Union Jack e viene abbassata a mezz'asta in caso di lutto, come per esempio dopo l'attacco alle Torri Gemelle nel 2001.

Il silenzio delle folle che quasi occupavano e paralizzavano Londra in quei primi giorni di settembre 1997 è il ricordo più forte che ci portiamo dietro tutti noi testimoni di quei giorni di dolore ma anche di una sorta di isteria collettiva. Come il Palazzo viveva quei momenti è ben descritto dalla testimonianza resa da un dignitario a Andrew Marr: «Appena rientrato dalle vacanze, trovai quanto di più vicino a un'atmosfera rivoluzionaria avessi mai visto. Il silenzio di questa straordinaria folla che girava attorno a Buckingham Palace era tremendo. Fu un momento difficile all'interno del Palazzo, e terribile fuori». Dietro le finestre della reggia i dignitari seguirono con apprensione l'arrivo del corteo di auto che riportava Elisabetta, il duca e i nipoti dalla Scozia.

«Quando la regina si avvicinò in macchina», ha ricordato un cortigiano, «si poté sentire la folla che cominciava ad applaudire, e all'inizio era un po' incerto, poi l'applauso si fece più caldo.» Così la sovrana cominciò a riprendersi il regno. Una volta tornata a Londra, l'umore del Paese cambiò di nuovo. E niente lo racconta meglio di quello che accadde quando lei e il duca scesero dall'auto per fermarsi davanti alla marea di tributi floreali – ricordate? – deposti fuori dalla cancellata di Buckingham. Mentre passavano davanti alla gente in lacrime, una ragazzina di undici anni si fece avanti e le consegnò un bouquet di cinque rose rosse. «Sono per Diana?» chiese. «No, *Ma'am*, per Lei.»

Una volta di più, tuttavia, fu la televisione a offrire a Elisabetta lo strumento della «magia» risolutiva. Il suo storico discorso alla vigilia del funerale di Diana, in diretta nei telegiornali delle 18 (i più seguiti in Gran Bretagna), fu una superba elaborazione del lutto capace di ipnotizzare milioni di inglesi. Come sempre, si mostrò non teatrale, calma, persino fredda. Lei non si emoziona. Ma per la prima volta, contrariamente al precetto di famiglia, cercò di *spiegarsi*, come mai aveva fatto prima. Fissò l'obiettivo della telecamera e guardò dritto i sudditi negli occhi: «Quel che vi dico ora, come vostra regina e come nonna, lo dico dal mio cuore». E disse ciò che doveva, con grazia e pietà cristiana ma anche senza ipocrisia.

Parlò di Diana come «un essere umano eccezionale e dotato», che nelle buone e nelle cattive circostanze sapeva sorridere e ridere, e ispirare gli altri con la sua gentilezza. Milioni, disse, «non l'hanno mai incontrata ma sentono di averla conosciuta»: per un ascoltatore attento, era un riferimento allo status di stella mediatica della principessa ma anche al fatto che il personaggio pubblico e quello privato non erano sempre coincidenti.

Parlò dei nipoti, e di come la famiglia stesse cercando di aiutarli a superare il dolore dell'immensa perdita. Concluse il suo breve discorso con parole che volevano dire «ho ascoltato, ho capito e farò il mio meglio per cambiare»: «Io per prima credo che ci siano lezioni da trarre dalla sua vita e dalla straordinaria e commovente reazione alla sua morte». L'appello finale era a mostrarsi uniti attorno alla Corona. Il funerale sarebbe stato l'occasione «per mostrare al mondo intero che la nazione britannica è unita nel dolore e nel rispetto».

Anche stavolta la «magia» funzionò. Per gli specialisti di comunicazione, il colpo di genio che dava al discorso una spontaneità e una sincerità inedite fu quell'accenno al suo essere nonna. Secondo le ricostruzioni correnti, furono Tony Blair e Alastair Campbell a inserire la frase «come nonna» dopo «come vostra regina». Il Palazzo ha sempre negato, attribuendo l'aggiunta a un impulso personale della sovrana. Lo stesso Blair qualche anno fa ha voluto accreditare questa ricostruzione, negando che gli architetti del New Labour avessero parte nel messaggio: «Quelle parole e quel discorso furono suoi». La versione contrasta con i ricordi di Campbell, che si attribuisce il riferimento alla qualità di nonna, e non senza resistenze del Palazzo. Il suo ex capo nega: «Il discorso non fu assolutamente scritto da ghost-writer del New Labour, no. E il tocco molto personale fu di fatto opera sua».

Chiunque abbia ragione, si trattò in ogni caso di uno degli atti più importanti dell'ultima fase del suo regno. Assieme alla bandiera sulla reggia e al gesto inatteso di chinare il capo al passaggio della bara di Diana. Forse anche senza queste decisioni la monarchia sarebbe comunque sopravvissuta, ma così lesionata da rendere anzitutto difficile una successione di Carlo. E il funerale della principessa, anziché diventare il *de profundis* per i Windsor, segnò la riaffermazione del «noioso» carisma di Elisabetta sul suo inquieto Paese. In Gran Bretagna trentadue milioni di persone guardarono la diretta delle esequie di Diana (contro i diciannove milioni dell'incoronazione): nell'isola fu la seconda trasmissione più seguita di tutti i tempi, superata soltanto, e di poco, dalla conquista inglese della Coppa del Mondo di calcio nel 1966. Ma ebbe certo un impatto incomparabilmente superiore. E alla fine di quella terribile settimana di settembre 1997, che avrebbe potuto indebolire per sempre le fondamenta del trono, Elisabetta emerse invece più forte di quanto fosse mai stata.

Quasi vent'anni dopo, e al traguardo dei novant'anni, la storia non le ha restituito solo il rispetto dei sudditi, che in verità non aveva mai perduto, ma anche il loro affetto, solo brevemente offuscato da comete passeggere. Tutto è cambiato dell'Inghilterra su cui cominciò a regnare nel '52, molto anche del suo modo di esercitare la «missione», ma quasi niente del suo stile. E questo ne fa una stella fissa per la grande maggioranza degli esseri viventi oggi sul nostro pianeta. Nel tempo dei flussi costanti di informazione il mondo sembra essere diventato un luogo senza memoria. Ma non è così, come dimostra la visita di Elisabetta in Sudafrica nel 1995. Era la prima volta che rimetteva piede nel Paese dopo il viaggio con genitori e sorella nel 1947, quando da Cape Town pronunciò il suo famoso giuramento.

Ad accoglierla, nel marzo '95, trovò Nelson Mandela da poco eletto presidente e un' osannante popolazione nera che non dimenticava la sua avversione all'apartheid, anche a costo di aspri dissidi con qualche suo primo ministro (Thatcher *in primis*). «Mi aspetto», le disse un parente prima della partenza, «che centinaia di persone si faranno avanti zoppicando per ricordare che hanno ballato con te cinquant'anni fa.» «Avevi ragione», disse la regina al ritorno, «lo hanno fatto.» Ma ancora più straordinaria e sorprendente fu la risposta delle township, i ghetti neri, alla visita della regina. Anche qui molti ricordavano la giovane principessa del '47, ma pure la determinata sovrana dei decenni di intervallo. Migliaia di africani di ogni età erano assiepati lungo le strade per darle il benvenuto, cosa che non era mai successa per nessun altro visitatore straniero. La gente le gridava benvenuta, e molti agitavano striscioni con la scritta: GRAZIE PER ESSERE TORNATA.

Le chiacchiere sull'abdicazione «per limiti d'età», i sondaggi d'opinione, le percentuali di gradimento (comunque sempre altissime): cosa volete che contino queste piccolezze per un capo di Stato che ha incrociato tutti i sommovimenti e tutti i protagonisti della nostra epoca? Lei comunque ha sempre messo in chiaro che considera il suo un lavoro per la vita. Ma come si comporterà se dovesse raggiungere l'età della madre, lucida e attiva a cento anni compiuti? Non le peserebbe impedire di fatto la successione al figlio nato e cresciuto con questo scopo? È il dramma degli eredi al trono, il cui lavoro – diceva Shakespeare – è aspettare la morte del genitore.

Carlo è stato il primo principe di Galles a inventarselo, un lavoro: il Prince's Trust per aiutare i giovani a creare imprese, le cento organizzazioni di beneficenza, il sostegno alla cultura, l'impegno manageriale sulle terre del ducato di Cornovaglia. La madre lo stima anche per questo, ma la Corona è un'altra storia. Nel novembre '98 andò su tutte le furie quando il solito Bolland, addetto stampa del principe, lasciò filtrare sui giornali che Carlo sarebbe stato «privatamente contentissimo» dell'abdicazione della madre. Lei rintracciò il figlio sino in Bulgaria e lo strapazzò nonostante le sue ripetute scuse. Non si sa se abbia cambiato idea.

A novant'anni Elisabetta continua a lavorare al ritmo di sempre. Ha solo ridotto un po' i viaggi e gli incontri con il pubblico, ha demandato le visite all'estero ai congiunti più giovani, ma non ha minimamente alterato la sua routine di monarca, la lettura delle *red boxes* con le miriadi di documenti governativi, le udienze settimanali con il premier. La sua esistenza è un po' più solitaria, per i tanti amici e collaboratori che sono scomparsi, dal fidato Charteris all'amico Porchy, ucciso da un infarto il giorno dell'attacco alle Torri, l'11 settembre 2001. Al tempo stesso la famiglia le offre finalmente quella tranquillità e serenità che le sembravano precluse negli ultimi anni del Novecento. E deve provare un senso di orgoglio e di missione compiuta nel vedere i bisnipoti che si moltiplicano.

Il susseguirsi dei Giubilei – d'Oro, di Diamante – le ha provato che la gente le vuole bene, forse anche di più col passare del tempo. Il 6 settembre 2015, tre giorni prima che diventasse il monarca più a lungo sul trono dell'intera storia inglese, un sondaggio pubblicato dal *Sunday Times* l'ha proclamata anche la più amata. Per lei il 27 per cento dei voti, mentre la trisavola Vittoria si è fermata al 12 per cento, e perfino la prima, grande Elisabetta non ha superato il 13. Ma è evidente che, sebbene la vita di Elisabetta II si sia dipanata su un Olimpo remoto per la maggior parte di loro, molte vite comuni si sentono comunque correlate alla sua.

Era quello che aveva intuito un quarto di secolo fa Ted Hughes, allora Poeta Laureato (cioè di Corte), scrivendo un poemetto per il quarantesimo anniversario della sua ascesa al trono. «Appena cresciuto / Incontrai i suoi occhi / Grandi nella sorpresa / Di essere stata / Appena fatta Regina / Su una prima pagina / Quarant'anni dopo / Guardando a Lei / Tutti vedono la Corona / Alcuni la loro madre / Uno sua moglie / Altri la loro vita.»

Con il cattivo gusto che ogni tanto la stampa britannica ama esibire, il giornalista londinese Rob Price ha voluto fare i conti di quanto peserebbe sull'economia britannica la scomparsa della regina. Ne ha concluso che sarebbe un disastro dal costo di svariati miliardi di sterline: solo i due giorni di mancata attività per il funerale e l'incoronazione di Carlo si porterebbero via tra 1 e 5 miliardi, poi ci sarebbero la chiusura della City, il lutto nazionale, le spese per le cerimonie, le modifiche nei programmi della Bbc, e poi ancora bisognerà cambiare banconote e monete, passaporti e francobolli... Insomma, un lusso che l'Inghilterra non può permettersi. Non dice del resto la formula di acclamazione: «*Long Live Our Queen, May She Live Forever*»? Lunga vita alla nostra regina, possa ella vivere per sempre. Se c'è una che può riuscirci, quella è Elizabeth Mary Alexandra Windsor. A suo figlio non dispiacerà, e comunque dovrà farsene una ragione.

Ringraziamenti

La sorte non mi ha dato una corona ma in compenso la famiglia meravigliosa che spesso i Windsor non sono riusciti a essere. Mai come stavolta i miei famigliari meritano un grazie speciale per il sostegno che hanno dato al mio impegno particolarmente gravoso in un momento complicato. Mia moglie Iolanta non mi ha solo rincuorato e confortato, come sempre, ma anche attivamente aiutato: grazie alla nostra comune vita londinese, ha saputo offrirmi spunti, suggestioni e uno sguardo diverso sulla eminente protagonista di questa storia, oltre a rammentarmi episodi di Corte vissuti assieme. Mia sorella Serenella mi ha incalzato con la sua curiosità e sostenuto con la sua generosa disponibilità tra viaggi e spostamenti vari. E anche la generazione più giovane ha fatto la sua parte: Natasha e Manrico mi hanno offerto buona musica e salutari risate tra un capitolo e l'altro del lungo racconto della vita straordinaria di Elisabetta II. Non ce l'avrei fatta, comunque, senza l'incoraggiamento, la pazienza e la fatica della mia cara amica, prima ancora che editor, Antonella Bonamici e di tutte le altre grandi donne che sono il pilastro di Sperling & Kupfer, Paola Caviggioli, Alessandra Frigerio e Paola Rumi in testa.

Ci sono molte persone dell'ambiente reale che vorrei ringraziare con nome e cognome per le preziose informazioni che mi hanno fornito ma proprio questa, come si capisce, è la ragione per cui non posso rendere nota la loro identità. Queste poche righe servono però a confermare il debito di gratitudine nei loro confronti. Così come verso molti degli autori che hanno dedicato le loro ricerche all'avventura umana, dinastica e politica di Elisabetta II. Documentazione d'archivio e bibliografia che la riguardano sono sterminate, ma per chi voglia comunque approfondire il tema ci sono libri particolarmente preziosi (li cito in lingua originale) come *Royal* di Robert Lacey, *The Queen* di Ben Pimlott, *The Diamond Queen* di Andrew Marr, *Elizabeth The Queen* di Sally Bedell Smith, *Queen Elizabeth II* di Nicholas Davies, *Elizabeth II* di Douglas Keay. Naturalmente, come tutti coloro che si occupano della regina, il mio sogno sarebbe di intervistarla. Resterà tale, perché Sua Maestà – com'è noto – non concede interviste. Ma ho avuto almeno il privilegio di incontrarla di persona, e mi auguro che sia servito a rendere il mio ritratto più veritiero.

Finito di stampare presso ELCOGRAF S.p.A.
Stabilimento di Cles (TN)
Printed in Italy

Prova d'acquisto
978-88-200-6002